企业所得税
汇算清缴纳税申报
与风险管理（第二版）

于芳芳 著

立信会计出版社
LIXIN ACCOUNTING PUBLISHING HOUSE

图书在版编目(CIP)数据

企业所得税汇算清缴纳税申报与风险管理／于芳芳著．—2版．—上海：立信会计出版社，2023.2
ISBN 978-7-5429-7300-9

Ⅰ.①企… Ⅱ.①于… Ⅲ.①企业所得税－税收管理－研究－中国 Ⅳ.①F812.424

中国国家版本馆 CIP 数据核字(2023)第 024540 号

策划编辑　张巧玲
责任编辑　毕芸芸

企业所得税汇算清缴纳税申报与风险管理
QIYE SUODESHUI HUISUAN QINGJIAO NASHUI SHENBAO YU FENGXIAN GUANLI

出版发行		立信会计出版社			
地　　址		上海市中山西路 2230 号	邮政编码		200235
电　　话		(021)64411389	传　真		(021)64411325
网　　址		www.lixinph.com	电子邮箱		lixinph2019@126.com
网上书店		http://lixin.jd.com	http://lxkjcbs.tmall.com		
经　　销		各地新华书店			
印　　刷		固安华明印业有限公司			
开　　本		787 毫米×1092 毫米	1/16		
印　　张		30	插　　页		1
字　　数		555 千字			
版　　次		2023 年 2 月第 1 版			
印　　次		2023 年 2 月第 1 次			
书　　号		ISBN 978-7-5429-7300-9/F			
定　　价		98.00 元			

如有印订差错，请与本社联系调换

前　　言

　　企业所得税应纳税额的计算具有涉及业务范围广、涵盖时间长、与会计信息相关程度高、税收优惠类型多等特点。这些特点决定了企业所得税的综合性和复杂性较强。它是目前18个税种中征收管理难度最大的税种。

　　企业所得税征收管理采用按季（月）预缴、年终汇算清缴的方式，国家税务总局2009年4月印发的《企业所得税汇算清缴管理办法》规定，凡在纳税年度内从事生产、经营（包括试生产、试经营），或在纳税年度中间终止经营活动的纳税人，均应进行企业所得税汇算清缴。

　　目前，纳税人汇算清缴需要填报的纳税申报表是国家税务总局2017年12月发布的《中华人民共和国企业所得税年度纳税申报表（A类，2017年版）》的修订版，这套申报表包括37张表单，表单之间既各自独立，又有机联系，形成了严谨的申报体系。国家税务总局每年根据政策变化、管理要求调整等情况对有关表单进行修订。2022年12月30日，国家税务总局发布《国家税务总局关于企业所得税年度纳税申报有关事项的公告》（国家税务总局公告2022年第27号），对2017年版申报表进行第5次修订，适用于2022年度及以后年度企业所得税汇算清缴申报。近几年财政部也陆续对会计准则进行修订，会计准则的变化导致需要纳税调整的新问题在不断增加。

　　企业所得税汇算清缴涉及纳税人数量众多，影响范围广泛，纳税申报难度大，是纳税人和征税机关共同面对的一项重点和难点任务。希望本书的出版，能够为从事企业所得税年度纳税申报的相关人员提供详细、实用的操作指引，解决申报难题。

　　全书内容共分为9章，包括37张表单、65个案例，122个风险点提示。第1章为企业所得税汇算清缴概述，包括汇算清缴管理办法和企业所得税纳税申报表修订情况。第2章至第9章介绍了各个表单的申报，包括基础信息表、主表、会计信息采集表、纳税调整表、亏损弥补表、税收优惠表、境外所得纳税申报表、汇总纳税分配表等，每章内容具体包括：每一张表单的适用范围、表单格式；政策梳理，详细完整的申报依据；案例解析和风险提示，具体的申报方法和应注意的关键问题。

本书的特点可以归纳为四个方面：

(1) 内容全面。涵盖企业所得税汇算清缴纳税申报的全部表单,细化到表单中的每一个行次。

(2) 政策清晰。对每一张表单所需的政策进行梳理和取舍,避免政策堆砌,满足申报需求。

(3) 案例丰富。案例编写兼顾业务的针对性与申报的综合性要求。

(4) 实用性强。对实务中容易产生风险的问题进行提示,满足风险管理需求。

本书是在2022年版的基础上根据最新政策修订的第二版,相关内容所参考的法规资料包括《企业所得税法》及其实施条例、财政部和国家税务总局下发的规范性文件,以及《企业会计准则》及应用指南等,所引用文件发布日期截至2023年1月30日。

由于本书涉及内容较多,作者水平有限,不足之处敬请谅解,期待广大读者多提宝贵意见,共同探讨,不胜感激。

于芳芳

2023年1月30日

目　　录

第1章　企业所得税汇算清缴概述 ··· 001
1.1　企业所得税汇算清缴要求 ··· 001
1.1.1　企业所得税汇算清缴概念 ··· 001
1.1.2　企业所得税汇算清缴对纳税人的要求 ························· 001
1.1.2.1　企业所得税汇算清缴主体要求 ························· 001
1.1.2.2　企业所得税汇算清缴时间要求 ························· 002
1.1.2.3　企业所得税汇算清缴资料管理 ························· 002
1.1.3　企业所得税汇算清缴对税务机关的要求 ························ 003
1.1.3.1　企业所得税汇算清缴的准备 ·························· 003
1.1.3.2　企业所得税申报材料的审核 ·························· 003
1.1.3.3　企业所得税汇算清缴工作总结 ························· 004
1.2　企业所得税纳税申报表修订 ··· 004
1.2.1　《年度纳税申报表（A类，2017年版）》的发布 ··············· 004
1.2.1.1　公告名称及适用时间 ································ 004
1.2.1.2　修订思路和修订内容 ································ 005
1.2.2　《年度纳税申报表（A类，2017年版）》第一次修订 ············· 005
1.2.2.1　公告名称及适用时间 ································ 005
1.2.2.2　修订思路和修订内容 ································ 005
1.2.3　《年度纳税申报表（A类，2017年版）》第二次修订 ············· 006
1.2.3.1　公告名称及适用时间 ································ 006
1.2.3.2　修订思路和修订内容 ································ 006
1.2.4　《年度纳税申报表（A类，2017年版）》第三次修订 ············· 006
1.2.4.1　公告名称及适用时间 ································ 006
1.2.4.2　修订思路和修订内容 ································ 007
1.2.5　《年度纳税申报表（A类，2017年版）》第四次修订 ············· 007
1.2.5.1　公告名称及适用时间 ································ 007

1.2.5.2 修订思路和修订内容 ·· 007
 1.2.6 《年度纳税申报表(A类,2017年版)》第五次修订 ························ 008
  1.2.6.1 公告名称及适用时间 ·· 008
  1.2.6.2 修订思路和修订内容 ·· 008
1.3 《年度纳税申报表(A类,2017年版)》封面与《企业所得税年度纳税申报表填报表单》 ·· 008
 1.3.1 《年度纳税申报表(A类,2017年版)》封面 ································ 008
  1.3.1.1 《年度纳税申报表(A类,2017年版)》封面样式 ·················· 008
  1.3.1.2 《年度纳税申报表(A类,2017年版)》封面填报方法 ·············· 009
 1.3.2 申报表填报表单 ·· 009
  1.3.2.1 《企业所得税年度纳税申报表填报表单》内容 ······················ 009
  1.3.2.2 《企业所得税年度纳税申报表填报表单》填报说明 ················ 011

第2章 《企业所得税年度纳税申报基础信息表》(A000000) ············ 012

2.1 基本经营情况 ·· 013
 2.1.1 纳税申报的企业类型 ··· 013
 2.1.2 公司规模情况申报 ·· 014
 2.1.3 所属行业信息申报 ·· 015
 2.1.4 会计核算情况申报 ·· 015
 2.1.5 公司上市情况申报 ·· 016
2.2 有关涉税事项情况 ··· 016
 2.2.1 股权投资和创业投资情况申报 ··· 017
  2.2.1.1 股权投资情况申报 ··· 017
  2.2.1.2 创业投资情况申报 ··· 017
 2.2.2 境外抵免业务情况申报 ·· 018
 2.2.3 技术先进性服务企业情况申报 ··· 018
 2.2.4 软件、集成电路企业和集成电路项目情况申报 ·························· 019
  2.2.4.1 集成电路生产企业 ··· 019
  2.2.4.2 集成电路设计企业 ··· 020
  2.2.4.3 软件企业 ·· 021
  2.2.4.4 集成电路封装、测试(含封装测试)企业 ························· 021
  2.2.4.5 集成电路材料(含关键专用材料)企业 ·························· 022
  2.2.4.6 集成电路装备(含专用设备)企业 ································ 022
 2.2.5 科技型中小企业情况申报 ·· 022

####### 2.2.5.1 科技型中小企业应具备的条件 ·· 022
####### 2.2.5.2 科技型中小企业评价指标 ·· 023
####### 2.2.5.3 科技型中小企业管理 ·· 024
2.2.6 高新技术企业情况申报 ·· 025
####### 2.2.6.1 高新技术企业认定条件 ·· 025
####### 2.2.6.2 高新技术企业认定程序 ·· 026
####### 2.2.6.3 高新技术企业管理 ·· 026
2.2.7 企业重组事项情况申报 ·· 027
2.2.8 政策性搬迁情况申报 ·· 028
2.2.9 递延纳税情况申报 ·· 029
####### 2.2.9.1 非货币性资产对外投资递延纳税事项 ···························· 029
####### 2.2.9.2 技术成果投资入股递延纳税事项 ···································· 029
####### 2.2.9.3 资产(股权)划转特殊性税务处理事项 ·························· 029
2.2.10 研发支出辅助账样式 ·· 030
2.3 主要股东及分红情况 ·· 030

第3章 《中华人民共和国企业所得税年度纳税申报表(A类)》(A100000) ··· 031
3.1 利润总额计算 ·· 032
3.1.1 利润总额计算的一般情况 ·· 032
3.1.2 利润总额计算的特殊情况 ·· 033
案例解析3-1 利润总额的申报 ··· 034
3.2 应纳税所得额的计算 ·· 035
3.2.1 境外所得的计算 ·· 036
3.2.2 税法与会计差异的计算 ·· 036
3.2.3 税收优惠的计算 ·· 037
3.2.3.1 免税收入、减计收入及加计扣除 ···································· 037
3.2.3.2 应纳税所得额减免 ·· 037
3.2.3.3 抵扣应纳税所得额 ·· 037
3.2.4 弥补亏损的计算 ·· 038
3.3 应纳税额的计算 ·· 038
3.3.1 税收优惠的计算 ·· 038
3.3.1.1 税率优惠 ·· 038
3.3.1.2 税额抵减优惠 ·· 038
3.3.2 境外所得应纳税额的计算 ·· 039

         3.3.2.1　境外所得应纳所得税额 ······ 039
         3.3.2.2　境外所得抵免所得税额 ······ 039
      3.3.3　应补(退)所得税额的计算 ······ 039
         3.3.3.1　实际应纳所得税额 ······ 039
         3.3.3.2　本年累计实际已缴纳的所得税额 ······ 039
         3.3.3.3　应补(退)的所得税额 ······ 040
      3.3.4　总机构应纳所得税额的列报 ······ 040
   3.4　主表表内、表间关系 ······ 041
      3.4.1　主表表内关系 ······ 041
      3.4.2　主表表间关系 ······ 042

第4章　会计信息明细情况纳税申报表填报 ······ 044

   4.1　《一般企业收入明细表》(A101010) ······ 044
      4.1.1　营业收入 ······ 045
         4.1.1.1　主营业务收入 ······ 045
         4.1.1.2　其他业务收入 ······ 046
      4.1.2　营业外收入 ······ 047
         案例解析4-1　营业收入和利得信息的纳税申报 ······ 048
      4.1.3　表内、表间关系 ······ 050
   4.2　《一般企业成本支出明细表》(A102010) ······ 050
      4.2.1　营业成本 ······ 051
         4.2.1.1　主营业务成本 ······ 051
         4.2.1.2　其他业务成本 ······ 052
      4.2.2　营业外支出 ······ 053
         4.2.2.1　非流动资产处置损失 ······ 053
         4.2.2.2　非货币性资产交换损失 ······ 053
         4.2.2.3　债务重组损失 ······ 053
         4.2.2.4　非常损失 ······ 053
         4.2.2.5　捐赠支出 ······ 053
         4.2.2.6　赞助支出 ······ 053
         4.2.2.7　罚没支出 ······ 054
         4.2.2.8　坏账损失 ······ 054
         4.2.2.9　无法收回的债券股权投资损失 ······ 054
         4.2.2.10　其他 ······ 054

　　　　案例解析4-2　营业成本和损失的纳税申报 ·················· 054
　　4.2.3　表内、表间关系 ·················· 056
4.3　《金融企业收入明细表》(A101020) ·················· 056
　　4.3.1　营业收入 ·················· 058
　　　　4.3.1.1　银行业务收入 ·················· 058
　　　　4.3.1.2　证券公司业务收入 ·················· 059
　　　　4.3.1.3　保险公司业务收入 ·················· 059
　　　　4.3.1.4　其他金融业务收入及汇兑收益 ·················· 059
　　4.3.2　营业外收入 ·················· 059
　　　　4.3.2.1　盘盈利得 ·················· 059
　　　　4.3.2.2　捐赠利得 ·················· 060
　　　　4.3.2.3　其他 ·················· 060
　　4.3.3　表内、表间关系 ·················· 060
4.4　《金融企业支出明细表》(A102020) ·················· 060
　　4.4.1　营业成本 ·················· 062
　　　　4.4.1.1　银行业务支出 ·················· 062
　　　　4.4.1.2　保险公司业务支出 ·················· 062
　　　　4.4.1.3　证券公司业务支出 ·················· 063
　　　　4.4.1.4　其他业务支出 ·················· 063
　　4.4.2　营业外支出 ·················· 063
　　　　4.4.2.1　捐赠支出 ·················· 064
　　　　4.4.2.2　非常损失 ·················· 064
　　　　4.4.2.3　其他 ·················· 064
　　4.4.3　表内、表间关系 ·················· 064
4.5　《事业单位、民间非营利组织收入、支出明细表》(A103000) ·················· 064
　　4.5.1　事业单位收入的填报 ·················· 065
　　4.5.2　民间非营利组织收入的填报 ·················· 066
　　4.5.3　事业单位支出的填报 ·················· 067
　　4.5.4　民间非营利组织支出的填报 ·················· 067
　　4.5.5　表内、表间关系 ·················· 068
4.6　《期间费用明细表》(A104000) ·················· 068
　　4.6.1　销售费用纳税申报 ·················· 069
　　　　4.6.1.1　销售费用内容 ·················· 069

　　　　4.6.1.2　销售费用申报 ··· 070
　　4.6.2　管理费用纳税申报 ··· 070
　　　　4.6.2.1　管理费用内容 ··· 070
　　　　4.6.2.2　管理费用申报 ··· 070
　　4.6.3　财务费用纳税申报 ··· 070
　　　　4.6.3.1　财务费用内容 ··· 070
　　　　4.6.3.2　财务费用申报 ··· 070
　　　　案例解析 4-3　期间费用的纳税申报 ·· 071
　　4.6.4　表内、表间关系 ··· 074

第 5 章　纳税调整表填报 ··· 076

5.1　《视同销售和房地产开发企业特定业务纳税调整明细表》(A105010) ··· 076
　5.1.1　视同销售业务 ··· 077
　　　5.1.1.1　视同销售的确认 ··· 077
　　　5.1.1.2　视同销售的计量 ··· 077
　　　5.1.1.3　视同销售业务的纳税申报 ·· 078
　　　案例解析 5-1　将自产货物用于职工福利业务纳税调整及申报 ············ 080
　　　案例解析 5-2　将自产货物用于捐赠业务纳税调整及申报 ·················· 081
　5.1.2　房地产企业特定业务调整 ··· 083
　　　5.1.2.1　房地产企业收入与成本费用确认的政策规定 ····················· 083
　　　5.1.2.2　房地产企业纳税申报方法 ·· 085
　　　案例解析 5-3　房地产企业取得预售收入当期纳税申报 ···················· 086
　　　案例解析 5-4　房地产企业多项目跨年度业务纳税申报 ···················· 087
　5.1.3　表内、表间关系 ··· 090

5.2　《未按权责发生制确认收入纳税调整明细表》(A105020) ············ 091
　5.2.1　跨期收取的租金、利息、特许权使用费收入 ···························· 092
　　　5.2.1.1　跨期收取的租金、利息、特许权使用费收入的会计核算 ······· 092
　　　5.2.1.2　跨期收取的租金、利息、特许权使用费收入的税收规定 ······· 092
　　　5.2.1.3　跨期收取的租金、利息、特许权使用费收入的纳税申报 ······· 093
　　　案例解析 5-5　特许权使用费收入纳税调整及申报 ·························· 093
　　　案例解析 5-6　租赁期限跨年度租金收入纳税调整及申报 ················· 094
　5.2.2　分期确认收入 ··· 097
　　　5.2.2.1　分期收款方式销售货物的税收规定 ································· 097
　　　5.2.2.2　分期收款方式销售货物的会计核算 ································· 097

         5.2.2.3 分期收款方式销售货物的纳税申报 ·· 097
      案例解析5-7 分期收款方式销售商品纳税申报 ································ 097
   5.2.3 政府补助递延收入 ·· 100
      5.2.3.1 政府补助递延确认收入的两种情况 ·· 100
      5.2.3.2 政府补助属于征税收入的纳税时间 ·· 101
      5.2.3.3 政府补助属于征税收入的纳税申报 ·· 101
      案例解析5-8 与收益相关的政府补助属于征税收入的纳税申报 ········ 101
      案例解析5-9 与资产相关的政府补助属于征税收入的纳税申报 ········ 103
   5.2.4 表内、表间关系 ·· 105
5.3 《投资收益纳税调整明细表》（A105030） ·· 106
   5.3.1 投资资产持有收益的纳税申报 ·· 108
      案例解析5-10 债权投资利息收入业务纳税调整及申报 ···················· 108
      案例解析5-11 权益性投资持有收益纳税调整及申报 ························ 111
   5.3.2 投资资产处置收益的纳税申报 ·· 113
      案例解析5-12 长期股权投资处置纳税申报 ·· 114
   5.3.3 表内、表间关系 ·· 115
5.4 《专项用途财政性资金纳税调整明细表》（A105040） ······························ 116
   5.4.1 专项用途财政性资金作为不征税收入的税收规定 ·························· 116
   5.4.2 不征税收入的政府补助会计核算方法 ·· 116
   5.4.3 不征税收入管理的时间要求及申报方式 ·· 118
   5.4.4 不征税收入与对应支出的调整申报方法 ·· 118
      5.4.4.1 不征税收入的调整申报方法 ·· 118
      5.4.4.2 不征税收入对应费用的调整申报方法 ······································ 119
      5.4.4.3 不征税收入对应的资产摊销调整申报方法 ······························ 119
      案例解析5-13 政府补助属于不征税收入的纳税调整及申报 ············ 119
      案例解析5-14 政府补助包括不征税收入和征税收入业务纳税调整及申报 ··· 121
   5.4.5 表内、表间关系 ·· 124
5.5 《职工薪酬支出及纳税调整明细表》（A105050） ······································ 124
   5.5.1 工资薪金的纳税申报 ·· 124
      5.5.1.1 工资薪金的税收政策 ·· 124
      5.5.1.2 工资薪金的纳税申报 ·· 127
      案例解析5-15 工资薪金纳税调整及申报 ·· 128
      案例解析5-16 现金结算的股权激励纳税调整及申报 ························ 129

案例解析 5-17　股票期权股权激励纳税调整及申报 …………………… 132
　5.5.2　职工福利费的纳税申报 ……………………………………………… 136
　　5.5.2.1　职工福利费的税收政策 ……………………………………… 136
　　5.5.2.2　职工福利费的纳税申报 ……………………………………… 136
　　　案例解析 5-18　职工福利费纳税调整及申报 ………………………… 137
　5.5.3　职工教育经费的纳税申报 …………………………………………… 138
　　5.5.3.1　职工教育经费税收政策 ……………………………………… 138
　　5.5.3.2　职工教育经费的纳税申报 …………………………………… 140
　　　案例解析 5-19　职工教育经费纳税调整及申报 ……………………… 141
　5.5.4　工会经费的纳税申报 ………………………………………………… 143
　　5.5.4.1　工会经费的税收政策 ………………………………………… 143
　　5.5.4.2　工会经费的纳税申报 ………………………………………… 143
　　　案例解析 5-20　工资及三项经费综合纳税调整及申报 ……………… 144
　5.5.5　各种保险及住房公积金的纳税申报 ………………………………… 145
　　5.5.5.1　各种保险及住房公积金的税收政策 ………………………… 145
　　5.5.5.2　各种保险费的纳税申报 ……………………………………… 147
　　　案例解析 5-21　职工保险费及住房公积金纳税调整及申报 ………… 147
　5.5.6　表内、表间关系 ……………………………………………………… 149
5.6　《广告费和业务宣传费等跨年度纳税调整明细表》(A105060) …………… 150
　5.6.1　广告费和业务宣传费 ………………………………………………… 150
　　5.6.1.1　广告费和业务宣传费税前扣除政策 ………………………… 150
　　5.6.1.2　广告费和业务宣传费纳税申报 ……………………………… 151
　　　案例解析 5-22　广告费、业务宣传费纳税调整及申报 ……………… 152
　　　案例解析 5-23　关联企业广告费、业务宣传费纳税调整及申报 …… 154
　5.6.2　保险企业佣金手续费 ………………………………………………… 159
　　5.6.2.1　保险企业佣金手续费税前扣除政策 ………………………… 159
　　5.6.2.2　保险企业佣金手续费纳税申报 ……………………………… 159
　　　案例解析 5-24　保险公司佣金手续费纳税调整及申报 ……………… 159
　5.6.3　表内、表间关系 ……………………………………………………… 160
5.7　《捐赠支出及纳税调整明细表》(A105070) ………………………………… 161
　5.7.1　捐赠支出税前扣除税收政策 ………………………………………… 161
　　5.7.1.1　公益性捐赠限额扣除政策 …………………………………… 161
　　5.7.1.2　公益性捐赠全额扣除政策 …………………………………… 164

         5.7.1.3 公益股权捐赠的扣除政策 ··· 164
         5.7.1.4 企业扶贫捐赠的扣除政策 ··· 165
         5.7.1.5 企业公共租赁住房捐赠的扣除政策 ······································· 165
   5.7.2 捐赠支出纳税调整及申报 ·· 165
         5.7.2.1 非公益性捐赠的纳税申报 ··· 165
         5.7.2.2 限额扣除公益性捐赠的纳税申报 ·· 166
         案例解析 5-25 限额扣除公益性捐赠纳税调整及申报 ···························· 167
         5.7.2.3 全额扣除公益性捐赠的纳税申报 ·· 167
         5.7.2.4 附列资料的纳税申报 ·· 169
         案例解析 5-26 以实物资产对外捐赠纳税调整及申报 ···························· 170
   5.7.3 表内、表间关系 ·· 171
5.8 《资产折旧、摊销及纳税调整明细表》(A105080) ······································ 173
   5.8.1 固定资产折旧 ·· 173
         5.8.1.1 固定资产折旧的税法规定 ··· 173
         5.8.1.2 固定资产折旧的纳税申报 ··· 181
         案例解析 5-27 固定资产折旧调增与调减综合业务及纳税申报 ················ 184
   5.8.2 无形资产摊销 ·· 187
         5.8.2.1 无形资产摊销的税法规定 ··· 187
         5.8.2.2 无形资产摊销的纳税申报 ··· 187
   5.8.3 长期待摊费用摊销 ··· 188
         5.8.3.1 长期待摊费用的税法规定 ··· 188
         5.8.3.2 长期待摊费用的纳税申报 ··· 189
   5.8.4 表内、表间关系 ·· 189
5.9 《资产损失税前扣除及纳税调整明细表》(A105090) ··································· 190
   5.9.1 资产损失税前扣除税收政策 ·· 190
         5.9.1.1 资产损失确认的税收政策 ··· 190
         5.9.1.2 资产损失管理的税收政策 ··· 194
   5.9.2 资产损失税前扣除的纳税申报 ··· 196
         5.9.2.1 非金融企业资产损失税前扣除的纳税申报 ······························ 197
         案例解析 5-28 非金融企业应收账款损失纳税申报 ······························· 197
         案例解析 5-29 非金融企业非货币资产损失纳税申报 ···························· 199
         5.9.2.2 金融企业资产损失税前扣除的纳税申报 ································· 200
         案例解析 5-30 金融企业贷款损失纳税调整及申报 ······························· 202

5.9.3 表内、表间关系 ··· 203
5.10 《企业重组及递延纳税事项纳税调整明细表》(A105100) ··················· 204
5.10.1 债务重组 ·· 204
5.10.1.1 以非货币资产清偿债务 ·· 206
案例解析5-31 以存货清偿债务纳税申报 ·································· 207
案例解析5-32 以固定资产清偿债务纳税申报 ··························· 208
5.10.1.2 债务转为资本的债务重组 ··· 210
案例解析5-33 "债转股"的债务重组业务纳税申报 ··················· 210
5.10.2 股权收购与资产收购 ··· 212
5.10.2.1 股权收购与资产收购的一般性税务处理 ····························· 213
5.10.2.2 股权收购与资产收购的特殊性税务处理 ····························· 213
5.10.2.3 股权收购与资产收购的纳税申报 ······································· 214
案例解析5-34 非同一控制下股权收购纳税申报 ······················· 215
案例解析5-35 资产收购业务的纳税申报 ·································· 216
5.10.3 企业合并与企业分立 ··· 218
5.10.3.1 合并与分立的一般性税务处理 ·· 219
5.10.3.2 合并与分立的特殊性税务处理 ·· 219
5.10.3.3 合并与分立的纳税申报 ·· 220
5.10.4 非货币性资产对外投资与技术入股 ··· 220
5.10.4.1 非货币性资产对外投资的税收政策 ···································· 220
5.10.4.2 技术成果对外投资的税收政策 ·· 221
5.10.4.3 递延纳税的纳税申报 ·· 222
案例解析5-36 非货币性资产对外投资业务纳税申报 ················ 222
5.10.5 股权划转与资产划转 ··· 225
5.10.5.1 股权划转与资产划转的税收政策 ······································· 225
5.10.5.2 股权划转与资产划转的纳税申报 ······································· 226
5.10.6 基础设施领域不动产投资信托基金 ··· 226
5.10.6.1 基础设施领域不动产投资信托基金(REITs)试点税收政策 ··· 226
5.10.6.2 基础设施领域不动产投资信托基金(REITs)的纳税申报 ······ 227
5.10.7 表内、表间关系 ·· 227
5.11 《政策性搬迁纳税调整明细表》(A105110) ·· 228
5.11.1 政策性搬迁税收政策 ··· 229
5.11.1.1 政策性搬迁所得的管理 ·· 229

          5.11.1.2 政策性搬迁收入的内容 ·· 230
          5.11.1.3 政策性搬迁支出的内容 ·· 231
     5.11.2 政策性搬迁的纳税申报 ··· 231
          5.11.2.1 搬迁收入的申报 ·· 231
          5.11.2.2 搬迁支出的申报 ·· 232
          5.11.2.3 搬迁所得的申报 ·· 233
          5.11.2.4 搬迁所得纳税调整的申报 ··· 233
          案例解析 5-37 政策性搬迁业务纳税调整及申报 ························ 233
     5.11.3 表内、表间关系 ·· 239
5.12 《贷款损失准备金及纳税调整明细表》(A105120) ···························· 239
     5.12.1 贷款损失准备金税前扣除政策 ·· 239
          5.12.1.1 金融企业一般贷款准备金政策 ·· 239
          5.12.1.2 金融企业涉农贷款和中小企业贷款准备金政策 ············· 241
          5.12.1.3 小额贷款公司贷款准备金政策 ·· 242
     5.12.2 贷款损失准备金纳税申报 ·· 242
          5.12.2.1 填报主体 ·· 243
          5.12.2.2 表单结构 ·· 243
          案例解析 5-38 贷款损失及贷款准备金纳税调整及申报 ·········· 244
     5.12.3 表内、表间关系 ·· 248
5.13 《纳税调整项目明细表》(A105000) ··· 248
     5.13.1 投资活动相关事项 ·· 250
          5.13.1.1 长期股权投资权益法下初始成本调整 ···························· 251
          5.13.1.2 交易性金融资产初始成本与公允价值变动损益 ············· 251
          案例解析 5-39 投资活动综合业务纳税调整及申报 ················· 252
     5.13.2 业务招待费 ·· 255
          5.13.2.1 业务招待费税前扣除政策 ·· 255
          5.13.2.2 业务招待费纳税调整及申报 ·· 256
          案例解析 5-40 业务招待费的纳税调整及申报 ························· 256
     5.13.3 利息支出 ·· 257
          5.13.3.1 向金融企业借款,借款费用的税法规定 ·························· 257
          5.13.3.2 向非金融企业及自然人借款,借款费用的税法规定 ······ 257
          5.13.3.3 借款费用纳税调整及申报 ·· 258
          案例解析 5-41 利息支出纳税调整及申报 ································ 258

5.13.4　不得扣除支出项目 ·· 260
　　　　5.13.4.1　不得扣除支出项目的税法规定 ······························ 260
　　　　5.13.4.2　不得扣除支出项目的纳税申报 ······························ 260
　　5.13.5　佣金和手续费支出 ·· 260
　　　　5.13.5.1　佣金和手续费税前扣除政策 ·································· 261
　　　　5.13.5.2　佣金和手续费的纳税申报 ····································· 261
　　　　　案例解析5-42　公司佣金手续费纳税调整及申报 ··············· 261
　　5.13.6　资产减值准备金 ··· 262
　　　　5.13.6.1　资产减值准备金的会计核算 ·································· 262
　　　　5.13.6.2　除特殊行业风险准备金的税法规定 ························· 263
　　　　5.13.6.3　除特殊行业风险准备金的纳税调整及申报 ··············· 263
　　　　　案例解析5-43　资产减值准备金纳税调整及申报 ··············· 264
　　5.13.7　发行永续债利息支出 ·· 265
　　　　5.13.7.1　永续债利息支出的所得税处理 ······························ 265
　　　　5.13.7.2　永续债利息支出的会计核算 ·································· 266
　　　　5.13.7.3　永续债利息支出的纳税调整及申报 ························· 267
　　5.13.8　特殊行业准备金 ··· 267
　　　　5.13.8.1　保险企业准备金税前扣除政策 ······························ 267
　　　　5.13.8.2　证券行业准备金税前扣除政策 ······························ 269
　　　　5.13.8.3　特殊行业准备金的纳税申报 ·································· 271
　　5.13.9　表内、表间关系 ··· 271

第6章　亏损弥补纳税申报表填报 ·· 274
6.1　亏损弥补税法及相关政策规定 ··· 274
　　6.1.1　亏损弥补的时间 ··· 274
　　　　6.1.1.1　亏损弥补期限的一般规定 ······································· 274
　　　　6.1.1.2　企业重组涉及的亏损弥补期限 ·································· 275
　　　　6.1.1.3　企业筹建期支出的处理期限 ····································· 276
　　　　6.1.1.4　清算所得弥补以前年度亏损期限的确认 ····················· 276
　　　　6.1.1.5　政策性搬迁亏损年度的确认 ····································· 276
　　6.1.2　弥补亏损的范围 ··· 277
6.2　《企业所得税弥补亏损明细表》(A106000) ···························· 277
　　6.2.1　允许税前弥补亏损的计算 ·· 277
　　6.2.2　亏损弥补的纳税申报 ··· 279

6.2.2.1　年度的填报 ·· 279
　　　6.2.2.2　当年境内所得额的填报 ·· 279
　　　6.2.2.3　合并与分立业务中亏损弥补的填报 ·· 279
　　　6.2.2.4　弥补亏损企业类型的填报 ··· 280
　　　6.2.2.5　弥补亏损的填报 ··· 280
　　　　案例解析 6-1　以境内所得弥补境内亏损纳税申报 ······························· 281
　　　　案例解析 6-2　高新技术企业弥补亏损纳税申报 ··································· 282
　　　　案例解析 6-3　以境外所得弥补境内亏损纳税申报 ······························· 283
　　　　案例解析 6-4　企业类型变化弥补亏损纳税申报 ··································· 285
　　　　案例解析 6-5　企业合并弥补亏损纳税申报 ·· 287
　　6.2.3　表内、表间关系 ··· 288

第7章　税收优惠纳税申报表填报 ·· 291

7.1　《符合条件的居民企业之间的股息、红利等权益性投资收益优惠明细表》（A107011） ·· 292

　7.1.1　投资业务基本信息申报 ··· 292
　7.1.2　持有期间取得股息、红利收益 ·· 294
　　　7.1.2.1　税收政策 ··· 294
　　　7.1.2.2　纳税申报 ··· 294
　7.1.3　清算时分回剩余财产中的股息、红利收益 ··· 294
　　　7.1.3.1　税收政策 ··· 294
　　　7.1.3.2　纳税申报 ··· 295
　7.1.4　撤资或减少投资时取得的股息、红利收益 ··· 295
　　　7.1.4.1　税收政策 ··· 295
　　　7.1.4.2　纳税申报 ··· 295
　　　　案例解析 7-1　权益性投资股息、红利收益免税申报 ·························· 296
　7.1.5　表内、表间关系 ·· 298

7.2　《研发费用加计扣除优惠明细表》（A107012） ·· 299

　7.2.1　自主研发、合作研发、集中研发优惠政策与申报 ································· 301
　　　7.2.1.1　人员人工费用 ··· 302
　　　7.2.1.2　直接投入费用 ··· 303
　　　7.2.1.3　固定资产折旧费用 ··· 304
　　　7.2.1.4　无形资产摊销费用 ··· 304
　　　7.2.1.5　新产品设计费用 ··· 305

7.2.1.6 其他相关费用ㆍㆍ 305

7.2.2 委托研发优惠政策与申报ㆍㆍㆍ 307

7.2.2.1 委托研发税收政策ㆍㆍㆍ 307

7.2.2.2 委托研发纳税申报ㆍㆍㆍ 308

7.2.3 本期研发费用加计扣除的计算与申报ㆍㆍㆍㆍㆍㆍㆍㆍㆍㆍㆍㆍㆍㆍㆍㆍㆍㆍㆍㆍㆍㆍㆍㆍㆍㆍㆍ 308

7.2.3.1 研发费用加计扣除的基数ㆍㆍ 308

7.2.3.2 研发费用加计扣除的比例ㆍㆍ 309

7.2.3.3 研发费用加计扣除的申报ㆍㆍㆍㆍㆍㆍㆍㆍㆍㆍㆍㆍㆍㆍㆍㆍㆍㆍㆍㆍㆍㆍㆍㆍㆍㆍㆍㆍㆍㆍㆍㆍㆍㆍㆍㆍㆍㆍㆍ 310

案例解析 7-2 研发费用加计扣除优惠申报ㆍㆍㆍㆍㆍㆍㆍㆍㆍㆍㆍㆍㆍㆍㆍㆍㆍㆍㆍㆍㆍㆍㆍㆍㆍ 312

7.2.4 表内、表间关系ㆍㆍ 317

7.3 《免税、减计收入及加计扣除优惠明细表》(A107010)ㆍㆍㆍㆍㆍㆍㆍㆍㆍㆍㆍㆍㆍㆍㆍ 318

7.3.1 免税收入优惠政策与申报ㆍㆍㆍ 320

7.3.1.1 国债利息收入ㆍㆍ 320

7.3.1.2 符合条件的居民企业之间的股息、红利等权益性投资收益ㆍㆍㆍ 320

7.3.1.3 永续债利息收入ㆍㆍㆍ 321

7.3.1.4 非营利组织的收入ㆍㆍㆍ 322

7.3.1.5 中国清洁发展机制基金及清洁发展机制项目收入ㆍㆍㆍㆍㆍㆍㆍㆍㆍㆍㆍ 323

7.3.1.6 投资者从证券投资基金分配中取得的收入ㆍㆍㆍㆍㆍㆍㆍㆍㆍㆍㆍㆍㆍㆍㆍㆍㆍㆍ 323

7.3.1.7 地方政府债券利息收入ㆍㆍ 324

7.3.1.8 保险保障基金有限责任公司免税收入ㆍㆍㆍㆍㆍㆍㆍㆍㆍㆍㆍㆍㆍㆍㆍㆍㆍㆍㆍㆍㆍㆍㆍㆍ 324

7.3.1.9 中国奥委会取得北京冬奥组委支付的收入ㆍㆍㆍㆍㆍㆍㆍㆍㆍㆍㆍㆍㆍㆍㆍㆍㆍㆍ 324

7.3.2 减计收入优惠政策与申报ㆍㆍㆍ 325

7.3.2.1 综合利用资源生产产品取得的收入ㆍㆍㆍㆍㆍㆍㆍㆍㆍㆍㆍㆍㆍㆍㆍㆍㆍㆍㆍㆍㆍㆍㆍㆍㆍㆍㆍ 325

7.3.2.2 金融、保险等机构取得的涉农利息、保费减计收入ㆍㆍㆍㆍㆍㆍㆍ 325

7.3.2.3 取得铁路债券利息收入ㆍㆍㆍ 325

7.3.2.4 取得社区家庭服务收入ㆍㆍ 326

7.3.3 加计扣除优惠政策与申报ㆍㆍㆍ 326

7.3.3.1 研发费用加计扣除ㆍㆍ 326

7.3.3.2 残疾人员工资加计扣除ㆍㆍ 327

7.3.3.3 企业投入基础研究支出加计扣除ㆍㆍㆍㆍㆍㆍㆍㆍㆍㆍㆍㆍㆍㆍㆍㆍㆍㆍㆍㆍㆍㆍㆍㆍㆍㆍㆍㆍㆍ 328

7.3.3.4 高新技术企业设备器具加计扣除ㆍㆍㆍㆍㆍㆍㆍㆍㆍㆍㆍㆍㆍㆍㆍㆍㆍㆍㆍㆍㆍㆍㆍㆍㆍㆍㆍㆍ 329

案例解析 7-3 免税、减计收入和加计扣除优惠申报ㆍㆍㆍㆍㆍㆍㆍㆍㆍㆍㆍㆍㆍㆍ 330

7.3.4 表内、表间关系ㆍㆍ 331

7.4 《所得减免优惠明细表》(A107020) ······ 332
7.4.1 所得减免优惠政策 ······ 332
7.4.1.1 农、林、牧、渔业项目所得 ······ 332
7.4.1.2 国家重点扶持的公共基础设施项目所得 ······ 335
7.4.1.3 环境保护、节能节水项目所得 ······ 336
7.4.1.4 技术转让所得 ······ 336
7.4.1.5 非居民企业取得的免税所得 ······ 337
7.4.1.6 清洁发展机制项目 ······ 337
7.4.1.7 节能服务企业合同能源管理项目 ······ 338
7.4.1.8 集成电路生产项目 ······ 339
7.4.2 所得减免优惠申报 ······ 340
7.4.2.1 所得减免优惠明细表列次填报 ······ 340
7.4.2.2 所得减免优惠明细表行次填报 ······ 342
案例解析 7-4 基础设施项目所得减免优惠申报 ······ 343
案例解析 7-5 企业技术转让所得减免优惠申报 ······ 345
7.4.3 表内、表间关系 ······ 346

7.5 《抵扣应纳税所得额明细表》(A107030) ······ 347
7.5.1 抵扣应纳税所得额政策 ······ 348
7.5.2 享受政策的投资主体和被投资主体条件 ······ 349
7.5.2.1 创业投资企业的条件 ······ 349
7.5.2.2 初创科技型企业的判断 ······ 349
7.5.3 合伙创投企业法人合伙人投资额的计算 ······ 350
7.5.4 抵扣应纳税所得额优惠申报 ······ 351
7.5.4.1 创业投资企业直接投资抵扣应纳税所得额 ······ 351
7.5.4.2 有限合伙制创业投资企业法人合伙人抵扣应纳税所得额 ······ 351
7.5.4.3 抵扣应纳税所得额合计 ······ 352
案例解析 7-6 创业投资企业抵扣应纳税所得额申报 ······ 352
7.5.5 表内、表间关系 ······ 354

7.6 《高新技术企业优惠情况及明细表》(A107041) ······ 355
7.6.1 高新技术企业认定条件 ······ 356
7.6.2 高新技术企业认定关键指标 ······ 357
7.6.2.1 高新技术产品(服务)与主要产品(服务) ······ 357
7.6.2.2 高新技术产品(服务)收入占比 ······ 357

  7.6.2.3 企业科技人员占比 ………………………………………… 358
  7.6.2.4 企业研究开发费用占比 ……………………………………… 358
 7.6.3 高新技术企业优惠政策 ………………………………………………… 360
 7.6.4 高新技术企业优惠申报方法 …………………………………………… 360
  7.6.4.1 基本信息填报 ………………………………………………… 360
  7.6.4.2 税收优惠相关指标填报 ……………………………………… 360
  7.6.4.3 税收优惠金额填报 …………………………………………… 362
   案例解析7-7 高新技术企业税收优惠申报 ………………………… 363
 7.6.5 表内、表间关系 ………………………………………………………… 366

7.7 《软件、集成电路企业优惠情况及明细表》(A107042) ………………… 366
 7.7.1 软件、集成电路企业认定 ……………………………………………… 366
  7.7.1.1 集成电路生产企业 …………………………………………… 366
  7.7.1.2 集成电路设计企业 …………………………………………… 368
  7.7.1.3 软件企业 ……………………………………………………… 369
  7.7.1.4 集成电路封装、测试企业 …………………………………… 370
  7.7.1.5 集成电路关键专用材料生产企业、集成电路专用设备生产企业 … 370
 7.7.2 软件、集成电路企业关键指标 ………………………………………… 371
 7.7.3 软件、集成电路企业优惠政策 ………………………………………… 372
  7.7.3.1 软件、集成电路企业优惠新政策 …………………………… 372
  7.7.3.2 软件、集成电路企业优惠原政策 …………………………… 373
  7.7.3.3 软件、集成电路企业优惠新政策与原政策衔接 …………… 375
 7.7.4 软件、集成电路企业优惠申报 ………………………………………… 375
  7.7.4.1 税收优惠基本信息填报 ……………………………………… 375
  7.7.4.2 税收优惠有关情况填报 ……………………………………… 377
   案例解析7-8 集成电路生产企业纳税申报 ………………………… 379
 7.7.5 表内、表间关系 ………………………………………………………… 381

7.8 《减免所得税优惠明细表》(A107040) ………………………………… 383
 7.8.1 小型微利企业减免所得税 ……………………………………………… 385
  7.8.1.1 小型微利企业所得税优惠政策 ……………………………… 385
  7.8.1.2 小型微利企业减免所得税申报 ……………………………… 386
   案例解析7-9 小型微利企业减免所得税优惠申报 ………………… 386
 7.8.2 高新技术企业减免所得税 ……………………………………………… 387
 7.8.3 集成电路生产企业和软件企业减免所得税 …………………………… 388

- 7.8.4 特殊行业或组织减免所得税 388
  - 7.8.4.1 动漫企业 388
  - 7.8.4.2 经营性文化事业单位转制为企业 390
  - 7.8.4.3 生产和装配伤残人员专门用品企业 390
  - 7.8.4.4 技术先进型服务企业 391
  - 7.8.4.5 北京冬奥组委、北京冬奥会测试赛赛事组委会 392
  - 7.8.4.6 从事污染防治的第三方企业 392
- 7.8.5 特殊群体创业减免所得税 394
  - 7.8.5.1 企业招用建档立卡贫困人口所得税优惠 394
  - 7.8.5.2 自主就业退役士兵创业就业所得税优惠 395
- 7.8.6 特定区域企业减免所得税 395
  - 7.8.6.1 设在西部地区的鼓励类产业企业 395
  - 7.8.6.2 新疆困难地区新办企业 396
  - 7.8.6.3 广东横琴粤澳、福建平潭、深圳前海、广州南沙等地区的鼓励类产业企业 398
  - 7.8.6.4 上海自贸试验区临港新片区的重点企业 400
  - 7.8.6.5 海南自由贸易港鼓励类企业 401
  - 7.8.6.6 中关村国家自主创新示范区公司型创业投资企业 402
- 7.8.7 特殊行次申报减免所得税 403
  - 7.8.7.1 企业所得税叠加享受减免税优惠调整 403
    - 案例解析 7-10 企业所得税叠加享受减免税优惠的申报 404
- 7.8.8 表内、表间关系 405

7.9 《税额抵免优惠明细表》（A107050）...... 407
- 7.9.1 税额抵免优惠政策 407
- 7.9.2 税额抵免优惠申报 409
  - 7.9.2.1 抵免前应纳所得税额的填报 410
  - 7.9.2.2 可以抵免的税额的填报 410
  - 7.9.2.3 可以抵免的税额实际抵免情况填报 410
  - 7.9.2.4 本年可以抵免税额的设备新增统计情况 411
    - 案例解析 7-11 专用设备投资额抵减应纳税额优惠申报 411
- 7.9.3 表内、表间关系 413

第8章 境外所得税收抵免申报表填报 414

8.1 《境外所得纳税调整后所得明细表》（A108010）...... 415
- 8.1.1 境外税后所得 415

          8.1.1.1 境外税后所得的内容 ……………………………… 415
          8.1.1.2 境外税后所得的申报 ……………………………… 415
      8.1.2 境外所得可抵免的所得税额 …………………………………… 417
          8.1.2.1 境外所得可抵免的所得税额内容 ………………… 417
          8.1.2.2 境外所得可抵免的所得税额申报 ………………… 418
      8.1.3 境外所得纳税调整 ……………………………………………… 418
          8.1.3.1 境外所得纳税调整项目 …………………………… 418
          8.1.3.2 境外所得纳税调整项目申报 ……………………… 419
              案例解析 8-1 境外所得纳税调整后所得申报 ……………… 419
      8.1.4 企业新增境外直接投资所得 …………………………………… 420
          8.1.4.1 企业境外投资免税政策 …………………………… 420
          8.1.4.2 企业境外投资申报 ………………………………… 420
      8.1.5 表内、表间关系 ………………………………………………… 423
  8.2 《境外分支机构弥补亏损明细表》(A108020) ……………………… 424
      8.2.1 境外分支机构弥补亏损政策 …………………………………… 425
      8.2.2 境外分支机构弥补亏损申报 …………………………………… 425
          案例解析 8-2 境外分支机构弥补亏损申报 …………………… 426
      8.2.3 表内、表间关系 ………………………………………………… 428
  8.3 《跨年度结转抵免境外所得税明细表》(A108030) ………………… 428
      8.3.1 跨年度结转抵免境外所得税政策 ……………………………… 428
      8.3.2 跨年度结转抵免境外所得税申报 ……………………………… 430
          案例解析 8-3 跨年度结转抵免境外所得税申报 ……………… 430
      8.3.3 表内、表间关系 ………………………………………………… 431
  8.4 《境外所得税收抵免明细表》(A108000) …………………………… 431
      8.4.1 境外所得税收抵免申报方法 …………………………………… 434
          8.4.1.1 境外所得税收抵免行次填报 ……………………… 434
          8.4.1.2 境外所得税收抵免列次填报 ……………………… 434
              案例解析 8-4 境外所得税收抵免综合业务申报 …………… 435
      8.4.2 表内、表间关系 ………………………………………………… 438

第9章 跨地区经营汇总纳税企业申报 …………………………………… 441
  9.1 跨地区经营汇总纳税企业管理办法 ………………………………… 441
      9.1.1 汇总纳税分支机构的确定 ……………………………………… 441
          9.1.1.1 二级分支机构的一般规定 ………………………… 441

        9.1.1.2 二级分支机构的特殊规定 442
    9.1.2 汇总纳税企业汇算清缴管理 442
        9.1.2.1 汇总纳税企业汇算清缴税款计算与分配 442
        9.1.2.2 汇总纳税汇算清缴申报材料管理 443
    9.1.3 汇总纳税企业应纳税额计算 443
        9.1.3.1 汇总纳税应纳税额的一般分配方法 443
        9.1.3.2 汇总纳税企业应纳税额的特殊分配方法 444
9.2 跨地区经营汇总纳税企业纳税申报 445
    9.2.1 《企业所得税汇总纳税分支机构所得税分配表》(A109010) 445
        9.2.1.1 填报方法 446
        9.2.1.2 表内、表间关系 446
    9.2.2 《跨地区经营汇总纳税企业年度分摊企业所得税明细表》(A109000) 447
        9.2.2.1 填报方法 448
        9.2.2.2 表内、表间关系 450
        案例解析9-1 跨地区经营汇总纳税企业汇算清缴纳税申报 450

第1章

企业所得税汇算清缴概述

1.1 企业所得税汇算清缴要求

1.1.1 企业所得税汇算清缴概念

为加强企业所得税征收管理,规范企业所得税汇算清缴管理工作,国家税务总局于2009年4月16日印发了《企业所得税汇算清缴管理办法》(国税发〔2009〕79号印发)(以下简称《汇缴办法》),规定凡在纳税年度内从事生产、经营(包括试生产、试经营),或在纳税年度中间终止经营活动的纳税人,无论是否在减税、免税期间,也无论盈利或亏损,均应按照《中华人民共和国企业所得税法》(以下简称《企业所得税法》)及其实施条例和《汇缴办法》的有关规定进行企业所得税汇算清缴。

企业所得税汇算清缴,是指纳税人自纳税年度终了之日起5个月内或实际经营终止之日起60日内,依照税收法律、法规、规章及其他有关企业所得税的规定,自行计算本纳税年度应纳税所得额和应纳所得税额,根据月度或季度预缴企业所得税的数额,确定该纳税年度应补或者应退税额,并填写企业所得税年度纳税申报表,向主管税务机关办理企业所得税年度纳税申报、提供税务机关要求的有关资料、结清全年企业所得税税款的行为。

1.1.2 企业所得税汇算清缴对纳税人的要求

1.1.2.1 企业所得税汇算清缴主体要求

除实行核定定额征收企业所得税的纳税人不进行汇算清缴外,其他所有企业均应该进行汇算清缴,无论企业是否在减税、免税期间,也无论企业实际经营情况是盈利还是亏损。

纳税人在年度中间发生解散、破产、撤销等终止生产经营情形,需进行企业所得税清算的,或者有其他情形依法终止纳税义务的,应向主管税务机关办理企业所得税汇算清缴。

1.1.2.2 企业所得税汇算清缴时间要求

1）正常申报

正常经营情况下，纳税人应当自纳税年度终了之日起5个月内，进行汇算清缴，结清应缴应退企业所得税税款。由于纳税人12月或者第四季度的企业所得税预缴纳税申报，应在纳税年度终了后15日内完成，因此企业应在预缴申报后进行当年的企业所得税汇算清缴。

如果纳税人在年度中间发生解散、破产、撤销等终止生产经营情形，需进行企业所得税清算，应在清算前报告主管税务机关，并自实际经营终止之日起60日内进行汇算清缴；纳税人有其他情形依法终止纳税义务的，应当自停止生产、经营之日起60日内，向主管税务机关办理企业所得税汇算清缴。

2）延期申报

纳税人因不可抗力，不能在汇算清缴期内办理企业所得税年度纳税申报或备齐企业所得税年度纳税申报资料的，应按照《中华人民共和国税收征收管理法》（以下简称《税收征管法》）及其实施细则的规定，申请办理延期纳税申报。

纳税人在汇算清缴期内发现当年企业所得税申报有误的，可在汇算清缴期内重新办理企业所得税年度纳税申报。

3）税款缴纳

纳税人在纳税年度内预缴企业所得税税款少于应缴企业所得税税款的，应在汇算清缴期内结清应补缴的企业所得税税款；预缴税款超过应纳税款的，主管税务机关应及时按有关规定办理退税，或者经纳税人同意后抵缴其下一年度应缴企业所得税税款。①

纳税人因有特殊困难，不能在汇算清缴期内补缴企业所得税款的，应按照《税收征管法》及其实施细则的有关规定，办理申请延期缴纳税款手续。

1.1.2.3 企业所得税汇算清缴资料管理

纳税人办理企业所得税年度纳税申报时，应如实填写和报送下列有关资料：

（1）企业所得税年度纳税申报表及其附表。

（2）财务报表。

（3）备案事项相关资料。

（4）总机构及分支机构基本情况、分支机构征税方式、分支机构的预缴税情况。

（5）委托中介机构代理纳税申报的，应出具双方签订的代理合同，并附送中介机

---

① 根据《国家税务总局关于企业所得税年度汇算清缴有关事项的公告》（国家税务总局公告2021年第34号）的规定，"或者经纳税人同意后抵缴其下一年度应缴企业所得税税款"的规定自2021年1月1日起废止，适用于2021年度及以后年度企业所得税汇算清缴。

构出具的包括纳税调整的项目、原因、依据、计算过程、调整金额等内容的报告。

（6）涉及关联方业务往来的，同时报送《中华人民共和国企业年度关联业务往来报告表》。

（7）主管税务机关要求报送的其他有关资料。

纳税人采用电子方式办理企业所得税年度纳税申报的，应按照有关规定保存有关资料或附报纸质纳税申报资料。

风险提示 企业应对纳税申报材料的真实性、准确性和完整性负法律责任。

1.1.3 企业所得税汇算清缴对税务机关的要求

各级税务机关要结合当地实际，对每一纳税年度的汇算清缴工作进行统一安排和组织部署。汇算清缴管理工作由具体负责企业所得税日常管理的部门组织实施。税务机关内部各职能部门应充分协调和配合，共同做好汇算清缴的管理工作。

1.1.3.1 企业所得税汇算清缴的准备

各级税务机关应在汇算清缴开始之前和汇算清缴期间，主动为纳税人提供税收服务。采用多种形式进行宣传，帮助纳税人了解企业所得税政策、征管制度和办税程序。积极开展纳税辅导，帮助纳税人知晓汇算清缴范围、时间要求、报送资料及其他应注意的事项。必要时税务机关应组织纳税培训，帮助纳税人进行企业所得税自核自缴。

1.1.3.2 企业所得税申报材料的审核

1）材料完整性审核

主管税务机关受理纳税人企业所得税年度纳税申报表和有关资料时，如发现企业未按规定报齐有关资料或填报项目不完整的，应及时告知企业在汇算清缴期内补齐补正。

2）材料准确性审核

主管税务机关受理纳税人年度纳税申报后，应对纳税人年度纳税申报表的逻辑性和有关资料的完整性、准确性进行审核。审核重点主要包括以下内容：

（1）纳税人企业所得税年度纳税申报表及其附表与企业财务报表有关项目的数字是否相符，各项目之间的逻辑关系是否对应，计算是否正确。

（2）纳税人是否按规定弥补以前年度亏损额和结转以后年度待弥补的亏损额。

（3）纳税人是否符合税收优惠条件、税收优惠的确认和申请是否符合规定程序。

（4）纳税人税前扣除的财产损失是否真实、是否符合有关规定程序。跨地区经营汇总缴纳企业所得税的纳税人，其分支机构税前扣除的财产损失是否由分支机构所在地主管税务机关出具证明。

(5) 纳税人有无预缴企业所得税的完税凭证,完税凭证上填列的预缴数额是否真实。跨地区经营汇总缴纳企业所得税的纳税人及其所属分支机构预缴的税款是否与《中华人民共和国企业所得税汇总纳税分支机构分配表》中分配的数额一致。

(6) 纳税人企业所得税和其他各税种之间的数据是否相符、逻辑关系是否吻合。

1.1.3.3 企业所得税汇算清缴工作总结

汇算清缴工作结束后,税务机关应按照国家税务总局的有关规定组织开展汇算清缴数据分析、纳税评估和检查,并认真总结,写出书面总结报告逐级上报。各省、自治区、直辖市和计划单列市税务局应在每年7月底前将汇算清缴工作总结报告、年度企业所得税汇总报表报送国家税务总局(所得税司)。总结报告的内容应包括以下内容:

(1) 汇算清缴工作的基本情况。

(2) 企业所得税税源结构的分布情况。

(3) 企业所得税收入增减变化及原因。

(4) 企业所得税政策和征管制度贯彻落实中存在的问题和改进建议。

1.2 企业所得税纳税申报表修订

《中华人民共和国企业所得税年度纳税申报表(A类,2014年版)》[以下简称《年度纳税申报表(A类,2014年版)》]由《国家税务总局关于发布〈中华人民共和国企业所得税年度纳税申报表(A类,2014年版)〉的公告》(国家税务总局公告2014年第63号)发布以来,对协助纳税人履行纳税义务,提高纳税遵从度,加强企业所得税科学化、专业化、精细化管理发挥了积极作用。但是,随着企业所得税相关政策不断完善,税务系统"放管服"改革不断深化,《年度纳税申报表(A类,2014年版)》已不能满足纳税申报需要。为全面落实企业所得税相关政策,进一步优化税收环境,减轻纳税人办税负担,国家税务总局对企业所得税年度纳税申报表进行了多次优化、简化和修订。

1.2.1 《年度纳税申报表(A类,2017年版)》的发布

1.2.1.1 公告名称及适用时间

2017年12月29日,国家税务总局发布了《国家税务总局关于发布〈中华人民共和国企业所得税年度纳税申报表(A类,2017年版)〉的公告》(国家税务总局公告2017年第54号),该公告适用于2017年度及以后年度企业所得税汇算清缴纳税申报。

《中华人民共和国企业所得税年度纳税申报表(A类,2017年版)》[以下简称《年度纳税申报表(A类,2017年版)》]在保持《年度纳税申报表(A类,2014年版)》整体架

构不变的前提下,遵循"精简表单、优化结构、方便填报"的原则,进一步优化纳税人填报体验,在填报难度上做"减法",在填报质量上做"加法",在填报服务上做"乘法"。

1.2.1.2 修订思路和修订内容

1) 报表结构更合理

以征纳互信为基础,立足表单和数据项的能用、易用和够用,为便利纳税人申报,缩减申报准备时间,《年度纳税申报表(A类,2017年版)》精简了表单,表单数量减少10%,进一步减轻了纳税人填报负担,确保税收征管效能得到持续提升。

从表单结构来看,全套申报表分为基础信息表(1张)、主表(1张)、一级明细表(6张)、二级明细表(25张)和三级明细表(4张),表单数据逐级汇总,环环相扣。

从使用频率来看,绝大部分纳税人实际填报的常用表单数量在8~10张。除此之外,纳税人应当根据行业类型、业务发生情况正确选择适合本企业的表单。

2) 落实政策更精准

助力供给侧结构性改革,鼓励企业创新发展,为了贯彻落实好相关所得税优惠政策,《年度纳税申报表(A类,2017年版)》对相应附表或表单栏次进行了优化与调整,以贯彻落实国家的一系列重大决策部署为核心,确保各项所得税政策得到有效贯彻与执行。

3) 填报过程更便捷

为使纳税人能够准确填报,《年度纳税申报表(A类,2017年版)》进一步优化了报表勾稽关系,为智能填报创造条件。以精准填报为目标、以智能填报为保障,确保所得税申报数据质量得到显著提升。

1.2.2 《年度纳税申报表(A类,2017年版)》第一次修订

1.2.2.1 公告名称及适用时间

2018年12月17日,国家税务总局发布《国家税务总局关于修订〈中华人民共和国企业所得税年度纳税申报表(A类,2017年版)〉部分表单样式及填报说明的公告》(国家税务总局公告2018年第57号),该公告适用于2018年度及以后年度企业所得税汇算清缴纳税申报。

1.2.2.2 修订思路和修订内容

1) 落实政策要求

根据企业所得税相关政策,修订《职工薪酬支出及纳税调整明细表》(A105050)、《资产折旧、摊销及纳税调整明细表》(A105080)、《资产损失税前扣除及纳税调整明细表》(A105090)、《企业所得税弥补亏损明细表》(A106000)、《免税、减计收入及加计扣除优惠明细表》(A107010)、《研发费用加计扣除优惠明细表》(A107012)、《所得减免优惠明细表》(A107020)、《减免所得税优惠明细表》(A107040)、《境外分支机构

弥补亏损明细表》(A108020)等9张表单。

2）简并优化表单

在不增加纳税人填报负担的基础上，对封面、《企业所得税年度纳税申报表填报表单》，以及《企业所得税年度纳税申报基础信息表》(A000000)、《纳税调整项目明细表》(A105000)、《高新技术企业优惠情况及明细表》(A107041)、《软件、集成电路企业优惠情况及明细表》(A107042)等4张表单相关项目进行优化、整合。

3）解决实际问题

根据实际填报情况和反馈建议，对《中华人民共和国企业所得税年度纳税申报表(A类)》(A100000)、《投资收益纳税调整明细表》(A105030)、《境外所得税收抵免明细表》(A108000)等3张表单的填报说明进行局部修订。

1.2.3 《年度纳税申报表（A类，2017年版）》第二次修订

1.2.3.1 公告名称及适用时间

2019年12月9日，国家税务总局发布《国家税务总局关于修订企业所得税年度纳税申报表有关问题的公告》（国家税务总局公告2019年第41号），该公告适用于2019年度及以后年度企业所得税汇算清缴纳税申报。

1.2.3.2 修订思路和修订内容

1）落实相关政策

对《企业所得税年度纳税申报表填报表单》等7张表单样式和填报说明、《中华人民共和国企业所得税年度纳税申报表(A类)》(A100000)等3张表单填报说明进行修订。

2）优化填报口径

对《企业所得税弥补亏损明细表》(A106000)、《境外所得纳税调整后所得明细表》(A108010)中个别数据项的填报说明进行完善。

3）减轻企业负担

取消《研发项目可加计扣除研究开发费用情况归集表》填报和《"研发支出"辅助账汇总表》报送要求。企业申报享受研发费用加计扣除政策时，不再填报《研发项目可加计扣除研究开发费用情况归集表》和报送《"研发支出"辅助账汇总表》，《"研发支出"辅助账汇总表》由企业留存备查。

1.2.4 《年度纳税申报表（A类，2017年版）》第三次修订

1.2.4.1 公告名称及适用时间

2020年12月30日，国家税务总局发布《国家税务总局关于修订企业所得税年

度纳税申报表的公告》(国家税务总局公告 2020 年第 24 号),该公告适用于 2020 年度及以后年度企业所得税汇算清缴纳税申报。

1.2.4.2 修订思路和修订内容

1) 落实相关政策

2020 年以来,为落实支持新冠肺炎疫情防控和企业复工、复产,支持海南自由贸易港建设,促进集成电路和软件产业高质量发展等,财政部联合国家税务总局及相关部门密集出台了多项企业所得税政策。为落实这些政策的实施,本次修订相关表单样式及其填报说明共 8 张,包括《企业所得税年度纳税申报基础信息表》(A000000)、《捐赠支出及纳税调整明细表》(A105070)、《资产折旧、摊销及纳税调整明细表》(A105080)、《企业所得税弥补亏损明细表》(A106000)、《所得减免优惠明细表》(A107020)、《减免所得税优惠明细表》(A107040)、《软件、集成电路企业优惠情况及明细表》(A107042)、《境外所得纳税调整后所得明细表》(A108010)。

2) 减轻申报负担

对金融企业贷款损失业务申报进行大幅度调整,涉及表单样式及其填报说明,包括《资产损失税前扣除及纳税调整明细表》(A105090)、《特殊行业准备金及纳税调整明细表》(A105120)、《纳税调整项目明细表》(A105000)等。其中,《特殊行业准备金及纳税调整明细表》(A105120)调整为《贷款损失准备金及纳税调整明细表》(A105120)。

1.2.5 《年度纳税申报表(A 类,2017 年版)》第四次修订

1.2.5.1 公告名称及适用时间

2021 年 12 月 31 日,国家税务总局发布《国家税务总局关于企业所得税年度汇算清缴有关事项的公告》(国家税务总局公告 2021 年第 34 号),该公告适用于 2021 年度及以后年度企业所得税汇算清缴纳税申报。

1.2.5.2 修订思路和修订内容

1) 优化办税服务

对《企业所得税年度纳税申报基础信息表》(A000000)、《中华人民共和国企业所得税年度纳税申报表(A 类)》(A100000)、《资产折旧、摊销及纳税调整明细表》(A105080)、《免税、减计收入及加计扣除优惠明细表》(A107010)、《所得减免优惠明细表》(A107020)、《减免所得税优惠明细表》(A107040)、《软件、集成电路企业优惠情况及明细表》(A107042)、《境外所得纳税调整后所得明细表》(A108010)、

《跨地区经营汇总纳税企业年度分摊企业所得税明细表》(A109000)的表单样式及填报说明进行修订;对《研发费用加计扣除优惠明细表》(A107012)的填报说明进行修订。

2）减轻办税负担

纳税人在纳税年度内预缴企业所得税税款超过汇算清缴应纳税款的,纳税人应及时申请退税,主管税务机关应及时按有关规定办理退税,不再抵缴其下一年度应缴企业所得税税款。

1.2.6　《年度纳税申报表（A类，2017年版）》第五次修订

1.2.6.1　公告名称及适用时间

2022年12月30日,国家税务总局发布的《国家税务总局关于企业所得税年度纳税申报有关事项的公告》(国家税务总局公告2022年第27号)规定,本公告适用于2022年度及以后年度企业所得税汇算清缴纳税申报。

1.2.6.2　修订思路和修订内容

1）落实相关政策

对《中华人民共和国企业所得税年度纳税申报表（A类，2017年版）》部分表单和填报说明进行修订,具体包括对《资产折旧、摊销及纳税调整明细表》(A105080)、《企业重组及递延纳税事项纳税调整明细表》(A105100)、《免税、减计收入及加计扣除优惠明细表》(A107010)、《研发费用加计扣除优惠明细表》(A107012)、《减免所得税优惠明细表》(A107040)的表单样式及填报说明进行修订;对《纳税调整项目明细表》(A105000)的填报说明进行修订。

2）减轻纳税人办税负担

企业搬迁完成当年,向主管税务机关报送企业所得税年度纳税申报表时,不再报送《企业政策性搬迁清算损益表》。

1.3　《年度纳税申报表（A类,2017年版）》封面与《企业所得税年度纳税申报表填报表单》

1.3.1　《年度纳税申报表（A类,2017年版）》封面

1.3.1.1　《年度纳税申报表（A类,2017年版）》封面样式

《年度纳税申报表(A类,2017年版)》封面样式如表1-3-6所示。

表1-3-1 中华人民共和国企业所得税年度纳税申报表封面
(A类,2017年版)

税款所属期间： 　年　月　日至　　年　月　日

纳税人识别号(统一社会信用代码)：□□□□□□□□□□□□□□□□□□

纳税人名称：

金额单位：人民币元(列至角分)

谨声明：本纳税申报表是根据国家税收法律法规及相关规定填报的,是真实的、可靠的、完整的。

纳税人(签章)：　　　年　月　日

经办人：	受理人：
经办人身份证号：	受理税务机关(章)：
代理机构签章：	受理日期：　年　月　日

国家税务总局监制

1.3.1.2 《年度纳税申报表（A类，2017年版）》封面填报方法

《年度纳税申报表(A类,2017年版)》适用于实行查账征收企业所得税的居民企业纳税人填报。有关项目填报说明如下：

（1）"税款所属期间"，正常经营的纳税人，填报公历当年1月1日至12月31日；纳税人年度中间开业的，填报实际生产经营之日至当年12月31日；纳税人年度中间发生合并、分立、破产、停业等情况的，填报公历当年1月1日至实际停业或法院裁定并宣告破产之日；纳税人年度中间开业且年度中间又发生合并、分立、破产、停业等情况的，填报实际生产经营之日至实际停业或法院裁定并宣告破产之日。

（2）"纳税人识别号(统一社会信用代码)"，填报有关部门核发的统一社会信用代码；未取得统一社会信用代码的，填报税务机关核发的纳税人识别号。

（3）"纳税人名称"，填报营业执照、税务登记证等证件载明的纳税人名称。

（4）"填报日期"，填报纳税人申报当日日期。

（5）纳税人聘请机构代理申报的，加盖代理机构公章。

1.3.2 申报表填报表单

1.3.2.1 《企业所得税年度纳税申报表填报表单》内容

《企业所得税年度纳税申报表填报表单》内容如表1-3-2所示。

表 1-3-2　企业所得税年度纳税申报表填报表单

表单编号	表单名称	是否填报
A000000	企业所得税年度纳税申报基础信息表	√
A100000	中华人民共和国企业所得税年度纳税申报表(A类)	√
A101010	一般企业收入明细表	□
A101020	金融企业收入明细表	□
A102010	一般企业成本支出明细表	□
A102020	金融企业支出明细表	□
A103000	事业单位、民间非营利组织收入、支出明细表	□
A104000	期间费用明细表	□
A105000	纳税调整项目明细表	□
A105010	视同销售和房地产开发企业特定业务纳税调整明细表	□
A105020	未按权责发生制确认收入纳税调整明细表	□
A105030	投资收益纳税调整明细表	□
A105040	专项用途财政性资金纳税调整明细表	□
A105050	职工薪酬支出及纳税调整明细表	□
A105060	广告费和业务宣传费等跨年度纳税调整明细表	□
A105070	捐赠支出及纳税调整明细表	□
A105080	资产折旧、摊销及纳税调整明细表	□
A105090	资产损失税前扣除及纳税调整明细表	□
A105100	企业重组及递延纳税事项纳税调整明细表	□
A105110	政策性搬迁纳税调整明细表	□
A105120	贷款损失准备金及纳税调整明细表	□
A106000	企业所得税弥补亏损明细表	□
A107010	免税、减计收入及加计扣除优惠明细表	□
A107011	符合条件的居民企业之间的股息、红利等权益性投资收益优惠明细表	□
A107012	研发费用加计扣除优惠明细表	□
A107020	所得减免优惠明细表	□
A107030	抵扣应纳税所得额明细表	□
A107040	减免所得税优惠明细表	□
A107041	高新技术企业优惠情况及明细表	□
A107042	软件、集成电路企业优惠情况及明细表	□
A107050	税额抵免优惠明细表	□
A108000	境外所得税收抵免明细表	□
A108010	境外所得纳税调整后所得明细表	□

(续表)

表单编号	表单名称	是否填报
A108020	境外分支机构弥补亏损明细表	☐
A108030	跨年度结转抵免境外所得税明细表	☐
A109000	跨地区经营汇总纳税企业年度分摊企业所得税明细表	☐
A109010	企业所得税汇总纳税分支机构所得税分配表	☐
说明：企业应当根据实际情况选择需要填报的表单。		

1.3.2.2 《企业所得税年度纳税申报表填报表单》填报说明

表1-3-2列示申报表全部表单名称及编号。纳税人在填报申报表之前，请仔细阅读这些表单的填报信息，并根据企业的涉税业务，选择"是否填报"。选择"填报"的，在"☐"内打"√"，并完成该表单内容的填报。未选择"填报"的表单，无需向税务机关报送。各个表单的具体适用范围在后面章节中详细介绍。

风险提示 企业根据实际情况选择填报，不需要填报所有表单。根据《国家税务总局关于简化小型微利企业所得税年度纳税申报有关措施的公告》（国家税务总局公告2018年第58号）的规定，小型微利企业免于填报《一般企业收入明细表》（A101010）、《金融企业收入明细表》（A101020）、《一般企业成本支出明细表》（A102010）、《金融企业支出明细表》（A102020）、《事业单位、民间非营利组织收入、支出明细表》（A103000）、《期间费用明细表》（A104000）。上述表单相关数据在《中华人民共和国企业所得税年度纳税申报表（A类）》（A100000）中直接填写。

第 2 章

《企业所得税年度纳税申报基础信息表》（A000000）

纳税人在企业所得税年度纳税申报时，应当向税务机关申报或者报告与确定应纳税额相关的信息，包括基本经营情况、有关涉税事项情况、主要股东及分红情况三部分内容（见表2-0-1）。

表2-0-1 企业所得税年度纳税申报基础信息表（A000000）

基本经营情况（必填项目）			
101 纳税申报企业类型（填写代码）		102 分支机构就地纳税比例（%）	
103 资产总额（填写平均值，单位：万元）		104 从业人数（填写平均值，单位：人）	
105 所属国民经济行业（填写代码）		106 从事国家限制或禁止行业	□是□否
107 适用会计准则或会计制度（填写代码）		108 采用一般企业财务报表格式（2019年版）	□是□否
109 小型微利企业	□是□否	110 上市公司	是（□境内□境外）□否
有关涉税事项情况（存在或者发生下列事项时必填）			
201 从事股权投资业务	□是	202 存在境外关联交易	□是
203 境外所得信息	203-1 选择采用的境外所得抵免方式	□分国（地区）不分项 □不分国（地区）不分项	
	203-2 新增境外直接投资信息	□是（产业类别：□旅游业□现代服务业□高新技术产业）	
204 有限合伙制创业投资企业的法人合伙人	□是	205 创业投资企业	□是
206 技术先进型服务企业类型（填写代码）		207 非营利组织	□是
208 软件、集成电路企业类型（填写代码）		209 集成电路生产项目类型	□130纳米 □65纳米 □28纳米
210 科技型中小企业	210-1 __年（申报所属期年度）入库编号1		210-2 入库时间1
	210-3 __年（所属期下一年度）入库编号2		210-4 入库时间2
211 高新技术企业申报所属期年度有效的高新技术企业证书	211-1 证书编号1		211-2 发证时间1
	211-3 证书编号2		211-4 发证时间2
212 重组事项税务处理方式	□一般性□特殊性	213 重组交易类型（填写代码）	
214 重组当事方类型（填写代码）		215 政策性搬迁开始时间	__年__月
216 发生政策性搬迁且停止生产经营无所得年度	□是	217 政策性搬迁损失分期扣除年度	□是
218 发生非货币性资产对外投资递延纳税事项	□是	219 非货币性资产对外投资转让所得递延纳税年度	□是

(续表)

220 发生技术成果投资入股递延纳税事项	□是	221 技术成果投资入股递延纳税年度	□是
222 发生资产(股权)划转特殊性税务处理事项	□是	223 债务重组所得递延纳税年度	□是
224 研发支出辅助账样式	□2015 版　□2021 版　□自行设计		

主要股东及分红情况(必填项目)					
股东名称	证件种类	证件号码	投资比例(%)	当年(决议日)分配的股息、红利等权益性投资收益金额	国籍(注册地址)
其余股东合计	——	——			

2.1 基本经营情况

本部分所列项目为纳税人必填(必选)内容,具体可以归纳为 5 类信息,分别是公司类型、公司规模、所属行业、会计核算和上市情况。

风险提示 本部分是企业的基本情况,反映企业类型、规模、会计核算规则,这些信息直接影响企业在所得税汇算清缴时是否需要汇总纳税,是否可以享受有关税收优惠政策,纳税申报时可能产生的税法与会计差异内容、纳税调整风险,是否涉及境外税收问题处理等重要事项,所以企业一定要慎重填报相关信息。

2.1.1 纳税申报的企业类型

根据《国家税务总局关于印发〈跨地区经营汇总纳税企业所得税征收管理办法〉的公告》(国家税务总局公告 2012 年第 57 号发布,国家税务总局公告 2018 年第 31 号修改,以下简称《汇总纳税管理办法》)的规定,纳税申报企业类型包括 6 种,分别如下:

(1)"非跨地区经营企业":纳税人未跨地区设立不具有法人资格的分支机构。

(2)"总机构(跨省)——适用《跨地区经营汇总纳税企业所得税征收管理办法》":纳税人为《汇总纳税管理办法》规定的跨省、自治区、直辖市和计划单列市设立不具有法人资格分支机构的跨地区经营汇总纳税企业的总机构。

(3)"总机构(跨省)——不适用《跨地区经营汇总纳税企业所得税征收管理办法》":纳税人为《汇总纳税管理办法》第二条规定的不适用该公告的跨地区经营汇总纳税企业的总机构。

(4)"总机构(省内)":纳税人为仅在同一省、自治区、直辖市和计划单列市内设立不具有法人资格分支机构的跨地区经营汇总纳税企业的总机构。

(5)"分支机构(须进行完整年度申报并按比例纳税)":纳税人为根据相关政策规定须进行完整年度申报并按比例就地缴纳企业所得税的跨地区经营企业的分支机构。

(6)"分支机构(须进行完整年度申报但不就地缴纳)":纳税人为根据相关政策规定须进行完整年度申报但不就地缴纳所得税的跨地区经营企业的分支机构。

纳税人应根据本单位的实际情况填报表 A000000 中"101 纳税申报企业类型"和"102 分支机构就地纳税比例"。"101 纳税申报企业类型"项目填报从《跨地区经营企业类型代码表》(见表 2-1-1)中选择的相应代码。如果属于代码为 311 类型的纳税人,则需要同时将"应当就地缴纳企业所得税的比例"填报在"102 分支机构就地纳税比例"项目。

表 2-1-1 跨地区经营企业类型代码表

代码	类型		
	大类	中类	小类
100	非跨地区经营企业		
210	跨地区经营企业总机构	总机构(跨省)——适用《跨地区经营汇总纳税企业所得税征收管理办法》	
220		总机构(跨省)——不适用《跨地区经营汇总纳税企业所得税征收管理办法》	
230		总机构(省内)	
311	跨地区经营企业分支机构	需进行完整年度纳税申报	分支机构(须进行完整年度申报并按比例纳税)
312			分支机构(须进行完整年度申报但不就地缴纳)

2.1.2 公司规模情况申报

资产总额和从业人数反映企业的规模情况,是判断企业是否属于小型微利企业的两个重要指标。《财政部 税务总局关于实施小微企业普惠性税收减免政策的通知》(财税〔2019〕13 号)规定,自 2019 年 1 月 1 日至 2021 年 12 月 31 日止,小型微利企业是指从事国家非限制和禁止行业,且同时符合年度应纳税所得额不超过 300 万元、从业人数不超过 300 人、资产总额不超过 5 000 万元等三个条件的企业。

(1)"103 资产总额"项目,反映资产总额的全年季度平均值,单位为万元,保留小数点后 2 位。具体计算公式如下:

$$季度平均值=(季初值+季末值)\div 2$$
$$全年季度平均值=全年各季度平均值之和\div 4$$

年度中间开业或者终止经营活动的,以其实际经营期作为一个纳税年度确定上述相关指标。

(2)"104 从业人数"项目,反映从业人数的全年季度平均值,单位为人。从业人数包括与企业建立劳动关系的职工人数和企业接受的劳务派遣用工人数。具体计算公式如下:

$$季度平均值=(季初值+季末值)\div 2$$
$$全年季度平均值=全年各季度平均值之和\div 4$$

年度中间开业或者终止经营活动的,以其实际经营期作为一个纳税年度确定上述相关指标。

(3)纳税人符合小型微利企业标准的,需要在"109 小型微利企业"项目中选择"是",不符合的企业选择"否"。

2.1.3　所属行业信息申报

(1)填报"105 所属国民经济行业",按照《国民经济行业分类》标准,填报纳税人所属的国民经济行业明细代码。

(2)填报"106 从事国家限制或禁止行业",纳税人从事行业为国家限制和禁止行业的,选择"是";其他选择"否"。

2.1.4　会计核算情况申报

目前企业所得税汇算清缴采用的是间接法计算应纳税所得额,即以会计利润为基础,通过纳税调整计算出应纳税所得额。由于纳税人单位性质、规模状况存在差异,会计核算执行的会计准则并不相同,基础信息表中纳税人需要将具体执行会计准则情况进行申报,填报"107 适用会计准则或会计制度"项目,从《会计准则或会计制度类型代码表》(见表 2-1-2)中选择相应的代码填入。

由于《企业会计准则第 14 号——收入》《企业会计准则第 22 号——金融工具的确认与计量》《企业会计准则第 21 号——租赁》等会计准则进行了较大幅度的修订,并且修订后的新会计准则采用分步执行的方法,目前纳税人会计核算中存在执行新准则和执行原准则两种情况。财政部根据这种情形修订了相应的财务报表格式,公布了两类财务报表格式供企业选择使用。纳税人如果根据《财政部关于修订印发 2019 年度一般企业财务报表格式的通知》(财会〔2019〕6 号)和《财政部关于修订印发 2018 年度金融企业财务报表格式的通知》(财会〔2018〕36 号)规定的格式编制财务报表的,在"108 采用一般企业财务报表格式(2019 年版)"项目中选择"是",未采用的选择"否"。

表 2-1-2　会计准则或会计制度类型代码表

代码	类型	
	大类	小类
110	企业会计准则	一般企业
120		银行
130		证券
140		保险
150		担保
200	小企业会计准则	
300	企业会计制度	
410	事业单位会计准则	事业单位会计制度
420		科学事业单位会计制度
430		医院会计制度
440		高等学校会计制度
450		中小学校会计制度
460		彩票机构会计制度
500	民间非营利组织会计制度	
600	村集体经济组织会计制度	
700	农民专业合作社财务会计制度(试行)	
800	政府会计准则	
999	其他	

2.1.5　公司上市情况申报

公司是否上市,在哪里上市等信息通过"110 上市公司"项目进行申报,纳税人在中国境内上市的选择"境内";在中国境外上市的选择"境外";在境内外同时上市的可同时选择。未上市的公司选择"否"。纳税人在中国香港上市的,参照境外上市相关规定选择。

2.2　有关涉税事项情况

本部分所列项目为条件必填(必选)内容,是指当纳税人存在或发生表中所列事项时,必须填报。纳税人未填报的,视同不存在或未发生相关事项。

风险提示 如果企业属于特殊行业,或者处于特定的区域,或者发生了特殊业务,通过这部分信息的申报,可以享受税法规定的特殊政策,这些政策可以给企业带来实实在在的优惠,包括少缴税和延迟纳税。这部分信息的申报既是企业享受特殊政策、维护税收利益的通行证,也是税务机关核实企业是否可以适用特殊政策的判断依据。如果不能正确如实申报,视同未发生相关业务或不存在相关情况,则不能享受相应政策红利。

2.2.1 股权投资和创业投资情况申报

2.2.1.1 股权投资情况申报

填报"201 从事股权投资业务",纳税人从事股权投资业务的(包括集团公司总部、创业投资企业等),选择"是"。

风险提示 若企业不是专门的投资公司,但有权益性投资业务,是否可以选择"是"?关于这个问题,在实务中存在不同的处理方法,需要与当地主管税务机关进行沟通确认。

2.2.1.2 创业投资情况申报

填报"204 有限合伙制创业投资企业的法人合伙人",纳税人投资于有限合伙制创业投资企业且为其法人合伙人的,选择"是"。

填报"205 创业投资企业",纳税人为创业投资企业的,选择"是"。

有限合伙制创业投资企业的法人合伙人和创业投资企业是指符合《中华人民共和国合伙企业法》《创业投资企业管理暂行办法》(国家发展和改革委员会令第39号)、《外商投资创业投资企业管理规定》(外经贸部 科技部 工商总局 税务总局 外汇管理局令2003年第2号发布,商务部令2015年第2号修改)、《私募投资基金监督管理暂行办法》(证监会令第105号)等文件规定的创业投资企业法人合伙人和创投企业。

有限合伙制创业投资企业的法人合伙人和创业投资企业无论是否享受企业所得税优惠政策,均应填报相关项目。

风险提示 根据《财政部 税务总局关于创业投资企业和天使投资个人有关税收政策的通知》(财税〔2018〕55号)的规定,创业投资企业可以享受投资额的70%抵免应纳税所得额的优惠政策。有限合伙制创业投资企业采取股权投资方式直接投资于初创科技型企业满2年的,法人合伙人可以按照对初创科技型企业投资额的70%抵扣法人合伙人从合伙创投企业分到的所得;当年不足抵扣的,可以在以后纳税年度结转抵扣。基础信息表这个项目的填报直接影响该项优惠政策的享受,如果此处不填报则影响享受相应优惠。

2.2.2　境外抵免业务情况申报

填报"203-1 选择采用的境外所得抵免方式",纳税人适用境外所得税收抵免政策,且根据《财政部　国家税务总局关于企业境外所得税收抵免有关问题的通知》(财税〔2009〕125 号)、《财政部　税务总局关于完善企业境外所得税收抵免政策问题的通知》(财税〔2017〕84 号)规定,选择按国(地区)别分别计算其来源于境外的应纳税所得额,即"分国(地区)不分项"的,选择"分国(地区)不分项";纳税人适用境外所得税收抵免政策,且根据财税〔2009〕125 号、财税〔2017〕84 号文件规定选择不按国(地区)别汇总计算其来源于境外的应纳税所得额,即"不分国(地区)不分项"的,选择"不分国(地区)不分项"。境外所得抵免方式一经选择,5 年内不得变更。如果纳税人存在境外关联交易的,还应在"202 存在境外关联交易"项目中选择"是"。

"203-2 新增境外直接投资信息",填报纳税人符合享受境外所得免征企业所得税优惠政策条件的相关信息。本项目由在海南自由贸易港等其他特定地区设立的旅游业、现代服务业、高新技术产业且新增境外直接投资的企业填报。"产业类别"填报纳税人经营的产业类别,按"旅游业""现代服务业""高新技术产业"选择填报。

2.2.3　技术先进性服务企业情况申报

根据《财政部　税务总局　商务部　科技部　国家发展改革委关于将技术先进型服务企业所得税政策推广至全国实施的通知》(财税〔2017〕79 号)、《财政部　税务总局　商务部　科技部　国家发展改革委关于将服务贸易创新发展试点地区技术先进型服务企业所得税政策推广至全国实施的通知》(财税〔2018〕44 号)等文件的规定,纳税人经认定为技术先进型服务企业的,从《技术先进型服务企业类型代码表》(见表 2-2-1)中选择相应的代码填报"206 技术先进型服务企业类型"项目。

表 2-2-1　技术先进型服务企业类型代码表

代码	类型	
	大类	小类
110	服务外包类	信息技术外包服务(ITO)
120		技术性业务流程外包服务(BPO)
130		技术性知识流程外包服务(KPO)
210	服务贸易类	计算机和信息服务
220		研究开发和技术服务
230		文化技术服务
240		中医药医疗服务

经认定的技术先进型服务企业无论是否享受企业所得税优惠政策,均应填报"206 技术先进型服务企业类型"项目。

2.2.4 软件、集成电路企业和集成电路项目情况申报

软件、集成电路企业可以享受的税收优惠包括定期减免和优惠税率。企业应根据实际情况填报"208 软件、集成电路企业类型"项目,以此确定可以享受的具体优惠政策。

纳税人按照企业类型从《软件、集成电路企业类型代码表》(见表 2-2-2)中选择相应的代码填入"208 软件、集成电路企业类型"项目。企业若符合相关企业所得税优惠政策条件的,无论是否享受企业所得税优惠,均应填报"208 软件、集成电路企业类型"项目。

表 2-2-2 软件、集成电路企业类型代码表

代码	类型	
	大类	中类
110	100 集成电路生产企业	线宽小于 0.8 微米(含)的企业(延续到期)
120		线宽小于 0.25 微米的企业(延续到期)
130		投资额超过 80 亿元的企业(延续到期)
131		投资额超过 150 亿元的企业(延续到期)
140		线宽小于 130 纳米(含)的企业
151		线宽小于 65 纳米(含)的企业
160		线宽小于 28 纳米(含)的企业
240	200 集成电路设计企业	集成电路设计企业
250		重点集成电路设计企业
330	300 软件企业	软件企业
340		重点软件企业
400	集成电路封装、测试(含封装测试)企业	
500	集成电路材料(含关键专用材料)企业	
600	集成电路装备(含专用设备)企业	

2.2.4.1 集成电路生产企业

集成电路生产企业,是指符合《财政部 国家税务总局 发展改革委 工业和信息化部关于软件和集成电路产业企业所得税优惠政策有关问题的通知》(财税〔2016〕49 号)、《财政部 税务总局 国家发展改革委 工业和信息化部关于集成电路生产企业有关企业所得税政策问题的通知》(财税〔2018〕27 号)、《财政部 税务总

局　发展改革委　工业和信息化部关于促进集成电路和软件产业高质量发展企业所得税政策的公告》(财政部　税务总局　发展改革委　工业和信息化部公告2020年第45号)、《国家发展改革委等五部门关于做好享受税收优惠政策的集成电路企业或项目、软件企业清单制定工作有关要求的通知》(发改高技〔2021〕413号)等文件规定的集成电路生产企业。

(1)"线宽小于0.8微米(含)的企业",是指可以享受第一年至第二年免征企业所得税,第三年至第五年按照25%的法定税率减半征收企业所得税优惠政策的集成电路线宽小于0.8微米(含)的集成电路生产企业。

(2)"线宽小于0.25微米的企业",是指可以享受第一年至第五年免征企业所得税,第六年至第十年按照25%的法定税率减半征收企业所得税优惠政策的集成电路线宽小于0.25微米的集成电路生产企业。

(3)"投资额超过80亿元的企业",是指可以享受第一年至第五年免征企业所得税,第六年至第十年按照25%的法定税率减半征收企业所得税优惠政策的投资额超过80亿元的集成电路生产企业。

(4)"投资额超过150亿元的企业",是指可以享受第一年至第五年免征企业所得税,第六年至第十年按照25%的法定税率减半征收企业所得税优惠政策的投资额超过150亿元的集成电路生产企业。

(5)"线宽小于130纳米(含)的企业",是指可以享受第一年至第二年免征企业所得税,第三年至第五年按照25%的法定税率减半征收企业所得税优惠政策的集成电路线宽小于130纳米(含)的集成电路生产企业。

(6)"线宽小于65纳米(含)的企业",是指可以享受第一年至第五年免征企业所得税,第六年至第十年按照25%的法定税率减半征收企业所得税优惠政策的集成电路线宽小于65纳米(含)的集成电路生产企业。

(7)"线宽小于28纳米(含)的企业",是指可以享受第一年至第十年免征企业所得税优惠政策的集成电路线宽小于28纳米(含)的集成电路生产企业。

2.2.4.2　集成电路设计企业

集成电路设计企业,是指符合《财政部　国家税务总局　发展改革委　工业和信息化部关于软件和集成电路产业企业所得税优惠政策有关问题的通知》(财税〔2016〕49号)、《财政部　税务总局关于集成电路设计和软件产业企业所得税政策的公告》(财政部　税务总局公告2019年第68号)、《财政部　税务总局关于集成电路设计企业和软件企业2019年度企业所得税汇算清缴适用政策的公告》(财政部　税务总局公告2020年第29号)、《财政部　税务总局　发展改革委　工业和信息化部关于促进集成电路和软件产业高质量发展企业所得税政策的公告》(财政部　税务总局

发展改革委　工业和信息化部公告 2020 年第 45 号）以及中华人民共和国工业和信息化部、国家发展改革委、财政部、国家税务总局公告 2021 年第 9 号等文件规定的集成电路设计企业、重点集成电路设计企业。

（1）"集成电路设计企业"，是指可以享受第一年至第二年免征企业所得税，第三年至第五年按照 25% 的法定税率减半征收企业所得税优惠政策的集成电路设计企业。

（2）"重点集成电路设计企业"，是指在国家发展改革委、工业和信息化部等相关部门发布的清单内，可以享受第一年至第五年免征企业所得税、接续年度减按 10% 的税率征收企业所得税优惠政策的国家鼓励的重点集成电路设计企业。

2.2.4.3　软件企业

软件企业，是指符合《财政部　国家税务总局　发展改革委　工业和信息化部关于软件和集成电路产业企业所得税优惠政策有关问题的通知》（财税〔2016〕49 号）、《财政部　税务总局关于集成电路设计和软件产业企业所得税政策的公告》（财政部　税务总局公告 2019 年第 68 号）、《财政部　税务总局关于集成电路设计企业和软件企业 2019 年度企业所得税汇算清缴适用政策的公告》（财政部　税务总局公告 2020 年第 29 号）、《财政部　税务总局　发展改革委　工业和信息化部关于促进集成电路和软件产业高质量发展企业所得税政策的公告》（财政部　税务总局　发展改革委　工业和信息化部公告 2020 年第 45 号），以及中华人民共和国工业和信息化部、国家发展改革委、财政部、国家税务总局公告 2021 年第 10 号等文件规定的软件企业、重点软件企业。

（1）"软件企业"，是指可以享受第一年至第二年免征企业所得税，第三年至第五年按照 25% 的法定税率减半征收企业所得税优惠政策的符合条件的软件企业。

（2）"重点软件企业"，是指在国家发展改革委、工业和信息化部等相关部门发布的清单内，可以享受第一年至第五年免征企业所得税、接续年度减按 10% 的税率征收企业所得税优惠政策的国家鼓励的重点软件企业。

2.2.4.4　集成电路封装、测试（含封装测试）企业

集成电路封装、测试（含封装测试）企业，是指符合《财政部　国家税务总局　发展改革委　工业和信息化部关于进一步鼓励集成电路产业发展企业所得税政策的通知》（财税〔2015〕6 号）、《财政部　税务总局　发展改革委　工业和信息化部关于促进集成电路和软件产业高质量发展企业所得税政策的公告》（财政部　税务总局　发展改革委　工业和信息化部公告 2020 年第 45 号）文件规定可以享受企业所得税优惠政策的集成电路封装、测试（含封装测试）企业。

2.2.4.5 集成电路材料（含关键专用材料）企业

集成电路材料（含关键专用材料）企业，是指符合《财政部　国家税务总局　发展改革委　工业和信息化部关于进一步鼓励集成电路产业发展企业所得税政策的通知》（财税〔2015〕6号）、《财政部　税务总局　发展改革委　工业和信息化部关于促进集成电路和软件产业高质量发展企业所得税政策的公告》（财政部　税务总局　发展改革委　工业和信息化部公告2020年第45号）文件规定可以享受企业所得税优惠政策的材料（含集成电路关键专用材料）生产企业。

2.2.4.6 集成电路装备（含专用设备）企业

集成电路装备（含专用设备）企业，是指符合《财政部　国家税务总局　发展改革委　工业和信息化部关于进一步鼓励集成电路产业发展企业所得税政策的通知》（财税〔2015〕6号）、《财政部　税务总局　发展改革委　工业和信息化部关于促进集成电路和软件产业高质量发展企业所得税政策的公告》（财政部　税务总局　发展改革委　工业和信息化部公告2020年第45号）文件规定可以享受企业所得税优惠政策的集成电路装备（含专用设备）企业。

企业投资集成电路生产项目，应填报"209集成电路生产项目类型"，具体是指纳税人投资集成电路线宽小于130纳米（含）、集成电路线宽小于65纳米（含）或投资额超过150亿元、线宽小于28纳米（含）的集成电路生产项目，项目符合有关文件规定的税收优惠政策条件，且按照项目享受企业所得税优惠政策的，应填报本项目。企业根据线宽类型，选择相应项目，同时投资两类以上项目的，可同时选择。

纳税人既符合"208软件、集成电路企业类型"项目又符合"209集成电路生产项目类型"项目填报条件的，应当同时填报。

2.2.5 科技型中小企业情况申报

根据《科技部　财政部　国家税务总局关于印发〈科技型中小企业评价办法〉的通知》（国科发政〔2017〕115号）和《科技部火炬中心关于印发〈科技型中小企业评价服务工作指引〉的通知》（国科火字〔2022〕67号）的规定，企业可进行自主评价，并按照自愿原则到服务平台填报企业信息，经公示无异议的，纳入信息库。

2.2.5.1 科技型中小企业应具备的条件

科技型中小企业须同时满足以下条件：

（1）在中国境内（不包括港、澳、台地区）注册成立或依照外国（地区）法律成立但实际管理机构在中国境内的会计核算健全、实行查账征收并能够准确归集研发费用，并缴纳企业所得税的居民企业。

（2）职工总数不超过 500 人、年销售收入不超过 2 亿元、资产总额不超过 2 亿元。

（3）企业所在行业不属于国家发展和改革委员会《产业结构调整指导目录》规定的限制类和淘汰类范围，不属于《财政部 国家税务总局 科技部关于完善研究开发费用税前加计扣除政策的通知》（财税〔2015〕119 号）规定的不适用税前加计扣除政策的行业。

（4）企业在上一会计年度及当年未发生重大安全、重大质量事故、严重环境违法、严重弄虚作假和科研严重失信行为，且在上一会计年度及当年未列入经营异常名录和严重违法失信企业名单。

（5）企业根据科技型中小企业评价指标进行综合评价所得 6 分值不低于 60 分，且科技人员指标得分不得为 0 分。

2.2.5.2 科技型中小企业评价指标

科技型中小企业评价指标具体包括科技人员、研发投入、科技成果三类，满分 100 分。

1) 科技人员指标（满分 20 分）

按科技人员数占企业职工总数的比例分档评价。

A. 30%（含）以上（20 分）。
B. 25%（含）～30%（16 分）。
C. 20%（含）～25%（12 分）。
D. 15%（含）～20%（8 分）。
E. 10%（含）～15%（4 分）。
F. 10%以下（0 分）。

2) 研发投入指标（满分 50 分）

企业从企业研发费用总额占销售收入总额的比例或占成本费用支出总额的比例两项指标中选择一个指标进行评分。

（1）按企业研发费用总额占销售收入总额的比例分档评价。

A. 6%（含）以上（50 分）。
B. 5%（含）～6%（40 分）。
C. 4%（含）～5%（30 分）。
D. 3%（含）～4%（20 分）。
E. 2%（含）～3%（10 分）。
F. 2%以下（0 分）。

（2）按企业研发费用总额占成本费用支出总额的比例分档评价。

A. 30%（含）以上（50 分）。

B. 25%（含）～30%（40 分）。

C. 20%（含）～25%（30 分）。

D. 15%（含）～20%（20 分）。

E. 10%（含）～15%（10 分）。

F. 10%以下（0 分）。

3）科技成果指标（满分 30 分）

按企业拥有的在有效期内的与主要产品（或服务）相关的知识产权类别和数量（知识产权应没有争议或纠纷）分档评价。

A. 1 项及以上Ⅰ类知识产权（30 分）。

B. 4 项及以上Ⅱ类知识产权（24 分）。

C. 3 项Ⅱ类知识产权（18 分）。

D. 2 项Ⅱ类知识产权（12 分）。

E. 1 项Ⅱ类知识产权（6 分）。

F. 没有知识产权（0 分）。

如果企业符合科技型中小企业认定条件中的前四个，且同时符合下列条件中的一项，则可直接确认符合科技型中小企业条件：

（1）企业拥有有效期内高新技术企业资格证书。

（2）企业近 5 年内获得过国家级科技奖励，并在获奖单位中排在前三名。

（3）企业拥有经认定的省部级以上研发机构。

（4）企业近 5 年内主导制定过国际标准、国家标准或行业标准。

2.2.5.3　科技型中小企业管理

（1）申请。企业可对照《科技型中小企业评价办法》和《科技型中小企业评价服务工作指引》[①]自主评价是否符合科技型中小企业条件，认为符合条件的，可自愿在服务平台上注册登记企业基本信息，在线填报《科技型中小企业信息表》。

（2）公示。各省级科技管理部门组织有关单位对企业填报的《科技型中小企业信息表》内容是否完整进行确认。内容不完整的，在服务平台上通知企业补正。信息完整且符合条件的，由省级科技管理部门在服务平台公示 10 个工作日。公示无异议的企业，纳入信息库并在服务平台公告；有异议的，由省级科技管理部门组织有关单位进行核实处理。

（3）登记。省级科技管理部门为入库企业赋予科技型中小企业入库登记编号

---

① 《科技部火炬中心关于印发〈科技型中小企业评价服务工作指引〉的通知》（国科火字〔2022〕67 号）

（以下简称登记编号）。有关单位可通过服务平台查验企业的登记编号。

（4）管理。已入库企业应在每年3月底前通过服务平台对《科技型中小企业信息表》中的信息进行更新，并对本企业是否仍符合科技型中小企业条件进行自主评价，仍符合条件的，由省级科技管理部门按《科技型中小企业评价办法》第十条和第十一条规定程序办理。

符合科技型中小企业条件的企业在基础信息表中需要填报企业入库登记情况，填报"210科技型中小企业"项目。具体要求如下：纳税人根据申报所属期年度和申报所属期下一年度取得的科技型中小企业入库登记编号情况，填报"210科技型中小企业"下的"210-1""210-2""210-3""210-4"。例如，纳税人在进行2019年度企业所得税汇算清缴纳税申报时，"210-1（申报所属期年度）入库编号"首先应当填列"2019（申报所属期年度）入库编号"，"210-3（所属期下一年度）入库编号"首先应当填列"2020（所属期下一年度）入库编号"。若纳税人在2019年1月1日至2019年12月31日取得科技型中小企业入库登记编号的，将相应的"编号"及"入库时间"分别填入"210-1"和"210-2"项目中；若纳税人在2020年1月1日至2019年度汇算清缴纳税申报日取得科技型中小企业入库登记编号的，将相应的"编号"及"入库时间"分别填入"210-3"和"210-4"项目中。纳税人符合上述填报要求的，无论是否享受企业所得税优惠政策，均应填报"210科技型中小企业"。

2.2.6　高新技术企业情况申报

《科技部　财政部　国家税务总局关于修订印发〈高新技术企业认定管理办法〉的通知》（国科发火〔2016〕32号）规定，自2016年1月1日起，高新技术企业认定管理工作应遵循突出企业主体、鼓励技术创新、实施动态管理、坚持公平公正的原则，由科技部、财政部、税务总局负责全国高新技术企业认定工作的指导、管理和监督。

2.2.6.1　高新技术企业认定条件

高新技术企业，是指在《国家重点支持的高新技术领域》内，持续进行研究开发与技术成果转化，形成企业核心自主知识产权，并以此为基础开展经营活动，在中国境内（不包括中国港、澳、台地区）注册的居民企业。企业要想认定为高新技术企业须同时满足以下条件：

（1）企业申请认定时须注册成立一年以上。

（2）企业通过自主研发、受让、受赠、并购等方式，获得对其主要产品（服务）在技术上发挥核心支持作用的知识产权的所有权。

(3) 对企业主要产品(服务)发挥核心支持作用的技术属于《国家重点支持的高新技术领域》规定的范围。

(4) 企业从事研发和相关技术创新活动的科技人员占企业当年职工总数的比例不低于 10%。

(5) 企业近 3 个会计年度(实际经营期不满 3 年的按实际经营时间计算,下同)的研究开发费用总额占同期销售收入总额的比例符合如下要求:

① 最近一年销售收入小于 5 000 万元(含)的企业,比例不低于 5%。

② 最近一年销售收入在 5 000 万元至 2 亿元(含)的企业,比例不低于 4%。

③ 最近一年销售收入在 2 亿元以上的企业,比例不低于 3%。

其中,企业在中国境内发生的研究开发费用总额占全部研究开发费用总额的比例不低于 60%。

(6) 近一年高新技术产品(服务)收入占企业同期总收入的比例不低于 60%。

(7) 企业创新能力评价应达到相应要求。

(8) 企业申请认定前一年内未发生重大安全、重大质量事故或严重环境违法行为。

2.2.6.2 高新技术企业认定程序

高新技术企业认定程序如下:

(1) 企业申请。

企业对照《高新技术企业认定管理办法》进行自我评价。认为符合认定条件的,在"高新技术企业认定管理工作网"注册登记,向认定机构提出认定申请,申请时提交相关材料。

(2) 专家评审。

认定机构应在符合评审要求的专家中,随机抽取组成专家组。专家组对企业申报材料进行评审,提出评审意见。

(3) 审查认定。

认定机构结合专家组评审意见,对申请企业进行综合审查,提出认定意见并报领导小组办公室。认定企业由领导小组办公室在"高新技术企业认定管理工作网"公示 10 个工作日,无异议的,予以备案,并在"高新技术企业认定管理工作网"公告,由认定机构向企业颁发统一印制的"高新技术企业证书";有异议的,由认定机构进行核实处理。

2.2.6.3 高新技术企业管理

企业获得高新技术企业资格后,应每年 5 月底前在"高新技术企业认定管理工作网"填报上一年度知识产权、科技人员、研发费用、经营收入等年度发展情况报表。

通过认定的高新技术企业,其资格自颁发证书之日起有效期为3年。

《国家税务总局关于实施高新技术企业所得税优惠政策有关问题的公告》(国家税务总局公告2017年第24号)规定,企业获得高新技术企业资格后,自高新技术企业证书注明的发证时间所在年度起申报享受税收优惠。企业的高新技术企业资格期满当年,在通过重新认定前,其企业所得税暂按15%的税率预缴,在年底前仍未取得高新技术企业资格的,应按规定补缴相应期间的税款。

对取得高新技术企业资格且享受税收优惠的高新技术企业,税务部门如在日常管理过程中发现其在高新技术企业认定过程中或享受优惠期间不符合认定条件的,应提请认定机构复核。复核后确认不符合认定条件的,由认定机构取消其高新技术企业资格,并通知税务机关追缴其证书有效期内自不符合认定条件年度起已享受的税收优惠。

由于高新技术企业实行动态管理,资格自颁发证书之日起有效期为3年,某一个纳税年度很可能会包含两个认证期间,纳税人根据申报所属期年度所拥有的有效期内的高新技术企业证书情况,填报"211高新技术企业申报所属期年度有效的高新技术企业证书"项目下的"211-1""211-2""211-3""211-4"。在申报所属期年度,如企业同时拥有两个高新技术企业证书,则两个证书情况均应填报。如:纳税人2018年2月取得高新技术企业证书,有效期3年,2021年再次参加认定并于2021年3月取得新高新技术企业证书,纳税人在进行2021年度企业所得税汇算清缴纳税申报时,应将两个证书的"编号"和"发证时间"分别填入"211-1""211-2""211-3""211-4"项目中。纳税人符合上述填报要求的,无论是否享受企业所得税优惠政策,均应填报本项目。

2.2.7　企业重组事项情况申报

根据《财政部　国家税务总局关于企业重组业务企业所得税处理若干问题的通知》(财税〔2009〕59号)、《财政部　国家税务总局关于促进企业重组有关企业所得税处理问题的通知》(财税〔2014〕109号)、《国家税务总局关于企业重组业务企业所得税征收管理若干问题的公告》(国家税务总局公告2015年第48号)等文件规定,企业重组业务包括5种类型,税收处理分为"一般性税务处理"和"特殊性税务处理"两种方式。企业在申报所属期年度发生重组业务,应将重组类型和税务处理方式分别填报"212重组事项税务处理方式""213重组交易类型"和"214重组当事方类型"三个项目。

重组事项税务处理方式根据实际情况选择"一般性"或"特殊性"。

重组交易类型和重组当事方类型从《重组交易类型和当事方类型代码表》(见表2-2-3)中选择相应代码分别填入对应项目中。

表 2-2-3　重组交易类型和当事方类型代码表

重组交易		重组当事方	
代码	类型	代码	类型
100	法律形式改变	—	—
200	债务重组	210	债务人
		220	债权人
300	股权收购	310	收购方
		320	转让方
		330	被收购企业
400	资产收购	410	收购方
		420	转让方
500	合并	510	合并企业
		520	被合并企业
		530	被合并企业股东
600	分立	610	分立企业
		620	被分立企业
		630	被分立企业股东

按照《财政部　国家税务总局关于企业重组业务企业所得税处理若干问题的通知》(财税〔2009〕59 号)、《财政部　国家税务总局关于促进企业重组有关企业所得税处理问题的通知》(财税〔2014〕109 号)等文件规定，债务重组采用特殊性税务处理的，应在 5 个纳税年度内，将债务重组所得均匀计入各年度的应纳税所得额。如果申报所属期年度处在债务重组递延纳税期间的，应在"223 债务重组所得递延纳税年度"项目中选择"是"。

2.2.8　政策性搬迁情况申报

《企业政策性搬迁所得税管理办法》(国家税务总局公告 2012 年第 40 号发布)规定，企业发生政策性搬迁业务，应以搬迁开始至搬迁完成的整个搬迁期间作为搬迁所得计算的周期。搬迁所得为损失的，可以自搬迁完成年度起分 3 个年度均匀在税前扣除。所以政策性搬迁业务涉及的纳税调整属于跨期调整事项，在基础信息表中需要申报三项相关信息：

(1)"215 政策性搬迁开始时间"，纳税人发生政策性搬迁事项且申报所属期年度处在搬迁期内的，填报政策性搬迁开始的时间。

(2)"216 发生政策性搬迁且停止生产经营无所得年度"，纳税人的申报所属期年度处于政策性搬迁期内,且停止生产经营无所得的,选择"是"。

(3)"217 政策性搬迁损失分期扣除年度",纳税人发生政策性搬迁事项出现搬迁损失,选择分期扣除损失的,且申报所属期年度处在分期扣除期间的,选择"是"。

2.2.9 递延纳税情况申报

2.2.9.1 非货币性资产对外投资递延纳税事项

根据《财政部 国家税务总局关于非货币性资产投资企业所得税政策问题的通知》(财税〔2014〕116 号)、《国家税务总局关于非货币性资产投资企业所得税有关征管问题的公告》(国家税务总局公告 2015 年第 33 号)等文件规定,纳税人以非货币性资产对外投资确认的非货币性资产转让所得,可以在不超过 5 年期限内分期均匀计入相应年度的应纳税所得额。这类业务按照会计准则规定应在当期确认损益,将非货币性资产转让所得一次性计入投资发生所在年度,会计与税法确认损益的时间存在差异,这类业务属于跨期纳税调整事项。基础信息表中需要申报两项内容:一是是否发生了这类业务;二是是否处于延期纳税的"延期"期间。

纳税人申报所属期年度发生非货币性资产对外投资递延纳税事项的,在"218 发生非货币性资产对外投资递延纳税事项"项目中选择"是"。

纳税人申报所属期年度处在递延纳税期间的,在"219 非货币性资产对外投资转让所得递延纳税年度"项目中选择"是"。

2.2.9.2 技术成果投资入股递延纳税事项

根据《财政部 国家税务总局关于完善股权激励和技术入股有关所得税政策的通知》(财税〔2016〕101 号)、《国家税务总局关于股权激励和技术入股所得税征管问题的公告》(国家税务总局公告 2016 年第 62 号)等文件规定,纳税人发生技术入股事项,可以选择适用递延纳税政策,即在投资入股当期暂不纳税,递延至转让股权时按股权转让收入减去技术成果原值和合理税费后的差额计算缴纳所得税。按照会计准则规定对外投资转让的技术,应将技术转让所得一次性计入投资发生的年度,这类业务属于跨期纳税调整事项。基础信息表中需要申报两项信息:一是是否发生了这类业务;二是是否发生了股权转让。

纳税人在申报所属期年度发生技术入股递延纳税事项的,应在"220 发生技术成果投资入股递延纳税事项"项目中选择"是"。

申报所属期年度为转让股权年度的,应在"221 技术成果投资入股递延纳税年度"项目中选择"是"。

2.2.9.3 资产(股权)划转特殊性税务处理事项

根据《财政部 国家税务总局关于促进企业重组有关企业所得税处理问题的通

知》(财税〔2014〕109号)、《国家税务总局关于资产(股权)划转企业所得税征管问题的公告》(国家税务总局公告2015年第40号)等文件规定,对100％直接控制的居民企业之间,以及受同一或相同多家居民企业100％直接控制的居民企业之间按账面净值划转股权或资产,凡具有合理商业目的、不以减少、免除或者推迟缴纳税款为主要目的,股权或资产划转后连续12个月内不改变被划转股权或资产原来实质性经营活动,且划出方企业和划入方企业均未在会计上确认损益的,可以选择特殊性税务处理,即划出方企业和划入方企业均不确认所得。划入方企业取得被划转股权或资产的计税基础,以被划转股权或资产的原账面净值确定。

纳税人在申报所属期年度发生的资产(股权)划转特殊性税务处理事项的,应在"222发生资产(股权)划转特殊性税务处理事项"项目中选择"是"。

2.2.10 研发支出辅助账样式

"224研发支出辅助账样式",根据《国家税务总局关于企业研究开发费用税前加计扣除政策有关问题的公告》(国家税务总局公告2015年第97号)、《国家税务总局关于进一步落实研发费用加计扣除政策有关问题的公告》(国家税务总局公告2021年第28号)的规定,纳税人选择使用2015版研发支出辅助账样式及其优化版(如上海市2018优化版研发支出辅助账样式)的,选择"2015版";纳税人选择2021版研发支出辅助账样式,选择"2021版";纳税人自行设计研发支出辅助账样式的,选择"自行设计"。

2.3 主要股东及分红情况

纳税人填报本企业投资比例位列前10位的股东情况,包括股东名称,证件种类(营业执照、税务登记证、组织机构代码证、身份证、护照等),证件号码(统一社会信用代码、纳税人识别号、组织机构代码号、身份证号、护照号等),投资比例,当年(决议日)分配的股息、红利等权益性投资收益金额,国籍(注册地址)等内容。纳税人股东数量超过10位的,应将其余股东有关数据合计后填入"其余股东合计"行次。

纳税人股东为非居民企业的,证件种类和证件号码可不填报。

《中华人民共和国企业所得税年度纳税申报表(A类)》(A100000)

表A100000(见表3-0-1)为企业所得税年度纳税申报表的主表,纳税人应当根据《企业所得税法》及其实施条例、相关税收政策,以及国家统一会计制度(企业会计准则、小企业会计准则、企业会计制度、事业单位会计准则和民间非营利组织会计制度等)的规定,计算填报利润总额、应纳税所得额和应纳税额等有关项目。

表3-0-1 中华人民共和国企业所得税年度纳税申报表(A类)(A100000)

行次	类别	项目	金额
1	利润总额计算	一、营业收入(填写A101010\101020\103000)	
2		减:营业成本(填写A102010\102020\103000)	
3		减:税金及附加	
4		减:销售费用(填写A104000)	
5		减:管理费用(填写A104000)	
6		减:财务费用(填写A104000)	
7		减:资产减值损失	
8		加:公允价值变动收益	
9		加:投资收益	
10		二、营业利润(1−2−3−4−5−6−7+8+9)	
11		加:营业外收入(填写A101010\101020\103000)	
12		减:营业外支出(填写A102010\102020\103000)	
13		三、利润总额(10+11−12)	
14	应纳税所得额计算	减:境外所得(填写A108010)	
15		加:纳税调整增加额(填写A105000)	
16		减:纳税调整减少额(填写A105000)	
17		减:免税、减计收入及加计扣除(填写A107010)	
18		加:境外应税所得抵减境内亏损(填写A108000)	

(续表)

行次	类别	项 目	金 额
19	应纳税所得额计算	四、纳税调整后所得(13－14＋15－16－17＋18)	
20		减：所得减免(填写 A107020)	
21		减：弥补以前年度亏损(填写 A106000)	
22		减：抵扣应纳税所得额(填写 A107030)	
23		五、应纳税所得额(19－20－21－22)	
24	应纳税额计算	税率(25%)	
25		六、应纳所得税额(23×24)	
26		减：减免所得税额(填写 A107040)	
27		减：抵免所得税额(填写 A107050)	
28		七、应纳税额(25－26－27)	
29		加：境外所得应纳所得税额(填写 A108000)	
30		减：境外所得抵免所得税额(填写 A108000)	
31		八、实际应纳所得税额(28＋29－30)	
32		减：本年累计实际已缴纳的所得税额	
33		九、本年应补(退)所得税额(31－32)	
34		其中：总机构分摊本年应补(退)所得税额(填写 A109000)	
35		财政集中分配本年应补(退)所得税额(填写 A109000)	
36		总机构主体生产经营部门分摊本年应补(退)所得税额(填写 A109000)	
37	实际应纳税额计算	减：民族自治地区企业所得税地方分享部分：□免征　□减征：(减征幅度__%)	
38		十、本年实际应补(退)所得税额(33－37)	

3.1 利润总额计算

3.1.1 利润总额计算的一般情况

"利润总额计算"中的项目,按照国家统一会计制度规定计算填报。实行企业会计准则、小企业会计准则、企业会计制度、分行业会计制度的纳税人,其数据直接取自《利润表》(另有说明的除外);实行事业单位会计准则的纳税人,其数据取自《收入支出表》;实行民间非营利组织会计制度的纳税人,其数据取自《业务活动表》;实行其他国家统一会计制度的纳税人,根据表 A100000 项目进行分析填报。

3.1.2 利润总额计算的特殊情况

《财政部关于修订印发 2019 年度一般企业财务报表格式的通知》(财会〔2019〕6 号)对利润表内容进行了修改,修改后的利润表项目与表 A100000(以下简称主表)前 13 行的项目不再一致,新版利润表具体项目内容如表 3-1-1 所示。

表 3-1-1　利润表(局部)　　　　　　　　　会企 02 表

编制单位：　　　　　　　　　___年___月　　　　　　　　　单位：元

项目	本期金额	上期金额
一、营业收入		
减：营业成本		
税金及附加		
销售费用		
管理费用		
研发费用		
财务费用		
其中：利息费用		
利息收入		
加：其他收益		
投资收益(损失以"－"号填列)		
其中：对联营企业和合营企业的投资收益		
以摊余成本计量的金融资产终止确认收益(损失以"－"号填列)		
净敞口套期收益(损失以"－"号填列)		
公允价值变动收益(损失以"－"号填列)		
信用减值损失(损失以"－"号填列)		
资产减值损失(损失以"－"号填列)		
资产处置收益(损失以"－"号填列)		
二、营业利润(亏损以"－"号填列)		
加：营业外收入		
减：营业外支出		
三、利润总额(亏损总额以"－"号填列)		

主表第 1～13 行参照国家统一会计制度规定填写。本部分未设"研发费用""其他收益""资产处置收益"等项目,对于已执行《财政部关于修订印发 2019 年度一般

企业财务报表格式的通知》（财会〔2019〕6号）的纳税人，在《利润表》中归集的"研发费用"通过《期间费用明细表》（A104000）第19行"十九、研究费用"的管理费用相应列次填报；在《利润表》中归集的"其他收益""资产处置收益""信用减值损失""净敞口套期收益"项目则无需填报，同时第10行"二、营业利润"不执行"第10行＝第1－2－3－4－5－6－7＋8＋9行"的表内关系，按照《利润表》"营业利润"项目直接填报。

 风险提示 企业所得税申报表是一个综合报表体系，存在表与表之间的层级关系，层级越低的表单信息越详细，比如《期间费用明细表》（A104000）详细列报了各种期间费用构成情况。在填表过程中先填下级表单，下级表单中的数字会自动形成上级表单中对应项目数据，表A104000中管理费用的合计数应该等于主表第5行"管理费用"项目的金额，但是会计利润表中的研发费用单独列报，导致主表中"管理费用"金额不等于会计利润表中的"管理费用"项目金额。

案例解析 3-1 利润总额的申报

【案例资料】

A公司为科技型生产企业，为增值税一般纳税人，2022年申报的利润表情况如表 3-1-2 所示。

表 3-1-2　利润表（局部）

编制单位：A公告　　　　　　　　2022 年度　　　　　　　　单位：万元

项　目	本期金额	上期金额
一、营业收入	7 800	略
减：营业成本	6 720	
税金及附加	120	
销售费用	350	
管理费用	320	
研发费用	100	
财务费用	70	
其中：利息费用	45	
利息收入	10	
加：其他收益	45	
投资收益（损失以"－"号填列）	0	
其中：对联营企业和合营企业的投资收益	0	
公允价值变动收益（损失以"－"号填列）	30	

(续表)

项　目	本期金额	上期金额
资产减值损失(损失以"－"号填列)	－12	
资产处置收益(损失以"－"号填列)	90	
二、营业利润(亏损以"－"号填列)	273	
加：营业外收入	30	
减：营业外支出	40	
三、利润总额(亏损以"－"号填列)	263	

2022年度企业所得税汇算清缴纳税申报时，A公司主表的申报方法如表3-1-3所示。

表3-1-3　中华人民共和国企业所得税年度纳税申报表(A类)(A100000)(局部)

单位：万元

行次	类别	项　目	金　额
1	利润总额计算	一、营业收入(填写A101010\101020\103000)	7 800
2		减：营业成本(填写A102010\102020\103000)	6 720
3		减：税金及附加	120
4		减：销售费用(填写A104000)	350
5		减：管理费用(填写A104000)	420
6		减：财务费用(填写A104000)	70
7		减：资产减值损失	12
8		加：公允价值变动收益	30
9		加：投资收益	0
10		二、营业利润(1－2－3－4－5－6－7＋8＋9)	273
11		加：营业外收入(填写A101010\101020\103000)	30
12		减：营业外支出(填写A102010\102020\103000)	40
13		三、利润总额(10＋11－12)	263

3.2　应纳税所得额的计算

风险提示　应纳税所得额计算共包括10行内容，通过申报将会计利润调整为当期的应纳税所得额，这些项目内容可以分为四类：一是境内、境外所得的划分；二是税法与会计差异的调整；三是应纳税所得额计算中优惠政策的享受；四是以前年度亏损的弥补。这四部分的计算有着清晰的先后顺序，反映应纳税所得额计算中各项目之间的内在关系，比如企业取得的境外所得可以弥补境内发生的亏损，弥补当年亏损在主表反映，弥补境内以前年度的亏损不在主表反映。第23行"应纳税所得额"是应纳税所得额计算的最后一行，填报第19－20－21－22行金额，如果按照上述行次顺序计算结果为负数的，本行按0填报。

3.2.1 境外所得的计算

居民企业负有全面纳税义务，来源于境外的所得也需要按照境内税法规定计算应纳税额。为了避免境外所得被重复征税增加纳税人负担，实际计算时对境外所得采取税收抵免政策，允许抵免境外已缴的企业所得税款。由于纳税人可以选择用境外所得弥补境内发生的亏损，所以在计算应纳税所得额时涉及境外所得内容包括两项。

(1) 将境内所得和境外所得分开。

将境外所得从全部所得中分离，通过填报第14行"境外所得"完成，本行填报已计入利润总额以及按照税法相关规定已在《纳税调整项目明细表》(A105000)进行纳税调整的境外所得金额，数据来源于《境外所得纳税调整后所得明细表》(A108010)，即境外税后所得加直接缴纳的所得税额。

风险提示 税法规定居民企业在境外设立不具有独立纳税地位的分支机构取得的各项境外所得，无论是否汇回中国境内，均应计入该企业所属纳税年度的境外应纳税所得额。但是会计核算是根据实际发生情况确认损益，未分回的经营成果不会计入当期利润，所以表A100000第14行填报的金额与计入会计利润的境外所得不一定相同，表A100000第14行应根据表A108010第14列合计－第11列合计填报，同时要在表A105000中将未分回的经营成果进行纳税调增处理。

(2) 境外所得弥补境内当期的亏损。

纳税人选择用境外所得抵减境内亏损时，在第18行"境外应税所得抵减境内亏损"，填报境外所得抵减当年度境内亏损的金额。如果纳税人选择不用境外所得抵减境内亏损，本行填报0。

3.2.2 税法与会计差异的计算

因为会计与税法目标不同，所遵循的原则不同，所以对同一业务处理的结果会产生税法与会计的差异。这些差异内容多样，从税会差异对应纳税所得额计算结果的影响进行分析，可以简单分为两类：一类是需要增加应纳税所得额的差异；另一类是可以减少应纳税所得额的差异。表A100000将两种影响结果分两行列报。

（1）第 15 行"纳税调整增加额"，填报因会计处理与税收规定不一致，进行纳税调整增加的金额，数据来源于《纳税调整项目明细表》（A105000）第 3 列"调增金额"的合计数。

（2）第 16 行"纳税调整减少额"，填报因会计处理与税收规定不一致，进行纳税调整减少的金额，数据来源于《纳税调整项目明细表》（A105000）第 4 列"调减金额"的合计数。

3.2.3 税收优惠的计算

企业所得税优惠形式很多，会对应纳税所得额计算结果产生影响的优惠包括以下三类。

3.2.3.1 免税收入、减计收入及加计扣除

第 17 行"免税、减计收入及加计扣除"，填报属于税收规定的免税收入、减计收入、加计扣除的金额，比如国债利息属于免税收入，符合条件的研发费用可以按照一定比例加计扣除等。数据来源于《免税、减计收入及加计扣除优惠明细表》（A107010）第 31 行的合计数。

3.2.3.2 应纳税所得额减免

第 20 行"所得减免"，填报属于税收规定的所得减免金额，比如农林牧渔业税收减免，基础设施、技术转让所得减免等。数据来源于《所得减免优惠明细表》（A107020）合计行第 11 列。具体填表方式如下：

当第 19 行≤0 时，第 20 行＝0。

当第 19 行＞0 时，第 19 行≥表 A107020 合计行第 11 列，第 20 行＝表 A107020 合计行第 11 列；第 19 行＜表 A107020 合计行第 11 列，第 20 行＝第 19 行。

风险提示 尽管税法要求企业在计算减免税项目所得时要与应税所得分开单独计算，并填报表 A107020，但是在填报主表时不能再进行区分，即境内所得不划分免税项目和应税项目之间的界限。根据填表规则，如果应税项目是亏损而减免税项目是盈利，减免税项目所得弥补了应税项目的亏损，纳税人实际能够享受的所得减免优惠总量并不是减免税项目实现的全部所得。情况相反时，应税项目的盈利会被免税项目亏损抵减，应税项目也没有按照全部所得交税。企业只有在应税项目所得为盈利的情况下，免税所得优惠才能充分实现。

3.2.3.3 抵扣应纳税所得额

第 22 行"抵扣应纳税所得额"，填报根据税收规定应抵扣的应纳税所得额，比如符合条件的创业投资企业投资于初创期科技型企业投资满两年的当年可以按照投

资额的 70% 抵扣应纳税所得额等。数据来源于《抵扣应纳税所得额明细表》（A107030）第 15 行的合计数。

3.2.4 弥补亏损的计算

《企业所得税法》第十八条规定，企业纳税年度发生的亏损，准予向以后年度结转，用以后年度的所得弥补，但结转年限最长不得超过 5 年。

第 21 行"弥补以前年度亏损"，填报纳税人按照税收规定可以在税前弥补的以前年度亏损数额，根据《企业所得税弥补亏损明细表》（A106000）填报。

风险提示 第 21 行"弥补以前年度亏损"填报的是用本期境内所得弥补的以前年度的境内亏损，如果本年度境内所得是亏损则本行为 0，如果用境外所得弥补以前年度的境内亏损不在本行填报。

3.3 应纳税额的计算

应纳所得税额是指纳税人本年全部所得根据税法规定实际应缴纳的企业所得税额，包括境内所得和境外所得。企业所得税采用的是按季预缴、年终汇算清缴的征收管理方式，所以年度申报表中还体现预缴税款和汇缴税款之间的差额，即汇算清缴时需要补税或退税的金额。

3.3.1 税收优惠的计算

企业所得税优惠形式有很多，在应纳税额计算过程中体现的优惠形式包括税率优惠和税额抵减优惠两种形式。

3.3.1.1 税率优惠

我国企业所得税法定税率为 25%，优惠税率有 15% 和 20% 两种，比如高新技术企业可以享受 15% 税率优惠，从事污染防治的第三方企业减按 15% 的税率征收企业所得税，小型微利企业可以享受 20% 的优惠税率等。

第 26 行"减免所得税额"，填报纳税人按税收规定实际减免的企业所得税额，即按照法定税率和优惠税率差额计算的优惠部分。数据来源于《减免所得税优惠明细表》（A107040）第 33 行合计数。

3.3.1.2 税额抵减优惠

对企业购置并实际使用的节能环保、安全生产等专用设备，可以享受投资额的 10% 抵减应纳税额的企业所得税优惠政策。

第27行"抵免所得税额",填报企业当年的应纳所得税额中抵免的金额。数据来源于《税额抵免优惠明细表》(A107050)第11列的合计数。

3.3.2 境外所得应纳税额的计算

3.3.2.1 境外所得应纳所得税额

境外所得应纳所得税额,是指本期境外所得弥补境外以前年度的亏损、弥补境内亏损后,如果还有余额,该余额乘以境内适用的税率计算的境外所得应缴纳的所得税额。

第29行"境外所得应纳所得税额",填报纳税人来源于中国境外的所得,按照我国税收规定计算的应纳所得税额。数据来源于《境外所得税收抵免明细表》(A108000)第9列合计数。

3.3.2.2 境外所得抵免所得税额

根据《财政部 国家税务总局关于企业境外所得税收抵免有关问题的通知》(财税〔2009〕125号)的规定,可抵免境外所得税税额,是指企业来源于中国境外的所得依照中国境外税收法律以及相关规定应当缴纳并已实际缴纳的企业所得税性质的税款。

第30行"境外所得抵免所得税额",填报纳税人来源于中国境外所得依照中国境外税收法律和相关规定应缴纳并实际缴纳(包括视同已实际缴纳)的企业所得税性质的税款(准予抵免税款)。数据来源于《境外所得税收抵免明细表》(A108000)第19列合计数。

3.3.3 应补(退)所得税额的计算

3.3.3.1 实际应纳所得税额

第31行"实际应纳所得税额",填报第28+29-30行的金额,即境内所得应纳税额和境外所得应纳税额的合计数。第28行"应纳税额"填报的是境内所得应纳税额。

需要注意的是,如果是须进行完整年度申报并按比例纳税的分支机构纳税人申报,即基础信息表中,纳税申报企业类型填报的是311代码,第31行填报(第28+29-30行)×"分支机构就地纳税比例"的金额。

3.3.3.2 本年累计实际已缴纳的所得税额

纳税人按照税收规定本纳税年度已在月(季)度累计预缴的所得税额,包括按照税收规定的特定业务已预缴(征)的所得税额,建筑企业总机构直接管理的跨地区设立的项目部按规定向项目所在地主管税务机关预缴的所得税额,填报在第32行"本年累计实际已缴纳的所得税额"。

3.3.3.3 应补（退）的所得税额

应补（退）的所得税额反映的是企业所得税汇算清缴的结果，即在汇算清缴完成时，纳税人是应补税还是应退税。第 33 行"本年应补（退）的所得税额"，填报第 31 行－第 32 行的金额。

3.3.4 总机构应纳所得税额的列报

根据《汇总纳税管理办法》的规定，汇总纳税企业实行"统一计算、分级管理、就地预缴、汇总清算、财政调库"的企业所得税征收管理办法：

（1）统一计算，是指总机构统一计算包括汇总纳税企业所属各个不具有法人资格分支机构在内的全部应纳税所得额、应纳税额。

（2）分级管理，是指总机构、分支机构所在地的主管税务机关都有对当地机构进行企业所得税管理的责任，总机构和分支机构应分别接受机构所在地主管税务机关的管理。

（3）就地预缴，是指总机构、分支机构应按《汇总纳税管理办法》的规定，分月或分季分别向所在地主管税务机关申报预缴企业所得税。

（4）汇总清算，是指在年度终了后，总机构统一计算汇总纳税企业的年度应纳税所得额、应纳所得税额，抵减总机构、分支机构当年已就地分期预缴的企业所得税款后，多退少补。

（5）财政调库，是指财政部定期将缴入中央国库的汇总纳税企业所得税待分配收入，按照核定的系数调整至地方国库。

所得税年度纳税申报主表中需列报总机构有关的应补（退）税情况。总机构应分摊税款＝汇总纳税企业当期应纳所得税额×50％，其中 25％就地办理缴库或退库，25％就地全额缴入中央国库或退库。

第 34 行"总机构分摊本年应补（退）所得税额"，填报汇总纳税的总机构按照税收规定在总机构所在地分摊本年应补（退）所得税额。数据来源于《跨地区经营汇总纳税企业年度分摊企业所得税明细表》（A109000）第 12＋16 行的合计数，即总机构分摊本年应补（退）的所得税额和境外所得抵免后的应纳所得税额。

第 35 行"财政集中分配本年应补（退）所得税额"，填报汇总纳税的总机构按照税收规定财政集中分配本年应补（退）所得税款。数据来源于《跨地区经营汇总纳税企业年度分摊企业所得税明细表》（A109000）第 13 行。

第 36 行"总机构主体生产经营部门分摊本年应补（退）所得税额"，填报汇总纳税的总机构所属的具有主体生产经营职能的部门按照税收规定应分摊的本年应补

（退）所得税额。数据来源于《跨地区经营汇总纳税企业年度分摊企业所得税明细表》（A109000）第15行。

第37行"减：民族自治地区企业所得税地方分享部分：□免征　□减征：（减征幅度＿＿％）"，填报纳税人根据《企业所得税法》《中华人民共和国民族区域自治法》《财政部　国家税务总局关于贯彻落实国务院关于实施企业所得税过渡优惠政策有关问题的通知》（财税〔2008〕21号）[①]等规定，可以享受的免征或减征属于地方分享的所得税部分。填报该行次时，根据享受政策的类型选择"免征"或"减征"，两者必选其一。选择"免征"是指免征企业所得税税收地方分享部分；选择"减征：减征幅度＿＿％"是指减征企业所得税税收地方分享部分，减征幅度填写范围为1至100。例如，地方分享部分减半征收，则选择"减征"，并在"减征幅度"后填写"50％"。

风险提示　第37行"减：民族自治地区企业所得税地方分享部分：□免征　□减征：（减征幅度＿＿％）"数据填报要区分企业类型，企业类型为"非跨地区经营企业"的，本行填报"实际应纳所得税额"×40％×减征幅度－本年度预缴申报累计已减免的地方分享部分减免金额的余额。企业类型为"跨地区经营汇总纳税企业总机构"的，本行填报表A109000第20行"总机构因民族地方优惠调整分配金额"的金额。

第38行"十、本年实际应补（退）所得税额"，填报纳税人当期实际应补（退）的所得税额。企业类型为"非跨地区经营企业"的，本行填报第33－37行的金额。企业类型为"跨地区经营汇总纳税企业总机构"的，本行填报《跨地区经营汇总纳税企业年度分摊企业所得税明细表》（A109000）第21行"八、总机构本年实际应补（退）所得税额"的金额。

3.4　主表表内、表间关系

3.4.1　主表表内关系

第10行＝第1－2－3－4－5－6－7＋8＋9行。已执行财会〔2019〕6号和财会〔2018〕82号的纳税人，不执行本规则。

第13行＝第10＋11－12行。

第19行＝第13－14＋15－16－17＋18行。

第23行＝第19－20－21－22行。

[①]　根据《财政部关于公布废止和失效的财政规章和规范性文件目录（第十三批）的决定》（财政部令第103号）的规定，《财政部　国家税务总局关于贯彻落实国务院关于实施企业所得税过渡优惠政策有关问题的通知》（财税〔2008〕21号）自2020年1月23日起失效。

第 25 行＝第 23×24 行。

第 28 行＝第 25－26－27 行。

第 31 行＝第 28＋29－30 行。其中，跨地区经营企业类型为"分支机构（须进行完整年度申报并按比例纳税）"的纳税人，第 31 行＝（第 28＋29－30 行）×表 A000000"102 分支机构就地纳税比例"。

第 33 行＝第 31－32 行。

企业类型为"非跨地区经营企业"的，第 38 行＝第 33－37 行。

3.4.2 主表表间关系

第 1 行＝表 A101010 第 1 行或表 A101020 第 1 行或表 A103000 第 2＋3＋4＋5＋6 行或表 A103000 第 11＋12＋13＋14＋15 行。

第 2 行＝表 A102010 第 1 行或表 A102020 第 1 行或表 A103000 第 19＋20＋21＋22 行或表 A103000 第 25＋26＋27 行。

第 4 行＝表 A104000 第 26 行第 1 列。

第 5 行＝表 A104000 第 26 行第 3 列。

第 6 行＝表 A104000 第 26 行第 5 列。

第 9 行＝表 A103000 第 8 行或者第 16 行（仅限于填报表 A103000 的纳税人，其他纳税人根据财务核算情况自行填写）。

第 11 行＝表 A101010 第 16 行或表 A101020 第 35 行或表 A103000 第 9 行或第 17 行。

第 12 行＝表 A102010 第 16 行或表 A102020 第 33 行或表 A103000 第 23 行或第 28 行。

第 14 行＝表 A108010 第 14 列合计－第 11 列合计。

第 15 行＝表 A105000 第 46 行第 3 列。

第 16 行＝表 A105000 第 46 行第 4 列。

第 17 行＝表 A107010 第 31 行。

第 18 行：

(1) 当第 13－14＋15－16－17 行≥0，第 18 行＝0。

(2) 当第 13－14＋15－16－17 行＜0 且表 A108000 第 5 列合计行≥0，表 A108000 第 6 列合计行＞0 时，第 18 行＝表 A108000 第 5 列合计行与表 A100000 第 13－14＋15－16－17 行绝对值的孰小值。

(3) 当第 13－14＋15－16－17 行＜0 且表 A108000 第 5 列合计行≥0，表 A108000 第 6 列合计行＝0 时，第 18 行＝0。

第 20 行：当第 19 行≤0 时，第 20 行＝0；当第 19 行＞0 时：

(1) 第 19 行≥表 A107020 合计行第 11 列，第 20 行＝表 A107020 合计行第 11 列。

(2) 第 19 行＜表 A107020 合计行第 11 列，第 20 行＝第 19 行。

第 21 行＝表 A106000 第 11 行第 10 列。

第 22 行＝表 A107030 第 15 行第 1 列。

第 26 行＝表 A107040 第 33 行。

第 27 行＝表 A107050 第 7 行第 11 列。

第 29 行＝表 A108000 合计行第 9 列。

第 30 行＝表 A108000 合计行第 19 列。

第 34 行＝表 A109000 第 12＋16 行。

第 35 行＝表 A109000 第 13 行。

第 36 行＝表 A109000 第 15 行。

企业类型为"跨地区经营汇总纳税企业总机构"的，第 37 行＝表 A109000 第 20 行。

企业类型为"跨地区经营汇总纳税企业总机构"的，第 38 行＝表 A109000 第 21 行。

第4章

会计信息明细情况纳税申报表填报

企业所得税汇算清缴纳税申报采用间接法计算,即以会计利润为基础计算应纳税所得额。所得税年度纳税申报表主表的第一部分是利润总额,表中项目按照财务报表的利润表项目设置。由于利润表各项目是各类损益的合计数,不能够反映明细信息,而所得税申报需要掌握这些数据构成的详细情况,所以纳税人需要填报相应的明细申报表,申报有关详细信息。会计信息明细情况申报表共有6张,分别反映不同类型纳税人财务信息的详细情况。

《国家税务总局关于简化小型微利企业所得税年度纳税申报有关措施的公告》(国家税务总局公告2018年第58号)第三条规定,小型微利企业免于填报《一般企业收入明细表》(A101010)、《金融企业收入明细表》(A101020)、《一般企业成本支出明细表》(A102010)、《金融企业支出明细表》(A102020)、《事业单位、民间非营利组织收入、支出明细表》(A103000)、《期间费用明细表》(A104000)。其相关数据应当在《中华人民共和国企业所得税年度纳税申报表(A类)》(A100000)中直接填写。

4.1 《一般企业收入明细表》(A101010)

表A101010(见表4-1-1)适用于除金融企业、事业单位和民间非营利组织外的企业填报。纳税人应根据国家统一会计制度的规定,填报"主营业务收入""其他业务收入"和"营业外收入"的详细构成情况。

表4-1-1 一般企业收入明细表(A101010)

行次	项 目	金额
1	一、营业收入(2+9)	
2	(一)主营业务收入(3+5+6+7+8)	
3	1.销售商品收入	
4	其中:非货币性资产交换收入	

(续表)

行次	项目	金额
5	2. 提供劳务收入	
6	3. 建造合同收入	
7	4. 让渡资产使用权收入	
8	5. 其他	
9	(二)其他业务收入(10＋12＋13＋14＋15)	
10	1. 销售材料收入	
11	其中：非货币性资产交换收入	
12	2. 出租固定资产收入	
13	3. 出租无形资产收入	
14	4. 出租包装物和商品收入	
15	5. 其他	
16	二、营业外收入(17＋18＋19＋20＋21＋22＋23＋24＋25＋26)	
17	(一)非流动资产处置利得	
18	(二)非货币性资产交换利得	
19	(三)债务重组利得	
20	(四)政府补助利得	
21	(五)盘盈利得	
22	(六)捐赠利得	
23	(七)罚没利得	
24	(八)确实无法偿付的应付款项	
25	(九)汇兑收益	
26	(十)其他	

4.1.1 营业收入

4.1.1.1 主营业务收入

主营业务收入，是指企业日常活动中主要经营业务实现的收入，不同行业的业务性质不同，具体内容不一样，主要包括销售商品收入、提供劳务收入、让渡资产使用权收入等。根据会计明细核算情况分别填报第3行至第7行。

1) 销售商品收入

销售商品收入，是指从事工业制造、商品流通、农业生产以及其他商品销售活动取得的主营业务收入，所销售的商品包括自产产品和外购商品，这是企业主要日常活动获得的收入。将这类收入填报在第 3 行"销售商品收入"。如果销售商品时所取得的对价是其他非货币性资产,需要将这类收入在第 4 行"其中:非货币性资产交换收入"中单独申报。

风险提示 按照新修订的《企业会计准则第 7 号——非货币性资产交换》的规定,以存货换入其他非货币性资产的业务不属于《企业会计准则第 7 号——非货币性资产交换》规范的内容,属于交易价格中的非现金对价,应按照《企业会计准则第 14 号——收入》进行核算。

2) 提供劳务收入

提供劳务收入,是指纳税人从事建筑安装、修理修配、交通运输、仓储租赁、邮电通信、咨询经纪、文化体育、科学研究、技术服务、教育培训、餐饮住宿、中介代理、卫生保健、社区服务、旅游、娱乐、加工以及其他劳务活动取得的主营业务收入。提供劳务收入填报在第 5 行"提供劳务收入"。

3) 让渡资产使用权收入

让渡资产使用权收入,是指纳税人在主营业务收入核算的,让渡无形资产使用权而取得的使用费收入以及出租固定资产、无形资产、投资性房地产取得的租金收入。上述各项收入,只要在"主营业务收入"科目核算的,均填报在第 7 行"让渡资产使用权收入"。

4.1.1.2　其他业务收入

其他业务收入,是指企业日常活动中其他业务实现的收入,主要包括销售材料收入、出租固定资产收入、出租无形资产收入等。根据会计明细核算情况,分别填报第 10 行至第 14 行。

(1) 第 10 行"销售材料收入",填报纳税人销售材料、下脚料、废料、废旧物资等取得的收入。如果销售材料、下脚料、废料、废旧物资等取得的收入是非货币性资产,还需要填报第 11 行"其中:非货币性资产交换收入"。

(2) 第 12 行"出租固定资产收入",填报纳税人将固定资产使用权让与承租人获取的其他业务收入。会计按照权责发生制确认收入实现的时间和金额。

(3) 第 13 行"出租无形资产收入",填报纳税人让渡无形资产使用权取得的其他业务收入。

(4) 第 14 行"出租包装物和商品收入",填报纳税人出租、出借包装物和商品取得的其他业务收入。

风险提示 如果纳税人执行《小企业会计准则》,出租包装物和商品取得的其他业务收入在"营业外收入"科目核算,不在表 A101010 第 14 行填报。

4.1.2 营业外收入

营业外收入,是指企业取得的与生产经营无直接关系的各项收入。

风险提示 营业外收入包括的内容因为相关具体会计准则的修订和财务报告的修订发生了变化。表 A101010 项目自 2014 年确定后[《年度纳税申报表(A 类,2014 年版)》印发后]一直未做过修改,虽然表中项目与当时的会计核算分类方法一致,但是与当前会计核算存在差异,填报时需要注意。

(1)第 17 行"非流动资产处置利得",填报纳税人处置固定资产、无形资产等取得的净收益。

风险提示 在 2017 年之前,纳税人处置固定资产、无形资产等取得的净收益属于"营业外收入"科目核算的内容,但是自 2018 年开始该类收益在新增加的"资产处置损益"科目核算。所以,纳税人发生这类业务时,根据会计核算结果不能填报表 A101010 的第 17 行"非流动资产处置利得",这部分信息不能在表 A101010 中体现。

(2)第 18 行"非货币性资产交换利得",本行与表 A101010 第 17 行"非流动资产处置利得"出于相同的原因,因此也不需要填报。

(3)第 19 行"债务重组利得",根据表 A101010 填表说明,本行应填报纳税人发生的债务重组业务确认的净收益。

风险提示 新修订的《企业会计准则第 12 号——债务重组》规定,债务重组不再确认债务重组利得,直接确认抵债资产转让损益,记入"其他收益"科目,所以,表 A101010 第 19 行自 2019 年开始,纳税申报时不需要填报。

(4)第 20 行"政府补助利得",根据表 A101010 填表说明,本行应填报纳税人从政府无偿取得货币性资产或非货币性资产应确认的净收益。

风险提示 新修订的《企业会计准则第 16 号——政府补助》规定,与日常活动相关的政府补助记入"其他收益"科目,与非日常活动相关的政府补助记入"营业外收入"科目,所以,表 A101010 第 20 行自 2017 年之后需要根据政府补助的具体情况分析填报,凡是按会计准则应记入"营业外收入"科目的政府补助需要填报,否则无需填报。

(5)第 21 行"盘盈利得",填报纳税人在清查财产过程中查明的各种财产盘盈应确认的净收益。

(6)第 22 行"捐赠利得",填报纳税人接受的来自企业、组织或个人无偿给予的货币性资产、非货币性资产捐赠应确认的净收益。

(7)第 23 行"罚没利得",填报纳税人在日常经营管理活动中取得的罚款、没收收入应确认的净收益。

(8) 第 24 行"确实无法偿付的应付款项",填报纳税人因确实无法偿付的应付款项而确认的收入。

(9) 第 25 行"汇兑收益",填报纳税人取得企业外币货币性项目因汇率变动形成的收益应确认的收入。该项目为执行小企业会计准则企业填报,执行企业会计准则的纳税人实现的汇兑收益在"财务费用"科目核算,无需填报本行。

(10) 第 26 行"其他",填报纳税人取得的上述项目未列举的其他营业外收入,包括执行企业会计准则纳税人按权益法核算长期股权投资对初始投资成本调整确认的收益,执行小企业会计准则纳税人取得的出租包装物和商品的租金收入、逾期未退包装物押金收益等。

案例解析 4-1 营业收入和利得信息的纳税申报

【案例资料】

A 公司会计核算执行《企业会计准则》。2022 年,A 公司全年实现会计利润总额为 7 543 500 元。当年有关损益类账户的发生情况如表 4-1-2 所示,此外财务报表附注中企业披露的 3 项有关信息如下:

1. A 公司当年取得政府补助两项:一是因暴雨导致资产损失,收到政府救灾补助款 60 000 元;二是根据增值税相关政策规定,A 公司取得政府返还的增值税税款 250 000 元。

2. A 公司当年处置闲置设备,取得不含增值税的处置收入 120 000 元,该资产的计税基础为 65 000 元,会计成本为 61 400 元。

3. 因 A 公司经营不善,无法按期偿还甲公司到期债务,与甲公司达成债务重组协议,A 公司确认债务重组收益 168 000 元。

表 4-1-2 A 公司部分损益类账户发生额统计表

单位:元

账户名称	借方金额	贷方金额
主营业务收入	85 715 358.52	85 715 358.52
其中:销售商品收入	80 133 688.52	80 133 688.52
提供劳务收入	5 581 670.00	5 581 670.00
其他业务收入	1 503 333.38	1 503 333.38
其中:销售材料收入	984 027.00	984 027.00
出租固定资产收入	519 306.38	519 306.38
营业外收入	180 010.00	180 010.00
其中:政府补助	60 000.00	60 000.00
捐赠收入	100 000.00	100 000.00
盘盈	20 010.00	20 010.00

(续表)

账户名称	借方金额	贷方金额
资产处置损益	58 600.00	58 600.00
其他收益	418 000.00	418 000.00
其中：债务重组	168 000.00	168 000.00
政府补助	250 000.00	250 000.00

2022年度企业所得税汇算清缴纳税申报时，A公司营业收入和利得信息的纳税申报情况，如表4-1-3和表4-1-4所示。

表4-1-3 一般企业收入明细表(A101010)

单位：元

行次	项　目	金额
1	一、营业收入(2＋9)	87 218 691.90
2	（一）主营业务收入(3＋5＋6＋7＋8)	85 715 358.52
3	1.销售商品收入	80 133 688.52
4	其中：非货币性资产交换收入	0
5	2.提供劳务收入	5 581 670.00
6	3.建造合同收入	
7	4.让渡资产使用权收入	
8	5.其他	
9	（二）其他业务收入(10＋12＋13＋14＋15)	1 503 333.38
10	1.销售材料收入	984 027.00
11	其中：非货币性资产交换收入	0
12	2.出租固定资产收入	519 306.38
13	3.出租无形资产收入	
14	4.出租包装物和商品收入	
15	5.其他	
16	二、营业外收入(17＋18＋19＋20＋21＋22＋23＋24＋25＋26)	180 010.00
17	（一）非流动资产处置利得	
18	（二）非货币性资产交换利得	
19	（三）债务重组利得	
20	（四）政府补助利得	60 000.00
21	（五）盘盈利得	20 010.00
22	（六）捐赠利得	100 000.00
23	（七）罚没利得	
24	（八）确实无法偿付的应付款项	
25	（九）汇兑收益	
26	（十）其他	

表 4-1-4　中华人民共和国企业所得税年度纳税申报表(A 类)(A100000)(局部)

单位：元

行次	类别	项目	金额
1	利润总额计算	一、营业收入(填写 A101010\101020\103000)	87 218 691.90
2		减：营业成本(填写 A102010\102020\103000)	
10		二、营业利润(1−2−3−4−5−6−7+8+9)	
11		加：营业外收入(填写 A101010\101020\103000)	180 010.00
12		减：营业外支出(填写 A102010\102020\103000)	
13		三、利润总额(10+11−12)	7 543 500.00

4.1.3　表内、表间关系

(1) 表内关系。

第 1 行＝第 2＋9 行。

第 2 行＝第 3＋5＋6＋7＋8 行。

第 9 行＝第 10＋12＋13＋14＋15 行。

第 16 行＝第 17＋18＋19＋20＋21＋22＋23＋24＋25＋26 行。

(2) 表间关系。

第 1 行＝表 A100000 第 1 行。

第 16 行＝表 A100000 第 11 行。

4.2　《一般企业成本支出明细表》(A102010)

表 A102010(见表 4-2-1)适用于除金融企业、事业单位和民间非营利组织外的企业填报。纳税人应根据国家统一会计制度的规定，填报"主营业务成本""其他业务成本"和"营业外支出"。

表 4-2-1　一般企业成本支出明细表(A102010)

行次	项目	金额
1	一、营业成本(2+9)	
2	(一) 主营业务成本(3+5+6+7+8)	
3	1. 销售商品成本	
4	其中：非货币性资产交换成本	
5	2. 提供劳务成本	
6	3. 建造合同成本	

(续表)

行次	项目	金额
7	4. 让渡资产使用权成本	
8	5. 其他	
9	（二）其他业务成本(10＋12＋13＋14＋15)	
10	1. 销售材料成本	
11	其中：非货币性资产交换成本	
12	2. 出租固定资产成本	
13	3. 出租无形资产成本	
14	4. 包装物出租成本	
15	5. 其他	
16	二、营业外支出(17＋18＋19＋20＋21＋22＋23＋24＋25＋26)	
17	（一）非流动资产处置损失	
18	（二）非货币性资产交换损失	
19	（三）债务重组损失	
20	（四）非常损失	
21	（五）捐赠支出	
22	（六）赞助支出	
23	（七）罚没支出	
24	（八）坏账损失	
25	（九）无法收回的债券股权投资损失	
26	（十）其他	

4.2.1　营业成本

4.2.1.1　主营业务成本

主营业务成本，是指纳税人从事工业制造、商品流通、农业生产以及其他商品销售活动发生的主营业务成本，房地产开发企业销售开发产品（销售未完工开发产品除外）发生的成本。填报第3行至第8行。

1) 销售商品成本

纳税人从事工业制造、商品流通、农业生产以及其他商品销售活动发生的主营业务成本，以及房地产开发企业销售开发产品（销售未完工开发产品除外）发生的成本，填报第3行"销售商品成本"。

第4行"其中：非货币性资产交换成本"，填报纳税人发生的非货币性资产交换按照国家统一会计制度应确认的销售商品成本。

2）提供劳务成本

纳税人从事建筑安装、修理修配、交通运输、仓储租赁、邮电通信、咨询经纪、文化体育、科学研究、技术服务、教育培训、餐饮住宿、中介代理、卫生保健、社区服务、旅游、娱乐、加工以及其他劳务活动发生的主营业务成本，填报第5行"提供劳务成本"。

3）建造合同成本

纳税人建造房屋、道路、桥梁、水坝等建筑物，以及生产船舶、飞机、大型机械设备等发生的主营业务成本，填报第6行"建造合同成本"。

4）让渡资产使用权成本

纳税人在主营业务成本核算的，让渡无形资产使用权而发生的使用费成本以及出租固定资产、无形资产、投资性房地产发生的租金成本，填报第7行"让渡资产使用权成本"。

5）其他事项

纳税人按照国家统一会计制度核算、上述未列举的其他主营业务成本，填报第8行"其他"。

4.2.1.2 其他业务成本

其他业务成本，是指企业日常活动中其他业务实现的收入对应的成本，主要包括销售材料成本、出租固定资产、出租无形资产成本等。根据会计明细核算情况分别填报第10行至第15行。

1）销售材料成本

纳税人销售材料、下脚料、废料、废旧物资等发生的成本，填报第10行"销售材料成本"。

第11行"其中：非货币性资产交换成本"，填报纳税人发生的非货币性资产交换按照国家统一会计制度应确认的材料销售成本。

2）出租固定资产成本

纳税人将固定资产使用权让与承租人形成的出租固定资产成本，填报第12行"出租固定资产成本"。

3）出租无形资产成本

纳税人让渡无形资产使用权形成的出租无形资产成本，填报第13行"出租无形资产成本"。

风险提示 会计核算中将出租的房屋建筑物等不动产以及土地使用权划分为"投资性房地产"，而税法没有这种分类，所以对于会计确认的"投资性房地产"成本，需要根据资产的实际情况分别填报表102010第12行或第13行。

4) 包装物出租成本

纳税人出租、出借包装物形成的包装物出租成本,填报第14行"包装物出租成本"。

4.2.2 营业外支出

第16行"营业外支出",填报纳税人记入本科目核算的与生产经营无直接关系的各项支出。

4.2.2.1 非流动资产处置损失

第17行"非流动资产处置损失",填报纳税人处置非流动资产形成的净损失。

风险提示 在2017年之前,纳税人处置固定资产、无形资产等发生的净损失属于"营业外支出"科目核算的内容,但是自2018年开始,该类损益在新增加的"资产处置损益"科目核算。纳税人发生这类业务时,根据会计核算结果不需填报表A102010第17行"非流动资产处置损失",这部分信息不需在表A102010中体现。

4.2.2.2 非货币性资产交换损失

第18行"非货币性资产交换损失",纳税人发生非货币性资产交换应确认的净损失。

风险提示 自2018年开始,新增加"资产处置损益"科目,发生非货币性资产交换时,出现的资产处置损失,不再记入"营业外支出"科目,纳税人发生这类业务时,这部分信息不需在表A102010中体现。

4.2.2.3 债务重组损失

第19行"债务重组损失",填报纳税人进行债务重组应确认的净损失。

风险提示 新修订的《企业会计准则第12号——债务重组》规定,债务重组中债权人不再通过"营业外支出"科目确认发生的债务重组损失,如果出现损失记入"投资收益"科目,表A102010第19行自2019年开始,纳税申报时不需要填报。

4.2.2.4 非常损失

纳税人在营业外支出中核算的各项非正常的财产损失,填报第20行"非常损失"。

4.2.2.5 捐赠支出

纳税人无偿给予其他企业、组织或个人的货币性资产、非货币性资产捐赠支出,填报第21行"捐赠支出"。

4.2.2.6 赞助支出

纳税人发生的货币性资产、非货币性资产赞助支出,填报第22行"赞助支出"。

4.2.2.7 罚没支出

纳税人在日常经营管理活动中对外支付的各项罚款、没收收入的支出,填报第23行"罚没支出"。

4.2.2.8 坏账损失

会计核算执行《小企业会计准则》的纳税人发生的各项坏账损失,填报第24行"坏账损失"。如果执行《企业会计准则》则不需要填报。

4.2.2.9 无法收回的债券股权投资损失

会计核算执行《小企业会计准则》的纳税人发生各项无法收回的债券股权投资损失,填报第25行"无法收回的债券股权投资损失"。如果执行《企业会计准则》则不需要填报。

4.2.2.10 其他

纳税人本期实际发生的在营业外支出核算的其他损失及支出,填报第26行"其他"。

案例解析 4-2 营业成本和损失的纳税申报

【案例资料】

B公司会计核算执行《企业会计准则》。2022年,B公司全年实现会计利润总额为5 443 500元。当年有关损益类账户的发生情况如表4-2-2所示。此外,财务报表附注中企业披露的2项有关信息如下:

1. 因新冠肺炎①疫情的影响,向受灾严重的关联企业捐赠物资,该物资是B公司自产产品,生产成本42 000元,公允价格50 000元,B公司按照公允价值计算增值税销项税额,与成本一起确认为营业外支出。

2. 因违反交通法规、消防安全管理等,全年累计支付罚款19 000元。

表4-2-2 B公司部分损益类账户发生额统计表

单位:元

账户名称	借方金额	贷方金额
主营业务成本	56 344 523.16	56 344 523.16
销售商品成本	52 664 523.16	52 664 522.16
提供劳务成本	3 680 000.00	3 680 000.00

---

① 根据国家卫生健康委员会公告2022年第7号的规定,新型冠状病毒肺炎更名为新型冠状病毒感染,http://www.nhc.gov.cn/xcs/zhengcwj/202212/6630916374874368b9fea6c2253289e1.shtml。

(续表)

账户名称	借方金额	贷方金额
其他业务成本	1 226 000.00	1 226 000.00
销售材料成本	826 000.00	826 000.00
出租固定资产成本	400 000.00	400 000.00
营业外支出	67 500.00	67 500.00
捐赠支出	48 500.00	48 500.00
罚没支出	19 000.00	19 000.00

2022年度企业所得税汇算清缴纳税申报时，B公司营业成本和损失信息的纳税申报情况，如表4-2-3和表4-2-4所示。

表4-2-3　一般企业成本支出明细表(A102010)

单位：元

行次	项　目	金额
1	一、营业成本(2+9)	57 570 523.16
2	(一)主营业务成本(3+5+6+7+8)	56 344 523.16
3	1. 销售商品成本	52 664 523.16
4	其中：非货币性资产交换成本	
5	2. 提供劳务成本	3 680 000.00
6	3. 建造合同成本	
7	4. 让渡资产使用权成本	
8	5. 其他	
9	(二)其他业务成本(10+12+13+14+15)	1 226 000.00
10	1. 销售材料成本	826 000.00
11	其中：非货币性资产交换成本	
12	2. 出租固定资产成本	400 000.00
13	3. 出租无形资产成本	
14	4. 包装物出租成本	
15	5. 其他	
16	二、营业外支出(17+18+19+20+21+22+23+24+25+26)	67 500.00
17	(一)非流动资产处置损失	
18	(二)非货币性资产交换损失	
19	(三)债务重组损失	
20	(四)非常损失	

(续表)

行次	项目	金额
21	(五)捐赠支出	48 500.00
22	(六)赞助支出	
23	(七)罚没支出	19 000.00
24	(八)坏账损失	
25	(九)无法收回的债券股权投资损失	
26	(十)其他	

表 4-2-4　中华人民共和国企业所得税年度纳税申报表(A 类)(A100000)(局部)

单位:元

行次	类别	项目	金　额
1	利润总额计算	一、营业收入(填写 A101010\101020\103000)	
2		减:营业成本(填写 A102010\102020\103000)	57 570 523.16
10		二、营业利润(1−2−3−4−5−6−7+8+9)	
11		加:营业外收入(填写 A101010\101020\103000)	
12		减:营业外支出(填写 A102010\102020\103000)	67 500.00
13		三、利润总额(10+11−12)	5 443 500.00

4.2.3　表内、表间关系

(1) 表内关系。

第 1 行=第 2+9 行。

第 2 行=第 3+5+6+7+8 行。

第 9 行=第 10+12+13+14+15 行。

第 16 行=第 17+18+…+26 行。

(2) 表间关系。

第 1 行=表 A100000 第 2 行。

第 16 行=表 A100000 第 12 行。

4.3　《金融企业收入明细表》(A101020)

表 A101020(见表 4-3-1)适用于执行企业会计准则的金融企业纳税人填报,包括银行(信用社)、保险公司、证券公司等金融企业。金融企业应根据企业会计准则的规定填报"营业收入""营业外收入"。

表4-3-1 金融企业收入明细表(A101020)

行次	项 目	金额
1	一、营业收入(2+18+27+32+33+34)	
2	（一）银行业务收入(3+10)	
3	1.利息收入(4+5+6+7+8+9)	
4	（1）存放同业	
5	（2）存放中央银行	
6	（3）拆出资金	
7	（4）发放贷款及垫资	
8	（5）买入返售金融资产	
9	（6）其他	
10	2.手续费及佣金收入(11+12+13+14+15+16+17)	
11	（1）结算与清算手续费	
12	（2）代理业务手续费	
13	（3）信用承诺手续费及佣金	
14	（4）银行卡手续费	
15	（5）顾问和咨询费	
16	（6）托管及其他受托业务佣金	
17	（7）其他	
18	（二）证券业务收入(19+26)	
19	1.证券业务手续费及佣金收入(20+21+22+23+24+25)	
20	（1）证券承销业务	
21	（2）证券经纪业务	
22	（3）受托客户资产管理业务	
23	（4）代理兑付证券	
24	（5）代理保管证券	
25	（6）其他	
26	2.其他证券业务收入	
27	（三）已赚保费(28-30-31)	
28	1.保险业务收入	
29	其中：分保费收入	
30	2.分出保费	
31	3.提取未到期责任准备金	
32	（四）其他金融业务收入	
33	（五）汇兑收益(损失以"-"号填列)	
34	（六）其他业务收入	
35	二、营业外收入(36+37+38+39+40+41+42)	
36	（一）非流动资产处置利得	

(续表)

行次	项　目	金额
37	（二）非货币性资产交换利得	
38	（三）债务重组利得	
39	（四）政府补助利得	
40	（五）盘盈利得	
41	（六）捐赠利得	
42	（七）其他	

4.3.1 营业收入

4.3.1.1 银行业务收入

银行业务收入包括利息收入和手续费及佣金收入两部分，分别按照收入的明细情况填报第3行至第9行和第10行至第17行。

1）利息收入

利息收入，是指银行存贷款业务等取得的各项利息收入，包括发放的各类贷款（银团贷款、贸易融资、贴现和转贴现融出资金、协议透支、信用卡透支、转贷款、垫款等）、与其他金融机构（中央银行、同业等）之间发生资金往来业务、买入返售金融资产等实现的利息收入等。

（1）纳税人存放于境内、境外银行和非银行金融机构款项取得的利息收入，填报第4行"存放同业"。

（2）纳税人存放于中国人民银行的各种款项利息收入，填报第5行"存放中央银行"。

（3）纳税人拆借给境内、境外其他金融机构款项的利息收入，填报第6行"拆出资金"。

（4）纳税人发放贷款及垫资的利息收入，填报第7行"发放贷款及垫资"。

（5）纳税人按照返售协议约定先买入再按固定价格返售的票据、证券、贷款等金融资产所融出资金的利息收入，填报第8行"买入返售金融资产"。

（6）纳税人除第4行至第8行以外的其他利息收入，包括债券投资利息等收入，填报第9行"其他"。

2）手续费及佣金收入

手续费及佣金收入，是指银行在提供相关金融业务服务时向客户收取的收入，包括结算与清算手续费、代理业务手续费、信用承诺手续费及佣金、银行卡手续费、顾问和咨询费、托管及其他受托业务佣金等。手续费及佣金收入分别根据业务内容填报第11行至第17行。

4.3.1.2 证券公司业务收入

证券企业取得的证券业务收入,包括证券业务手续费及佣金收入和其他证券业务收入,填报第18行至第26行。

第19行"证券业务手续费及佣金收入",填报纳税人承销、代理兑付等业务取得的各项手续费、佣金等收入。第20行至第25行按照会计核算的本类收入的明细项目分别填报。

第26行"其他证券业务收入",填报纳税人在国家许可的范围内从事的除经纪、自营和承销业务以外的与证券有关的业务收入。

4.3.1.3 保险公司业务收入

纳税人从事保险业务确认的本年实际保费收入。根据"实际保费收入＝保险业务收入－分出保费－提取未到期责任准备金"的计算公式,分别填报第28行至第31行。

第28行"保险业务收入",填报纳税人从事保险业务确认的保费收入。

第29行"分保费收入",填报纳税人(再保险公司或分入公司)从原保险公司或分出公司分入的保费收入。

第30行"分出保费",填报纳税人(再保险分出人)向再保险接受人分出的保费。

第31行"提取未到期责任准备金",填报纳税人(保险企业)提取的非寿险原保险合同未到期责任准备金和再保险合同分保未到期责任准备金。

4.3.1.4 其他金融业务收入及汇兑收益

(1)纳税人提供除银行业、保险业、证券业以外的金融商品服务取得的收入,填报第32行"其他金融业务收入"。

(2)纳税人发生的外币交易因汇率变动而产生的汇兑损益,填报第33行"汇兑收益",损失以"－"号填列。

4.3.2 营业外收入

第35行"营业外收入",填报纳税人发生的各项营业外收入,包括非流动资产处置利得、非货币性资产交换利得、债务重组利得、政府补助利得、盘盈利得、捐赠利得等。

由于会计准则修订变化,这些业务的会计核算所用科目发生改变,第36行至第39行的填报请参照表A101010填报的风险提示。

4.3.2.1 盘盈利得

纳税人在清查财产过程中查明的各种财产盘盈应确认的净收益,填报第40行"盘盈利得"。

4.3.2.2 捐赠利得

纳税人接受的来自企业、组织或个人无偿给予的货币性资产、非货币性资产捐赠应确认的净收益,填报第41行"捐赠利得"。

4.3.2.3 其他

纳税人取得的上述项目未列举的其他营业外收入,包括执行《企业会计准则》的纳税人对按权益法核算的长期股权投资初始投资成本调整确认的收益,填报第42行"其他"。

4.3.3 表内、表间关系

(1) 表内关系。

第1行＝第2+18+27+32+33+34行。

第2行＝第3+10行。

第3行＝第4+5+…+9行。

第10行＝第11+12+…+17行。

第18行＝第19+26行。

第19行＝第20+21+…+25行。

第27行＝第28-30-31行。

第35行＝第36+37+…+42行。

(2) 表间关系。

第1行＝表A100000第1行。

第35行＝表A100000第11行。

4.4 《金融企业支出明细表》(A102020)

表A102020(见表4-4-1)适用于执行企业会计准则的金融企业纳税人填报,包括银行(信用社)、保险公司、证券公司等金融企业。纳税人根据企业会计准则的规定填报"营业支出""营业外支出"。

表4-4-1 金融企业支出明细表(A102020)

行次	项目	金额
1	一、营业支出(2+15+25+31+32)	
2	(一)银行业务支出(3+11)	

(续表)

行次	项　目	金额
3	1. 银行利息支出(4＋5＋6＋7＋8＋9＋10)	
4	（1）同业存放	
5	（2）向中央银行借款	
6	（3）拆入资金	
7	（4）吸收存款	
8	（5）卖出回购金融资产	
9	（6）发行债券	
10	（7）其他	
11	2. 银行手续费及佣金支出(12＋13＋14)	
12	（1）手续费支出	
13	（2）佣金支出	
14	（3）其他	
15	（二）保险业务支出(16＋17－18＋19－20＋21＋22－23＋24)	
16	1. 退保金	
17	2. 赔付支出	
18	减：摊回赔付支出	
19	3. 提取保险责任准备金	
20	减：摊回保险责任准备金	
21	4. 保单红利支出	
22	5. 分保费用	
23	减：摊回分保费用	
24	6. 保险业务手续费及佣金支出	
25	（三）证券业务支出(26＋30)	
26	1. 证券业务手续费及佣金支出(27＋28＋29)	
27	（1）证券经纪业务手续费支出	
28	（2）佣金支出	
29	（3）其他	
30	2. 其他证券业务支出	
31	（四）其他金融业务支出	
32	（五）其他业务成本	

(续表)

行次	项　目	金额
33	二、营业外支出(34＋35＋36＋37＋38＋39)	
34	（一）非流动资产处置损失	
35	（二）非货币性资产交换损失	
36	（三）债务重组损失	
37	（四）捐赠支出	
38	（五）非常损失	
39	（六）其他	

4.4.1　营业成本

4.4.1.1　银行业务支出

银行业务支出，是指银行从事各项业务发生的支出，包括银行利息支出和银行手续费及佣金支出两部分。银行经营存贷款业务等发生的利息支出，包括同业存放、向中央银行借款、拆入资金、吸收存款、卖出回购金融资产、发行债券和其他业务利息支出。这些支出的纳税申报应根据支出的不同内容，分别填报第 4 行至第 10 行。

银行手续费及佣金支出，是指银行发生的各项手续费、佣金等支出，分别填报第 12 行至第 14 行。

4.4.1.2　保险公司业务支出

保险业务支出，是指保险企业发生的与保险业务相关的费用支出。纳税申报时将这些支出分为六类，包括退保金、赔付支出、提取保险责任准备金、保单红利支出、分保费用和保险业务手续费及佣金支出，分别填报第 16 行至 24 行。

（1）第 16 行"退保金"，填报保险企业寿险原保险合同提前解除时按照约定应当退还投保人的保单现金价值。

（2）第 17 行"赔付支出"，填报保险企业支付的原保险合同赔付款项和再保险合同赔付款项。

第 18 行"减：摊回赔付支出"，填报保险企业（再保险分出人）向再保险接受人摊回的赔付成本。

（3）第 19 行"提取保险责任准备金"，填报保险企业提取的原保险合同保险责任准备金，包括提取的未决赔款准备金、提取的寿险责任准备金、提取的长期健康责任准备金。

第 20 行"减：摊回保险责任准备金"，填报保险企业（再保险分出人）从事再保险业务应向再保险接受人摊回的保险责任准备金，包括未决赔款准备金、寿险责任准备金、长期健康险责任准备金。

（4）第 21 行"保单红利支出"，填报保险企业按原保险合同约定支付给投保人的红利。

（5）第 22 行"分保费用"，填报保险企业（再保险接受人）向再保险分出人支付的分保费用。

第 23 行"减：摊回分保费用"，填报保险企业（再保险分出人）向再保险接受人摊回的分保费用。

（6）第 24 行"保险业务手续费及佣金支出"，填报保险企业发生的与其保险业务活动相关的各项手续费、佣金支出。

4.4.1.3 证券公司业务支出

第 25 行"证券业务支出"，填报纳税人从事证券业务发生的证券手续费支出和其他证券业务支出。

第 26 行"证券业务手续费及佣金支出"，填报纳税人代理承销、兑付和买卖证券等业务发生的各项手续费、风险结算金、承销业务直接相关的各项费用及佣金支出。

第 30 行"其他证券业务支出"，填报纳税人从事除经纪、自营和承销业务以外的与证券有关的业务支出。

4.4.1.4 其他业务支出

1）其他金融业务支出

第 31 行"其他金融业务支出"，填报纳税人提供除银行业、保险业、证券业以外的金融商品服务发生的相关业务支出。

2）其他业务成本

第 32 行"其他业务成本"，填报纳税人发生的除主营业务活动以外的其他经营活动发生的支出。

4.4.2 营业外支出

第 33 行"营业外支出"，填报纳税人发生的各项营业外支出，包括非流动资产处置损失、非货币性资产交换损失、债务重组损失、捐赠支出、非常损失等。

由于会计准则修订变化，这些业务的会计核算所用科目发生改变，第 34 行至第 36 行的填报请参照非金融企业表 A102010 填报的风险提示。

4.4.2.1 捐赠支出

第37行"捐赠支出",填报纳税人无偿给予其他企业、组织或个人的货币性资产、非货币性资产的捐赠支出。

4.4.2.2 非常损失

第38行"非常损失",填报纳税人在营业外支出中核算的各项非正常的财产损失。

4.4.2.3 其他

第39行"其他",填报纳税人本期实际发生的在营业外支出核算的其他损失及支出。

4.4.3 表内、表间关系

(1) 表内关系。

第1行＝第2＋15＋25＋31＋32行。

第2行＝第3＋11行。

第3行＝第4＋5＋…＋10行。

第11行＝第12＋13＋14行。

第15行＝第16＋17－18＋19－20＋21＋22－23＋24行。

第25行＝第26＋30行。

第26行＝第27＋28＋29行。

第33行＝第34＋35＋…39行。

(2) 表间关系。

第1行＝表A100000第2行。

第33行＝表A100000第12行。

4.5 《事业单位、民间非营利组织收入、支出明细表》（A103000）

表A103000(见表4-5-1)适用于实行事业单位会计准则的事业单位,以及执行民间非营利组织会计制度的社会团体、民办非企业单位、非营利性组织等查账征收居民纳税人填报。纳税人应根据事业单位会计准则、民间非营利组织会计制度的规定,填报"事业单位收入""民间非营利组织收入""事业单位支出""民间非营利组织支出"等。

表 4-5-1　事业单位、民间非营利组织收入、支出明细表（A103000）

行次	项　目	金　额
1	一、事业单位收入（2＋3＋4＋5＋6＋7）	
2	（一）财政补助收入	
3	（二）事业收入	
4	（三）上级补助收入	
5	（四）附属单位上缴收入	
6	（五）经营收入	
7	（六）其他收入（8＋9）	
8	其中：投资收益	
9	其他	
10	二、民间非营利组织收入（11＋12＋13＋14＋15＋16＋17）	
11	（一）接受捐赠收入	
12	（二）会费收入	
13	（三）提供劳务收入	
14	（四）商品销售收入	
15	（五）政府补助收入	
16	（六）投资收益	
17	（七）其他收入	
18	三、事业单位支出（19＋20＋21＋22＋23）	
19	（一）事业支出	
20	（二）上缴上级支出	
21	（三）对附属单位补助支出	
22	（四）经营支出	
23	（五）其他支出	
24	四、民间非营利组织支出（25＋26＋27＋28）	
25	（一）业务活动成本	
26	（二）管理费用	
27	（三）筹资费用	
28	（四）其他费用	

4.5.1　事业单位收入的填报

第 1 行至第 9 行由执行事业单位会计准则的纳税人填报。

第 1 行"事业单位收入"，填报纳税人取得的所有收入的金额（包括不征税收入和免税收入），按照会计核算口径填报。

第2行"财政补助收入",填报纳税人直接从同级财政部门取得的各类财政拨款,包括基本支出补助和项目支出补助。

第3行"事业收入",填报纳税人通过开展专业业务活动及辅助活动所取得的收入。

第4行"上级补助收入",填报纳税人从主管部门和上级单位取得的非财政补助收入。

第5行"附属单位上缴收入",填报纳税人附属独立核算单位按有关规定上缴的收入,包括附属事业单位上缴的收入和附属企业上缴的利润等。

第6行"经营收入",填报纳税人开展专业业务活动及其辅助活动之外开展非独立核算经营活动取得的收入。

第7行"其他收入",填报纳税人取得的除第2行至第6行项目以外的收入,包括投资收益、银行存款利息收入、租金收入、捐赠收入、现金盘盈收入、存货盘盈收入、收回已核销应收及预付款项、无法偿付的应付及预收款项等。

第8行"其中,投资收益",填报在"其他收入"科目中核算的各项短期投资、长期债券投资、长期股权投资取得的投资收益。

第9行"其他",填报在"其他收入"科目中核算的除投资收益以外的收入。

4.5.2 民间非营利组织收入的填报

第10行至第17行由执行民间非营利组织会计制度的纳税人填报。

第10行"民间非营利组织收入",填报纳税人开展业务活动取得的收入,应当包括接受捐赠收入、会费收入、提供劳务收入、政府补助收入、投资收益、商品销售收入等主要业务活动收入和其他收入等。

第11行"接受捐赠收入",填报纳税人接受其他单位或者个人捐赠所取得的收入。

第12行"会费收入",填报纳税人根据章程等规定向会员收取的会费收入。

第13行"提供劳务收入",填报纳税人根据章程等规定向其服务对象提供服务取得的收入,包括学费收入、医疗费收入、培训收入等。

第14行"商品销售收入",填报纳税人销售商品(如出版物、药品等)所形成的收入。

第15行"政府补助收入",填报纳税人接受政府拨款或者政府机构给予的补助而取得的收入。

第16行"投资收益",填报纳税人因对外投资取得的投资净收益。

第17行"其他收入",填报纳税人除上述主要业务活动收入以外的其他收入,如固定资产处置净收入、无形资产处置净收入等。

4.5.3 事业单位支出的填报

第 18 行至第 23 行由执行事业单位会计准则的纳税人填报。

第 18 行"事业单位支出",填报纳税人发生的所有支出总额(含不征税收入形成的支出),按照会计核算口径填报。

第 19 行"事业支出",填报纳税人开展专业业务活动及其辅助活动发生的支出,包括工资、补助工资、职工福利费、社会保障费、助学金、公务费、业务费、设备购置费、修缮费和其他费用。

第 20 行"上缴上级支出",填报纳税人按照财政部门和主管部门的规定上缴上级单位的支出。

第 21 行"对附属单位补助支出",填报纳税人用财政补助收入之外的收入对附属单位补助发生的支出。

第 22 行"经营支出",填报纳税人在专业业务活动及其辅助活动之外开展非独立核算经营活动发生的支出。

第 23 行"其他支出",填报纳税人除第 19 行至第 22 行项目以外的支出,包括利息支出、捐赠支出、现金盘亏损失、资产处置损失、接受捐赠(调入)非流动资产发生的税费支出等。

4.5.4 民间非营利组织支出的填报

第 24 行至第 28 行由执行民间非营利组织会计制度的纳税人填报。

第 24 行"民间非营利组织支出",填报纳税人发生的所有支出总额。按照会计核算口径填报。

第 25 行"业务活动成本",填报民间非营利组织为了实现其业务活动目标,并开展某项目活动或者提供劳务所发生的费用。

第 26 行"管理费用",填报民间非营利组织为组织和管理其业务活动所发生的各项费用,包括民间非营利组织董事会(或者理事会或者类似权力机构)经费和行政管理人员的工资、奖金、津贴、福利费、住房公积金、住房补贴、社会保障费、离退休人员工资与补助,以及办公费、水电费、邮电费、物业管理费、差旅费、折旧费、修理费、无形资产摊销费、存货盘亏损失、资产减值损失、因预计负债所产生的损失、聘请中介机构费和应偿还的受赠资产等。

第 27 行"筹资费用",填报民间非营利组织为筹集业务活动所需资金而发生的费用,包括民间非营利组织获得捐赠资产而发生的费用以及应当计入当期费用的借款费用、汇兑损失(减汇兑收益)等。民间非营利组织为了获得捐赠资产而发生的费用包括举办募款活动费,准备、印刷和发放募款宣传资料费以及其他与募款或者争取捐赠有关的费用。

第28行"其他费用",填报民间非营利组织发生的、无法归属到上述业务活动成本、管理费用或者筹资费用中的费用,包括固定资产处置净损失、无形资产处置净损失等。

4.5.5 表内、表间关系

(1) 表内关系。

第1行＝第2+3+…+7行。

第7行＝第8+9行。

第10行＝第11+12+…+17行。

第18行＝第19+20+21+22+23行。

第24行＝第25+26+27+28行。

(2) 表间关系。

第2+3+4+5+6行或第11+12+13+14+15行＝表A100000第1行。

第8行或第16行＝表A100000第9行。

第9行或第17行＝表A100000第11行。

第19+20+21+22行或第25+26+27行＝表A100000第2行。

第23行或第28行＝表A100000第12行。

4.6 《期间费用明细表》(A104000)

表A104000(见表4-6-1)适用于执行企业会计准则、小企业会计准则、企业会计制度、分行业会计制度的查账征收居民纳税人填报。纳税人应根据企业会计准则、小企业会计准则、企业会计、分行业会计制度规定,填报"销售费用""管理费用"和"财务费用"等项目。

表4-6-1　期间费用明细表(A104000)

行次	项　目	销售费用	其中: 境外支付	管理费用	其中: 境外支付	财务费用	其中: 境外支付
		1	2	3	4	5	6
1	一、职工薪酬		*		*	*	*
2	二、劳务费					*	*

（续表）

行次	项 目	销售费用	其中：境外支付	管理费用	其中：境外支付	财务费用	其中：境外支付
		1	2	3	4	5	6
3	三、咨询顾问费					*	*
4	四、业务招待费			*	*	*	*
5	五、广告费和业务宣传费			*	*	*	*
6	六、佣金和手续费						
7	七、资产折旧摊销费			*	*	*	*
8	八、财产损耗、盘亏及毁损损失			*	*	*	*
9	九、办公费			*	*	*	*
10	十、董事会费			*	*		
11	十一、租赁费					*	*
12	十二、诉讼费			*	*	*	*
13	十三、差旅费			*	*	*	*
14	十四、保险费			*	*	*	*
15	十五、运输、仓储费					*	*
16	十六、修理费					*	*
17	十七、包装费			*	*		
18	十八、技术转让费					*	*
19	十九、研究费用					*	*
20	二十、各项税费		*		*		
21	二十一、利息收支	*	*	*	*		
22	二十二、汇兑差额	*	*	*	*		
23	二十三、现金折扣	*	*	*	*		*
24	二十四、党组织工作经费	*	*			*	
25	二十五、其他						
26	合计(1+2+3+…+25)						

4.6.1 销售费用纳税申报

4.6.1.1 销售费用内容

销售费用，是指企业销售商品和材料、提供劳务的过程中发生的各种费用，包括企业在销售商品过程中发生的保险费、包装费、展览费和广告费、商品维修费、预计产品质量保证损失、运输费、装卸费等，以及为销售本企业商品而专设的销售机构

(含销售网点、售后服务网点等)的职工薪酬、业务费、折旧费等经营费用。企业发生的与专设销售机构相关的固定资产修理费用等后续支出也属于销售费用。

4.6.1.2 销售费用申报

第1列"销售费用",填报在"销售费用"科目进行核算的相关明细项目的金额,其中金融企业填报在"业务及管理费"科目进行核算的相关明细项目的金额。

第2列"其中:境外支付",填报在"销售费用"科目进行核算的向境外支付的相关明细项目的金额,其中金融企业填报在"业务及管理费"科目进行核算的相关明细项目的金额。

第1行至第25行,根据费用科目核算的具体项目金额进行填报,如果贷方发生额大于借方发生额,应填报负数。

4.6.2 管理费用纳税申报

4.6.2.1 管理费用内容

管理费用,是指企业行政管理部门为组织和管理生产经营活动而发生的各种费用,包括企业行政管理部门在企业经营管理中发生的,或者应当由企业统一负担的公司经费、工会经费、待业保险费、劳动保险费、董事会费、聘请中介机构费、咨询费、诉讼费、业务招待费、办公费、差旅费、邮电费、绿化费、管理人员工资及福利费、折旧费、修理费、物料消耗、低值易耗品摊销及其他公司经费。

4.6.2.2 管理费用申报

第3列"管理费用",填报在"管理费用"科目进行核算的相关明细项目的金额。

第4列"其中:境外支付",填报在"管理费用"科目进行核算的向境外支付的相关明细项目的金额。

第1行至第25行,根据费用科目核算的具体项目金额进行填报,如果贷方发生额大于借方发生额,应填报负数。

4.6.3 财务费用纳税申报

4.6.3.1 财务费用内容

财务费用,是指企业为筹集资金等而发生的费用,具体包括企业生产经营期间发生的利息支出(减利息收入)、汇兑损益、金融机构手续费,企业发生的现金折扣或收到的现金折扣等。企业筹建期间发生的利息支出,应计入开办费。

4.6.3.2 财务费用申报

第5列"财务费用",填报在"财务费用"科目进行核算的有关明细项目的金额。

第6列"其中：境外支付"，填报在"财务费用"科目进行核算的向境外支付的有关明细项目的金额。

第1行至第25行，根据费用科目核算的具体项目金额进行填报，如果贷方发生额大于借方发生额，应填报负数。

风险提示 表A104000填报的是会计根据客观性原则确认的实际发生的各项期间费用，不论这些费用是否符合税法的规定、能否在税前扣除，表A104000均不作任何调整，直接根据会计核算的结果据实填报。

案例解析4-3 期间费用的纳税申报

【案例资料】

C公司会计核算执行《企业会计准则》。2022年，C公司期间费用账户的发生情况分别如表4-6-2、表4-6-3和表4-6-4所示。C公司2022年全年实现会计利润总额为2 000 000元。

表4-6-2 C公司销售费用发生额统计表

单位：元

账户名称	借方金额	贷方金额
销售费用	94 305 371.31	94 305 371.31
职工薪酬	11 800 884.21	11 800 884.21
折旧费	5 858.79	5 858.79
办公费	15 060.30	15 060.30
通讯费	1 261.80	1 261.80
租赁费	1 830.10	1 830.10
差旅费	91 022.40	91 022.40
车辆费	20 318.55	20 318.55
劳动保护费	409.76	409.76
销售服务费（质保金）	81 995 562.92	81 995 562.92
低值易耗品	60.76	60.76
业务招待费	127 426.22	127 426.22
会议费	66 886.00	66 886.00
宣传费	157 034.78	157 034.78
其他	21 754.72	21 754.72

表 4-6-3　C公司管理费用发生额统计表

单位：元

账户名称	借方金额	贷方金额
管理费用	47 845 509.42	47 845 509.42
职工薪酬	25 958 195.25	25 958 195.25
派遣职工薪酬	1 298 245.13	1 298 245.13
折旧费	4 546 253.22	4 546 253.22
办公费	275 908.98	275 908.98
通讯费	122 089.38	122 089.38
租赁费	1 091 944.86	1 091 944.86
差旅费	226 953.47	226 953.47
车辆费	460 460.64	460 460.64
劳动保护费	8 767.78	8 767.78
修理费	179 899.82	179 899.82
低值易耗品	37 203.29	37 203.29
水电费	556 056.21	556 056.21
业务招待费	433 067.56	433 067.56
党建工作经费	13 899.73	13 899.73
会议费	18 765.34	18 765.34
会员费	51 000.00	51 000.00
招聘费	14 435.65	14 435.65
环保费	13 400.00	13 400.00
物业费	341 338.17	341 338.17
财产保险费	417 627.59	417 627.59
警卫消防费	3 323 599.43	3 323 599.43
技术研发费	2 000 000.00	2 000 000.00
宣传费	74 158.02	74 158.02
诉讼费	55 789.00	55 789.00
外部服务费	481 823.35	481 823.35
地方基金	660 137.79	660 137.79
无形资产摊销	4 485 995.68	4 485 995.68
长期待摊费用摊销	698 494.08	698 494.08

表4-6-4　C公司财务费用发生额统计表

单位：元

账户名称	借方金额	贷方金额
财务费用	2 276 453.78	2 276 453.78
利息收入	−632 545.57	−632 545.57
利息费用	2 930 122.93	2 930 122.93
汇兑损益	−99 100.92	−99 100.92
手续费用	77 977.34	77 977.34

2022年度企业所得税汇算清缴纳税申报时，C公司期间费用信息纳税申报情况，如表4-6-5和表4-6-6所示。

表4-6-5　期间费用明细表(A104000)(局部)

单位：元

行次	项　目	销售费用	管理费用	财务费用
		1	3	5
1	一、职工薪酬	11 800 884.21	27 256 440.38①	*
2	二、劳务费	81 995 562.92	481 823.35	*
3	三、咨询顾问费			*
4	四、业务招待费	127 426.22	433 067.56	*
5	五、广告费和业务宣传费	157 034.78	74 158.02	*
6	六、佣金和手续费			
7	七、资产折旧摊销费	5 858.79	4 546 253.22	*
8	八、财产损耗、盘亏及毁损损失			*
9	九、办公费	15 060.3	275 908.98	*
10	十、董事会费			*
11	十一、租赁费	1 830.1	1 091 944.86	*
12	十二、诉讼费			*
13	十三、差旅费	91 022.4	226 953.47	*
14	十四、保险费		417 627.59	*
15	十五、运输、仓储费			*
16	十六、修理费			*
17	十七、包装费			*

---

① 职工薪酬＋派遣职工薪酬＝25 958 195.25＋1 298 245.13＝27 256 440.38(元)。

(续表)

行次	项 目	销售费用 1	管理费用 3	财务费用 5
18	十八、技术转让费			*
19	十九、研究费用		2 000 000.00	*
20	二十、各项税费			*
21	二十一、利息收支	*	*	2 297 577.36①
22	二十二、汇兑差额	*	*	−99 100.92
23	二十三、现金折扣		*	*
24	二十四、党组织工作经费	*	13 899.73	*
25	二十五、其他	110 691.59	11 027 432.26	77 977.34
26	合计(1+2+3+…+25)	94 305 371.31	47 845 509.42	2 276 453.78

表 4-6-6 中华人民共和国企业所得税年度纳税申报表(A 类)(A100000)(局部)

单位：元

行次	类别	项 目	金 额
1	利润总额计算	一、营业收入(填写 A101010\101020\103000)	
2		减：营业成本(填写 A102010\102020\103000)	
3		减：税金及附加	
4		减：销售费用(填写 A104000)	94 305 371.31
5		减：管理费用(填写 A104000)	47 845 509.42
6		减：财务费用(填写 A104000)	2 276 453.78
13		三、利润总额(10+11−12)	2 000 000.00

4.6.4 表内、表间关系

（1）表内关系。

第 26 行第 1 列＝第 1 列第 1+2+…+20+25 行。

第 26 行第 2 列＝第 2 列第 2+3+6+11+15+16+18+19+25 行。

第 26 行第 3 列＝第 3 列第 1+2+…+20+24+25 行。

第 26 行第 4 列＝第 4 列第 2+3+6+11+15+16+18+19+25 行。

第 26 行第 5 列＝第 5 列第 6+21+22+23+25 行。

第 26 行第 6 列＝第 6 列第 6+21+22+25 行。

---

① 利息收支＝利息费用−利息收入＝2 930 122.93−632 545.57 ＝2 297 577.36(元)。

（2）表间关系。

第 26 行第 1 列＝表 A100000 第 4 行。

第 26 行第 3 列＝表 A100000 第 5 行。

第 26 行第 5 列＝表 A100000 第 6 行。

第5章 纳税调整表填报

5.1 《视同销售和房地产开发企业特定业务纳税调整明细表》（A105010）

表A105010（见表5-1-1）适用于发生视同销售业务以及房地产企业发生特定业务需要纳税调整的纳税人填报。

表5-1-1 视同销售和房地产开发企业特定业务纳税调整明细表（A105010）

行次	项目	税收金额	纳税调整金额
		1	2
1	一、视同销售（营业）收入（2+3+4+5+6+7+8+9+10）		
2	（一）非货币性资产交换视同销售收入		
3	（二）用于市场推广或销售视同销售收入		
4	（三）用于交际应酬视同销售收入		
5	（四）用于职工奖励或福利视同销售收入		
6	（五）用于股息分配视同销售收入		
7	（六）用于对外捐赠视同销售收入		
8	（七）用于对外投资项目视同销售收入		
9	（八）提供劳务视同销售收入		
10	（九）其他		
11	二、视同销售（营业）成本（12+13+14+15+16+17+18+19+20）		
12	（一）非货币性资产交换视同销售成本		
13	（二）用于市场推广或销售视同销售成本		
14	（三）用于交际应酬视同销售成本		
15	（四）用于职工奖励或福利视同销售成本		

(续表)

行次	项　目	税收金额 1	纳税调整金额 2
16	（五）用于股息分配视同销售成本		
17	（六）用于对外捐赠视同销售成本		
18	（七）用于对外投资项目视同销售成本		
19	（八）提供劳务视同销售成本		
20	（九）其他		
21	三、房地产开发企业特定业务计算的纳税调整额(22—26)		
22	（一）房地产企业销售未完工开发产品特定业务计算的纳税调整额(24—25)		
23	1. 销售未完工产品的收入		＊
24	2. 销售未完工产品预计毛利额		
25	3. 实际发生的税金及附加、土地增值税		
26	（二）房地产企业销售的未完工产品转完工产品特定业务计算的纳税调整额(28—29)		
27	1. 销售未完工产品转完工产品确认的销售收入		＊
28	2. 转回的销售未完工产品预计毛利额		
29	3. 转回实际发生的税金及附加、土地增值税		

5.1.1　视同销售业务

5.1.1.1　视同销售的确认

《企业所得税法实施条例》第二十五条规定，企业发生非货币性资产交换，以及将货物、财产、劳务用于捐赠、偿债、赞助、集资、广告、样品、职工福利或者利润分配等用途的，应当视同销售货物、转让财产或者提供劳务，但国务院财政、税务主管部门另有规定的除外。

《国家税务总局关于企业处置资产所得税处理问题的通知》(国税函〔2008〕828号)第二条规定，企业将资产移送他人时，因资产所有权属已发生改变，不属于内部处置资产，应按规定确定视同销售收入，包括：用于市场推广或销售；用于交际应酬；用于职工奖励或福利；用于股息分配；用于对外捐赠；其他改变资产所有权属的用途。

5.1.1.2　视同销售的计量

《国家税务总局关于企业所得税有关问题的公告》(国家税务总局公告2016年

第80号)第二条规定,企业发生视同销售业务时,除另有规定外,应按照被移送资产的公允价值确定销售收入。上述涉及的"另有规定",如企业发生《财政部 国家税务总局关于促进企业重组有关企业所得税处理问题的通知》(财税〔2014〕109号)第三条规定的股权、资产划转行为的,应按照财税〔2014〕109号文件规定进行税务处理。

5.1.1.3 视同销售业务的纳税申报

《国家税务总局关于发布〈中华人民共和国企业所得税年度纳税申报表(A类,2017年版)〉的公告》(国家税务总局公告2017年第54号)规定：

表A105010第1行至第10行填报会计处理不确认销售收入,而税收规定确认为应税收入的金额。第1列"税收金额"填报税收确认的应税收入金额；第2列"纳税调整金额"等于第1列"税收金额"。第1行为第2行至第10行小计数,第2行至第10行分别填报不同业务纳税调整的金额。

第2行"(一)非货币性资产交换视同销售收入",填报发生非货币性资产交换业务,会计处理不确认销售收入,而税收规定确认为应税收入的金额。

第3行"(二)用于市场推广或销售视同销售收入",填报发生将货物、财产用于市场推广、广告、样品、集资、销售等,会计处理不确认销售收入,而税收规定确认为应税收入的金额。

第4行"(三)用于交际应酬视同销售收入",填报发生将货物、财产用于交际应酬,会计处理不确认销售收入,而税收规定确认为应税收入的金额。

第5行"(四)用于职工奖励或福利视同销售收入",填报发生将货物、财产用于职工奖励或福利,会计处理不确认销售收入,而税收规定确认为应税收入的金额。企业外购资产或服务不以销售为目的,用于替代职工福利费用支出,且购置后在一个纳税年度内处置的,以公允价值确定视同销售收入。

第6行"(五)用于股息分配视同销售收入",填报发生将货物、财产用于股息分配,会计处理不确认销售收入,而税收规定确认为应税收入的金额。

第7行"(六)用于对外捐赠视同销售收入",填报发生将货物、财产用于对外捐赠或赞助,会计处理不确认销售收入,而税收规定确认为应税收入的金额。

第8行"(七)用于对外投资项目视同销售收入",填报发生将货物、财产用于对外投资,会计处理不确认销售收入,而税收规定确认为应税收入的金额。

第9行"(八)提供劳务视同销售收入",填报发生对外提供劳务,会计处理不确认销售收入,而税收规定确认为应税收入的金额。

第10行"(九)其他",填报发生除上述列举情形外,会计处理不作为销售收入核算,而税收规定确认为应税收入的金额。

风险提示 按照《企业会计准则第 14 号——收入》《企业会计准则第 12 号——债务重组》等规定,如果企业将货物或劳务用于非货币性交换、偿债、集资、职工福利或者利润分配等用途的,实质上已经完成了利益实现过程,偿付的债务或者获得的资产都是所转让货物或劳务实现的对价,会计核算时除特殊情况外,一般要确认损益并计入当期的经营成果。如果是将财产用于这些方面,也要确认相关财产的转让所得或损失,并计入当期损益。所以,这类业务一般不存在会计与税法差异,无需进行纳税调整,不需要填报表 A105010。

如果企业将货物、财产、劳务用于捐赠、赞助、广告、样品等用途的,不会形成债务减少或者资产增加,仅表现为资产消耗,会导致所有者权益减少,在会计处理中不能确认收入或处置损益,只能将所消耗资产的成本确认为费用或者损失,抵减当期利润。这些业务发生后,会计与税法的规定存在差异,需要进行纳税调整,需要填报表 A105010。

表 A105010 第 11 行至第 20 行填报会计处理不确认销售收入,税收规定确认为应税收入对应的视同销售成本金额。第 1 列"税收金额"填报予以税前扣除的视同销售成本金额;将第 1 列税收金额以负数形式填报第 2 列"纳税调整金额"。第 11 行为第 12 行至第 20 行小计数,第 12 行至第 20 行分别填报不同业务纳税调整的金额。

第 12 行"(一)非货币性资产交换视同销售成本",填报发生非货币性资产交换业务,会计处理不确认销售收入,税收规定确认为应税收入所对应的应予以税前扣除的视同销售成本金额。

第 13 行"(二)用于市场推广或销售视同销售成本",填报发生将货物、财产用于市场推广、广告、样品、集资、销售等,会计处理不确认销售收入,税收规定确认为应税收入时,其对应的应予以税前扣除的视同销售成本金额。

第 14 行"(三)用于交际应酬视同销售成本",填报发生将货物、财产用于交际应酬,会计处理不确认销售收入,税收规定确认为应税收入时,其对应的应予以税前扣除的视同销售成本金额。

第 15 行"(四)用于职工奖励或福利视同销售成本",填报发生将货物、财产用于职工奖励或福利,会计处理不确认销售收入,税收规定确认为应税收入时,其对应的应予以税前扣除的视同销售成本金额。

第 16 行"(五)用于股息分配视同销售成本",填报发生将货物、财产用于股息分配,会计处理不确认销售收入,税收规定确认为应税收入时,其对应的应予以税前扣除的视同销售成本金额。

第 17 行"(六)用于对外捐赠视同销售成本",填报发生将货物、财产用于对外捐赠或赞助,会计处理不确认销售收入,税收规定确认为应税收入时,其对应的应予以税前扣除的视同销售成本金额。

第18行"(七)用于对外投资项目视同销售成本",填报会计处理发生将货物、财产用于对外投资,会计处理不确认销售收入,税收规定确认为应税收入时,其对应的应予以税前扣除的视同销售成本金额。

第19行"(八)提供劳务视同销售成本",填报会计处理发生对外提供劳务,会计处理不确认销售收入,税收规定确认为应税收入时,其对应的应予以税前扣除视同销售成本金额。

第20行"(九)其他",填报发生除上述列举情形外,会计处理不确认销售收入,税收规定确认为应税收入,予以税前扣除视同销售成本金额。

按照《国家税务总局关于修订企业所得税年度纳税申报表有关问题的公告》(国家税务总局公告2019年第41号)的规定,企业将货物、资产、劳务用于捐赠、广告等用途时,进行视同销售纳税调整后,对应支出的会计处理与税收规定有差异需纳税调整的金额填报在表A105000第30行,即税法确认的支出金额按照公允价值计量。填报时,若第1列≥第2列,第3列"调增金额"填报第1—2列金额;若第1列＜第2列,第4列"调减金额"填报第1—2列金额的绝对值。

案例解析 5-1 将自产货物用于职工福利业务纳税调整及申报

【案例材料】

A 公司是境内小家电生产企业,为增值税一般纳税人,会计核算执行《企业会计准则》。A 公司共有职工200名。2022年2月,A 公司以其生产的成本为1 000元的扫地机器人作为春节福利发放给公司每名职工。该型号扫地机器人的售价为每台1 400元,A 公司适用的增值税税率为13%。假设200名职工中有170名为直接参加生产的职工,30名为总部管理人员。

要求:分析 A 公司该项福利支出的纳税申报情况。

【案例分析】

企业以自己生产的产品作为福利发放给职工,应以公允价值确认主营业务收入,同时计算增值税销项税额,并将两者之和计入应付职工薪酬,产品按照成本结转。

扫地机器人的售价总额＝1 400×170+1 400×30＝280 000(元)。

应交增值税销项税额＝170×1 400×13%+30×1 400×13%＝36 400(元)。

(1) 给职工发放扫地机器人。

借：应付职工薪酬——非货币性福利	316 400
贷：主营业务收入	280 000
应交税费——应交增值税（销项税额）	36 400
借：主营业务成本	200 000
贷：库存商品	200 000

（2）期末分配工资费用。

借：生产成本	268 940
管理费用	47 460
贷：应付职工薪酬——非货币性福利	316 400

会计核算分别确认了作为春节福利的扫地机器人的收入和成本，会计核算与税法要求一致，无需进行纳税调整，纳税申报时不需要填报《视同销售和房地产开发企业特定业务纳税调整明细表》(A105010)。

案例解析 5-2 将自产货物用于捐赠业务纳税调整及申报

【案例材料】

2022年1月，A公司通过当地政府将一批外购棉被捐赠给东北地区一家养老院，棉被成本22 000元，捐赠时棉被的公允价值为28 000元。A公司当年全年实现会计利润总额400 000元，纳税调整后应纳税所得额473 000元。

要求：分析A公司该项捐赠业务的纳税申报情况。

【案例分析】

A公司将资产无偿对外捐赠，不会实现收益，是纯粹的资产消耗，会计账务处理如下：

借：营业外支出	25 640
贷：库存商品	22 000
应交税费——应交增值税（销项税额）	3 640

税务处理：

（1）该业务属于视同销售业务，应纳税调增视同销售收入28 000元，调增视同销售成本22 000元。

（2）该项捐赠按照税法规定捐赠支出应为31 640元（28 000＋3 640）。

（3）该项捐赠属于公益性捐赠，税法规定捐赠支出中不超过当年会计利润总额12%的部分可以税前扣除，A公司当年捐赠支出扣除限额＝400 000×12%＝48 000（元），实际捐赠支出小于限额，可以全额税前扣除。

纳税申报：

A 公司在 2022 年度纳税申报该业务时,需要填报《视同销售和房地产开发企业特定业务纳税调整明细表》(A105010)、《捐赠支出及纳税调整明细表》(A105070)和《纳税调整项目明细表》(A105000)。

(1) 视同销售纳税调整填报表 A105010,如表 5-1-2 所示。

表 5-1-2　视同销售和房地产开发企业特定业务纳税调整明细表(A105010)(局部)

单位:元

行次	项　目	税收金额	纳税调整金额
		1	2
1	一、视同销售(营业)收入(2+3+4+5+6+7+8+9+10)		
7	（六）用于对外捐赠视同销售收入	28 000	28 000
11	二、视同销售(营业)成本(12+13+14+15+16+17+18+19+20)		
17	（六）用于对外捐赠视同销售成本	22 000	−22 000

(2) 视同销售对应的支出调整填报表 A105000 第 30 行,如表 5-1-3 所示。

表 5-1-3　纳税调整项目明细表(A105000)(局部)

单位:元

行次	项　目	账载金额	税收金额	调增金额	调减金额
		1	2	3	4
1	一、收入类调整项目(2+3+…+8+10+11)	*	*		
2	（一）视同销售收入(填写 A105010)		28 000	28 000	
12	二、扣除类调整项目(13+14+…+24+26+27+28+29+30)	*	*		
13	（一）视同销售成本(填写 A105010)		22 000		22 000
30	（十七）其他	25 640	31 640		6 000

(3) 捐赠支出及纳税调整填报表 A105070,如表 5-1-4 所示。

表 5-1-4　捐赠支出及纳税调整明细表(A105070)(局部)

单位:元

行次	项　目	账载金额	以前年度结转可扣除的捐赠额	按税收规定计算的扣除限额	税收金额	纳税调增金额	纳税调减金额	可结转以后年度扣除的捐赠额
		1	2	3	4	5	6	7
1	一、非公益性捐赠		*	*	*		*	*
2	二、限额扣除的公益性捐赠(3+4+5+6)							
6	本年(2021 年)	31 640	*	48 000	31 640	0	*	
7	三、全额扣除的公益性捐赠		*	*	*		*	*

(4) 该业务在表 A105000 中的总体填报情况,如表 5-1-5 所示。

表 5-1-5 纳税调整项目明细表(A105000)(局部)

单位:元

行次	项 目	账载金额 1	税收金额 2	调增金额 3	调减金额 4
1	一、收入类调整项目(2+3+…+8+10+11)	*	*		
2	(一)视同销售收入(填写 A105010)		28 000	28 000	
12	二、扣除类调整项目(13+14+…+24+26+27+28+29+30)	*	*		
13	(一)视同销售成本(填写 A105010)		22 000		22 000
17	(五)捐赠支出(填写 A105070)	31 640	31 640	0	
30	(十七)其他	25 640	31 640		6 000

5.1.2 房地产企业特定业务调整

5.1.2.1 房地产企业收入与成本费用确认的政策规定

1) 收入的确认

《房地产开发经营业务企业所得税处理办法》(国税发〔2009〕31 号印发)第六条规定,企业通过正式签订《房地产销售合同》或《房地产预售合同》所取得的收入,应确认为销售收入的实现,具体按以下规定确认:

(1) 采取一次性全额收款方式销售开发产品的,应于实际收讫价款或取得索取价款凭据(权利)之日,确认收入的实现。

(2) 采取分期收款方式销售开发产品的,应按销售合同或协议约定的价款和付款日确认收入的实现。付款方提前付款的,在实际付款日确认收入的实现。

(3) 采取银行按揭方式销售开发产品的,应按销售合同或协议约定的价款确定收入额,其首付款应于实际收到日确认收入的实现,余款在银行按揭贷款办理转账之日确认收入的实现。

(4) 采取委托方式销售开发产品的,应按以下原则确认收入的实现:

① 采取支付手续费方式委托销售开发产品的,应按销售合同或协议中约定的价款于收到受托方已销开发产品清单之日确认收入的实现。

② 采取视同买断方式委托销售开发产品的,属于企业与购买方签订销售合同或协议,或企业、受托方、购买方三方共同签订销售合同或协议的,如果销售合同或协议中约定的价格高于买断价格,则应按销售合同或协议中约定的价格计算的价款于收到受托方已销开发产品清单之日确认收入的实现;如果属于前两种情况中销售合同或协

议中约定的价格低于买断价格,以及属于受托方与购买方签订销售合同或协议的,则应按买断价格计算的价款于收到受托方已销开发产品清单之日确认收入的实现。

③ 采取基价(保底价)并实行超基价双方分成方式委托销售开发产品的,属于由企业与购买方签订销售合同或协议,或企业、受托方、购买方三方共同签订销售合同或协议的,如果销售合同或协议中约定的价格高于基价,则应按销售合同或协议中约定的价格计算的价款于收到受托方已销开发产品清单之日确认收入的实现,企业按规定支付受托方的分成额,不得直接从销售收入中减除;如果销售合同或协议约定的价格低于基价的,则应按基价计算的价款于收到受托方已销开发产品清单之日确认收入的实现。属于由受托方与购买方直接签订销售合同的,则应按基价加上按规定取得的分成额于收到受托方已销开发产品清单之日确认收入的实现。

④ 采取包销方式委托销售开发产品的,包销期内可根据包销合同的有关约定,参照上述①至③项规定确认收入的实现;包销期满后尚未出售的开发产品,企业应根据包销合同或协议约定的价款和付款方式确认收入的实现。

2) 毛利额的计算

《房地产开发经营业务企业所得税处理办法》(国税发〔2009〕31号印发)第九条规定,企业销售未完工开发产品取得的收入,应先按预计计税毛利率分季(或月)计算出预计毛利额,计入当期应纳税所得额。开发产品完工后,企业应及时结算其计税成本并计算此前销售收入的实际毛利额,同时将其实际毛利额与其对应的预计毛利额之间的差额,计入当年度企业本项目与其他项目合并计算的应纳税所得额。

企业销售未完工开发产品的计税毛利率由各省、自治区、直辖市税务局按下列规定进行确定:

(1) 开发项目位于省、自治区、直辖市和计划单列市人民政府所在地城市城区和郊区的,不得低于15%。

(2) 开发项目位于地及地级市城区及郊区的,不得低于10%。

(3) 开发项目位于其他地区的,不得低于5%。

(4) 属于经济适用房、限价房和危改房的,不得低于3%。

3) 成本、费用的计算

根据《房地产开发经营业务企业所得税处理办法》(国税发〔2009〕31号印发)第十一条、第十二条、第十四条的规定,企业在进行成本、费用的核算与扣除时,必须按规定区分期间费用和开发产品计税成本、已销开发产品计税成本与未销开发产品计税成本。企业发生的期间费用、已销开发产品计税成本、营业税金及附加[①]、土地增

---

① 现在会计核算科目已改为"税金及附加"。

值税准予当期按规定扣除。已销开发产品的计税成本,按当期已实现销售的可售面积和可售面积单位工程成本确认。

可售面积单位工程成本＝成本对象总成本÷成本对象总可售面积
已销开发产品的计税成本＝已实现销售的可售面积×可售面积单位工程成本

风险提示 根据《企业会计准则第14号——收入》的规定,房地产企业销售房产的收入确认应根据商品房控制权转移情况区别对待,商品房控制权在某一时点转移给客户的,应在转移的时点一次性确认收入;商品房控制权在某一时间段内转移的,应在一段时间内,按照履约进度分期确认收入。税法与会计产生的差异,应在预售时进行纳税调增处理,在会计确认收入时作纳税调减处理。

5.1.2.2　房地产企业纳税申报方法

房地产企业会计核算收入确认的时间与税法规定的时间不同,产生的税会差异在表A105010第21行"三、房地产开发企业特定业务计算的纳税调整额"填报。房地产企业按照税收规定计算的特定业务的纳税调整额,包括本期发生销售未完工产品和本期结转完工产品业务两部分,分别填报表A105010第22行"(一)房地产企业销售未完工开发产品特定业务计算的纳税调整额"和第26行"(二)房地产企业销售的未完工产品转完工产品特定业务计算的纳税调整额"。

1) 销售未完工产品纳税调整

第22行"(一)房地产企业销售未完工开发产品特定业务计算的纳税调整额",填报房地产企业销售未完工开发产品取得销售收入,按税收规定计算的纳税调整额,第1列"税收金额"填报第24行第1列减去第25行第1列的余额;第2列"纳税调整金额"等于第1列"税收金额"。

第23行"1.销售未完工产品的收入",填报房地产企业销售未完工开发产品,会计核算未进行收入确认的销售收入金额。

第24行"2.销售未完工产品预计毛利额",填报房地产企业销售未完工产品取得的销售收入按税收规定预计计税毛利率计算的金额。

第25行"3.实际发生的税金及附加、土地增值税",填报房地产企业销售未完工产品实际发生的税金及附加、土地增值税,且在会计核算中未计入当期损益的金额。

2) 本期结转完工产品业务纳税调整

第26行"(二)房地产企业销售的未完工产品转完工产品特定业务计算的纳税调整额",填报房地产企业销售的未完工产品转完工产品,按税收规定计算的纳税调整额,即转回的销售未完工产品预计毛利额减去转回实际发生的税金及附加、土地增值税。第1列"税收金额"填报第28行第1列减去第29行第1列的余额。

第27行"1.销售未完工产品转完工产品确认的销售收入",填报房地产企业销售的未完工产品,此前年度已按预计毛利额征收所得税,本年度结转为完工产品,会计上符合收入确认条件,当年会计核算确认的销售收入金额。

第28行"2.转回的销售未完工产品预计毛利额",填报房地产企业销售的未完工产品,此前年度已按预计毛利额征收所得税,本年结转完工产品,会计核算确认为销售收入,转回原按税收规定预计计税毛利率计算的金额。

第29行"3.转回实际发生的税金及附加、土地增值税",填报房地产企业销售的未完工产品结转完工产品后,会计核算确认为销售收入,同时将对应实际发生的税金及附加、土地增值税转入当期损益的金额。

以上需要填报第2列"纳税调整金额"的各行金额均等于其第1列"税收金额"。

 案例解析5-3 房地产企业取得预售收入当期纳税申报

【案例材料】

A公司为房地产开发企业,2022年1月,销售开发的高档商品楼取得预售收入15亿元,所有签约客户均一次性付清全款,A公司与客户约定交房时间为2024年6月28日。A公司会计核算时将该预售收入记入"合同负债"科目,在交房时一次性确认收入。当地主管税务机关核定的毛利率为10%。根据增值税、土地增值税有关规定,A公司应预缴增值税4128万元,预缴土地增值税2917万元,城建税及教育费附加412.8万元。(说明:为简化表述,税款金额的计算取近似数)

要求:分析A公司取得预售收入当年所得税纳税申报情况。

【案例分析】

(1) A公司取得预售收入并缴纳各种税费。

借:银行存款　　　　　　　　　　　　　　　　　　　　　　1 500 000 000
　　贷:合同负债　　　　　　　　　　　　　　　　　　　　1 376 150 000
　　　　应交税费——待转销项税额　　　　　　　　　　　　　123 850 000

不含增值税收入 = 150 000 ÷ (1+9%) ≈ 137 615(万元)。

增值税销项税额 = 137 615 × 9% ≈ 12 385(万元)。

(2) 如果A公司缴纳并确认税费。

借:应交税费——预交增值税　　　　　　　　　　　　　　　　41 280 000
　　　　　　——应交土地增值税　　　　　　　　　　　　　　29 170 000
　　　　　　——应交城建税及教育费附加　　　　　　　　　　 4 128 000
　　贷:银行存款　　　　　　　　　　　　　　　　　　　　　74 578 000

借：税金及附加		33 298 000	
贷：应交税费——应交土地增值税			29 170 000
——应交城建税及教育费附加			4 128 000

A 公司 2022 年度纳税申报情况,如表 5-1-6 所示。

表 5-1-6　视同销售和房地产开发企业特定业务纳税调整明细表（A105010）（局部）

单位：万元

行次	项　目	税收金额	纳税调整金额
		1	2
21	三、房地产开发企业特定业务计算的纳税调整额（22—26）		
22	（一）房地产企业销售未完工开发产品特定业务计算的纳税调整额（24—25）	13 761.5	13 761.5
23	1. 销售未完工产品的收入	137 615.0	*
24	2. 销售未完工产品预计毛利额	13 761.5	13 761.5
25	3. 实际发生的税金及附加、土地增值税	0	0

（3）如果 A 公司缴纳税款后,不计入当期损益。

借：应交税费——预交增值税		41 280 000	
——应交土地增值税			29 170 000
——应交城建税及教育费附加			4 128 000
贷：银行存款			74 578 000

A 公司 2022 年度纳税申报情况,如表 5-1-7 所示。

表 5-1-7　视同销售和房地产开发企业特定业务纳税调整明细表（A105010）（局部）

单位：万元

行次	项　目	税收金额	纳税调整金额
		1	2
21	三、房地产开发企业特定业务计算的纳税调整额（22—26）		
22	（一）房地产企业销售未完工开发产品特定业务计算的纳税调整额（24—25）	10 431.7	10 431.7
23	1. 销售未完工产品的收入	137 615.0	*
24	2. 销售未完工产品预计毛利额	13 761.5	13 761.5
25	3. 实际发生的税金及附加、土地增值税	3 329.8	3 329.8

案例解析 5-4　房地产企业多项目跨年度业务纳税申报

【案例材料】

甲公司是江苏省一家房地产开发企业,为增值税一般纳税人。甲公司于 2021 年 1 月开发 A 项目,2021 年 6 月开始预售,取得预售房款 10 000 万元,税务机关确定的预计毛利率为10%。甲公司按规定预缴增值税275万元,缴纳城建税及教育费附加33万元,预缴土地增值税194.5万元。按照会计准则要求,甲公司预售房产收到预售款时不确认收入,记入"合同负债"科目。会计核算根据配比性要求,将缴纳的各种税费也未计入当期损益,期末"应交税费"科目为借方余额。至2021年年末,A项目处于未完工阶段。

2022年10月,甲公司又开发B项目,并取得预售房款20 000万元。至2022年年末,A项目80%完工并交房,甲公司确认A项目完工部分的收入8 000万元,并结转开发成本6 500万元。A项目和B项目当年合计缴纳城建税及教育费附加118万元,预缴土地增值税389万元。甲公司财务核算根据谨慎性要求规定,自2022年起开发项目缴纳的除增值税外,其他税费均记入当期"税金及附加"科目,不再与收入的确认配比。甲公司将2021年未确认的税费一次性计入2022年损益之中。(说明:为简化表述,税款金额的计算取近似数)

要求:分析甲公司2021年度和2022年度纳税申报情况。

【案例分析】

1. 甲公司2021年度纳税申报情况。

(1) 2021年甲公司取得预售收入:

借:银行存款　　　　　　　　　　　　　　　　　　　100 000 000
　　贷:合同负债　　　　　　　　　　　　　　　　　　91 740 000
　　　　应交税费——待转销项税额　　　　　　　　　 8 260 000

不含增值税收入=10 000÷(1+9%)≈9 174(万元)。

应交增值税销项税额=9 174×9%≈826(万元)。

(2) 2021年,甲公司缴纳相关税费。

借:应交税费——预交增值税　　　　　　　　　　　　 2 750 000
　　　　　　——应交土地增值税　　　　　　　　　　 1 945 000
　　　　　　——应交城建税及教育费附加　　　　　　　 330 000
　　贷:银行存款　　　　　　　　　　　　　　　　　　5 025 000

(3) 甲公司2021年度纳税申报情况,如表5-1-8所示。

表5-1-8 视同销售和房地产开发企业特定业务纳税调整明细表(A105010)(局部)

单位:万元

行次	项 目	税收金额	纳税调整金额
		1	2
21	三、房地产开发企业特定业务计算的纳税调整额(22—26)		
22	(一)房地产企业销售未完工开发产品特定业务计算的纳税调整额(24—25)	689.9	689.9

(续表)

行次	项 目	税收金额	纳税调整金额
		1	2
23	1. 销售未完工产品的收入	9 174.0	*
24	2. 销售未完工产品预计毛利额	917.4	917.4
25	3. 实际发生的税金及附加、土地增值税	227.5	227.5

2. 甲公司 2022 年度纳税申报情况。

(1) 2022 年,甲公司根据履约进度确认 A 项目收入：

A 项目收入＝9 174×80％＝7 339.2(万元)。

应交增值税销项税额＝826×80％≈661(万元)。

借：合同负债　　　　　　　　　　　　　　　　　　　　73 392 000
　　贷：主营业务收入　　　　　　　　　　　　　　　　　　　73 392 000

借：主营业务成本　　　　　　　　　　　　　　　　　　65 000 000
　　贷：库存商品　　　　　　　　　　　　　　　　　　　　65 000 000

借：应交税费——待转销项税额　　　　　　　　　　　　6 610 000
　　贷：应交税费——应交增值税(销项税额)　　　　　　　　6 610 000

(2) 2022 年,甲公司取得 B 项目预售收入：

借：银行存款　　　　　　　　　　　　　　　　　　　200 000 000
　　贷：合同负债　　　　　　　　　　　　　　　　　　　　183 490 000
　　　　应交税费——待转销项税额　　　　　　　　　　　　16 510 000

不含增值税收入＝20 000÷(1+9％)≈18 349(万元)。

应交增值税销项税额＝18 349×9％≈1 651(万元)。

(3) 2022 年,甲公司缴纳相关税费：

借：应交税费——应交土地增值税　　　　　　　　　　3 890 000
　　　　　　——应交城建税及教育费附加　　　　　　1 180 000
　　贷：银行存款　　　　　　　　　　　　　　　　　　　　5 070 000

(4) 2022 年,甲公司将两年缴纳的税金及附加和土地增值税计入当期损益：

借：税金及附加　　　　　　　　　　　　　　　　　　7 345 000
　　贷：应交税费——应交土地增值税　　　　　　　　　　　5 835 000
　　　　　　　　——应交城建税及教育费附加　　　　　　1 510 000

(5) 甲公司 2022 年度纳税申报情况,如表 5-1-9 所示。

表 5-1-9 视同销售和房地产开发企业特定业务纳税调整明细表(A105010)(局部)

单位：万元

行次	项　目	税收金额	纳税调整金额
		1	2
21	三、房地产开发企业特定业务计算的纳税调整额(22—26)	1 328.48	1 328.48
22	（一）房地产企业销售未完工开发产品特定业务计算的纳税调整额(24—25)	1 834.90	1 834.90
23	1. 销售未完工产品的收入	18 349.00	*
24	2. 销售未完工产品预计毛利额	1 834.90	1 834.90
25	3. 实际发生的税金及附加、土地增值税	0	0
26	（二）房地产企业销售的未完工产品转完工产品特定业务计算的纳税调整额(28—29)	506.42	506.42
27	1. 销售未完工产品转完工产品确认的销售收入	7 339.20	*
28	2. 转回的销售未完工产品预计毛利额	733.92	733.92
29	3. 转回实际发生的税金及附加、土地增值税	227.50	227.50

注：7 339.2＝9 174×80％

风险提示 表 A105010 中，房地产企业申报应注意的问题：

（1）第 23 行和第 27 行所填报的收入，是不含增值税的收入，不是实际收到的预收款金额。

（2）第 25 行填报的税费是影响损益的各种税费，不包括增值税。

（3）第 25 行填报的税费一定是会计核算未计入当期损益的金额，如果会计核算已计入利润总额中，则本行填 0。

5.1.3 表内、表间关系

（1）表内关系。

第 1 行＝第 2＋3＋…＋10 行。

第 11 行＝第 12＋13＋…＋20 行。

第 21 行＝第 22—26 行。

第 22 行＝第 24—25 行。

第 26 行＝第 28—29 行。

（2）表间关系。

第 1 行第 1 列＝表 A105000 第 2 行第 2 列。

第 1 行第 2 列＝表 A105000 第 2 行第 3 列。

第 11 行第 1 列＝表 A105000 第 13 行第 2 列。

第 11 行第 2 列的绝对值＝表 A105000 第 13 行第 4 列。

第 21 行第 1 列＝表 A105000 第 40 行第 2 列。

若第 21 行第 2 列≥0,第 21 行第 2 列＝表 A105000 第 40 行第 3 列；若第 21 行第 2 列＜0,第 21 行第 2 列的绝对值＝表 A105000 第 40 行第 4 列。

5.2 《未按权责发生制确认收入纳税调整明细表》(A105020)

表 A105020(见表 5-2-1)适用于会计处理按权责发生制确认收入、税收规定未按权责发生制确认收入需纳税调整的纳税人填报。

表 5-2-1　未按权责发生制确认收入纳税调整明细表(A105020)

行次	项　目	合同金额 (交易金额)	账载金额		税收金额		纳税调整 金额
			本年	累计	本年	累计	
		1	2	3	4	5	6(4－2)
1	一、跨期收取的租金、利息、特许权使用费收入(2＋3＋4)						
2	（一）租金						
3	（二）利息						
4	（三）特许权使用费						
5	二、分期确认收入(6＋7＋8)						
6	（一）分期收款方式销售货物收入						
7	（二）持续时间超过 12 个月的建造合同收入						
8	（三）其他分期确认收入						
9	三、政府补助递延收入（10＋11＋12)						
10	（一）与收益相关的政府补助						
11	（二）与资产相关的政府补助						
12	（三）其他						
13	四、其他未按权责发生制确认收入						
14	合计(1＋5＋9＋13)						

本表项目的填报方法：

第 1 列"合同金额或交易金额",填报会计处理按照权责发生制确认收入、税收规定未按权责发生制确认收入的项目的合同总额或交易总额。

第 2 列"账载金额——本年"和第 3 列"账载金额——累计",填报纳税人会计处理按权责发生制在本期确认金额和累计确认金额(含本年)。

第 4 列"税收金额——本年"和第 5 列"税收金额——累计",填报纳税人按税收规定未按权责发生制在本期确认金额和累计确认金额(含本年)。

第 6 列"纳税调整金额",填报纳税人会计处理和税收规定需纳税调整金额,为第 4—2 列的余额。

风险提示 权责发生制是会计核算的基础,企业确认各种收入都没有例外情形。按照税法规定,有些收入的确认不按照权责发生制,这些业务存在税法与会计的差异,这种情况产生的差异均在表 A105020 进行调整。这些差异体现为收入的归属期不同,而不是确认金额不同。所以,纳税调整时需要注意,这种调整会涉及多个纳税年度,属于"跨期调整"事项,不能只在业务发生的当年调整,要持续关注后续若干年度的纳税调整问题。

5.2.1 跨期收取的租金、利息、特许权使用费收入

5.2.1.1 跨期收取的租金、利息、特许权使用费收入的会计核算

租金、利息和特许权使用费收入都是企业让渡资产使用权获得的收入。租金收入是企业让渡固定资产、包装物、其他有形资产而收取的使用费收入。利息收入是企业让渡货币资金使用权应收取的使用费收入。特许权使用费收入是企业让渡专利权、商标权、专营权、软件、版权和计算机软件等无形资产使用权取得的使用费收入。

租金收入依据《企业会计准则第 21 号——租赁》核算,利息收入依据《企业会计准则第 22 号——金融工具确认和计量》核算,特许权使用费收入依据《企业会计准则第 14 号——收入》核算。这三类收入确认与计量的具体方法有不同之处,但是核算基础都应遵循权责发生制。

5.2.1.2 跨期收取的租金、利息、特许权使用费收入的税收规定

《企业所得税法》第六条列举了收入总额的构成内容,包括利息收入、租金收入和特许权使用费收入。其中,"利息收入"是指让渡货币资金使用权收入;"租金收入"是指让渡存货和固定资产等有形资产使用权收入;"特许权使用费收入"是指让渡无形资产使用权收入。

《企业所得税法实施条例》第十八条、第十九条和第二十条分别规定了这三种收入的确认时间,概括描述为按"合同约定的付款人应付款的时间"确认收入,即未按权责发生制原则确认收入,但是租金收入的确认有例外情况。

《国家税务总局关于贯彻落实企业所得税法若干税收问题的通知》(国税函〔2010〕79 号)第一条规定,根据《企业所得税法实施条例》第十九条的规定,企业提供

固定资产、包装物或者其他有形资产的使用权取得的租金收入,应按交易合同或协议规定的承租人应付租金的日期确认收入的实现。其中,如果交易合同或协议中规定租赁期限跨年度,且租金提前一次性支付的,根据《企业所得税法实施条例》第九条规定的收入与费用配比原则,出租人可对上述已确认的收入,在租赁期内分期均匀计入相关年度收入。

5.2.1.3　跨期收取的租金、利息、特许权使用费收入的纳税申报

这三类业务的纳税调整填报《未按权责发生制确认收入纳税调整明细表》(A105020),并填报《纳税调整项目明细表》(A105000)。未按权责发生制原则确认收入的业务,会计与税法的差异属于暂时性的,前期如果调增收入,后期一定会存在调减收入的要求,或者相反情况。与之相关的成本也是相同的调整方式。

 案例解析 5-5　特许权使用费收入纳税调整及申报

【案例材料】

2020 年 7 月,A 公司与 B 公司签订一项专利技术使用权转让合同,B 公司自 2020 年 7 月 1 日起至 2023 年 6 月 30 日止,有权使用 A 公司该项专利技术。合同约定 B 公司在合同签订并生效时一次性向 A 公司支付使用费 159 000 元,A 公司需要在未来 3 年内定期派技术人员向 B 公司提供相关技术咨询服务。

要求:分析 A 公司该项业务 2020 年度和 2022 年度的纳税申报情况。

【案例分析】

A 公司收到 B 公司支付的专利技术使用费应编制会计分录:

借:银行存款　　　　　　　　　　　　　　　　　　　　　　159 000
　　贷:合同负债　　　　　　　　　　　　　　　　　　　　　150 000
　　　　应交税费——应交增值税(销项税额)　　　　　　　　　9 000

2020 年年末确认收入＝150 000÷3÷2＝25 000(元)。

借:合同负债　　　　　　　　　　　　　　　　　　　　　　25 000
　　贷:其他业务收入　　　　　　　　　　　　　　　　　　　25 000

同时,A 公司还应将无形资产摊销的金额以及提供后续服务的成本借记"其他业务成本"科目,贷记"累计摊销""应付职工薪酬"等科目。

2021 年、2022 年和 2023 年分别确认收入 50 000 元、50 000 元和 25 000 元。

按照税法规定,A 公司应将 150 000 元收入一次性计入 2020 年的应纳税所得额中。假设不考虑成本因素,2020 年度纳税申报时应该纳税调增 125 000 元,2021 年和 2022 年纳税申报时纳税调减 50 000 元,2023 年纳税申报时纳税调减 25 000 元。

(1) A公司2020年度纳税申报情况,如表5-2-2所示。

表5-2-2　未按权责发生制确认收入纳税调整明细表(A105020)(局部)

单位:万元

行次	项 目	合同金额(交易金额)	账载金额		税收金额		纳税调整金额
			本年	累计	本年	累计	
		1	2	3	4	5	6(4-2)
4	(三)特许权使用费	15	2.5	2.5	15	15	12.5

(2) A公司2022年度纳税申报情况,如表5-2-3所示(以后年度申报情况略)。

表5-2-3　未按权责发生制确认收入纳税调整明细表(A105020)(局部)

单位:万元

行次	项 目	合同金额(交易金额)	账载金额		税收金额		纳税调整金额
			本年	累计	本年	累计	
		1	2	3	4	5	6(4-2)
4	(三)特许权使用费	15	5	12.5	0	15	-5

案例解析5-6 租赁期限跨年度租金收入纳税调整及申报

【案例材料】

2020年8月,A公司根据业务需要租入B公司的厂房,合同约定租赁期为24个月,每月租金50 000元,合计租金1 200 000元(含增值税)。租赁开始日是2020年8月1日,租金分两次支付,租赁开始日支付全部租金的一半,2021年10月1日支付剩余租金。租赁开始日,A公司按时支付租金,但是在2021年A公司因发生重大财务困难而未能及时支付租金。至2021年年末,B公司仍未收到租金。(说明:为简化表述,税款金额的计算数取近似数)

要求:分析B公司该项业务2020年度至2022年度的纳税申报情况。

【案例分析】

1. 2020年,B公司相关业务处理。

根据租赁协议有关条款,租赁开始日,B公司将该项租赁分类为经营租赁。

不含增值税租金收入=1 200 000÷(1+9%)≈1 100 917(元)≈110.1(万元)。

(1) 2020年8月,B公司收到租金600 000元:

借:银行存款　　　　　　　　　　　　　　　　　　　　　　　　　600 000
　　贷:预收账款　　　　　　　　　　　　　　　　　　　　　　　　550 459
　　　　应交税费——应交增值税(销项税额)　　　　　　　　　　　 49 541

(2) 按月分别确认当月租金收入：

每月租金收入＝550 459÷12≈45 871.58(元)≈45 872(元)。

借：预收账款　　　　　　　　　　　　　　　　　　　　　45 872
　　贷：其他业务收入　　　　　　　　　　　　　　　　　　　　45 872

B 公司会计核算 2020 年确认租金收入＝45 872×5＝229 360(元)≈22.94(万元)。

(3) B 公司该业务 2020 年度纳税申报情况，如表 5-2-4 和表 5-2-5 所示。

表 5-2-4　未按权责发生制确认收入纳税调整明细表(A105020)(局部)

单位：万元

行次	项　目	合同金额 (交易金额)	账载金额		税收金额		纳税调整 金额
			本年	累计	本年	累计	
		1	2	3	4	5	6(4－2)
1	一、跨期收取的租金、利息、特许权使用费收入(2＋3＋4)						
2	（一）租金	110.10	22.94	22.94	55.05	55.05	32.11

表 5-2-5　纳税调整项目明细表(A105000)(局部)

单位：万元

行次	项　目	账载金额	税收金额	调增金额	调减金额
		1	2	3	4
1	一、收入类调整项目(2＋3＋…＋8＋10＋11)	＊	＊		
2	（一）视同销售收入(填写 A105010)				
3	（二）未按权责发生制原则确认的收入(填写 A105020)	22.94	55.05	32.11	

2. 2021 年，B 公司相关业务处理。

(1) 会计每月确认租金收入并确认剩余租金应交的增值税。

B 公司 2021 年确认租金收入＝45 871.58×12≈550 459(元)≈55.05(万元)。

借：预收账款　　　　　　　　　　　　　　　　　　　　　600 000
　　贷：其他业务收入　　　　　　　　　　　　　　　　　　　 550 459
　　　　应交税费——应交增值税(销项税额)　　　　　　　　　 49 541

2021 年年末"预收账款"账户出现借方余额。

(2) 2021 年年末，B 公司虽然未收到租金，但按照税法规定应确认租金收入 550 459 元。

(3) 2021 年，B 公司该业务纳税申报情况，如表 5-2-6 和表 5-2-7 所示。

表 5-2-6　未按权责发生制确认收入纳税调整明细表(A105020)(局部)

单位:万元

行次	项　目	合同金额（交易金额）	账载金额		税收金额		纳税调整金额
			本年	累计	本年	累计	
		1	2	3	4	5	6(4-2)
1	一、跨期收取的租金、利息、特许权使用费收入(2+3+4)						
2	(一)租金	110.10	55.05	77.99	55.05	110.10	0

表 5-2-7　纳税调整项目明细表(A105000)(局部)

单位:万元

行次	项　目	账载金额	税收金额	调增金额	调减金额
		1	2	3	4
1	一、收入类调整项目(2+3+…+8+10+11)	*	*		
2	(一)视同销售收入(填写 A105010)	*			*
3	(二)未按权责发生制原则确认的收入(填写 A105020)	55.05	55.05	0	

3. 2022年,B公司相关业务处理。

2022年B公司年度纳税申报情况,如表5-2-8和表5-2-9所示。

表 5-2-8　未按权责发生制确认收入纳税调整明细表(A105020)(局部)

单位:万元

行次	项　目	合同金额（交易金额）	账载金额		税收金额		纳税调整金额
			本年	累计	本年	累计	
		1	2	3	4	5	6(4-2)
1	一、跨期收取的租金、利息、特许权使用费收入(2+3+4)						
2	(一)租金	110.10	32.11	110.10	0	110.10	-32.11

表 5-2-9　纳税调整项目明细表(A105000)(局部)

单位:万元

行次	项　目	账载金额	税收金额	调增金额	调减金额
		1	2	3	4
1	一、收入类调整项目(2+3+…+8+10+11)	*	*		
2	(一)视同销售收入(填写 A105010)	*			*
3	(二)未按权责发生制原则确认的收入(填写 A105020)	32.11	0		32.11

5.2.2 分期确认收入

分期收款方式销售商品,是指在商品销售中,商品一次性交付,但是货款按照合同约定分期收回的一种销售方式。

5.2.2.1 分期收款方式销售货物的税收规定

《企业所得税法实施条例》第二十三条规定,以分期收款方式销售货物的,按照合同约定的收款日期确认收入的实现。一般情况下采用分期收款方式销售商品,交易金额都较高,涉及税款数额较大,如果按照权责发生制原则确认收入,在没有收取货款的情况下很可能缺乏必要的纳税资金,会给企业带来巨大的资金压力,出现资金周转困难。

5.2.2.2 分期收款方式销售货物的会计核算

采用分期收款方式销售商品,企业将商品的控制权转移给客户的时间与客户实际付款的时间不一致。如果在合同中明确(或者以隐含的方式)约定的付款时间为客户或企业就转让商品的交易提供了重大融资利益,企业在确定交易价格时,应当对已承诺的对价金额作出调整,以剔除货币时间价值的影响。企业应当按照假定客户在取得商品控制权时,以现金支付的应付金额(即现销价格)确定交易价格,合同或协议约定的应收价款与交易价格之间的差额,确认为未实现融资收益。未实现融资收益应当在合同或协议规定的期间内,按照应收款项的摊余成本和实际利率的乘积分期确认为融资收益,冲减财务费用。

期末资产负债表中,"长期应收款"项目应根据"长期应收款"账户的借方余额与"未实现融资收益"账户余额的差额计算列报。

《小企业会计准则》第五十九条第二款第(三)项规定,销售商品采用分期收款方式的,在合同约定的收款日期确认收入。

5.2.2.3 分期收款方式销售货物的纳税申报

对于分期收款销售商品业务,如果企业会计核算执行《企业会计准则》,在销售当期会计确认的收入和成本大于税法确认的金额,纳税申报时需要分别调减当期的收入和成本,合同存续的以后各期再按照合同约定的日期和金额分别进行纳税调增收入和成本的处理。如果企业执行《小企业会计准则》,则会计核算与税法规定完全一致,不存在差异,无需调整。

案例解析5-7 分期收款方式销售商品纳税申报

【案例材料】

A公司是一家大型设备的生产企业,是增值税一般纳税人,适用增值税税率为

13%。2021年1月,A公司销售两台大型生产设备给老客户甲公司,两台设备正常销售价格为1 130万元(含税),生产成本合计800万元。因甲公司资金周转困难,双方签订了分期收款合同,合同约定总的交易金额是1 200万元(不含税),按5年等额分期付款,每年年末付款。交货时甲公司先支付增值税款156万元,A公司向其开具增值税专用发票。(经过计算该业务实际利率为6.12%,计算结果保留两位小数)

要求:分析A公司该业务的税法与会计差异,并填报2021年度和2022年度纳税申报表。

【案例分析】

1. 会计处理。

(1)发出商品时:

借:长期应收款	12 000 000
银行存款	1 560 000
贷:主营业务收入	10 000 000
未实现融资收益	2 000 000
应交税费——应交增值税(销项税额)	1 560 000

(2)结转销售成本:

借:主营业务成本	8 000 000
贷:库存商品	8 000 000

(3)2021年年末按照合同约定收到第一笔货款:

借:银行存款(12 000 000÷5)	2 400 000
贷:长期应收款	2 400 000

(4)2021年年末确认第一年的融资收益:

第一年融资收益=1 000×6.12%=61.2(万元)。

借:未实现融资收益	612 000
贷:财务费用	612 000

以后每年确认的融资收益逐年递减,会计分录相同。

第二年融资收益=[1000-(240-61.2)]×6.12%=50.26(万元)。

第三年融资收益=[821.2-(240-50.26)]×6.12%=38.65(万元)。

第四年融资收益=[631.46-(240-38.65)]×6.12%=26.32(万元)。

第五年融资收益＝200－(61.2＋50.26＋38.65＋26.32)＝23.57(万元)。

2. 涉税分析。

税法按照合同约定的付款日期分5年分期确认收入，每年确认收入240万元(1 200÷5)，每年同比例确认成本160万元(800÷5)。2021年确认收入240万元，结转成本160万元，确认所得80万元。

3. 纳税申报。

2021年，A公司会计核算确认收入1 000万元，结转成本800万元，确认"未实现融资收益"61.2万元，2021年该项业务对会计利润的影响是261.2万元(1 000－800＋61.2)，合计应纳税调减181.2万元。

A公司2021年度纳税申报情况，如表5-2-10和表5-2-11所示。

表5-2-10　未按权责发生制确认收入纳税调整明细表(A105020)(局部)

单位：万元

行次	项　目	合同金额（交易金额）	账载金额		税收金额		纳税调整金额
			本年	累计	本年	累计	
		1	2	3	4	5	6(4－2)
5	二、分期确认收入(6＋7＋8)						
6	(一)分期收款方式销售货物收入	1 200	1 000	1 000	240	240	－760

表5-2-11　纳税调整项目明细表(A105000)(局部)

单位：万元

行次	项　目	账载金额	税收金额	调增金额	调减金额
		1	2	3	4
1	一、收入类调整项目(2＋3＋…＋8＋10＋11)	＊	＊		
3	(二)未按权责发生制原则确认的收入(填写A105020)	1 000.0	240.0		760.0
12	二、扣除类调整项目(13＋14＋…＋24＋26＋27＋28＋29＋30)	＊	＊		
22	(十)与未实现融资收益相关在当期确认的财务费用	－61.2	0		61.2
30	(十七)其他	800.0	160.0	640.0	

2022年，A公司确认"未实现融资收益"约等于50.26万元，2022年该项业务对会计利润的影响是50.26万元。

A 公司 2022 年度纳税申报情况,如表 5-2-12 和表 5-2-13 所示。

表 5-2-12　未按权责发生制确认收入纳税调整明细表(A105020)(局部)

单位:万元

行次	项目	合同金额(交易金额)	账载金额		税收金额		纳税调整金额
			本年	累计	本年	累计	
		1	2	3	4	5	6(4−2)
5	二、分期确认收入(6+7+8)						
6	(一)分期收款方式销售货物收入	1 200	0	1 000	240	480	240

表 5-2-13　纳税调整项目明细表(A105000)(局部)

单位:万元

行次	项目	账载金额	税收金额	调增金额	调减金额
		1	2	3	4
1	一、收入类调整项目(2+3+…+8+10+11)	*	*		
3	(二)未按权责发生制原则确认的收入(填写A105020)	0	240.00	240.00	
12	二、扣除类调整项目(13+14+…+24+26+27+28+29+30)	*	*		
22	(十)与未实现融资收益相关在当期确认的财务费用	−50.26	0		50.26
30	(十七)其他	0	160.00		160.00

以后年度,每年会计需要根据实际利率法陆续结转确认未实现融资收益,税法依然要确认应纳税所得额 80 万元,以会计利润为基础计算应纳税所得额时需要再纳税调增,4 年合计共调增 181.2 万元(80×4−50.26−38.65−26.32−23.57),与销售当年调减金额一样。因此,分期收款方式形成的税会差异仅仅是暂时性差异,随着时间的延续,这些差异最终会转回。

5.2.3　政府补助递延收入

5.2.3.1　政府补助递延确认收入的两种情况

《企业会计准则第 16 号——政府补助》规定,按照政府给予补助的条件或原因不同,将政府补助划分为与资产相关的政府补助和与收益相关的政府补助两种类型。

(1)与资产相关的政府补助,是指企业取得的、用于购建或以其他方式形成长期资产的政府补助。这类政府补助要分期确认收入,收到补助时先记入"递延收益"科目,以后期间根据资产折旧或摊销情况再分期从"递延收益"科目结转记入"其他收益"科目。

（2）与收益相关的政府补助，是指除与资产相关的政府补助之外的政府补助。这类补助通常应当在实际收到款项时按照到账的实际金额确认和计量。与收益相关的政府补助，如果是用来补偿未来的费用，则根据预计的收益期分期确认，收到补助时先记入"递延收益"科目，以后期间再分期从"递延收益"科目结转记入"其他收益"科目。如果是补偿当期或者是已经发生的费用，则直接计入收到当期的损益之中，记入"其他收益"科目。如果政府补助与非日常活动有关，则在收到的当期记入"营业外收入"科目。

5.2.3.2 政府补助属于征税收入的纳税时间

《企业所得税法实施条例》第二十二条规定，《企业所得税法》第六条第（九）项所称其他收入，是指企业取得的除《企业所得税法》第六条第（一）项至第（八）项规定的收入外的其他收入，包括企业资产溢余收入、逾期未退包装物押金收入、确实无法偿付的应付款项、已作坏账损失处理后又收回的应收款项、债务重组收入、补贴收入、违约金收入、汇兑收益等。其中的"补贴收入"包含政府补助收入。

按照税法的相关规定，政府补助分为不征税收入和征税收入两种情况，如果不符合不征税收入的条件，则根据《财政部　国家税务总局关于财政性资金　行政事业性收费　政府性基金有关企业所得税政策问题的通知》（财税〔2008〕151号）的规定，计入收到当年的收入总额中。

5.2.3.3 政府补助属于征税收入的纳税申报

会计核算按照权责发生制原则分期确认的政府补助，如果属于征税收入，需要在表A105020第9行至第12行进行纳税调整申报。

案例解析5-8 与收益相关的政府补助属于征税收入的纳税申报

【案例材料】

中粮企业集团根据政府要求储备国库粮食，政府每年按照储备粮食所占资金量的一定比例向企业拨付利息补贴。2021年12月，中粮集团收到政府拨付的2021年和2022年两年的补贴资金600万元。

要求：分析中粮企业取得政府补助的会计处理与纳税申报情况。

【案例分析】

因该项补贴款未取得政府专项补贴的文件，不符合不征税收入的条件，应作为征税收入确认，即在收到的当期计入当期收入总额之中。

根据会计准则规定，该项政府补助与两个年度相关，会计核算应分期确认收入。

(1) 企业收到补贴款：

借：银行存款　　　　　　　　　　　　　　　　　　　　　　　6 000 000
　　贷：递延收益　　　　　　　　　　　　　　　　　　　　　　　　6 000 000

(2) 2021年年末将属于2021年的部分计入当期收益：

借：递延收益　　　　　　　　　　　　　　　　　　　　　　　3 000 000
　　贷：其他收益　　　　　　　　　　　　　　　　　　　　　　　　3 000 000

或者采用"净额法"核算，直接冲减2021年的财务费用：

借：递延收益　　　　　　　　　　　　　　　　　　　　　　　3 000 000
　　贷：财务费用　　　　　　　　　　　　　　　　　　　　　　　　3 000 000

(3) 2022年每月末将递延收益计入其他收益：

借：递延收益(3 000 000÷12)　　　　　　　　　　　　　　　　　250 000
　　贷：其他收益　　　　　　　　　　　　　　　　　　　　　　　　　250 000

中粮企业2021年度纳税申报情况，如表5-2-14和表5-2-15所示。

表5-2-14　未按权责发生制确认收入纳税调整明细表(A105020)(局部)

单位：万元

行次	项目	合同金额(交易金额)	账载金额		税收金额		纳税调整金额
			本年	累计	本年	累计	
		1	2	3	4	5	6(4-2)
9	三、政府补助递延收入(10+11+12)						
10	(一)与收益相关的政府补助	600	300	300	600	600	300

表5-2-15　纳税调整项目明细表(A105000)(局部)

单位：万元

行次	项目	账载金额	税收金额	调增金额	调减金额
		1	2	3	4
1	一、收入类调整项目(2+3+…+8+10+11)	*	*		
2	(一)视同销售收入(填写A105010)	*			*
3	(二)未按权责发生制原则确认的收入(填写A105020)	300	600	300	

中粮企业 2022 年度纳税申报情况,如表 5-2-16 和表 5-2-17 所示。

表 5-2-16　未按权责发生制确认收入纳税调整明细表(A105020)(局部)

单位:万元

行次	项 目	合同金额 (交易金额)	账载金额		税收金额		纳税调整 金额
			本年	累计	本年	累计	
		1	2	3	4	5	6(4-2)
9	三、政府补助递延收入(10+ 11+12)						
10	（一）与收益相关的政府 补助	600	300	600	0	600	-300

表 5-2-17　纳税调整项目明细表(A105000)(局部)

单位:万元

行次	项 目	账载金额	税收金额	调增金额	调减金额
		1	2	3	4
1	一、收入类调整项目(2+3+…+8+10+11)	*	*		
2	（一）视同销售收入(填写 A105010)	*			*
3	（二）未按权责发生制原则确认的收入(填写 A105020)	300	0		300

案例解析 5-9　与资产相关的政府补助属于征税收入的纳税申报

【案例材料】

2021 年 10 月,A 企业得到政府拨付的行业补贴款 120 万元。A 企业计划用于购买污水处理设备。2021 年 11 月,A 企业购进污水处理设备并取得增值税专用发票,设备于当月投入使用。增值税发票注明设备购买价款为 426 万元,增值税款 55.38 万元。

A 企业预计设备使用寿命 10 年,采用直线法计提折旧,预计设备净残值为零。

要求:分析 A 企业对该业务的会计处理与纳税申报。

【案例分析】

1. 2021 年,A 企业对该业务的处理。

(1) 收到政府拨款:

借:银行存款　　　　　　　　　　　　　　　　　　　　　　　　　1 200 000
　　贷:递延收益　　　　　　　　　　　　　　　　　　　　　　　　　1 200 000

(2) 购买设备:

借：固定资产 4 260 000
  应交税费——应交增值税(进项税额) 553 800
  贷：银行存款 4 813 800

(3) 2021年12月开始计提折旧,同时分期确认递延收益：

每月折旧额＝4 260 000÷120＝35 500(元)。

每月确认递延收益1 200 000÷120＝10 000(元)。

借：管理费用 35 500
  贷：累计折旧 35 500
借：递延收益 10 000
  贷：其他收益 10 000

(4) A企业2021年度纳税申报情况,如表5-2-18和表5-2-19所示。

由于该项补贴政府并没有明确规定用途,不属于不征税收入,应该在收到的当期全额计入当期应纳税所得额。

表5-2-18　未按权责发生制确认收入纳税调整明细表(A105020)(局部)

单位:万元

行次	项目	合同金额(交易金额)	账载金额		税收金额		纳税调整金额
			本年	累计	本年	累计	
		1	2	3	4	5	6(4－2)
9	三、政府补助递延收入(10＋11＋12)						
11	(二)与资产相关的政府补助	120	1	1	120	120	119

表5-2-19　纳税调整项目明细表(A105000)(局部)

单位:万元

行次	项目	账载金额	税收金额	调增金额	调减金额
		1	2	3	4
1	一、收入类调整项目(2＋3＋…＋8＋10＋11)	*	*		
2	(一)视同销售收入(填写A105010)	*			*
3	(二)未按权责发生制原则确认的收入(填写A105020)	1	120	119	

2. 2022年,A企业对该业务的处理。

(1) 计提折旧,同时确认递延收益:

当年折旧额＝4 260 000÷10＝426 000(元)。

确认递延收益1 200 000÷10＝120 000(元)。

借:管理费用　　　　　　　　　　　　　　　　　　　　　　　426 000
　　贷:累计折旧　　　　　　　　　　　　　　　　　　　　　　426 000

借:递延收益　　　　　　　　　　　　　　　　　　　　　　　　120 000
　　贷:其他收益　　　　　　　　　　　　　　　　　　　　　　120 000

(2) A企业2022年度纳税申报情况,如表5-2-20和表5-2-21所示。

表 5-2-20　未按权责发生制确认收入纳税调整明细表(A105020)(局部)

单位:万元

行次	项　目	合同金额(交易金额)	账载金额		税收金额		纳税调整金额
			本年	累计	本年	累计	
		1	2	3	4	5	6(4−2)
9	三、政府补助递延收入(10＋11＋12)						
11	(二)与资产相关的政府补助	120	12	13	0	120	−12

表 5-2-21　纳税调整项目明细表(A105000)(局部)

单位:万元

行次	项　目	账载金额	税收金额	调增金额	调减金额
		1	2	3	4
1	一、收入类调整项目(2＋3＋…＋8＋10＋11)	*	*		
2	(一)视同销售收入(填写A105010)	*			*
3	(二)未按权责发生制原则确认的收入(填写A105020)	12	0		12

2023年以后各年填报略。

5.2.4　表内、表间关系

(1) 表内关系。

第1行＝第2＋3＋4行。

第 5 行＝第 6＋7＋8 行。

第 9 行＝第 10＋11＋12 行。

第 14 行＝第 1＋5＋9＋13 行。

第 6 列＝第 4－2 列。

（2）表间关系。

第 14 行第 2 列＝表 A105000 第 3 行第 1 列。

第 14 行第 4 列＝表 A105000 第 3 行第 2 列。

若第 14 行第 6 列≥0，第 14 行第 6 列＝表 A105000 第 3 行第 3 列；若第 14 行第 6 列＜0，第 14 行第 6 列绝对值＝表 A105000 第 3 行第 4 列。

5.3 《投资收益纳税调整明细表》（A105030）

表 A105030（见表 5-3-1）适用于发生投资收益纳税调整项目的纳税人及从事股权投资业务的纳税人填报。表 A105030 调整的损益内容包括投资资产持有期间，企业从被投资企业分回的股息、红利或利息收入，以及处置投资资产发生的处置损益的纳税调整。

需要注意的是以下三种情况，不在表 A105030 调整：

（1）税收优惠，企业取得的持有期间投资收益，按税法规定为免税收入，如国债利息收入，应在《免税、减计收入及加计扣除优惠明细表》（A107010）填报。

（2）处置损失，处置投资项目按税收规定确认为损失的，在《资产损失税前扣除及纳税调整明细表》（A105090）进行纳税调整。

（3）企业重组业务，在企业重组业务中涉及的投资资产处置，如果该项重组业务适用特殊性税务处理规定的，在《企业重组及递延纳税事项纳税调整明细表》（A105100）进行纳税调整。

风险提示 财政部于 2017 年重新发布了与金融资产有关的多项具体会计准则，修订后的新准则对金融资产的分类方法和科目设置与原准则相比较有较大变化。表 A105030 的资产项目是按照财政部 2006 年发布的会计准则规定的资产分类设计的，所以，已执行《企业会计准则第 22 号——金融工具确认和计量》（财会〔2017〕7 号修订）、《企业会计准则第 23 号——金融资产转移》（财会〔2017〕8 号修订）、《企业会计准则第 24 号——套期会计》（财会〔2017〕9 号修订）、《企业会计准则第 37 号——金融工具列报》（财会〔2017〕14 号修订）（以上四项简称"新金融准则"）的纳税人，如果投资收益的项目类别不是表 A105030 第 1 行至第 8 行的，在第 9 行"九、其他"中填报相关会计处理、税收规定，以及纳税调整情况。

表 5-3-1　投资收益纳税调整明细表（A105030）

行次	项目	持有收益			处置收益						纳税调整金额 11(3+10)
		账载金额 1	税收金额 2	纳税调整金额 3(2-1)	会计确认的处置收入 4	税收计算的处置收入 5	处置投资的账面价值 6	处置投资的计税基础 7	会计确认的处置所得或损失 8(4-6)	税收计算的处置所得 9(5-7)	纳税调整金额 10(9-8)	
1	一、交易性金融资产											
2	二、可供出售金融资产											
3	三、持有至到期投资											
4	四、衍生工具											
5	五、交易性金融负债											
6	六、长期股权投资											
7	七、短期投资											
8	八、长期债券投资											
9	九、其他											
10	合计(1+2+3+4+5+6+7+8+9)											

5.3.1 投资资产持有收益的纳税申报

投资资产持有收益包括股息、红利收益和利息收入,这两项收益的纳税调整通过填报表 A105030 的第 1 列至第 3 列完成。其中,第 1 列"账载金额"填报纳税人持有投资项目,会计核算确认的投资收益;第 2 列"税收金额"填报纳税人持有投资项目,按照税收规定确认的投资收益。第 3 列"纳税调整金额"填报纳税人持有投资项目,会计核算确认投资收益与税收规定投资收益的差异需纳税调整金额,为第 2-1 列金额。

《企业所得税法实施条例》第十八条规定,利息收入按照合同约定的债务人应付利息的日期确认收入的实现。

《国家税务总局关于贯彻落实企业所得税法若干税收问题的通知》(国税函〔2010〕79 号)第四条规定,企业权益性投资取得股息、红利等收入,应以被投资企业股东会或股东大会作出利润分配或转股决定的日期,确定收入的实现。被投资企业将股权(票)溢价所形成的资本公积转为股本的,不作为投资方企业的股息、红利收入,投资方企业也不得增加该项长期投资的计税基础。

风险提示 (1)企业实现利息收入包括两种情况:一种是对外提供借款,作为债权人按照借款合同约定计算取得的利息收入;另一种是通过债权投资,作为投资人取得债券利息收入。表 A105030 只填报债权投资取得的利息收入,借款合同取得的利息收入在表 A105020 中进行纳税调整。

(2)企业采用权益法核算长期股权投资时,被投资企业盈利(或亏损)时,投资企业根据股权比例计算的投资收益(或损失)也在表 A105030 调整。

(3)采用公允价值计量的金融资产,持有期间公允价值变动损益不在表 A105030 调整。

案例解析 5-10 债权投资利息收入业务纳税调整及申报

【案例材料】

2020 年 1 月 1 日,A 公司以 205 092 元溢价购入了当日发行的 3 年期国债 200 张,每张面值 1 000 元,票面利率为 5%,另外支付相关交易税费 300 元,债券到期一次性还本付息。购买债券的实际利率为 4%。A 公司将其划分为以摊余成本计量的金融资产。(计算结果取整数)

要求:分析 A 公司该项债券投资各年的利息收入纳税申报。

第5章 纳税调整表填报

【案例分析】

购入债券时，A公司应编制会计分录：

借：债权投资——本金　　　　　　　　　　　　　　　　　200 000
　　　　　　——利息调整（溢价）　　　　　　　　　　　　　5 392
　　贷：银行存款　　　　　　　　　　　　　　　　　　　205 392

会计按照权责发生制原则，每到期末确认利息收入，并进行溢价摊销，计算结果如表5-3-2所示。

表5-3-2　债权投资溢价摊销表（实际利率法）

单位：元

付息日期	应收利息	利息收入	溢价摊销	摊余成本
	(1)=面值×5%	(2)=上期(4)×实际利率4%	(3)=(1)-(2)	(4)=上期(4)-(3)
2020年1月1日				205 392
2020年12月31日	10 000	8 216	1 784	203 608
2021年12月31日	10 000	8 144	1 856	201 752
2022年12月31日	10 000	8 248①	1 752①	200 000
合计	30 000	24 608	5 392	—

注：①含尾数调整。

债券持有期间，根据税法规定不需要确认利息收入，债券到期时一次性确认利息收入。所得税纳税申报时，根据会计确认收入的金额进行纳税调整。

1. A公司2020年度纳税申报情况，如表5-3-3和表5-3-4所示。

表5-3-3　投资收益纳税调整明细表（A105030）（局部）

单位：元

行次	项　目	持有收益			纳税调整金额
		账载金额	税收金额	纳税调整金额	
		1	2	3(2-1)	11(3+10)
9	九、其他	8 216	0	-8 216	-8 216

表5-3-4　A105000纳税调整项目明细表（局部）

单位：元

行次	项　目	账载金额	税收金额	调增金额	调减金额
		1	2	3	4
1	一、收入类调整项目(2+3+…+8+10+11)	*	*		
4	（三）投资收益（填写A105030）	8 216	0		8 216

2. A 公司 2021 年度纳税申报情况,如表 5-3-5 和表 5-3-6 所示。

表 5-3-5　投资收益纳税调整明细表(A105030)(局部)

单位:元

行次	项目	持有收益			纳税调整金额
		账载金额	税收金额	纳税调整金额	
		1	2	3(2−1)	11(3+10)
9	九、其他	8 144	0	−8 144	−8 144

表 5-3-6　纳税调整项目明细表(A105000)(局部)

单位:元

行次	项目	账载金额	税收金额	调增金额	调减金额
		1	2	3	4
1	一、收入类调整项目(2+3+…+8+10+11)	*	*		
4	（三）投资收益(填写 A105030)	8 144	0		8 144

3. A 公司 2022 年度纳税申报情况,如表 5-3-7、表 5-3-8 和表 5-3-9 所示。

表 5-3-7　投资收益纳税调整明细表(A105030)(局部)

单位:元

行次	项目	持有收益			纳税调整金额
		账载金额	税收金额	纳税调整金额	
		1	2	3(2−1)	11(3+10)
9	九、其他	8 248	30 000	21 752	21 752

表 5-3-8　纳税调整项目明细表(A105000)(局部)

单位:元

行次	项目	账载金额	税收金额	调增金额	调减金额
		1	2	3	4
1	一、收入类调整项目(2+3+…+8+10+11)	*	*		
4	（三）投资收益(填写 A105030)	8 248	30 000	21 752	

表 5-3-9　免税、减计收入及加计扣除优惠明细表(A107010)(局部)

单位:元

行次	项目	金额
1	一、免税收入(2+3+9+…+16)	
2	（一）国债利息收入免征企业所得税	30 000

案例解析 5-11 权益性投资持有收益纳税调整及申报

【案例材料】

A 公司于 2019 年进行两项重大投资业务,分别是:4 月,以 3 000 万元为对价投资成立 B 公司,占 B 公司 55% 的股份,采用成本法核算;5 月,以 90 万元为对价购买 C 公司股票,占 C 公司 20% 的股份,A 公司对 C 公司的财务和经营政策有重大影响力,采用权益法核算。

A 公司于 2021 年 10 月购入 D 公司股票 10 000 股,作为交易性金融资产核算,采用公允价值模式计量。

2021 年,B 公司全年实现税后利润 1 100 万元;2021 年 2 月,B 公司宣告分配现金股利 100 万元。

2021 年,C 公司全年实现税后利润 1 000 万元;2021 年 3 月,C 公司宣告分配现金股利 100 万元。

2022 年 3 月,D 公司宣告分配现金股利,每股 0.3 元。

要求:根据上述资料,分析 A 公司 2020 年度和 2021 年度投资业务的纳税申报情况。

【案例分析】

1. A 公司 2021 年度纳税申报。

2021 年,B 公司盈利,因 A 公司采用成本法核算,不需要确认投资收益;C 公司盈利,A 公司采用权益法核算,应按照持股比例计算并确认投资收益 200 万元。

A 公司 2021 年度纳税申报情况,如表 5-3-10 和表 5-3-11 所示。

表 5-3-10　投资收益纳税调整明细表(A105030)(局部)

单位:万元

行次	项目	持有收益			纳税调整金额
		账载金额	税收金额	纳税调整金额	
		1	2	3(2−1)	11(3+10)
1	一、交易性金融资产				
6	六、长期股权投资	200	0	−200	−200

表 5-3-11　纳税调整项目明细表(A105000)(局部)

单位:万元

行次	项目	账载金额	税收金额	调增金额	调减金额
		1	2	3	4
1	一、收入类调整项目(2+3+…+8+10+11)	*	*		
4	(三)投资收益(填写A105030)	200	0		200

2. A公司2022年度纳税申报。

2022年A公司各项投资资产实现的股息、红利收益会计处理如下：

A公司应确认B公司分配的股息、红利收益＝100×55％＝55(万元)。

借：应收股利　　　　　　　　　　　　　　　　　　　　　550 000
　　贷：投资收益　　　　　　　　　　　　　　　　　　　　550 000

A公司不应确认C公司分配的股息、红利为投资收益，而是冲减投资成本。

A公司从C公司分回的现金股利＝100×20％＝20(万元)。

借：应收股利　　　　　　　　　　　　　　　　　　　　　200 000
　　贷：长期股权投资——损益调整　　　　　　　　　　　　200 000

A公司应确认D公司分配的股息、红利收益＝10 000×(0.3÷10 000)＝0.3(万元)。

借：应收股利　　　　　　　　　　　　　　　　　　　　　3 000
　　贷：投资收益　　　　　　　　　　　　　　　　　　　　3 000

A公司从B公司和D公司分回的股息、红利确认了投资收益，税法与会计无差异；对于从C公司分回的股利不再确认为投资收益，而是冲减投资成本，按照税法规定，A公司应该将从C公司分回的20万元股息、红利作为收入确认，计入2022年的应纳税所得额。

由于A公司对B公司投资属于直接投资，对C公司股票投资时间持续超过12个月，符合税法免税优惠条件，所以75万元的股息、红利收益应作为免税收入。

A公司2022年度纳税申报情况，如表5-3-12至表5-3-15所示。

表5-3-12　投资收益纳税调整明细表(A105030)(局部)

单位：万元

行次	项目	持有收益			纳税调整金额
		账载金额	税收金额	纳税调整金额	
		1	2	3(2-1)	11(3+10)
1	一、交易性金融资产	0.3	0.3	0	0
6	六、长期股权投资	55.0	75.0	20.0	20.0
10	合计(1+2+3+4+5+6+7+8+9)	55.3	75.3	20.0	20.0

表5-3-13　纳税调整项目明细表(A105000)(局部)

单位：万元

行次	项目	账载金额	税收金额	调增金额	调减金额
		1	2	3	4
1	一、收入类调整项目(2+3+…+8+10+11)	*	*		
4	(三)投资收益(填写A105030)	55.3	75.3	20.0	

表 5-3-14 符合条件的居民企业之间的股息、红利等权益性投资

收益优惠明细表（A107011）（局部）

单位：万元

行次	被投资企业	投资性质	投资成本	投资比例	被投资企业利润分配确认金额		合计
					被投资企业做出利润分配或转股决定时间	依决定归属于本公司的股息、红利等权益性投资收益金额	
	1	3	4	5	6	7	17（7＋10＋16）
1	B公司	直接投资	3 000	55%	2021年2月	55	
2	C公司	股票投资	90	20%	2021年3月	20	

表 5-3-15 免税、减计收入及加计扣除优惠明细表（A107010）（局部）

单位：万元

行次	项 目	金 额
1	一、免税收入（2＋3＋9＋…＋16）	
3	（二）符合条件的居民企业之间的股息、红利等权益性投资收益免征企业所得税（4＋5＋6＋7＋8）	75

5.3.2 投资资产处置收益的纳税申报

投资资产处置包括收回投资、转让投资或清算处置三种情况（以下统称为处置投资），三种情况产生的税法与会计差异，纳税调整需要填报表 A105030 的第 4 列至第 10 列。

第 4 列"会计确认的处置收入"和第 5 列"税收计算的处置收入"分别填报纳税人处置投资，会计核算确认的和按照税收规定计算的扣除相关税费后的处置收入金额。

第 6 列"处置投资的账面价值"，填报纳税人会计核算的处置投资的账面价值。

第 7 列"处置投资的计税基础"，填报纳税人处置的投资项目，按税收规定计算的计税金额。

第 8 列"会计确认的处置所得或损失"，填报纳税人会计核算确认的处置所得或损失，按第 4－6 列金额填报（损失以"－"号填列）。

第 9 列"税收计算的处置所得"，填报纳税人按照税收规定计算的处置所得，按第 5－7 列金额填报。

第 10 列"纳税调整金额"，填报纳税人处置投资项目，会计处理与税收规定不一致需纳税调整金额，按第 9－8 列金额填报。

《国家税务总局关于贯彻落实企业所得税法若干税收问题的通知》（国税函

〔2010〕79号)第三条规定,企业转让股权收入,应于转让协议生效、且完成股权变更手续时,确认收入的实现。转让股权收入扣除为取得该股权所发生的成本后,为股权转让所得。企业在计算股权转让所得时,不得扣除被投资企业未分配利润等股东留存收益中按该项股权所可能分配的金额。

风险提示 如果按照税法规定计算的投资资产处置所得为处置损失,税法与会计的差异不在表A105030申报调整,应填报《资产损失税前扣除及纳税调整明细表》(A105090)。如果仅是会计核算的投资资产处置为处置损失,则应在表A105030填报。

案例解析5-12 长期股权投资处置纳税申报

【案例材料】

A公司于2019年年初以300万元现金为对价获得B公司30%的股份,投资成本与应享有B公司所有者权益(假设可辨认净资产的公允价值与账面价值相等)份额相等。B公司股本总额为1 000万元。按投资比例,A公司对B公司的财务和经营政策有重要的影响,采用权益法核算该项长期股权投资。自2019年至2021年,B公司实现的净利润(净亏损)如表5-3-16所示。2020年2月,B公司宣告分配现金股利12万元,2021年B公司宣告不分配。

表5-3-16 B公司3年实现净利润统计表

单位:万元

年 份	净利润或(净亏损)
2019年	20
2020年	30
2021年	90

2022年10月,A公司将持有的B公司股份全部出售,取得处置收入321.2万元。

要求:根据资料分析2022年A公司转让B公司股权的税法与会计差异并进行纳税申报。

【案例分析】

(1)初始投资。

借:长期股权投资——投资成本(B公司) 3 000 000
　　贷:银行存款 3 000 000

(2)期末按比例确认投资收益(3年合计)。

A公司采用权益法核算对B公司的投资,根据B公司3年的盈利情况,A公司累计确认投资收益 42 万元(140×30%)。

借:长期股权投资——损益调整(B公司)　　　　　　　　　　　420 000
　　贷:投资收益——股权投资收益　　　　　　　　　　　　　　　　　420 000

(3) 2020 年,B 公司宣告分派现金股利。

借:应收股利　　　　　　　　　　　　　　　　　　　　　　　　36 000
　　贷:长期股权投资——损益调整(B公司)　　　　　　　　　　　　　36 000

(4) 2022 年,A 公司处置股权会计处理。

至 2021 年年末,A 公司持有 B 公司股权的账面价值为 338.4 万元,持有 B 公司股权的计税基础为 300 万元。

应交增值税=(321.2−300)÷1.06×6%=1.2(万元)。

处置损失=321.2−1.2−338.4=−18.4(万元)。

借:银行存款　　　　　　　　　　　　　　　　　　　　　　　3 212 000
　　投资收益　　　　　　　　　　　　　　　　　　　　　　　　184 000
　　贷:长期股权投资——投资成本(B公司)　　　　　　　　　　　3 000 000
　　　　长期股权投资——损益调整(B公司)　　　　　　　　　　　　384 000
　　　　应交税费——转让金融商品应交增值税　　　　　　　　　　　12 000

按税法规定,股权转让所得为 20 万元(321.2−1.2−300),应纳税调增 38.4 万元(20+18.4)。A 公司 2021 年度纳税申报情况,如表 5-3-17 所示。

表 5-3-17　投资收益纳税调整明细表(A105030)(局部)

单位:万元

行次	项目	处置收益							纳税调整金额
		会计确认的处置收入	税收计算的处置收入	处置投资的账面价值	处置投资的计税基础	会计确认的处置所得或损失	税收计算的处置所得	纳税调整金额	
		4	5	6	7	8(4−6)	9(5−7)	10(9−8)	11(3+10)
1	一、交易性金融资产								
6	六、长期股权投资	320.0	320.0	338.4	300.0	−18.4	20.0	38.4	38.4

5.3.3　表内、表间关系

(1) 表内关系。

第 10 行=第 1+2+3+4+5+6+7+8+9 行。

第 3 列＝第 2－1 列。

第 8 列＝第 4－6 列。

第 9 列＝第 5－7 列。

第 10 列＝第 9－8 列。

第 11 列＝第 3＋10 列。

(2) 表间关系。

第 10 行第 1＋8 列＝表 A105000 第 4 行第 1 列。

第 10 行第 2＋9 列＝表 A105000 第 4 行第 2 列。

若第 10 行第 11 列≥0,第 10 行第 11 列＝表 A105000 第 4 行第 3 列；若第 10 行第 11 列＜0,第 10 行第 11 列绝对值＝表 A105000 第 4 行第 4 列。

5.4 《专项用途财政性资金纳税调整明细表》(A105040)

表 A105040(见表 5-4-1)适用于发生符合不征税收入条件的专项用途财政性资金纳税调整项目的纳税人填报。

5.4.1 专项用途财政性资金作为不征税收入的税收规定

《财政部 国家税务总局关于专项用途财政性资金企业所得税处理问题的通知》(财税〔2011〕70 号)规定,自 2011 年 1 月 1 日起,企业从县级以上各级人民政府财政部门及其他部门取得的应计入收入总额的财政性资金,凡同时符合以下条件的,可以作为不征税收入,在计算应纳税所得额时从收入总额中减除：

(1) 企业能够提供规定资金专项用途的资金拨付文件。

(2) 财政部门或其他拨付资金的政府部门对该资金有专门的资金管理办法或具体管理要求。

(3) 企业对该资金以及以该资金发生的支出单独进行核算。

《国家税务总局关于企业所得税应纳税所得额若干问题的公告》(国家税务总局公告 2014 年第 29 号)第一条第(二)项规定,企业接收县级以上人民政府划入的国有资产,凡指定专门用途并按《财政部 国家税务总局关于专项用途财政性资金企业所得税处理问题的通知》(财税〔2011〕70 号)规定进行管理的,企业可作为不征税收入进行企业所得税处理。其中,该项资产属于非货币性资产的,应按政府确定的接收价值计算不征税收入。

5.4.2 不征税收入的政府补助会计核算方法

会计准则规定,政府补助分为与资产相关的政府补助和与收益相关的政府补助。

表 5-4-1 专项用途财政性资金纳税调整明细表（A105040）

行次	项目	取得年度	财政性资金	其中：符合不征税收入条件的财政性资金		以前年度支出情况					本年支出情况			本年结余情况		
				金额	其中：计入本年损益的金额	前五年度	前四年度	前三年度	前二年度	前一年度	支出金额	其中：费用化支出金额	结余金额	其中：上缴财政金额	应计入本年应税收入金额
		1	2	3	4	5	6	7	8	9	10	11	12	13	14
1	前五年度														
2	前四年度					*									
3	前三年度					*	*								
4	前二年度					*	*	*							
5	前一年度					*	*	*	*						
6	本年					*	*	*	*	*					
7	合计(1+2+…+6)	*				*	*	*	*	*					

(1) 与资产相关的政府补助,是指企业取得的、用于购建或以其他方式形成长期资产的政府补助。这类补助要分期确认,企业收到与资产相关的政府补助时,先借记"银行存款"科目,贷记"递延收益"科目,以后期间根据资产折旧或摊销情况分期结转递延收益,借记"递延收益"科目,贷记"其他收益"科目。

(2) 与收益相关的政府补助,是指除与资产相关的政府补助之外的政府补助。这类补助应当在实际收到款项时按照到账的实际金额确认和计量。只有存在确凿证据表明补助是按固定的定额标准拨付的,才可以在这项补助成为应收款时予以确认并按照应收的金额计量。

与收益相关的政府补助,如果是用来补偿未来的费用,则根据收益期分期确认,和与资产相关的政府补助一样处理。如果是补偿当期或者是已经发生的费用,则直接计入收到当期的损益之中,记入"其他收益"科目。

5.4.3 不征税收入管理的时间要求及申报方式

企业将符合规定条件的财政性资金作为不征税收入处理后,在5年(60个月)内未发生支出且未缴回财政部门或其他拨付资金的政府部门的部分,应计入取得该资金第六年的应税收入总额;计入应税收入总额的财政性资金发生的支出,允许在计算应纳税所得额时扣除。

作为不征税收入的政府补助,税法与会计差异的纳税调整申报填表A105040。

第1列"取得年度",填报取得专项用途财政性资金的公历年度。第6行为申报年度,第5行至第1行依次从6行往前倒推。

第5列至第9列"以前年度支出情况",填报纳税人在申报年度以前的5个纳税年度发生的支出金额。第10列"支出金额",填报纳税人历年作为不征税收入处理的财政性资金,在本年(申报年度)用于支出的金额。

第12列"结余金额",填报纳税人历年作为不征税收入处理的符合条件的财政性资金,减除历年累计支出(包括费用化支出和资本化支出)后尚未使用的不征税收入余额。其中,上缴财政的金额填报第13列"其中:上缴财政金额";剩余部分应计入本年应税收入的金额,填报第14列"应计入本年应税收入金额"。

5.4.4 不征税收入与对应支出的调整申报方法

5.4.4.1 不征税收入的调整申报方法

符合不征税收入条件的财政性资金,会计处理时计入本年(申报年度)损益的金额,即确认为"其他收益"的金额,通过表A105040的第4列申报调减。

5.4.4.2 不征税收入对应费用的调整申报方法

符合不征税收入条件的财政性资金,用于支出形成的费用,会计核算计入当期损益的金额,通过表 A105040 的第 11 列申报调增。

5.4.4.3 不征税收入对应的资产摊销调整申报方法

符合不征税收入条件的财政性资金,用于支出形成长期资产的,该资产计提的折旧额或摊销额不能税前扣除,应通过表 A105080 申报调增。表 A105080 中资产的计税基础会小于资产的账面价值,税前可以扣除的折旧会小于会计核算的折旧。

案例解析 5-13 政府补助属于不征税收入的纳税调整及申报

【案例材料】

2022 年 3 月,B 企业得到当地省政府拨付的专项财政拨款 2 000 000 元,财政拨款文件明确规定该笔款项要专门用于污水处理,并具体发布了使用范围。B 企业收到拨款后严格按照资金专项管理办法将其中的 1 800 000 元用于购置污水处理设施(取得增值税专用发票,设备价款 1 592 920 元,增值税款 207 080 元),另外的 200 000 元用于支付污水处理技术研究经费,并设立专户核算。

污水处理设备于 5 月购置并交付使用,预计使用寿命是 10 年,企业采用直线法计提折旧,预计设备净残值为零。2022 年,B 企业实际支付研发活动人员工资 70 000 元,本年研发支出均费用化处理。(计算结果取整数)

要求:根据资料分析 B 企业该项政府补助 2022 年度纳税申报情况。

【案例分析】

1. B 企业政府补助有关的会计处理如下:

(1) 3 月收到财政拨款。

借:银行存款	2 000 000
贷:递延收益	2 000 000

(2) 购置专项设备。

借:固定资产	1 592 920
应交税费——应交增值税(进项税额)	207 080
贷:银行存款	1 800 000

(3) 支付并确认研发费用。

借:研发支出——费用化	70 000
贷:应付职工薪酬	70 000

借：应付职工薪酬　　　　　　　　　　　　　　　　　　70 000
　　贷：银行存款　　　　　　　　　　　　　　　　　　　　70 000
借：管理费用　　　　　　　　　　　　　　　　　　　　70 000
　　贷：研发支出——费用化　　　　　　　　　　　　　　70 000

(4) 计提设备折旧、结转递延收益。

2022年6月开始计提折旧，至2022年年末当年累计折旧额＝1 592 920÷10÷12×7＝92 920(元)。

当年应结转的递延收益包括购置设备对应的递延收益和支付研究经费对应的递延收益两部分，当年确认其他收益金额＝1 800 000÷10÷12×7＋70 000＝175 000(元)。

借：管理费用　　　　　　　　　　　　　　　　　　　　92 920
　　贷：累计折旧　　　　　　　　　　　　　　　　　　　　92 920
借：递延收益　　　　　　　　　　　　　　　　　　　　175 000
　　贷：其他收益　　　　　　　　　　　　　　　　　　　175 000

2. B企业2022年度纳税申报情况。

根据《财政部　国家税务总局关于专项用途财政性资金企业所得税处理问题的通知》(财税〔2011〕70号)的规定，该项财政拨款属于不征税收入，纳税申报时，会计核算确认的其他收益175 000元应调减。同时因该项拨款形成的费用和资产摊销价值也不能税前扣除，会计计提的资产折旧92 920元应调增，会计确认的管理费用70 000元应调增。

B企业2022年度纳税申报情况，如表5-4-2至表5-4-4所示。

表5-4-2　专项用途财政性资金纳税调整明细表(A105040)(局部)

单位：元

行次	项目	取得年度	财政性资金	其中：符合不征税收入条件的财政性资金		本年支出情况		本年结余情况	…
				金额	其中：计入本年损益的金额	支出金额	其中：费用化支出金额	结余金额	
		1	2	3	4	10	11	12	…
6	本年	2022	2 000 000	2 000 000	175 000	1 870 000	70 000	130 000	…
7	合计(1＋2＋…＋6)	*							…

表 5-4-3　资产折旧、摊销及纳税调整明细表（A105080）（局部）

单位：元

行次	项目		账载金额			税收金额		纳税调整金额
			资产原值	本年折旧、摊销额	累计折旧、摊销额	资产计税基础	税收折旧、摊销额	
			1	2	3	4	5	9(2－5)
1	一、固定资产(2+3+4+5+6+7)							
2	所有固定资产	（一）房屋、建筑物						
3		（二）飞机、火车、轮船、机器、机械和其他生产设备	1 592 920	92 920	92 920	0	0	92 920

表 5-4-4　纳税调整项目明细表（A105000）（局部）

单位：元

行次	项　目	账载金额	税收金额	调增金额	调减金额
		1	2	3	4
8	（七）不征税收入	*	*		175 000
9	其中：专项用途财政性资金（填写A105040）	*	*		175 000
12	二、扣除类调整项目(13+14+…24+26+27+28+29+30)	*	*		
24	（十二）不征税收入用于支出所形成的费用	*	*	70 000	*
25	其中：专项用途财政性资金用于支出所形成的费用（填写A105040）	*	*	70 000	*
31	三、资产类调整项目(32+33+34+35)	*	*		
32	（一）资产折旧、摊销（填写A105080）	92 920	0	92 920	
46	合计(1+12+31+36+44+45)	*	*	162 920	175 000

案例解析 5-14　政府补助包括不征税收入和征税收入业务纳税调整及申报

【案例材料】

2022年3月，C企业得到当地省政府拨付的专项财政拨款400万元，按照文件要求这笔资金专门用于污水处理指定设备的购置，如果企业没有在规定的时间内按照规定用途使用，政府将收回这笔资金。2022年4月，C企业按照资金专项管理办法购置了相应的污水处理设备,并取得增值税专用发票,发票注明设备价款 280 万元,增值税款 36.4 万元。

设备经过政府核验后,剩余的资金被批准不再上交政府,由企业自行安排用途,C 企业将其直接计入当期损益。

污水处理设备于 2022 年 5 月交付使用,预计使用寿命是 10 年,企业采用直线法计提折旧,假设设备无残值。

要求:分析 C 企业取得政府补助的会计处理与纳税申报情况。

【案例分析】

1. 会计处理如下:

(1) 2022 年 3 月收到财政拨款。

借:银行存款　　　　　　　　　　　　　　　　　　　　4 000 000
　　贷:长期应付款　　　　　　　　　　　　　　　　　　4 000 000

(2) 2022 年 4 月购置专项设备。

借:固定资产　　　　　　　　　　　　　　　　　　　　2 800 000
　　应交税费——应交税费(进项税额)　　　　　　　　　　364 000
　　贷:银行存款　　　　　　　　　　　　　　　　　　　3 164 000

借:长期应付款　　　　　　　　　　　　　　　　　　　3 164 000
　　贷:递延收益　　　　　　　　　　　　　　　　　　　3 164 000

(3) 2022 年 4 月末将剩余资金转入当期损益。

借:长期应付款　　　　　　　　　　　　　　　　　　　　836 000
　　贷:其他收益　　　　　　　　　　　　　　　　　　　　836 000

2022 年 6 月开始计提折旧,至 2022 年年末累计提取折旧额 = 2 800 000÷10÷12×7 = 163 333(元),累计确认递延收益 = 3 164 000÷10÷12×7 = 184 567(元)。

借:管理费用　　　　　　　　　　　　　　　　　　　　　163 333
　　贷:累计折旧　　　　　　　　　　　　　　　　　　　　163 333

借:递延收益　　　　　　　　　　　　　　　　　　　　　184 567
　　贷:其他收益　　　　　　　　　　　　　　　　　　　　184 567

2. 税务分析如下:

根据《财政部 国家税务总局关于专项用途财政性资金企业所得税处理问题的通知》(财税〔2011〕70 号)的规定,该项财政拨款用于购置污水处理设备部分属于不征税收入,剩余资金部分属于征税收入。2022 年纳税申报时,对于不征税收入部分应调减收入 184 567 元,同时因该项拨款形成的资产折旧额也不能税前扣除,资产折旧调增163 333元。剩余资金属于征税收入,应在当期确认收入,因会计核算直接计入了当期损益,所以不需要纳税调整。

C企业2022年度纳税申报情况,如表5-4-5至表5-4-8所示。

表5-4-5 专项用途财政性资金纳税调整明细表(A105040)(局部)

单位:元

行次	项目	取得年度	财政性资金	其中:符合不征税收入条件的财政性资金		本年支出情况		本年结余情况	
				金额	其中:计入本年损益的金额	支出金额	其中:费用化支出金额	结余金额	应计入本年应税收入金额
		1	2	3	4	10	11	12	14
6	本年	2021	4 000 000	3 164 000	184 567	3 164 000	0	0	0
7	合计	*							

表5-4-6 资产折旧、摊销及纳税调整明细表(A105080)(局部)

单位:元

行次	项目		账载金额			税收金额		纳税调整金额
			资产原值	本年折旧、摊销额	累计折旧、摊销额	资产计税基础	税收折旧、摊销额	
			1	2	3	4	5	9(2-5)
1	一、固定资产(2+3+4+5+6+7)							
2	所有固定资产	(一)房屋、建筑物						
3		(二)飞机、火车、轮船、机器、机械和其他生产设备	2 800 000	163 333	163 333	0	0	163 333

表5-4-7 纳税调整项目明细表(A105000)(局部)

行次	项 目	账载金额	税收金额	调增金额	调减金额
		1	2	3	4
1	一、收入类调整项目(2+3+…+8+10+11)	*	*		
8	(七)不征税收入	*	*		
9	其中:专项用途财政性资金(填写A105040)	*	*		184 567
31	三、资产类调整项目(32+33+34+35)	*	*		
32	(一)资产折旧、摊销(填写A105080)			163 333	

表 5-4-8　中华人民共和国企业所得税年度纳税申报表(A 类)(A100000)(局部)

单位：元

行次	类别	项　目	金　额
14	应纳税所得额计算	减：境外所得(填写 A108010)	
15		加：纳税调整增加额(填写 A105000)	163 333
16		减：纳税调整减少额(填写 A105000)	184 567

5.4.5　表内、表间关系

（1）表内关系。

第 1 行第 12 列＝第 1 行第 3－5－6－7－8－9－10 列。

第 2 行第 12 列＝第 2 行第 3－6－7－8－9－10 列。

第 3 行第 12 列＝第 3 行第 3－7－8－9－10 列。

第 4 行第 12 列＝第 4 行第 3－8－9－10 列。

第 5 行第 12 列＝第 5 行第 3－9－10 列。

第 6 行第 12 列＝第 6 行第 3－10 列。

第 7 行＝第 1＋2＋3＋4＋5＋6 行。

（2）表间关系。

第 7 行第 4 列＝表 A105000 第 9 行第 4 列。

第 7 行第 11 列＝表 A105000 第 25 行第 3 列。

第 7 行第 14 列＝表 A105000 第 9 行第 3 列。

5.5　《职工薪酬支出及纳税调整明细表》(A105050)

表 A105050(见表 5-5-1)填报纳税人职工薪酬会计处理、税收规定，以及纳税调整情况。纳税人只要发生相关支出，不论是否纳税调整，均需填报。

5.5.1　工资薪金的纳税申报

5.5.1.1　工资薪金的税收政策

《企业所得税法实施条例》第三十四条规定，企业实际发生的合理的职工工资薪金，准予在税前扣除。职工工资薪金，是指企业每一纳税年度支付给在本企业任职或与其有雇佣关系的员工的所有现金或非现金形式的劳动报酬，包括基本工资、奖金、津贴、补贴、年终加薪、加班工资，以及与任职或者受雇有关的其他支出。

表 5-5-1 职工薪酬支出及纳税调整明细表（A105050）

行次	项目	账载金额 1	实际发生额 2	税收规定扣除率 3	以前年度累计结转扣除额 4	税收金额 5	纳税调整金额 6(1-5)	累计结转以后年度扣除额 7(2+4-5)
1	一、工资薪金支出			*	*			*
2	其中：股权激励			*	*			*
3	二、职工福利费支出			*	*			
4	三、职工教育经费支出							
5	其中：按税收规定比例扣除的职工教育经费			*				*
6	按税收规定全额扣除的职工培训费用			*	*			*
7	四、工会经费支出			*	*			*
8	五、各类基本社会保障性缴款			*	*			*
9	六、住房公积金			*	*			*
10	七、补充养老保险			*	*			*
11	八、补充医疗保险			*	*			*
12	九、其他			*				
13	合计(1+3+4+7+8+9+10+11+12)			*				

《国家税务总局关于企业工资薪金和职工福利费等支出税前扣除问题的公告》(国家税务总局公告2015年第34号)第三条规定,企业接受外部劳务派遣用工所实际发生的费用,应分两种情况按规定在税前扣除:按照协议(合同)约定直接支付给劳务派遣公司的费用,应作为劳务费支出;直接支付给员工个人的费用,应作为工资薪金支出和职工福利费支出。其中属于工资薪金支出的费用,准予计入企业工资薪金总额的基数,作为计算其他各项相关费用扣除的依据。

《国家税务总局关于企业工资薪金及职工福利费扣除问题的通知》(国税函〔2009〕3号)规定,"合理工资薪金"是指企业按照股东大会、董事会、薪酬委员会或相关管理机构制定的工资薪金制度规定实际发放给员工的工资薪金。税务机关在对工资薪金进行合理性确认时,可按以下原则掌握:

(1) 企业制定了较为规范的员工工资薪金制度。

(2) 企业所制定的工资薪金制度符合行业及地区水平。

(3) 企业在一定时期所发放的工资薪金是相对固定的,工资薪金的调整是有序进行的。

(4) 企业对实际发放的工资薪金,已依法履行了代扣代缴个人所得税义务。

(5) 有关工资薪金的安排,不以减少或逃避税款为目的。

《国家税务总局关于我国居民企业实行股权激励计划有关企业所得税处理问题的公告》(国家税务总局公告2012年第18号)规定,自2012年7月1日起,上市公司以本公司股票为标的,对其董事、监事、高级管理人员及其他员工(以下简称激励对象)进行的股权激励方式包括授予限制性股票、股票期权以及其他法律法规规定的方式。

(1) 对股权激励计划实行后立即可以行权的,上市公司可以根据实际行权时该股票的公允价格(以实际行权日该股票的收盘价格确定)与激励对象实际行权支付价格的差额和数量,计算确定作为当年上市公司工资薪金支出,依照税法规定进行税前扣除。

(2) 对股权激励计划实行后,需待一定服务年限或者达到规定业绩条件(以下简称等待期)方可行权的,上市公司等待期内会计上计算确认的相关成本费用,不得在对应年度计算缴纳企业所得税时扣除。在股权激励计划可行权后,上市公司方可根据该股票实际行权时的公允价格(以实际行权日该股票的收盘价格确定)与当年激励对象实际行权支付价格的差额及数量,计算确定作为当年上市公司工资薪金支出,依照税法规定进行税前扣除。

5.5.1.2 工资薪金的纳税申报

表 A105050 第 1 行"一、工资薪金支出",填报纳税人本年度支付给在本企业任职或者受雇的员工的所有现金形式或非现金形式的劳动报酬及其会计核算纳税调整等金额。本行还包括执行《上市公司股权激励管理办法》(中国证券监督管理委员会令第 126 号)的纳税人,按照国家有关规定建立职工股权激励计划,确认的职工薪酬费用。股权激励还要在第 2 行单独申报。

(1) 第 1 列"账载金额",填报纳税人会计核算计入成本费用的职工工资、奖金、津贴和补贴金额,包括纳税人建立职工股权激励计划,会计核算计入成本费用的金额,股权激励部分在第 2 行需单独填报。

会计核算根据权责发生制原则,将应付给职工的工资薪金确认为负债,并同时根据受益对象计入相关资产成本或当期损益,借记"生产成本""管理费用"等科目,贷记"应付职工薪酬"科目。

(2) 第 2 列"实际发生额",分析填报纳税人"应付职工薪酬"会计科目借方发生额(实际发放的工资薪金),还包括纳税人根据本年实际行权时股权的公允价格与激励对象实际行权支付价格的差额和数量计算确定的金额,股权激励行权价格的差额在第 2 行需单独填报。

(3) 第 5 列"税收金额",填报纳税人按照税收规定允许税前扣除的工资薪金金额和股权激励行权时可以扣除的金额,股权激励行权时可以扣除的金额在第 2 行需单独填报。

(4) 第 6 列"纳税调整金额",填报第 1—5 列金额。

风险提示 税法根据收付实现制原则,判断工资薪金是否可以税前扣除时,强调"实际支付"的结果,未实际支付的工资薪金不能税前扣除。《国家税务总局关于企业工资薪金和职工福利费等支出税前扣除问题的公告》(国家税务总局公告 2015 年第 34 号)第二条规定,企业在年度汇算清缴结束前向员工实际支付的已预提汇缴年度工资薪金,准予在汇缴年度按规定扣除。如果所得税汇缴期结束前将汇缴年度欠发工资实际支付了,应该计入汇缴年度的应纳税所得额,汇缴期结束后补发的工资则计入补发所在年度的应纳税所得额,以前年度累计欠发工资的处理也是如此,不需要追溯调整。

风险提示 第 2 列"实际发生额"不仅仅是会计核算的金额,还包括按照税法规定股权激励计划行权后可以税前扣除的金额。这个金额并不是企业实际发生的现金流出金额,而是通过计算得出的税法允许税前扣除的金额。

案例解析 5-15 工资薪金纳税调整及申报

【案例材料】

A 公司为境内注册成立的居民企业。A 公司的工资结算制度规定,当月工资于次月 15 日发放。2021 年 12 月 31 日"应付职工薪酬——工资薪金"明细账户贷方余额为 320 万元,其中包括给科研人员的奖金 80 万元。因 A 公司资金紧张,除工资按时支付外,该笔奖金在 2022 年 6 月才支付。2022 年 12 月 31 日结账时,全年"应付职工薪酬——工资薪金"明细账户的贷方发生额为 1 200 万元,期末贷方余额 160 万元,160 万元余额是 A 公司 2022 年 12 月职工工资及年终奖金,A 公司于 2023 年 1 月 15 日全部支付。

要求:分析填报 A 公司 2022 年度工资薪金的纳税申报表。

【案例分析】

2022 年"应付职工薪酬——工资薪金"明细账户的贷方发生额为 1 200 万元,是会计核算计入当期损益的金额,填报第 1 列"账载金额"。

本期实际发生额包括两部分:一是 2022 年全年工资的实际支付金额,其中在 2023 年 1 月 15 日实际支付的 160 万元,属于 2022 年汇算清缴期间内支付的,应计入 2022 年度;二是 2022 年 6 月支付的 2021 年的奖金 80 万元,已经超过了 2021 年汇算清缴期间,不能计入 2021 年度工资薪金总额中,也应属于 2022 年度职工薪酬的实际发生额。

A 公司 2022 年度纳税申报情况,如表 5-5-2 和表 5-5-3 所示。

表 5-5-2 职工薪酬支出及纳税调整明细表(A105050)(局部)

单位:万元

行次	项目	账载金额	实际发生额	税收规定扣除率	以前年度累计结转扣除额	税收金额	纳税调整金额	累计结转以后年度扣除额
		1	2	3	4	5	6(1-5)	7(2+4-5)
1	一、工资薪金支出	1 200	1 280	*	*	1 280	-80	*
2	其中:股权激励			*	*			*
3	二、职工福利费支出				*			*

表 5-5-3 纳税调整项目明细表（A105000）（局部）

单位：万元

行次	项　目	账载金额 1	税收金额 2	调增金额 3	调减金额 4
12	二、扣除类调整项目（13＋14＋…＋24＋26＋27＋28＋29＋30）	*	*		
13	（一）视同销售成本（填写 A105010）	*		*	
14	（二）职工薪酬（填写 A105050）	1 200	1 280		80

案例解析 5-16　现金结算的股权激励纳税调整及申报

【案例材料】

A 公司为境内注册成立的居民企业。2019 年 1 月，A 公司为其 200 名中层以上职员每人授予 100 份现金股票增值权。这些职员从 2019 年 1 月 1 日起在 A 公司连续服务 3 年，即可按照当时股价的增长幅度获得现金，该增值权应在 2022 年 12 月 31 日之前行使。A 公司估计，该增值权在负债结算之前的每一个资产负债表日以及结算日的公允价值和可行权后的每份增值权现金支出额如表 5-5-4 所示。

表 5-5-4　期末股票公允价值及行权支付金额表

单位：元

年份	公允价值	支付现金
2019 年	14	
2020 年	15	
2021 年	18	16
2022 年	21	20

第一年有 20 名职员离开公司，A 公司估计 3 年中还将有 15 名职员离开；第二年又有 10 名职员离开公司，公司估计还将有 10 名职员离开；第三年又有 15 名职员离开。第三年年末，有 70 人行使股份增值权取得了现金。第四年年末，有 85 人行使了股份增值权取得了现金。

假设 2022 年 A 公司除股权激励外确认的其他工资薪金为 4 000 万元，至本年汇算清缴期结束前实际支付 3 820 万元。

要求：分析 A 公司自 2019 年至 2022 年度股票增值权纳税申报情况。

【案例分析】

1.各年企业应确认的费用和应付职工薪酬计算过程如表 5-5-5 所示。

表 5-5-5　股票增值权费用与应付职工薪酬计算表

单位：元

年份	负债计算(1)	负债(2)	支付现金计算(3)	支付现金(4)	当期费用(5)
2019 年	(200－35)×100×14×1/3	77 000			77 000
2020 年	(200－40)×100×15×2/3	160 000			83 000
2021 年	(200－45－70)×100×18	153 000	70×100×16	112 000	105 000
2022 年	0	0	85×100×20	170 000	17 000
总额				282 000	282 000

注：(1)计算得(2)，(3)计算得(4)；当期(2)－前一期(2)＋当期(4)＝当期(5)。

2. 各年的账务处理、纳税调整及申报。

(1) 2019 年 12 月 31 日。

借：管理费用　　　　　　　　　　　　　　　　　　　　　　　77 000
　　贷：应付职工薪酬——股份支付　　　　　　　　　　　　　　77 000

该项股份支付在实际支付之前不可以税前扣除，要纳税调增 77 000 元。2019 年度纳税申报情况，如表 5-5-6 和表 5-5-7 所示。

表 5-5-6　职工薪酬支出及纳税调整明细表(A105050)(局部)

单位：万元

行次	项　目	账载金额	实际发生额	税收规定扣除率	以前年度累计结转扣除额	税收金额	纳税调整金额	累计结转以后年度扣除额
		1	2	3	4	5	6(1－5)	7(2＋4－5)
1	一、工资薪金支出	7.7	0	*	*	0	7.7	*
2	其中：股权激励	7.7	0	*	*	0	7.7	*

表 5-5-7　纳税调整项目明细表(A105000)(局部)

单位：万元

行次	项　目	账载金额	税收金额	调增金额	调减金额
		1	2	3	4
12	二、扣除类调整项目(13＋14＋…＋24＋26＋27＋28＋29＋30)	*	*		
14	(二)职工薪酬(填写 A105050)	7.7	0	7.7	

(2) 2020 年 12 月 31 日。

借：管理费用　　　　　　　　　　　　　　　　　　　　　　　83 000
　　贷：应付职工薪酬——股份支付　　　　　　　　　　　　　　83 000

股份支付没有实际支付不可以税前扣除,纳税调增 83 000 元,2020 年度纳税申报方式与 2019 年度相同。

(3) 2021 年 12 月 31 日。

借:管理费用　　　　　　　　　　　　　　　　　　　　　　　　　　105 000
　　贷:应付职工薪酬——股份支付　　　　　　　　　　　　　　　　　　　105 000

借:应付职工薪酬——股份支付　　　　　　　　　　　　　　　　　　112 000
　　贷:银行存款　　　　　　　　　　　　　　　　　　　　　　　　　　　112 000

股票增值权实际支付后可以税前扣除,应纳税调减 7 000 元。2021 年度纳税申报情况,如表 5-5-8 和表 5-5-9 所示。

表 5-5-8　职工薪酬支出及纳税调整明细表(A105050)(局部)

单位:万元

行次	项　目	账载金额	实际发生额	税收规定扣除率	以前年度累计结转扣除额	税收金额	纳税调整金额	累计结转以后年度扣除额
		1	2	3	4	5	6(1-5)	7(2+4-5)
1	一、工资薪金支出	10.5	11.2	*	*	11.2	-0.7	*
2	其中:股权激励	10.5	11.2	*	*	11.2	-0.7	*

表 5-5-9　纳税调整项目明细表(A105000)(局部)

单位:万元

行次	项　目	账载金额	税收金额	调增金额	调减金额
		1	2	3	4
12	二、扣除类调整项目(13+14+…+24+26+27+28+29+30)	*	*		
14	(二)职工薪酬(填写 A105050)	10.5	11.2		0.7

(4) 2022 年 12 月 31 日。

根据会计准则规定,等待期结束后,可行权期间,股票公允价值变动损益,应记入"公允价值变动损益"科目。

借:公允价值变动损益　　　　　　　　　　　　　　　　　　　　　　17 000
　　贷:应付职工薪酬——股份支付　　　　　　　　　　　　　　　　　　　17 000

借:应付职工薪酬——股份支付　　　　　　　　　　　　　　　　　　170 000
　　贷:银行存款　　　　　　　　　　　　　　　　　　　　　　　　　　　170 000

2022 年,A 公司除股权激励外确认的其他工资薪金为 4 000 万元,至本年汇算清缴期结束前实际支付 3 820 万元,则:

工资薪金支出的账载金额=4 000+1.7=4 001.7(万元)。

工资薪金支出的实际发生额＝3 820＋17＝3 837(万元)。

2022年度纳税申报情况,如表5-5-10和表5-5-11所示。

表5-5-10 职工薪酬支出及纳税调整明细表(A105050)(局部)

单位:万元

行次	项 目	账载金额	实际发生额	税收规定扣除率	以前年度累计结转扣除额	税收金额	纳税调整金额	累计结转以后年度扣除额
		1	2	3	4	5	6(1－5)	7(2＋4－5)
1	一、工资薪金支出	4 001.7	3 837.0	*	*	3 837.0	164.7	*
2	其中:股权激励	1.7	17.0	*	*	17.0	－15.3	*

表5-5-11 纳税调整项目明细表(A105000)(局部)

单位:万元

行次	项 目	账载金额	税收金额	调增金额	调减金额
		1	2	3	4
12	二、扣除类调整项目(13＋14＋…＋24＋26＋27＋28＋29＋30)	*	*		
14	(二)职工薪酬(填写A105050)	4 001.7	3 837.0	164.7	

风险提示 在可行权日至实际行权日之间,股票增值权所对应的应付职工薪酬公允价值变动记入当期"公允价值变动损益"科目,但是纳税申报时不通过《纳税调整项目明细表》(A105000)第7行调整,而是通过《职工薪酬纳税调整明细表》(A105050)第2行调整。

案例解析5-17 股票期权股权激励纳税调整及申报

【案例材料】

A公司为境内上市公司。2019年1月1日,A公司向其200名管理人员每人授予100股股票期权,这些职员从2019年1月1日起在A公司连续服务3年,即可以以每股10元的价格购买100股A公司股票,从而获益。A公司估计该期权在授予日的公允价值为15元。

第一年有20名职员离开A公司,A公司估计3年中离开的职员的比例将达到20%;第二年又有10名职员离开公司,A公司将估计的职员离开比例修正为15%;第三年又有15名职员离开。

2021年12月31日,有100名职员行权,A公司股份面值1元,行权时当日的股票收盘价格为每股18元;2022年6月30日,有55名职员行权,行权时当日的股票收盘价格为每股26元。

假设A公司在2021年除实行股权激励计划外,本年实际支付员工工资薪金

4 000万元,其中包括10月支付的欠发2020年奖金100万元。

要求:分析2019年至2022年各年股权激励的纳税申报情况。

【案例分析】

1. 根据材料,A公司各年股权激励计划费用和资本公积计算过程如表5-5-12所示。

表5-5-12　A公司股权激励计划各年费用与资本公积计算表

单位:元

年份	计算	当期费用	累计费用
2019年	200×100×(1−20%)×15×1/3	80 000	80 000
2020年	200×100×(1−15%)×15×2/3−80 000	90 000	170 000
2021年	155×100×15−170 000	62 500	232 500

2. 2019年。

2019年1月1日授予日不作处理,2019年12月31日确认费用。

借:管理费用　　　　　　　　　　　　　　　　　　　　　　　　　80 000
　　贷:资本公积——其他资本公积　　　　　　　　　　　　　　　　　80 000

根据税法规定,未行权时确认的费用不能税前扣除,应纳税调增80 000元。

2019年度股权激励的纳税申报情况,如表5-5-13和表5-5-14所示。

表5-5-13　职工薪酬支出及纳税调整明细表(A105050)(局部)

单位:万元

行次	项　目	账载金额	实际发生额	税收规定扣除率	以前年度累计结转扣除额	税收金额	纳税调整金额	累计结转以后年度扣除额
		1	2	3	4	5	6(1−5)	7(2+4−5)
1	一、工资薪金支出	8	0	*	*	0	8	*
2	其中:股权激励	8	0	*	*	0	8	*

表5-5-14　纳税调整项目明细表(A105000)(局部)

单位:万元

行次	项　目	账载金额	税收金额	调增金额	调减金额
		1	2	3	4
12	二、扣除类调整项目(13+14+…+24+26+27+28+29+30)	*	*		
14	(二)职工薪酬(填写A105050)	8	0	8	

3. 2020年。

2020年年末会计核算确认费用。

借：管理费用　　　　　　　　　　　　　　　　　　　　　90 000
　　贷：资本公积——其他资本公积　　　　　　　　　　　　　　90 000

根据税法规定，未行权时确认的费用不能税前扣除，应纳税调增90 000元，纳税申报方式同2019年度(略)。

4. 2021年。

2021年年末会计核算确认费用。

借：管理费用　　　　　　　　　　　　　　　　　　　　　62 500
　　贷：资本公积——其他资本公积　　　　　　　　　　　　　　62 500

2021年12月31日，100名职员行权，行权时当日的股票收盘价格为每股18元，A公司股份面值1元。

资本公积结转金额＝232 500÷155×100＝150 000(元)。

借：银行存款　　　　　　　　　　　　　　　　　　　　100 000
　　资本公积——其他资本公积　　　　　　　　　　　　　　150 000
　　贷：股本　　　　　　　　　　　　　　　　　　　　　　10 000
　　　　资本公积——资本溢价　　　　　　　　　　　　　　240 000

根据税法规定，企业所得税税前可以扣除的金额＝(职工实际行权时该股票的公允价格－职工实际支付价格)×行权数量＝(18－10)×100×100＝80 000(元)。

A公司在2021年除实行股权激励计划外，本年实际支付员工工资4 000万元，包括10月支付的2020年欠发的奖金100万元。所以，2021年会计核算计入当期损益的工资薪金＝4 000－100＋6.25＝3 906.25(万元)。按照税法规定，可以税前扣除的工资、薪金＝4 000＋8＝4 008(万元)。

2021年度职工薪酬的纳税申报情况，如表5-5-15和表5-5-16所示。

表5-5-15　职工薪酬支出及纳税调整明细表(A105050)(局部)

单位：万元

行次	项　目	账载金额	实际发生额	税收规定扣除率	以前年度累计结转扣除额	税收金额	纳税调整金额	累计结转以后年度扣除额
		1	2	3	4	5	6(1－5)	7(2+4－5)
1	一、工资薪金支出	3 906.25	4 008.00	*	*	4 008.00	－101.75	*
2	其中：股权激励	6.25	8.00	*	*	8.00	－1.75	*

表 5-5-16 纳税调整项目明细表(A105000)(局部)

单位:万元

行次	项 目	账载金额	税收金额	调增金额	调减金额
		1	2	3	4
12	二、扣除类调整项目(13+14+…+24+26+27+28+29+30)	*	*		
14	(二)职工薪酬(填写 A105050)	3 906.25	4 008.00		101.75

5. 2022 年。

2022 年 6 月 30 日 55 名职员行权,行权时当日的股票收盘价格为每股 26 元。

资本公积结转金额 = 232 500÷155×55 = 82 500(元)。

借:银行存款　　　　　　　　　　　　　　　　　　　　　55 000
　　资本公积——其他资本公积　　　　　　　　　　　　　82 500
　　贷:股本　　　　　　　　　　　　　　　　　　　　　　5 500
　　　　资本公积——资本溢价　　　　　　　　　　　　　132 000

企业所得税税前扣除金额 = (职工实际行权时该股票的公允价格 − 职工实际支付价格)×行权数量 = (26−10)×55×100 = 88 000(元)。

2022 年度股权激励的纳税申报(不考虑其他职工薪酬)情况,如表 5-5-17 和表 5-5-18 所示。

表 5-5-17 职工薪酬支出及纳税调整明细表(A105050)(局部)

单位:万元

行次	项 目	账载金额	实际发生额	税收规定扣除率	以前年度累计结转扣除额	税收金额	纳税调整金额	累计结转以后年度扣除额
		1	2	3	4	5	6(1−5)	7(2+4−5)
1	一、工资薪金支出			*	*			*
2	其中:股权激励	0	8.8	*	*	8.8	−8.8	

表 5-5-18 纳税调整项目明细表(A105000)

单位:万元

行次	项 目	账载金额	税收金额	调增金额	调减金额
		1	2	3	4
12	二、扣除类调整项目(13+14+…+24+26+27+28+29+30)	*	*		
14	(二)职工薪酬(填写 A105050)	0	8.8		8.8

5.5.2 职工福利费的纳税申报

5.5.2.1 职工福利费的税收政策

《企业所得税法实施条例》第四十条规定，企业发生的职工福利费支出，不超过工资薪金总额14%的部分，准予扣除。

《国家税务总局关于企业工资薪金及职工福利费扣除问题的通知》(国税函〔2009〕3号)第三条规定，企业职工福利费包括以下内容：

(1) 尚未实行分离办社会职能的企业，其内设福利部门所发生的设备、设施和人员费用，包括职工食堂、职工浴室、理发室、医务所、托儿所、疗养院等集体福利部门的设备、设施及维修保养费用和福利部门工作人员的工资薪金、社会保险费、住房公积金、劳务费等。

(2) 为职工卫生保健、生活、住房、交通等所发放的各项补贴和非货币性福利，包括企业向职工发放的因公外地就医费用、未实行医疗统筹企业职工医疗费用、职工供养直系亲属医疗补贴、供暖费补贴、职工防暑降温费、职工困难补贴、救济费、职工食堂经费补贴、职工交通补贴等。

(3) 按照其他规定发生的其他职工福利费，包括丧葬补助费、抚恤费、安家费、探亲假路费等。企业发生的职工福利费，应该单独设置账册，进行准确核算。没有单独设置账册准确核算的，税务机关应责令企业在规定的期限内进行改正。逾期仍未改正的，税务机关可对企业发生的职工福利费进行合理的核定。

《国家税务总局关于企业工资薪金和职工福利费等支出税前扣除问题的公告》(国家税务总局公告2015年第34号)规定，列入企业员工工资薪金制度，固定与工资薪金一起发放的福利性补贴，符合《国家税务总局关于企业工资薪金及职工福利费扣除问题的通知》(国税函〔2009〕3号)第一条规定的，可作为企业发生的工资薪金支出，按规定在税前扣除。不能同时符合上述条件的福利性补贴，应作为国税函〔2009〕3号文件第三条规定的职工福利费，按规定计算限额税前扣除。

5.5.2.2 职工福利费的纳税申报

表A105050第3行"二、职工福利费支出"，填报纳税人本年度发生的职工福利费及其会计核算、纳税调整等金额。

(1) 第1列"账载金额"，填报纳税人会计核算计入成本费用的职工福利费的金额。

(2) 第2列"实际发生额"，分析填报纳税人"应付职工薪酬"会计科目下的职工福利费实际发生额。

(3) 第3列"税收规定扣除率"，填报税收规定的扣除比例。

(4) 第 5 列"税收金额",填报按照税收规定允许税前扣除的金额,按第 1 行第 5 列"工资薪金支出\税收金额"×税收规定扣除率与第 1 列、第 2 列三者孰小值填报。

(5) 第 6 列"纳税调整金额",填报第 1—5 列金额。

风险提示 根据《企业财务通则》(财政部令第 41 号)的有关规定及要求,自 2007 年 1 月 1 日起,企业实行的按工资总额 14% 的比例计提职工福利费的制度被明确取消,企业自主确定福利费发生金额。

《企业会计准则第 9 号——职工薪酬》第六条规定,企业发生的职工福利费用应当在实际发生时根据实际发生额计入当期损益或相关资产成本。实务中,企业一般采用按计划分期提取的方法。年末,如果当年提取的福利费金额大于实际支出金额,应冲回多提取部分;反之,年末时补提不足部分,应付福利费明细账户期末无余额。所以,表 A105050 第 1 列和第 2 列数字应该相等,第 5 列金额需要比较的是税法允许的扣除限额与账载金额和实际发生额,选小数。

案例解析 5-18 职工福利费纳税调整及申报

【案例材料】

B 公司为一家小家电生产企业,共有职工 180 名。2021 年,B 公司全年发生工资总额为 1080 万元,发生福利费 150 万元,至企业所得税汇算清缴结束前仍欠发工资 80 万元。2022 年,B 公司全年工资总额为 1 240 万元,实际发放工资 1 300 万元,包括以前年度欠发工资。2022 年发生福利费 142.6 万元,包括非货币性福利 16.2 万元。

要求:分析 B 公司 2021 年和 2022 年两年所得税汇缴时福利费的纳税申报。

【案例分析】

1. B 公司 2021 年可以税前扣除的福利费限额=1 000×14%=140(万元),实际发生 150 万元,需要纳税调增 10 万元,未扣除完的部分不可以结转到以后年度扣除。

2021 年度 B 公司纳税申报情况,如表 5-5-19 和表 5-5-20 所示。

表 5-5-19 职工薪酬支出及纳税调整明细表(A105050)(局部)

单位:万元

行次	项目	账载金额	实际发生额	税收规定扣除率	以前年度累计结转扣除额	税收金额	纳税调整金额	累计结转以后年度扣除额
		1	2	3	4	5	6(1−5)	7(2+4−5)
1	一、工资薪金支出	1 080	1 000	*	*	1 000	80	*
2	其中:股权激励			*	*			*
3	二、职工福利费支出	150	150	14%	*	140	10	*

表 5-5-20　纳税调整项目明细表(A105000)(局部)

单位：万元

行次	项　目	账载金额	税收金额	调增金额	调减金额
		1	2	3	4
12	二、扣除类调整项目(13＋14＋…＋24＋26＋27＋28＋29＋30)	*	*		
13	(一)视同销售成本(填写 A105010)	*		*	
14	(二)职工薪酬(填写 A105050)	1 230	1 140	90	

2. B公司2022年可以税前扣除的福利费限额＝1 300×14％＝182(万元)，实际发生142.6万元，可以据实扣除不需要纳税调整。

B公司2022年度纳税申报情况，如表5-5-21和表5-5-22所示。

表 5-5-21　职工薪酬支出及纳税调整明细表(A105050)(局部)

单位：万元

行次	项　目	账载金额	实际发生额	税收规定扣除率	以前年度累计结转扣除额	税收金额	纳税调整金额	累计结转以后年度扣除额
		1	2	3	4	5	6(1−5)	7(2+4−5)
1	一、工资薪金支出	1 240.0	1 300.0	*	*	1 300.0	−60.0	*
2	其中：股权激励			*	*			*
3	二、职工福利费支出	142.6	142.6	14％	*	142.6	0	*

表 5-5-22　纳税调整项目明细表(A105000)(局部)

单位：万元

行次	项　目	账载金额	税收金额	调增金额	调减金额
		1	2	3	4
12	二、扣除类调整项目(13＋14＋…＋24＋26＋27＋28＋29＋30)	*	*		
13	(一)视同销售成本(填写 A105010)	*		*	
14	(二)职工薪酬(填写 A105050)	1 382.6	1 442.6		60.0

5.5.3　职工教育经费的纳税申报

5.5.3.1　职工教育经费税收政策

《企业所得税法实施条例》第四十二条的规定，除国务院财政、税务主管部门另有规定外，企业发生的职工教育经费支出，不超过工资薪金总额2.5％的部分，准予扣除；超过部分，准予在以后纳税年度结转扣除。

《国家税务总局关于企业所得税执行中若干税务处理问题的通知》（国税函〔2009〕202号）规定，软件生产企业应准确划分职工教育经费中的职工培训费支出，对于不能准确划分的，以及准确划分后职工教育经费中扣除职工培训费用的余额，一律按照《企业所得税法实施条例》第四十二条规定的比例扣除。

《国家税务总局关于企业所得税应纳税所得额若干问题的公告》（国家税务总局公告2014年第29号）规定，核力发电企业为培养核电厂操纵员发生的培养费用，可作为企业的发电成本在税前扣除。企业应将核电厂操纵员培养费与员工的职工教育经费严格区分，单独核算，员工实际发生的职工教育经费支出不得计入核电厂操纵员培养费直接扣除。

《财政部 税务总局关于企业职工教育经费税前扣除政策的通知》（财税〔2018〕51号）规定，自2018年1月1日起，企业发生的职工教育经费支出，不超过工资薪金总额8%的部分，准予在计算企业所得税应纳税所得额时扣除；超过部分，准予在以后纳税年度结转扣除。

风险提示 从2018年1月1日开始，企业职工教育经费税前扣除的计算比例包括8%和100%两种情况，不再有按照2.5%比例计算的企业。

职工教育经费列支的范围以及管理办法，依据《财政部 全国总工会 发展改革委 教育部科技部国防科工委 人事部 劳动保障部国资委 国家税务总局 全国工商联关于印发〈关于企业职工教育经费提取与使用管理的意见〉的通知》（财建〔2006〕317号）执行。职工教育经费列支的范围包括：

（1）上岗和转岗培训。

（2）各类岗位适应性培训。

（3）岗位培训、职业技术等级培训、高技能人才培训。

（4）专业技术人员继续教育。

（5）特种作业人员培训。

（6）企业组织的职工外送培训的经费支出。

（7）职工参加的职业技能鉴定、职业资格认证等经费支出。

（8）购置教学设备与设施。

（9）职工岗位自学成才奖励费用。

（10）职工教育培训管理费用。

（11）有关职工教育的其他开支。

此外还有一些特殊事项规定：

(1) 经单位批准或按国家和省、市规定必须到本单位之外接受培训的职工,与培训有关的费用由职工所在单位按规定承担。

(2) 经单位批准参加继续教育以及政府有关部门集中举办的专业技术、岗位培训、职业技术等级培训、高技能人才培训所需经费,可从职工所在企业职工教育培训经费中列支。

(3) 企业职工参加社会上的学历教育以及个人为取得学位而参加的在职教育,所需费用应由个人承担,不能挤占企业的职工教育培训经费。

(4) 对于企业高层管理人员的境外培训和考察,其一次性单项支出较高的费用应从其他管理费用中支出,避免挤占日常的职工教育培训经费开支。

(5) 矿山和建筑企业等聘用外来农民工较多的企业,以及在城市化进程中接受农村转移劳动力较多的企业,对农民工和农村转移劳动力培训所需的费用,可从职工教育培训经费中支出。

5.5.3.2 职工教育经费的纳税申报

职工教育经费支出填报表 A105050 第 4 行"三、职工教育经费支出",由于职工教育经费的扣除包括限额扣除和全额扣除两种情况,所以需要分别填报第 5 行"按税收规定比例扣除的职工教育经费"和第 6 行"按税收规定全额扣除的职工培训费用",第 4 行是第 5 行和第 6 行的合计数。

(1) 第 1 列"账载金额",填报纳税人会计核算计入成本费用的按税收规定比例扣除的职工教育经费金额。

(2) 第 2 列"实际发生额",分析填报纳税人"应付职工薪酬"会计科目下的职工教育经费实际发生额。

(3) 第 3 列"税收规定扣除率",填报税收规定的扣除比例,第 5 行填报 8%,第 6 行填报 100%。

(4) 第 4 列"以前年度累计结转扣除额",填报纳税人以前年度累计结转准予扣除的职工教育经费支出余额,第 6 行不填本列。

(5) 第 5 列"税收金额",第 5 行填报纳税人按照税收规定允许税前扣除的金额,按第 1 行第 5 列"工资薪金支出\税收金额"×税收规定扣除率与第 2+4 列的孰小值填报;第 6 行直接填报本行第 2 列金额。

(6) 第 6 列"纳税调整金额",填报第 1−5 列金额。

(7) 第 7 列"累计结转以后年度扣除额",填报第 2+4−5 列金额。

风险提示《企业财务通则》(财政部令第 41 号)第四十四条规定,企业职工教育经费按照国家规定的比例提取,专项用于企业职工后续职业教育和职业培训。会计遵循权责发生制原则,按照工资的一定比例按期计提职工教育经费,并计入相关资产成本或者费用账户,同时确认为一项负债。实际发生职工教育经费支出时,只是负债的减少,不再影响当期损益,确认和支付可以分属于不同的会计期间,期末职工教育经费账户很可能出现余额。填报纳税申报表 A105050 时,第 1 列和第 2 列可能会不相同,需要注意纳税调整金额的计算。

税法依据收付实现制原则,只有实际支付的职工教育经费才可以税前扣除。将该项支出与未来多期收入相关,每一个纳税年度税前可以扣除的职工教育经费按照工资薪金的一定比例计算,超过按照标准比例计算的部分当期不能扣除,但是可以无限期地递延到以后年度结转扣除。职工教育经费确认时间产生的会计与税法差异属于暂时性差异,属于企业所得税后续管理中"跨期事项"内容之一。

案例解析 5-19 职工教育经费纳税调整及申报

【案例材料】

B 公司为软件生产企业,2020 年至 2022 年各年"应付职工薪酬——职工教育经费"明细账发生额及余额情况如表 5-5-23 所示,其中职工培训费用各年均按照实际发生额计入当期损益。

表 5-5-23 职工教育经费明细账发生额及余额情况表

单位:万元

时间	借方发生额	贷方发生额	其中:职工培训费	年末余额
2020 年	60	80	10	20(贷)
2021 年	110	80	18	10(借)
2022 年	65	80	5	5(贷)

假设该公司各年实际确认并支付的工资均为 1 000 万元,不考虑以前年度教育经费结余情况。

要求:分析各年度 B 公司职工教育经费的纳税调整及申报。

【案例分析】

1. 2020 年。

B 公司发生的教育经费中,按照限额扣除的教育经费计入本年损益的金额是 70 万元,实际支出 50 万元,扣除限额 80 万元,税前允许扣除 50 万元,纳税调增 20 万元。全额扣除的 10 万元不需要纳税调整。

B 公司 2020 年度纳税申报情况,如表 5-5-24 所示。

表 5-5-24 职工薪酬支出及纳税调整明细表（A105050）（局部）

单位：万元

行次	项　目	账载金额	实际发生额	税收规定扣除率	以前年度累计结转扣除额	税收金额	纳税调整金额	累计结转以后年度扣除额
		1	2	3	4	5	6(1−5)	7(2+4−5)
1	一、工资薪金支出	1 000	1 000	*	*	1 000	0	*
4	三、职工教育经费支出	80	60	*		60	20	0
5	其中：按税收规定比例扣除的职工教育经费	70	50	8%		50	20	0
6	按税收规定全额扣除的职工培训费用	10	10	100%	*	10	0	*

2. 2021 年。

B 公司发生的教育经费中，限额扣除的教育经费计入损益的金额是 62 万元，实际支出 92 万元，扣除限额 80 万元，税前允许扣除 80 万元，纳税调减 18 万元，未扣除的 12 万元结转以后年度扣除。

B 公司 2021 年度纳税申报情况，如表 5-5-25 所示。

表 5-5-25 职工薪酬支出及纳税调整明细表（A105050）（局部）

单位：万元

行次	项　目	账载金额	实际发生额	税收规定扣除率	以前年度累计结转扣除额	税收金额	纳税调整金额	累计结转以后年度扣除额
		1	2	3	4	5	6(1−5)	7(2+4−5)
1	一、工资薪金支出	1 000	1 000	*	*	1 000	0	*
4	三、职工教育经费支出	80	110	*		98	−18	12
5	其中：按税收规定比例扣除的职工教育经费	62	92	8%		80	−18	12
6	按税收规定全额扣除的职工培训费用	18	18	100%	*	18	0	*

3. 2022 年。

B 公司发生的教育经费中，限额扣除的教育经费计入损益的金额是 75 万元，实际支出 60 万元，扣除限额 80 万元，以前年度结转的 12 万元可以在本年全部扣除，税前允许扣除金额合计为 72 万元，纳税调增 3 万元，没有需要结转以后年度扣除的教育经费。

B 公司 2022 年度纳税申报情况，如表 5-5-26 所示。

表 5-5-26　职工薪酬支出及纳税调整明细表(A105050)(局部)

单位:万元

行次	项　目	账载金额	实际发生额	税收规定扣除率	以前年度累计结转扣除额	税收金额	纳税调整金额	累计结转以后年度扣除额
		1	2	3	4	5	6(1-5)	7(2+4-5)
1	一、工资薪金支出	1 000	1 000	*	*	1 000	0	*
4	三、职工教育经费支出	80	65	*	12	77	3	0
5	其中:按税收规定比例扣除的职工教育经费	75	60	8%	12	72	3	0
6	按税收规定全额扣除的职工培训费用	5	5	100%	*	5	0	*

5.5.4　工会经费的纳税申报

5.5.4.1　工会经费的税收政策

《企业所得税法实施条例》第四十一条规定,企业拨缴的工会经费,不超过工资薪金总额2%的部分,准予扣除。

《国家税务总局关于工会经费企业所得税税前扣除凭据问题的公告》(国家税务总局公告2010年第24号)规定,全国总工会决定从2010年7月1日起,启用财政部统一印制并套印财政部票据监制章的《工会经费收入专用收据》,同时废止《工会经费拨缴款专用收据》。企业拨缴的职工工会经费不超过工资薪金总额2%的部分,凭工会组织开具的《工会经费收入专用收据》在企业所得税税前扣除。

《国家税务总局关于税务机关代收工会经费企业所得税税前扣除凭据问题的公告》(国家税务总局公告2011年第30号)规定,自2010年1月1日起,在委托税务机关代收工会经费的地区,企业拨缴的工会经费,也可凭合法、有效的工会经费代收凭据依法在税前扣除。

5.5.4.2　工会经费的纳税申报

表A105050第7行"四、工会经费支出",填报纳税人本年度拨缴工会经费及其会计核算、纳税调整等金额。

(1)第1列"账载金额",填报纳税人会计核算计入成本费用的工会经费支出金额。

(2)第2列"实际发生额",分析填报纳税人"应付职工薪酬"会计科目下的工会经费本年实际发生额。

(3) 第 3 列"税收规定扣除率",填报税收规定的扣除比例。

(4) 第 5 列"税收金额",填报按照税收规定允许税前扣除的金额,按第 1 行第 5 列"工资薪金支出\税收金额"×税收规定扣除率与第 1 列、第 2 列三者孰小值填报。

(5) 第 6 列"纳税调整金额"填报第 1—5 列金额。

 案例解析 5-20 工资及三项经费综合纳税调整及申报

【案例材料】

A 公司为境内注册的居民企业,至 2022 年 12 月 31 日"应付职工薪酬"账户有关明细账 2022 年全年发生情况如表 5-5-27 所示。

表 5-5-27　A 公司应付职工薪酬所属明细账核算情况汇总表

单位:万元

	项　目	实际支付金额(借方)	本年确认金额(贷方)
1	职工薪酬	900	1 100
2	职工福利费	183	183
3	职工教育经费	85	88
4	工会经费	22	22

A 公司所发生的职工薪酬及三项经费均符合税法规定的支出范围,并取得相应的扣除凭证。至本年所得税汇算清缴结束前 A 公司没有再发生教育经费支出,此外尚有以前年度符合条件税前未扣完的职工教育经费余额 10 万元。

要求:根据上述资料,分析 2022 年 A 公司纳税申报时,应付职工薪酬的纳税调整申报情况。

【案例分析】

1. 职工薪酬。

按照税法规定,企业在汇算清缴期结束前实际发放的工资薪金,可以在汇算清缴期扣除,所以至 2022 年年末虽然"应付职工薪酬——职工薪酬"明细账有贷方余额 200 万元,但是不能直接确认为需要纳税调增。如果在 2023 年 5 月 31 日前,贷方余额被实际支付了,则可以税前扣除,不需要纳税调增。

2. 三项经费支出。

假设 A 公司在 2023 年 1 月实际支付了工资薪酬 200 万元,三项经费支出税前扣除情况分析如下:

(1) 职工福利费。

职工福利费扣除限额=1 100×14%=154(万元),实际支付 183 万元,税前可以扣除 154 万元,纳税调增 29 万元。

(2) 职工教育经费。

职工教育经费扣除限额＝1 100×8％＝88(万元)，本期实际支付 85 万元，税前可以扣除以前年度结转的余额 3 万元，未扣除的 7 万元继续向以后年度结转。

(3) 工会经费。

工会经费扣除限额＝1 100×2％＝22(万元)，实际支付 22 万元，不需要纳税调整。

A 公司 2022 年度纳税申报情况，如表 5-5-28 和表 5-5-29 所示。

表 5-5-28　职工薪酬支出及纳税调整明细表(A105050)(局部)

单位：万元

行次	项　目	账载金额	实际发生额	税收规定扣除率	以前年度累计结转扣除额	税收金额	纳税调整金额	累计结转以后年度扣除额
		1	2	3	4	5	6(1－5)	7(2+4－5)
1	一、工资薪金支出	1 100	1 100	*	*	1 100	0	*
2	其中：股权激励			*	*			*
3	二、职工福利费支出	183	183		*	154	29	*
4	三、职工教育经费支出	88	85	*	10	88	0	7
7	四、工会经费支出	22	22	*	*	22	0	*

表 5-5-29　纳税调整项目明细表(A105000)(局部)

单位：万元

行次	项　目	账载金额	税收金额	调增金额	调减金额
		1	2	3	4
12	二、扣除类调整项目(13＋14＋…＋24＋26＋27＋28＋29＋30)	*	*		
13	（一）视同销售成本(填写 A105010)	*	*		
14	（二）职工薪酬(填写 A105050)	1 393	1 364	29	

5.5.5　各种保险及住房公积金的纳税申报

5.5.5.1　各种保险及住房公积金的税收政策

《企业所得税法实施条例》第三十五条规定，企业按照国务院有关主管部门或省级人民政府规定的范围和标准，为职工缴纳的基本医疗保险费、基本养老保险费、失业保险费、工伤保险费、生育保险费等基本社会保险费和住房公积金，准予税前扣除。企业提取的年金，在国务院财政、税务主管部门规定的标准范围内，准予扣除。

《财政部　国家税务总局关于补充养老保险费　补充医疗保险费有关企业所得

税政策问题的通知》(财税〔2009〕27号)规定,自2008年1月1日起,企业根据国家有关政策规定,为在本企业任职或者受雇的全体员工支付的补充养老保险费、补充医疗保险费,分别在不超过职工工资总额5%标准内的部分,在计算应纳税所得额时准予扣除;超过的部分,不予扣除。

《国家税务总局关于促进残疾人就业税收优惠政策相关问题的公告》(国家税务总局公告2015年第55号)第二条规定,自2015年9月1日起,安置残疾人的机关事业单位以及由机关事业单位改制后的企业,为残疾人缴纳的机关事业单位养老保险,属于《财政部 国家税务总局关于促进残疾人就业税收优惠政策的通知》(财税〔2007〕92号)第五条第(三)款规定的"基本养老保险"范畴,可按规定享受相关税收优惠政策。

《国家税务总局关于企业所得税有关问题的公告》(国家税务总局公告2016年第80号)第一条规定,企业为职工因公出差乘坐交通工具而购买的人身意外保险费支出,符合《企业所得税法》第八条及其实施条例第二十七条关于企业与取得收入直接相关的支出准予税前扣除的规定,准予在计算应纳税所得额时扣除。

《企业所得税法实施条例》第三十六条规定,企业为其投资者或雇员个人向商业保险机构投保的人寿保险、财产保险等商业保险,不得扣除。企业按国家规定为特殊工种职工支付的法定人身安全保险费,准予扣除。

除商业保险外,国家规定的保险和公积金,在规定的范围内会计与税法没有差异。需要注意的是,税法强调实际支付缴纳,如果只是提取而没有上缴,不能在税前扣除。

《建设部 财政部 中国人民银行关于住房公积金管理若干具体问题的指导意见》(建金管〔2005〕5号)规定:

(1)国家机关、国有企业、城镇集体企业、外商投资企业、城镇私营企业及其他城镇企业、事业单位、民办非企业单位、社会团体(以下统称单位)及其在职职工,应当按《住房公积金管理条例》(国务院令第350号)的规定缴存住房公积金。

(2)设区城市(含地、州、盟,下同)应当结合当地经济、社会发展情况,统筹兼顾各方面承受能力,严格按照《住房公积金管理条例》规定程序,合理确定住房公积金缴存比例。单位和职工缴存比例不应低于5%,原则上不高于12%。

(3)缴存住房公积金的月工资基数,原则上不应超过职工工作地所在设区城市统计部门公布的上一年度职工月平均工资的2倍或3倍。具体标准由各地根据实际情况确定。职工月平均工资应按国家统计局规定列入工资总额统计的项目计算。

税法规定,根据国务院有关主管部门或省级人民政府规定的范围,为职工缴纳的"五险一金"[①]以及补充养老保险和补充医疗保险,企业为职工因公出差乘坐交通工具而购买的人身意外保险费支出,能够税前扣除,其他商业保险不能在税前扣除。

税法规定要符合国务院有关部门规定的比例,超过规定比例计算的部分不能在税前扣除。税法遵循收付实现制原则,强调必须实际缴纳才能够在税前扣除,而且必须拥有合法有效的凭证才能够在税前扣除。

5.5.5.2 各种保险费的纳税申报

根据保险费和住房公积金税前扣除的相关政策,保险费和住房公积金支出及纳税调整的纳税申报分为三种类型:第一种类型是能够全额扣除的支出,填报第8行"五、各类基本社会保障性缴款"和第9行"六、住房公积金";第二种类型是按比例可以税前扣除的支出,填报第10行"七、补充养老保险"和第11行"八、补充医疗保险";第三种类型是不能扣除的保险支出,填报第12行"九、其他"。具体填报方式如下:

(1) 第1列"账载金额",填报纳税人会计核算的各类保险和住房公积金金额。

(2) 第2列"实际发生额",分析填报纳税人"应付职工薪酬"会计科目下的各种保险费和住房公积金本年实际发生额。

(3) 第3列"税收规定扣除率",填报税收规定的扣除比例,没有规定比例的不需要填报。

(4) 第5列"税收金额",填报按照税收规定允许税前扣除的各类基本社会保障性缴款的金额,按纳税人依照国务院有关主管部门或者省级人民政府规定的范围和标准计算的各类基本社会保障性缴款和住房公积金的金额与第1列、第2列三者孰小值填报。或者按照税收规定允许税前扣除的补充养老保险和补充医疗保险的金额,按第1行第5列"工资薪金支出\税收金额"×税收规定扣除率与第1列、第2列三者孰小值填报。

(5) 第6列"纳税调整金额"填报第1—5列金额。

案例解析 5-21 职工保险费及住房公积金纳税调整及申报

【案例材料】

C公司为境内注册成立的居民企业。2022年,C公司职工工资分配情况如表5-5-30所示。C公司根据工资金额分别按照当地政府规定的比例(基本养老保险20%,基本医疗保险10%,失业保险1%,工伤保险0.3%,生育保险0.8%,住房公积金10%)提取并缴纳各种保险费和住房公积金。此外,为高层管理人员按照其工资(600万元)的2%购买了人身意外商业保险,按工资的6%为全体职工缴纳了补充

---

① 目前,生育保险与基本医疗保险合并。

养老保险。

要求：分析2022年度C公司各项保险费的会计处理、纳税调整及纳税申报情况。

表5-5-30　C公司职工工资分配表

单位：万元

	人员	金额
1	生产工人	3 000
2	车间管理人员	100
3	管理人员	1 000
4	在建工程人员	500
5	营销人员	300
	合计	4 900

【案例分析】

根据资料计算C公司缴纳的各项费用金额如表5-5-31所示。

表5-5-31　C公司缴纳的各项费用明细表

单位：万元

	工资	基本养老保险	基本医疗保险	工伤保险	生育保险	失业保险	住房公积金	补充养老保险	意外商业保险
生产工人	3 000	600	300	9	24	30	300	180	—
车间管理人员	100	20	10	0.3	0.8	1	10	6	—
管理人员	1 000	200	100	3	8	10	100	60	12
在建工程人员	500	100	50	1.5	4	5	50	30	—
营销人员	300	60	30	0.9	2.4	3	30	18	—
合计	4 900	980	490	14.7	39.2	49	490	294	12

C公司支付的各项保险费及公积金中，属于短期薪酬科目的项目包括基本医疗保险、工伤保险、生育保险、住房公积金和商业保险，属于离职后福利（设定提存计划）科目的是基本养老保险、失业保险和补充养老保险。应编制会计分录如下：

借：生产成本　　　　　　　　　　　　　　　　　　　　　　14 430 000
　　制造费用　　　　　　　　　　　　　　　　　　　　　　 481 000
　　管理费用　　　　　　　　　　　　　　　　　　　　　　 4 930 000
　　销售费用　　　　　　　　　　　　　　　　　　　　　　 1 443 000
　　在建工程　　　　　　　　　　　　　　　　　　　　　　 2 405 000
　　贷：应付职工薪酬——短期薪酬　　　　　　　　　　　　10 459 000
　　　　　　　　　　——离职后福利　　　　　　　　　　　13 230 000

借：应付职工薪酬——短期薪酬　　　　　　　　　　　　　　10 459 000
　　　　　　　　——离职后福利　　　　　　　　　　　　　13 230 000
　　贷：银行存款　　　　　　　　　　　　　　　　　　　　　23 689 000

按照税法规定,按照政府规定的比例计算的基本社会保障性缴款可以在税前扣除,补充养老保险不超过工资5%的比例部分可以在税前扣除,需要纳税调增49万元,商业保险不能扣除,需要纳税调增12万元。

C公司2022年度纳税申报情况,如表5-5-32和表5-5-33所示。

表5-5-32　职工薪酬支出及纳税调整明细表(A105050)(局部)

单位:万元

行次	项　目	账载金额	实际发生额	税收规定扣除率	以前年度累计结转扣除额	税收金额	纳税调整金额	累计结转以后年度扣除额
		1	2	3	4	5	6(1-5)	7(2+4-5)
8	五、各类基本社会保障性缴款	1 572.9	1 572.9	*	*	1 572.9	0	*
9	六、住房公积金	490.0	490.0	*	*	490.0	0	*
10	七、补充养老保险	294.0	294.0	5%	*	245.0	49.0	*
11	八、补充医疗保险	0	0	5%	*	0	0	*
12	其他	12.0	12.0	*	*	0	12.0	*

表5-5-33　纳税调整项目明细表(A105000)(局部)

单位:万元

行次	项　目	账载金额	税收金额	调增金额	调减金额
		1	2	3	4
12	二、扣除类调整项目(13+14+…24+26+27+28+29+30)	*	*		
13	(一)视同销售成本(填写A105010)	*		*	
14	(二)职工薪酬(填写A105050)	2 368.9	2 307.9	61.0	

5.5.6　表内、表间关系

(1) 表内关系。

第4行＝第5行或第5+6行。

第13行＝第1+3+4+7+8+9+10+11+12行。

第6列＝第1-5列。

第7列＝第2+4-5列。

(2) 表间关系。

第13行第1列=表A105000第14行第1列。

第13行第5列=表A105000第14行第2列。

若第13行第6列≥0,第13行第6列=表A105000第14行第3列;若第13行第6列<0,第13行第6列的绝对值=表A105000第14行第4列。

5.6 《广告费和业务宣传费等跨年度纳税调整明细表》(A105060)

表A105060(见表5-6-1)适用于发生广告费和业务宣传费纳税调整项目(含广告费和业务宣传费结转)、保险企业手续费及佣金支出纳税调整项目(含保险企业手续费及佣金支出结转)的纳税人填报。

表5-6-1 广告费和业务宣传费等跨年度纳税调整明细表(A105060)

行次	项 目	广告费和业务宣传费	保险企业手续费及佣金支出
		1	2
1	一、本年支出		
2	减:不允许扣除的支出		
3	二、本年符合条件的支出(1-2)		
4	三、本年计算扣除限额的基数		
5	乘:税收规定扣除率		
6	四、本企业计算的扣除限额(4×5)		
7	五、本年结转以后年度扣除额 (3>6,本行=3-6;3≤6,本行=0)		
8	加:以前年度累计结转扣除额		
9	减:本年扣除的以前年度结转额 [3>6,本行=0;3≤6,本行=8与(6-3)孰小值]		
10	六、按照分摊协议归集至其他关联方的金额(10≤3与6孰小值)		*
11	按照分摊协议从其他关联方归集至本企业的金额		*
12	七、本年支出纳税调整金额 (3>6,本行=2+3-6+10-11;3≤6,本行=2+10-11-9)		
13	八、累计结转以后年度扣除额(7+8-9)		

5.6.1 广告费和业务宣传费

5.6.1.1 广告费和业务宣传费税前扣除政策

广告费和业务宣传费是企业在销售商品过程中,为拓展市场、推广产品、增加销售量而发生的相关费用,包括支付给广告公司制作广告的费用,支付给新闻媒体传播广告费用,促销过程中的礼品、赠品费用等。根据会计准则规定,企业发生的与销售有关的支出一般通过"销售费用"账户核算,计入当期损益。

《企业所得税法实施条例》第四十四条规定,企业发生的符合条件的广告费和业务宣传费支出,除国务院财政、税务主管部门另有规定外,不超过当年销售(营业)收入15%的部分,准予扣除;超过部分,准予在以后纳税年度结转扣除。一般情况下广告费和业务宣传费的扣除就按照这一标准进行,但是对于一些特殊行业,税法有特别的规定。

《财政部 税务总局关于广告费和业务宣传费支出税前扣除有关事项的公告》(财政部 税务总局公告2020年第43号)规定,自2021年1月1日起至2025年12月31日止,对化妆品制造或销售、医药制造和饮料制造(不含酒类制造)企业发生的广告费和业务宣传费支出,不超过当年销售(营业)收入30%的部分,准予扣除;超过部分,准予在以后纳税年度结转扣除。对签订广告费和业务宣传费分摊协议(以下简称分摊协议)的关联企业,其中一方发生的不超过当年销售(营业)收入税前扣除限额比例内的广告费和业务宣传费支出可以在本企业扣除,也可以将其中的部分或全部按照分摊协议归集至另一方扣除。另一方在计算本企业广告费和业务宣传费支出企业所得税税前扣除限额时,可将按照上述办法归集至本企业的广告费和业务宣传费不计算在内。烟草企业的烟草广告费和业务宣传费支出,一律不得在计算应纳税所得额时扣除。

5.6.1.2 广告费和业务宣传费纳税申报

表A105060第1列"广告费和业务宣传费",填报广告费和业务宣传费会计处理、税收规定,以及跨年度纳税调整情况。

第1行"一、本年支出",填报纳税人计入本年损益的支出金额。

风险提示 需要注意,这里的"本年支出"金额,不是会计核算计入损益的金额,是按照税法规定调整后的支出金额。如果企业发生的广告费和业务宣传费是以非货币性资产为对价,并且按照税法规定已进行视同销售纳税申报,则表A105060第1行支出金额应填报非货币性资产的公允价值加相关税费,而不是会计计入销售费用的金额。

第2行"减:不允许扣除的支出",填报税收规定不允许扣除的支出金额。

第3行"二、本年符合条件的支出",填报第1-2行的余额。

第4行"三、本年计算扣除限额的基数",填报按照税收规定计算扣除限额的基数。"广告费和业务宣传费"列次填写计算扣除限额的当年销售(营业)收入。

风险提示 当年的销售(营业)收入包括会计利润表中的营业收入、按照税法规定确认的视同销售收入,以及房地产企业取得的预收收入(不包括增值税)。

第5行"税收规定扣除率",填报税收规定的扣除比例。

第6行"四、本企业计算的扣除限额",填报第4×5行的金额。

第7行"五、本年结转以后年度扣除额",若第3行＞第6行,填报第3-6行的余额;若第3行≤第6行,填报0。

第8行"加:以前年度累计结转扣除额",填报以前年度允许税前扣除但超过扣除限额未扣除、结转扣除的支出金额。

第9行"减:本年扣除的以前年度结转额",若第3行＞第6行,填0;若第3行≤第6行,填报第6-3行与第8行的孰小值。

第10行"六、按照分摊协议归集至其他关联方的金额",本行第1列填报签订广告费和业务宣传费分摊协议的关联企业的一方,按照分摊协议,将其发生的不超过当年销售(营业)收入税前扣除限额比例内的广告费和业务宣传费支出归集至其他关联方扣除的广告费和业务宣传费,本行应≤第3行与第6行的孰小值。

风险提示 能够分摊给关联方的广告费和业务宣传费是根据本企业销售(营业)收入计算的限额内的金额乘以分摊比例,而不是企业实际发生的广告费和业务宣传费总额乘以分摊比例。

第11行"按照分摊协议从其他关联方归集至本企业的金额",本行第1列填报签订广告费和业务宣传费分摊协议的关联企业的一方,按照分摊协议,从其他关联方归集至本企业的广告费和业务宣传费。

风险提示 从关联方分来的可以税前扣除的广告费和业务宣传费,可以直接扣除,与本企业计算的扣除限额无关,本企业计算的限额只影响本企业发生的广告费和业务宣传费的扣除。

第12行"七、本年支出纳税调整金额",若第3行＞第6行,填报第2+3-6+10-11行的金额;若第3行≤第6行,填报第2+10-11-9行的金额。

第13行"八、累计结转以后年度扣除额",填报第7+8-9行的金额。

 案例解析5-22 广告费、业务宣传费纳税调整及申报

【案例材料】

B公司为小家电生产企业,为增值税一般纳税人。2022年,部分账户结账前的贷方余额分别是主营业务收入6 000万元,其他业务收入800万元,营业外收入100万元,其他收益40万元。全年发生的符合条件的广告费和业务宣传费合计

1 026万元,其中包括用本企业生产的产品作为广告宣传活动的赠品,这批产品成本为20万元,正常售价为30万元(不含增值税)。B公司发生的全部广告费和业务宣传费中按照税法规定有15万元属于赞助支出,不能在税前扣除。B公司以前年度累计结转的符合税前扣除条件但尚未扣除的广告费和业务宣传费合计20万元。

要求:分析B公司2022年度广告费、业务宣传费纳税申报情况。

【案例分析】

1. B公司广告费和业务宣传费会计核算记入"销售费用"账户的金额为1 026万元,其中以本企业生产的产品作为赠品进行广告宣传,计入销售费用的金额是产品成本20万元和按照公允价格计算的增值税视同销售的销项税额3.9万元。

2. B公司广告费和业务宣传费的税务分析。

(1) 以自产产品用于广告宣传要视同销售处理,调增视同销售收入30万元,调增视同销售成本20万元。

(2) 本期广告费和业务宣传费的税收金额＝1 026＋(30－20)＝1 036(万元)。

(3) 本期广告费和业务宣传费的扣除限额计算基数＝6 000＋800＋30＝6 830(万元)。

本期广告费和业务宣传费的扣除限额＝6 830×15%＝1 024.5(万元)。

(4) 本期符合条件的广告费和业务宣传费实际发生额＝1 036－15＝1 021(万元)。

(5) 本期符合条件的广告费和业务宣传费实际发生额小于扣除限额3.5万元。

(6) 以前年度结转的尚未扣除的广告费和业务宣传费可以在本期扣除3.5万元。

2022年度纳税申报情况,如表5-6-2和表5-6-3所示。

表5-6-2 广告费和业务宣传费等跨年度纳税调整明细表(A105060)

单位:万元

行次	项 目	广告费和业务宣传费	保险企业手续费及佣金支出
		1	2
1	一、本年支出	1 036	
2	减:不允许扣除的支出	15	
3	二、本年符合条件的支出(1－2)	1 021	
4	三、本年计算扣除限额的基数	6 830	
5	乘:税收规定扣除率	15%	

(续表)

行次	项 目	广告费和业务宣传费	保险企业手续费及佣金支出
		1	2
6	四、本企业计算的扣除限额(4×5)	1 024.5	
7	五、本年结转以后年度扣除额 (3>6,本行＝3－6;3≤6,本行＝0)	0	
8	加:以前年度累计结转扣除额	20.0	
9	减:本年扣除的以前年度结转额 [3>6,本行＝0;3≤6,本行＝8与(6－3)孰小值]	3.5	
10	六、按照分摊协议归集至其他关联方的金额(10≤3与6孰小值)	0	*
11	按照分摊协议从其他关联方归集至本企业的金额	0	*
12	七、本年支出纳税调整金额 (3>6,本行＝2+3－6+10－11;3≤6,本行＝2+10－11－9)	11.5	
13	八、累计结转以后年度扣除额(7+8－9)	16.5	

表5-6-3 纳税调整项目明细表(A105000)(局部)

单位:万元

行次	项 目	账载金额	税收金额	调增金额	调减金额
		1	2	3	4
1	一、收入类调整项目(2+3+…+8+10+11)	*	*		
2	(一)视同销售收入(填写A105010)	*	30.0	30.0	*
12	二、扣除类调整项目(13+14+…+24+26+27+28+29+30)	*	*		
13	(一)视同销售成本(填写A105010)	*	20.0	*	20.0
16	(四)广告费和业务宣传费支出(填写A105060)	*	*	11.5	
30	(十七)其他	1 026.0	1 036.0		10.0

案例解析5-23 关联企业广告费、业务宣传费纳税调整及申报

【案例材料】

A公司为饮料生产企业,为开拓市场,投资成立了两个全资子公司B公司和C公司。B公司和C公司的主营业务为销售A公司生产的饮料。根据公司总体战略部署,为了节约成本,集团公司决定由A公司与广告公司签订广告协议,统一制作公

司产品广告进行宣传。一般情况下,B公司和C公司根据所在地市场可以适当开展一些宣传活动促销产品,不再额外制作广告进行宣传。三家公司针对广告费税前扣除的问题,按照税法规定签订了分摊协议。协议规定,A公司发生的全部广告费用由A公司分摊40%,B公司和C公司分别分摊30%。

2022年集团公司庆典,举办大型展销活动,由C公司组织承办。

假设各公司发生的广告费、业务宣传费均符合税法规定的扣除条件,且不存在以前年度结转情况。2022年全年A公司、B公司和C公司各自实现的营业收入及广告费、业务宣传费发生情况如表5-6-4所示。

表5-6-4 各公司实现的收入与广告费、业务宣传费发生额统计表

单位:万元

公司	营业收入	视同销售收入	广告费、业务宣传费支出
A公司	5 600	0	1 900
B公司	4 200	100	170
C公司	5 000	200	800

要求:分别分析A公司、B公司和C公司广告费、业务宣传费纳税调整及申报事项。

【案例分析】

1. A公司。

(1) 2022年可以税前扣除的广告费、业务宣传费限额=5 600×30%=1 680(万元)。

(2) 按照分摊协议,A公司应分给B公司和C公司两家公司的广告费=1 680×30%×2=1 008(万元),需要结转至以后年度扣除的金额=1 900-1 680=220(万元)。

(3) 广告费纳税调增金额=1 008+220=1 228(万元)。

A公司2022年度纳税申报情况,如表5-6-5和表5-6-6所示。

表5-6-5 广告费和业务宣传费等跨年度纳税调整明细表(A105060)

单位:万元

行次	项 目	广告费和业务宣传费	保险企业手续费及佣金支出
		1	2
1	一、本年支出	1 900	
2	减:不允许扣除的支出	0	

(续表)

行次	项　　目	广告费和业务宣传费	保险企业手续费及佣金支出
		1	2
3	二、本年符合条件的支出(1-2)	1 900	
4	三、本年计算扣除限额的基数	5 600	
5	乘：税收规定扣除率	30%	
6	四、本企业计算的扣除限额(4×5)	1 680	
7	五、本年结转以后年度扣除额 (3>6,本行=3-6;3≤6,本行=0)	220	
8	加：以前年度累计结转扣除额	0	
9	减：本年扣除的以前年度结转额 [3>6,本行=0;3≤6,本行=8与(6-3)孰小值]	0	
10	六、按照分摊协议归集至其他关联方的金额(10≤3与6孰小值)	1 008	*
11	按照分摊协议从其他关联方归集至本企业的金额	0	*
12	七、本年支出纳税调整金额 (3>6,本行=2+3-6+10-11;3≤6,本行=2+10-11-9)	1 228	
13	八、累计结转以后年度扣除额(7+8-9)	220	

表5-6-6　纳税调整项目明细表(A105000)(局部)

单位：万元

行次	项　　目	账载金额	税收金额	调增金额	调减金额
		1	2	3	4
12	二、扣除类调整项目(13+14+…+24+26+27+28+29+30)	*	*		
13	（一）视同销售成本(填写A105010)	*		*	
16	（四）广告费和业务宣传费支出 （填写A105060）	*	*	1 228	

2. B公司。

(1) 2022年可以税前扣除的广告费、业务宣传费限额=4 300×15%=645(万元)。

(2) 按照分摊协议，从A公司分来的可以税前扣除的广告费=1 680×30%=504(万元)。

(3) 2022年可以税前扣除的广告费、业务宣传费=170+504=674(万元)。

B公司2022年度纳税申报情况,如表5-6-7和表5-6-8所示。

表5-6-7 广告费和业务宣传费等跨年度纳税调整明细表(A105060)

单位:万元

行次	项 目	广告费和业务宣传费	保险企业手续费及佣金支出
		1	2
1	一、本年支出	170	
2	减:不允许扣除的支出	0	
3	二、本年符合条件的支出(1−2)	170	
4	三、本年计算扣除限额的基数	4 300	
5	乘:税收规定扣除率	15%	
6	四、本企业计算的扣除限额(4×5)	645	
7	五、本年结转以后年度扣除额 (3>6,本行=3−6;3≤6,本行=0)	0	
8	加:以前年度累计结转扣除额	0	
9	减:本年扣除的以前年度结转额 [3>6,本行=0;3≤6,本行=8与(6−3)孰小值]	0	
10	六、按照分摊协议归集至其他关联方的金额(10≤3与6孰小值)	0	*
11	按照分摊协议从其他关联方归集至本企业的金额	504	*
12	七、本年支出纳税调整金额 (3>6,本行=2+3−6+10−11;3≤6,本行=2+10−11−9)	−504	
13	八、累计结转以后年度扣除额(7+8−9)	0	

表5-6-8 纳税调整项目明细表(A105000)(局部)

单位:万元

行次	项 目	账载金额	税收金额	调增金额	调减金额
		1	2	3	4
12	二、扣除类调整项目(13+14+⋯+24+26+27+28+29+30)	*	*		
13	(一)视同销售成本(填写A105010)	*		*	
16	(四)广告费和业务宣传费支出 (填写A105060)	*	*		504

3. C公司。

(1)2022年可以税前扣除的广告费、业务宣传费限额=5 200×15%=780(万元)。

(2)C公司实际发生业务宣传费800万元,超过限额的20万元应结转到以后年度扣除。

(3) 按照分摊协议从 A 公司分来的可以税前扣除的广告费＝1 680×30%＝504(万元)。

(4) 2022 年可以税前扣除的广告费、业务宣传费＝780＋504＝1 284(万元)。

C 公司 2022 年度纳税申报情况,如表 5-6-9 和表 5-6-10 所示。

表 5-6-9　广告费和业务宣传费等跨年度纳税调整明细表(A105060)

单位:万元

行次	项　目	广告费和业务宣传费	保险企业手续费及佣金支出
		1	2
1	一、本年支出	800	
2	减:不允许扣除的支出	0	
3	二、本年符合条件的支出(1－2)	800	
4	三、本年计算扣除限额的基数	5 200	
5	乘:税收规定扣除率	15%	
6	四、本企业计算的扣除限额(4×5)	780	
7	五、本年结转以后年度扣除额 (3＞6,本行＝3－6;3≤6,本行＝0)	20	
8	加:以前年度累计结转扣除额	0	
9	减:本年扣除的以前年度结转额 [3＞6,本行＝0;3≤6,本行＝8 与(6－3)孰小值]	0	
10	六、按照分摊协议归集至其他关联方的金额(10≤3 与 6 孰小值)	0	＊
11	按照分摊协议从其他关联方归集至本企业的金额	504	＊
12	七、本年支出纳税调整金额 (3＞6,本行＝2＋3－6＋10－11;3≤6,本行＝2＋10－11－9)	－484	
13	八、累计结转以后年度扣除额(7＋8－9)	20	

表 5-6-10　纳税调整项目明细表(A105000)(局部)

单位:万元

行次	项　目	账载金额	税收金额	调增金额	调减金额
		1	2	3	4
12	二、扣除类调整项目(13＋14＋…24＋26＋27＋28＋29＋30)	＊	＊		
13	(一)视同销售成本(填写 A105010)	＊		＊	
16	(四)广告费和业务宣传费支出 　　(填写 A105060)	＊	＊		484

5.6.2 保险企业佣金手续费

5.6.2.1 保险企业佣金手续费税前扣除政策

《财政部 税务总局关于保险企业手续费及佣金支出税前扣除政策的公告》(财政部 税务总局公告2019年第72号)规定,自2019年1月1日起,保险企业发生与其经营活动有关的手续费及佣金支出,不超过当年全部保费收入扣除退保金等后余额的18%(含本数)的部分,在计算应纳税所得额时准予扣除;超过部分,允许结转以后年度扣除。保险企业应建立健全手续费及佣金的相关管理制度,并加强手续费及佣金结转扣除的台账管理。

5.6.2.2 保险企业佣金手续费纳税申报

表A105060第2列"保险企业手续费及佣金支出",除第4行外,其他行次的填报方法与广告费、业务宣传费的填报方法一样。

第4行"三、本年计算扣除限额的基数",填报按照税收规定计算扣除限额的基数。"保险企业手续费及佣金支出"列次填报当年保险企业全部保费收入扣除退保金等后余额。

另外,保险企业不需要填报表A105060第10行和第11行。

案例解析5-24 保险公司佣金手续费纳税调整及申报

【案例材料】

保险有限公司S公司2022年全年实现保费收入25 640万元(不含增值税),发生退保620万元。全年计入销售费用的佣金手续费支出4 740万元,包括以现金方式向机构支付的32万元手续费。此外,还有150万元的手续费支出,因未取得发票,会计核算直接冲减了对应的财产保险保费收入。

要求:分析S公司2022年佣金手续费支出纳税调整申报情况。

【案例分析】

S公司佣金手续费的会计核算存在错误,首先需要更正错误,将未取得发票的手续费支出确认为费用,并将冲减的收入重新确认为财产保险收入。

纳税申报分析如下:

(1) 本期佣金手续费的扣除基数$= 25\,640 - 620 + 150 \div (1 + 6\%) = 25\,161.51$(万元)。

(2) 本期佣金手续费的扣除限额$= 25\,161.51 \times 18\% = 4\,529.07$(万元)。

(3) 实际发生的佣金手续费金额$= 4\,740 + 150 = 4\,890$(万元)。

(4) 符合条件的佣金手续费金额＝4 890－32－150＝4 708(万元)。

(5) 本年可以扣除佣金手续费4 529.07万元,未扣除的178.93万元应结转至以后年度。不能扣除的182万元费用和结转扣除的178.93万元均在本期纳税调增。

S公司2022年度纳税申报情况,如表5-6-11和表5-6-12所示。

表5-6-11　广告费和业务宣传费等跨年度纳税调整明细表(A105060)

行次	项　　目	广告费和业务宣传费	保险企业手续费及佣金支出
		1	2
1	一、本年支出		4 890.00
2	减：不允许扣除的支出		182.00
3	二、本年符合条件的支出(1－2)		4 708.00
4	三、本年计算扣除限额的基数		25 161.51
5	乘：税收规定扣除率		18％
6	四、本企业计算的扣除限额(4×5)		4 529.07
7	五、本年结转以后年度扣除额 (3＞6,本行＝3－6;3≤6,本行＝0)		178.93
8	加：以前年度累计结转扣除额		0
9	减：本年扣除的以前年度结转额 [3＞6,本行＝0;3≤6,本行＝8与(6－3)孰小值]		0
10	六、按照分摊协议归集至其他关联方的金额(10≤3与6孰小值)		*
11	按照分摊协议从其他关联方归集至本企业的金额		*
12	七、本年支出纳税调整金额 (3＞6,本行＝2＋3－6＋10－11;3≤6,本行＝2＋10－11－9)		360.93
13	八、累计结转以后年度扣除额(7＋8－9)		178.93

表5-6-12　纳税调整项目明细表(A105000)(局部)

行次	项　　目	账载金额	税收金额	调增金额	调减金额
		1	2	3	4
16	(四)广告费和业务宣传费支出(填写A105060)	*	*	360.93	

5.6.3　表内、表间关系

(1) 表内关系。

第3行＝第1－2行。

第6行＝第4×5行。

若第3＞6行,第7行＝第3－6行;若第3≤6行,第7行＝0。

若第3＞6行,第9行＝0;若第3≤6行,第9行＝第8行与第6－3行的孰小值。

若第3＞6行,第12行＝2＋3－6＋10－11行;若第3≤6行,第12行＝第2－9＋10－11行。

第13行＝第7＋8－9行。

(2) 表间关系。

若第12行第1列≥0,第12行第1列＝表A105000第16行第3列;若第12行第1列＜0,第12行第1列的绝对值＝表A105000第16行第4列。

保险企业：第1行第2列＝表A105000第23行第1列。若第3行第2列≥第6行第2列,第6行第2列＝表A105000第23行第2列;若第3行第2列＜第6行第2列,第3行第2列＋第9行第2列＝表A105000第23行第2列。若第12行第2列≥0,第12行第2列＝表A105000第23行第3列。若第12行第2列＜0,第12行第2列的绝对值＝表A105000第23行第4列。

5.7 《捐赠支出及纳税调整明细表》(A105070)

表A105070(见表5-7-1)适用于发生捐赠支出(含捐赠支出结转)的纳税人填报。对外捐赠是指将自己的财产无偿送给他人的行为,用于捐赠的资产包括货币资产和非货币资产等。在捐赠业务发生时,会计按照实际捐出资产的账面价值和应支付的相关税费的合计数,记入"营业外支出"科目,抵减当期会计利润。纳税人发生相关支出(含捐赠支出结转),无论是否纳税调整,均应填报表A105070。

5.7.1 捐赠支出税前扣除税收政策

5.7.1.1 公益性捐赠限额扣除政策

(1)《企业所得税法》第九条规定,企业发生的公益性捐赠支出,在年度利润总额12%以内的部分,准予在计算应纳税所得额时扣除;超过年度利润总额12%的部分,准予结转以后3年内在计算应纳税所得额时扣除。

这里的年度利润总额,是指企业按照国家统一会计制度的规定计算的年度会计利润,并且是大于零的数额。这里的公益性捐赠,是指企业通过公益性社会组织或者县级以上人民政府及其部门,用于符合法律规定的公益事业的捐赠。

(2)《财政部　税务总局　民政部关于公益性捐赠税前扣除有关事项的公告》(财政部　税务总局　民政部公告2020年第27号,以下简称2020年第27号公告)规定如下：

表 5-7-1 捐赠支出及纳税调整明细表（A105070）

行次	项　目	账载金额	以前年度结转可扣除的捐赠额	按税收规定计算的扣除限额	税收金额	纳税调增金额	纳税调减金额	可结转以后年度扣除的捐赠额
		1	2	3	4	5	6	7
1	一、非公益性捐赠		*	*	*		*	*
2	二、限额扣除的公益性捐赠（3＋4＋5＋6）	*		*		*	*	*
3	前三年度（　年）	*		*		*		*
4	前二年度（　年）	*		*		*		*
5	前一年度（　年）	*		*		*		*
6	本年（　年）		*				*	*
7	三、全额扣除的公益性捐赠		*	*	*	*	*	*
8	1.		*	*	*	*	*	*
9	2.		*	*	*	*	*	*
10	3.		*	*	*	*	*	*
11	合计(1＋2＋7)		*	*	*	*	*	*
附列资料	2015年度至本年发生的公益性扶贫捐赠合计金额							

企业或个人通过公益性社会组织、县级以上人民政府及其部门等国家机关,用于符合法律规定的公益慈善事业捐赠支出,准予按税法规定在计算应纳税所得额时扣除。

公益慈善事业,应当符合《中华人民共和国公益事业捐赠法》第三条对公益事业范围的规定或者《中华人民共和国慈善法》第三条对慈善活动范围的规定。

公益性社会组织,包括依法设立或登记并按规定条件和程序取得公益性捐赠税前扣除资格的慈善组织、其他社会组织和群众团体。公益性群众团体的公益性捐赠税前扣除资格确认及管理按照现行规定执行。依法登记的慈善组织和其他社会组织的公益性捐赠税前扣除资格确认及管理按 2020 年第 27 号公告执行。

公益性社会组织、县级以上人民政府及其部门等国家机关在接受捐赠时,应当按照行政管理级次分别使用由财政部或省、自治区、直辖市财政部门监(印)制的公益事业捐赠票据,并加盖本单位的印章。企业或个人将符合条件的公益性捐赠支出进行税前扣除,应当留存相关票据备查。

除另有规定外,公益性社会组织、县级以上人民政府及其部门等国家机关在接受企业或个人捐赠时,按以下原则确认捐赠额:

① 接受的货币性资产捐赠,以实际收到的金额确认捐赠额。

② 接受的非货币性资产捐赠,以其公允价值确认捐赠额。捐赠方在向公益性社会组织、县级以上人民政府及其部门等国家机关捐赠时,应当提供注明捐赠非货币性资产公允价值的证明;不能提供证明的,接受捐赠方不得向其开具捐赠票据。

对应当取消公益性捐赠税前扣除资格的公益性社会组织,由省级以上财政、税务、民政部门核实相关信息后,按权限及时向社会发布取消资格名单公告。自发布公告的次月起,相关公益性社会组织不再具有公益性捐赠税前扣除资格。

为方便纳税主体查询,省级以上财政、税务、民政部门应当及时在官方网站上发布具备公益性捐赠税前扣除资格的公益性社会组织名单公告。企业或个人可通过上述渠道查询社会组织公益性捐赠税前扣除资格及有效期。

(3)《财政部 国家税务总局关于公益性捐赠支出企业所得税税前结转扣除有关政策的通知》(财税〔2018〕15 号)规定如下:

自 2017 年 1 月 1 日起,企业通过公益性社会组织或者县级(含县级)以上人民政府及其组成部门和直属机构,用于慈善活动、公益事业的捐赠支出,在年度利润总额 12% 以内的部分,准予在计算应纳税所得额时扣除;超过年度利润总额 12% 的部分,准予结转以后 3 年内在计算应纳税所得额时扣除。

企业当年发生及以前年度结转的公益性捐赠支出,准予在当年税前扣除的部分,不能超过企业当年年度利润总额的 12%。

企业发生的公益性捐赠支出未在当年税前扣除的部分,准予向以后年度结转扣除,但结转年限自捐赠发生年度的次年起计算最长不得超过3年。

企业在对公益性捐赠支出计算扣除时,应先扣除以前年度结转的捐赠支出,再扣除当年发生的捐赠支出。

5.7.1.2 公益性捐赠全额扣除政策

《财政部 税务总局关于支持新型冠状病毒感染的肺炎疫情防控有关捐赠税收政策的公告》(财政部 税务总局公告2020年第9号)①规定如下:

企业和个人通过公益性社会组织或者县级以上人民政府及其部门等国家机关,捐赠用于应对新型冠状病毒感染的肺炎疫情的现金和物品,允许在计算应纳税所得额时全额扣除。

企业和个人直接向承担疫情防治任务的医院捐赠用于应对新型冠状病毒感染的肺炎疫情的物品,允许在计算应纳税所得额时全额扣除。

捐赠人凭承担疫情防治任务的医院开具的捐赠接收函办理税前扣除事宜。

《财政部 税务总局 海关总署关于杭州2022年亚运会和亚残运会税收政策的公告》(财政部 税务总局 海关总署公告2020年第18号)规定,对企业、社会组织和团体赞助、捐赠杭州亚运会的资金、物资、服务支出,在计算企业应纳税所得额时予以全额扣除。

5.7.1.3 公益股权捐赠的扣除政策

《财政部 国家税务总局关于公益股权捐赠企业所得税政策问题的通知》(财税〔2016〕45号)规定如下:

企业向中华人民共和国境内(以下简称中国境内)公益性社会团体实施的股权捐赠,应按规定视同转让股权,股权转让收入额以企业所捐赠股权取得时的历史成本确定。这里的股权,是指企业持有的其他企业的股权、上市公司股票等。

企业实施股权捐赠后,以其股权历史成本为依据确定捐赠额,并依此按照《企业所得税法》有关规定在所得税前予以扣除。公益性社会团体接受股权捐赠后,应按照捐赠企业提供的股权历史成本开具捐赠票据。公益性社会团体,是指注册在中国境内,以发展公益事业为宗旨、且不以营利为目的,并经确定为具有接受捐赠税前扣除资格的基金会、慈善组织等公益性社会团体。

企业向中华人民共和国境外的社会组织或团体实施的股权捐赠行为不适用上述规定。

---

① 根据《财政部 税务总局关于延续实施应对疫情部分税费优惠政策的公告》(财政部 税务总局公告2021年第7号)的规定,本文件规定的税收优惠政策凡已经到期的,执行期限延长至2021年3月31日。

5.7.1.4 企业扶贫捐赠的扣除政策

《财政部 税务总局 国务院扶贫办关于企业扶贫捐赠所得税税前扣除政策的公告》(财政部 税务总局 国务院扶贫办公告 2019 年第 49 号)规定如下:

自 2019 年 1 月 1 日至 2022 年 12 月 31 日①,企业通过公益性社会组织或者县级(含县级)以上人民政府及其组成部门和直属机构,用于目标脱贫地区的扶贫捐赠支出,准予在计算企业所得税应纳税所得额时据实扣除。在政策执行期限内,目标脱贫地区实现脱贫的,可继续适用上述政策。

"目标脱贫地区"包括 832 个国家扶贫开发工作重点县、集中连片特困地区县(新疆阿克苏地区 6 县 1 市享受片区政策)和建档立卡贫困村。

企业同时发生扶贫捐赠支出和其他公益性捐赠支出,在计算公益性捐赠支出年度扣除限额时,符合上述条件的扶贫捐赠支出不计算在内。

企业在 2015 年 1 月 1 日至 2018 年 12 月 31 日已发生的符合上述条件的扶贫捐赠支出,尚未在计算企业所得税应纳税所得额时扣除的部分,可执行上述企业所得税政策。

5.7.1.5 企业公共租赁住房捐赠的扣除政策

《财政部 税务总局关于公共租赁住房税收优惠政策的公告》(财政部 税务总局公告 2019 年第 61 号)规定,企事业单位、社会团体以及其他组织捐赠住房作为公租房,符合税收法律法规规定的,对其公益性捐赠支出在年度利润总额 12% 以内的部分,准予在计算应纳税所得额时扣除,超过年度利润总额 12% 的部分,准予结转以后 3 年内在计算应纳税所得额时扣除。

5.7.2 捐赠支出纳税调整及申报

5.7.2.1 非公益性捐赠的纳税申报

表 A105070 第 1 行"非公益性捐赠",填报纳税人本年发生且已计入本年损益的税收规定公益性捐赠以外的其他捐赠支出及纳税调整情况。

(1) 第 1 列"账载金额",填报纳税人计入本年损益的公益性捐赠以外的其他捐赠支出金额,包括该支出已通过《纳税调整项目明细表》(A105000)第 30 行"(十七)其他"进行纳税调整的金额。

(2) 第 5 列"纳税调增额",填报非公益性捐赠支出纳税调整增加额,金额等于第

---

① 根据《财政部 税务总局 人力资源社会保障部 国家乡村振兴局关于延长部分扶贫税收优惠政策执行期限的公告》(财政部 税务总局 人力资源社会保障部 国家乡村振兴局公告 2021 年第 18 号)的规定,本文件执行期限延长至 2025 年 12 月 31 日。

1列"账载金额"。

风险提示 第1列"账载金额"不是填报会计核算当期记入"营业外支出"科目的金额，而是填报税法确认的捐赠支出金额。如果捐赠的资产是非货币性资产，应按照非货币性资产的公允价值加上相关税费的金额填报。如果按照会计核算的金额，会导致纳税调增金额不足，产生少缴税的风险。

5.7.2.2 限额扣除公益性捐赠的纳税申报

表A105070第2行"限额扣除的公益性捐赠"，填报纳税人本年发生的限额扣除的公益性捐赠支出、纳税调整额、以前年度结转扣除捐赠支出等。第2行等于第3+4+5+6行的合计数。其中本行第4列"税收金额"填报本行第1列+第2列之和与第3列金额孰小值。

1) 以前年度捐赠扣除的申报

第3行、第4行和第5行填报从本年（汇缴年度）往前推算3个年度发生的捐赠可以在本年扣除的金额，以及未能扣除可以继续结转的金额，所以这三行不涉及第1列的填报。

（1）第2列"以前年度结转可扣除的捐赠额"，填报前三年各年发生的尚未税前扣除的公益性捐赠支出金额。

（2）第6列"纳税调减额"，根据本年扣除限额和前三年各年未扣除的公益性捐赠支出分析填报。

风险提示 由于按照先发生的捐赠先扣除的方法，本年的捐赠限额需要按照顺序优先从第3行开始填报，第3行填报完再填报第4行，然后再填报第5行，所以在填报第6行第3列金额之后，以这个金额为限，顺序由第3行开始，逐一填报第4行、第5行。如果限额不足，则相应行次的本列填报0，并将未扣除的部分填入本行的第7列中（第3行除外，因为前三年度的已经超过3年，不能再继续结转扣除）。

（3）第7列"可结转以后年度扣除的捐赠额"，填报前二年度和前一年度未扣除、结转以后年度扣除的公益性捐赠支出金额。

2) 本年发生捐赠扣除的申报

第6行"本年"，填报纳税人本年度发生、本年税前扣除、本年纳税调增以及结转以后年度扣除的公益性捐赠支出。

（1）第1列"账载金额"，填报计入本年损益的公益性捐赠支出金额，包括该支出已通过《纳税调整项目明细表》（A105000）第30行"（十七）其他"进行纳税调整的金额。

（2）第3列"按税收规定计算的扣除限额"，填报按照本年利润总额乘以12%的金额,若利润总额为负数,则以 0 填报。

(3) 第 4 列"税收金额",根据本年实际发生的公益性捐赠支出,以及结转扣除以前年度公益性捐赠支出情况分析填报。

风险提示 由于按照先发生的捐赠先扣除的方法,所以本年的捐赠限额需要按照顺序优先扣除前三年度尚未扣除的捐赠。将前三行的第 6 列填报完成之后,如果本年扣除限额还有结余,则填报第 4 列,填报金额是第 6 行第 1 列与扣除限额减除前三行第 6 列合计数之差的孰小值。将未扣除的部分填入第 7 列中。

(4) 第 5 列"纳税调增额",填报本年公益性捐赠支出账载金额超过税收规定的税前扣除额的部分。

(5) 第 7 列"可结转以后年度扣除的捐赠额",填报本年度未扣除、结转以后年度扣除的公益性捐赠支出金额。

案例解析 5-25 限额扣除公益性捐赠纳税调整及申报

【案例材料】

B 公司为境内注册成立的居民企业,2022 年全年实现会计利润 5 000 万元,2022 年通过政府向当地希望工程学校捐赠资金 100 万元。B 公司 2020 年和 2021 年发生的可以限额扣除的公益性捐赠支出未在税前扣除完,其中 2020 年尚需扣除的捐赠金额为 330 万元,2021 年尚需扣除的捐赠金额为 280 万元。

要求:分析 B 公司发生的限额扣除的公益性捐赠支出在 2022 年度纳税申报情况。

【案例分析】

2022 年,B 公司公益性捐赠扣除限额=5 000×12%=600(万元)。

2020 年尚未扣除的 330 万元可以扣除,2021 年尚未扣除的 280 万元捐赠支出只能扣除其中的 270 万元,超过限额部分结转到以后年度扣除。2022 年发生的捐赠无法在当年扣除,需要全部结转至以后年度扣除。

B 公司 2022 年度纳税申报情况,如表 5-7-2 和表 5-7-3 所示。

5.7.2.3 全额扣除公益性捐赠的纳税申报

第 7 行"全额扣除的公益性捐赠",填报纳税人发生的可全额税前扣除的公益性捐赠支出。第 7 行填报第 8 行至第 10 行的合计金额。

第 8 行至第 10 行"项目",纳税人在以下事项中选择填报:

(1) 扶贫捐赠。

表 5-7-2 捐赠支出及纳税调整明细表（A105070）（局部）

单位：万元

行次	项目	账载金额	以前年度结转可扣除的捐赠额	按税收规定计算的扣除限额	税收金额	纳税调增金额	纳税调减金额	可结转以后年度扣除的捐赠额
		1	2	3	4	5	6	7
1	一、非公益性捐赠	100	*	*	*	*	*	*
2	二、限额扣除的公益性捐赠（3+4+5+6）	100	610	600	0	100	600	110
4	前二年度（2020年）	*	330	*	*	*	330	0
5	前一年度（2021年）	*	280	*	*	*	270	10
6	本年（2022年）	100	*	600	0	100	*	100

表 5-7-3 纳税调整项目明细表（A105000）（局部）

单位：万元

行次	项目	账载金额	税收金额	调增金额	调减金额
		1	2	3	4
17	（五）捐赠支出（填写A105070）	100	0	100	600

(2) 北京 2022 年冬奥会、冬残奥会、测试赛捐赠。

(3) 杭州 2022 年亚运会捐赠。

(4) 支持新型冠状病毒感染的肺炎疫情防控捐赠（通过公益性社会组织或国家机关捐赠）。

(5) 支持新型冠状病毒感染的肺炎疫情防控捐赠（直接向承担疫情防治任务的医院捐赠）。

一个项目填报一行，纳税人有多个项目的，可自行增加行次填报。具体情况如下：

(1) 北京 2022 年冬奥会、冬残奥会、测试赛捐赠，包括纳税人赞助、捐赠北京 2022 年冬奥会、冬残奥会、测试赛的可全额扣除的资金、物资、服务支出。

(2) 杭州 2022 年亚运会捐赠，包括纳税人赞助、捐赠杭州 2022 年亚运会、亚残运会、测试赛的可全额扣除的资金、物资、服务支出。

(3) 支持新型冠状病毒感染的肺炎疫情防控捐赠（通过公益性社会组织或国家机关捐赠），是指纳税人发生的可全额税前扣除的通过公益性社会组织或者县级以上人民政府及其部门等国家机关，用于应对新型冠状病毒感染的肺炎疫情的现金和物品捐赠支出。

(4) 支持新型冠状病毒感染的肺炎疫情防控捐赠（直接向承担疫情防治任务的医院捐赠），是指纳税人发生的可全额税前扣除的直接向承担疫情防治任务的医院用于应对新型冠状病毒感染的肺炎疫情进行的物品捐赠支出。

第 1 列"账载金额"填报纳税人本年发生且已计入本年损益的可全额税前扣除的各项公益性捐赠支出金额，包括该支出已通过《纳税调整项目明细表》（A105000）第 30 行"（十七）其他"进行纳税调整的金额。

第 4 列"税收金额"，填报第 1 列"账载金额"。

风险提示 由于第 4 列"税收金额"与第 1 列"账载金额"相同，不存在纳税调整，因此可以全额扣除的公益性捐赠支出不存在申报风险。该业务的风险在于企业发生的捐赠是否符合可以全额税前扣除的公益性捐赠条件。

5.7.2.4 附列资料的纳税申报

附列资料"2015 年度至本年发生的公益性扶贫捐赠合计金额"，填报按照《财政部 税务总局 国务院扶贫办关于企业扶贫捐赠所得税税前扣除政策的公告》（财政部 税务总局 国务院扶贫办公告 2019 年第 49 号）规定，企业在 2015 年 1 月 1 日至本年度发生的可全额税前扣除的扶贫公益性捐赠支出合计金额。

(1) 第 1 列"账载金额"，填报纳税人 2015 年 1 月 1 日至本年度发生的且已计入损益的按税收规定可全额税前扣除的扶贫公益性捐赠支出合计金额。

(2) 第4列"税收金额",填报纳税人2015年1月1日至本年度发生的且已计入损益的按税收规定已在税前扣除的扶贫公益性捐赠支出合计金额。

案例解析5-26 以实物资产对外捐赠纳税调整及申报

【案例材料】

A公司为境内注册成立的居民企业,2022年全年实现会计利润138 000元,2022年发生两笔捐赠支出业务。

2022年5月20日,A公司将闲置设备无偿捐赠给关联企业。该设备于2020年3月购入,购入时增值税进项税额已抵扣。设备原值252 000元,捐赠时已提折旧50 400元,该设备市场公允价值为240 000元(含增值税)。

2022年8月10日,A公司将一辆运输汽车捐赠给国家扶贫地区的贫困企业。该汽车于2018年4月购入,购入时增值税进项税额已抵扣。汽车原值80 000元,捐赠时已提折旧66 000元,该汽车市场公允价值为20 000元(含增值税)。

假设捐出的两项资产账面价值与计税基础相同,不考虑除增值税之外的其他税费。(说明:为了简化表述,税款金额的计算取近似数)

要求:分析2022年度A公司捐赠业务纳税申报情况。

【案例分析】

1. 会计账务处理。

(1) 向关联方捐赠设备:

借:固定资产清理	201 600
累计折旧	50 400
贷:固定资产——机器设备	252 000
借:营业外支出	229 211
贷:固定资产清理	201 600
应交税费——应交增值税(销项税额)	27 611

不含增值税公允价格=240 000÷(1+13%)≈212 389(元)。

增值税销项税额=240 000÷(1+13%)×13%≈27 611(元)。

(2) 向扶贫地区捐赠运输汽车:

借:固定资产清理	14 000
累计折旧	66 000
贷:固定资产——运输汽车	80 000

借：营业外支出		16 301
贷：固定资产清理		14 000
应交税费——应交增值税（销项税额）		2 301

汽车不含增值税公允价格=20 000÷(1+13%)≈17 699(元)。

增值税销项税额=20 000÷(1+13%)×13%≈2 301(元)。

2. 税务处理。

(1) 捐赠业务属于视同销售业务，应确认视同销售收入和视同销售成本。视同销售收入=212 389+17 699=230 088(元)，视同销售成本=201 600+14 000=215 600(元)。

(2) 会计核算捐赠支出金额=229 211+16 301=245 512(元)；按照税法规定应确认捐赠支出金额=240 000+20 000=260 000(元)，应纳税调减 14 488 元。

(3) 给关联方捐赠不属于公益性捐赠，不得税前扣除；扶贫捐赠属于可以全额扣除的公益性捐赠。

2022 年度 A 公司纳税申报情况，如表 5-7-4、表 5-7-5 和表 5-7-6 所示。

表 5-7-4　视同销售和房地产开发企业特定业务纳税调整明细表(A105010)(局部)

单位：元

行次	项　目	税收金额	纳税调整金额
		1	2
1	一、视同销售(营业)收入(2+3+4+5+6+7+8+9+10)		
7	(六)用于对外捐赠视同销售收入	230 088	230 088
11	二、视同销售(营业)成本(12+13+14+15+16+17+18+19+20)		
17	(六)用于对外捐赠视同销售成本	215 600	−215 600

5.7.3　表内、表间关系

(1) 表内关系。

第 1 行第 5 列=第 1 行第 1 列。

第 2 行=第 3+4+5+6 行。

第 7 行第 4 列=第 7 行第 1 列。

第 7 行=第 8+9+10 行。

第 11 行=第 1+2+7 行。

表 5-7-5 捐赠支出及纳税调整明细表（A105070）（局部）

单位：元

行次	项目	账载金额 1	以前年度结转可扣除的捐赠额 2	按税收规定计算的扣除限额 3	税收金额 4	纳税调增金额 5	纳税调减金额 6	可结转以后年度扣除的捐赠额 7
1	一、非公益性捐赠	240 000	*	*	*	240 000	*	*
7	三、全额扣除的公益性捐赠	20 000	*	*	20 000	*	*	*
附列资料	2015年度至本年发生的公益性扶贫捐赠合计金额	20 000	*	*	20 000	*	*	*

表 5-7-6 纳税调整项目明细表（A105000）（局部）

单位：元

行次	项目	账载金额 1	税收金额 2	调增金额 3	调减金额 4
2	（一）视同销售收入（填写 A105010）	*	230 088	230 088	*
13	（一）视同销售成本（填写 A105010）	*	215 600	*	215 600
17	（五）捐赠支出（填写 A105070）	260 000	20 000	240 000	
30	（十七）其他	245 512	260 000		14 488

(2) 表间关系。

第 6 行第 3 列＝表 A100000 第 13 行×12％（当表 A100000 第 13 行≤0，第 11 行第 3 列＝0）。

合计行第 1 列＝表 A105000 第 17 行第 1 列；合计行第 4 列＝表 A105000 第 17 行第 2 列；合计行第 5 列＝表 A105000 第 17 行第 3 列；合计行第 6 列＝表 A105000 第 17 行第 4 列。

5.8 《资产折旧、摊销及纳税调整明细表》（A105080）

表 A105080（见表 5-8-1）适用于发生资产折旧、摊销的纳税人填报。填报固定资产折旧、无形资产以及其他长期资产摊销的会计处理、税收规定，以及纳税调整情况。纳税人只要发生相关事项，均需填报表 A105080。

5.8.1 固定资产折旧

固定资产折旧，是指在固定资产使用寿命内，按照确定的方法对应计折旧额进行系统的分摊。

5.8.1.1 固定资产折旧的税法规定

1）固定资产折旧范围

《企业所得税法》第十一条规定，在计算应纳税所得额时，企业按照规定计算的固定资产折旧，准予扣除。但是下列固定资产不得计算折旧扣除：

（1）房屋、建筑物以外未投入使用的固定资产。

（2）以经营租赁方式租入的固定资产。

（3）以融资租赁方式租出的固定资产。

（4）已足额提取折旧仍继续使用的固定资产。

（5）与经营活动无关的固定资产。

（6）单独估价作为固定资产入账的土地。

（7）其他不得计算折旧扣除的固定资产。

2）固定资产加速折旧政策

《国家税务总局关于企业固定资产加速折旧所得税处理有关问题的通知》（国税发〔2009〕81 号，以下简称国税发〔2009〕81 号文件）规定，企业拥有并用于生产经营的主要或关键的固定资产，由于技术进步，产品更新换代较快，或常年处于强震动、高腐蚀状态确需加速折旧的，可以缩短折旧年限或者采取加速折旧的方法计提折旧。

表5-8-1 资产折旧、摊销及纳税调整明细表（A105080）

行次	项目	账载金额			税收金额				纳税调整金额
		资产原值	本年折旧、摊销额	累计折旧、摊销额	资产计税基础	税收折旧、摊销额	享受加速折旧政策的资产按税收一般规定计算的折旧、摊销额	加速折旧、摊销统计额	累计折旧、摊销额	
		1	2	3	4	5	6	7(5-6)	8	9(2-5)
1	一、固定资产(2+3+4+5+6+7)						*	*		*
2	（一）房屋、建筑物						*	*		
3	（二）飞机、火车、轮船、机器、机械和其他生产设备						*	*		
4	（三）与生产经营活动有关的器具、工具、家具等						*	*		
5	（四）飞机、火车、轮船以外的运输工具						*	*		
6	（五）电子设备						*	*		
7	（六）其他									
8	其中：享受资产加速折旧及一次性扣除政策的资产加速折旧、摊销额大于一般折旧额的部分 （一）重要行业固定资产加速折旧（不含一次性扣除）								*	*
9	（二）其他行业研发设备加速折旧								*	*
10	（三）特定地区企业固定资产加速折旧(10.1+10.2)								*	*
10.1	1.海南自由贸易港企业固定资产加速折旧								*	*
10.2	2.横琴粤澳深度合作区企业固定资产加速折旧								*	*
11	（四）500万元以下设备器具一次性扣除(11.1+11.2)								*	*

第5章 纳税调整表填报

(续表)

行次	项目	账载金额			税收金额				累计折旧、摊销额	纳税调整金额
		资产原值	本年折旧、摊销额	累计折旧、摊销额	资产计税基础	税收折旧、摊销额	享受加速折旧政策的资产按税收规定计算的折旧、摊销额	加速折旧、摊销统计额		
		1	2	3	4	5	6	7(5−6)	8	9(2−5)
11.1	1. 高新技术企业2022年第四季度(10月—12月)购置单价500万元以下设备器具一次性扣除									*
11.2	2. 购置单价500万元以下设备器具一次性扣除(不包含高新技术企业2022年第四季度购置)									*
12	(五)500万元以上设备器具一次性扣除(12.1+12.2+12.3+12.4)									*
	其中：享受固定资产加速折旧及一次性扣除政策的资产折旧额大于一般折旧额的部分									
12.1	1. 最低折旧年限为3年的设备器具一次性扣除									*
12.2	2. 最低折旧年限为4、5年的设备器具50%部分一次性扣除									*
12.3	3. 最低折旧年限为10年的设备器具50%部分一次性扣除									*
12.4	4. 高新技术企业2022年第四季度(10月—12月)购置单价500万元以上设备器具一次性扣除									*
13	(六)特定地区企业固定资产一次性扣除(13.1+13.2)									*
13.1	1. 海南自由贸易港企业固定资产一次性扣除									*
13.2	2. 横琴粤澳深度合作区企业固定资产一次性扣除									*

（续表）

行次	项 目	账载金额			资产计税基础	税收金额			累计折旧、摊销额	纳税调整金额
		资产原值	本年折旧、摊销额	累计折旧、摊销额		税收折旧、摊销额	享受加速折旧政策的资产按税收一般规定计算的折旧、摊销额	加速折旧、摊销统计额		
		1	2	3	4	5	6	7(5－6)	8	9(2－5)
14	其中：享受固定资产加速折旧及一次性扣除政策的资产加速折旧额大于一般折旧额的部分									＊
15	（七）技术进步、更新换代固定资产加速折旧									＊
16	（八）常年强震动、高腐蚀固定资产加速折旧									＊
17	（九）外购软件加速折旧									＊
18	（十）集成电路企业生产设备加速折旧									
19	二、生产性生物资产(19＋20)						＊	＊		
20	（一）林木类						＊	＊		
21	（二）畜类						＊	＊		
22	三、无形资产(22＋23＋24＋25＋26＋27＋28＋29)						＊	＊		
23	所有无形资产 （一）专利权						＊	＊		
24	（二）商标权						＊	＊		
25	（三）著作权						＊	＊		
26	（四）土地使用权						＊	＊		
27	（五）非专利技术						＊	＊		
28	（六）特许权使用费						＊	＊		
29	（七）软件						＊	＊		
	（八）其他									

(续表)

行次	项目	账载金额			税收金额				纳税调整金额
		资产原值	本年折旧、摊销额	累计折旧、摊销额	资产计税基础	税收折旧、摊销额	享受加速折旧政策的资产按税收一般规定计算的折旧、摊销额	加速折旧、摊销统计额	累计折旧、摊销额	
		1	2	3	4	5	6	7(5-6)	8	9(2-5)
30	（一）企业外购软件加速摊销									*
31	（二）特定地区企业无形资产加速摊销(31.1+31.2)									*
31.1	1.海南自由贸易港企业无形资产加速摊销									*
31.2	2.横琴粤澳深度合作区企业无形资产加速摊销									*
32	（三）特定地区企业无形资产一次性摊销(32.1+32.2)									*
32.1	1.海南自由贸易港企业无形资产一次性摊销									*
32.2	2.横琴粤澳深度合作区企业无形资产一次性摊销									*
33	四、长期待摊费用(34+35+36+37+38)					*	*	*		
34	（一）已足额提取折旧的固定资产的改建支出					*	*	*		
35	（二）租入固定资产的改建支出					*	*	*		
36	（三）固定资产的大修理支出					*	*	*		
37	（四）开办费					*	*	*		
38	（五）其他					*	*	*		
39	五、油气勘探投资									
40	六、油气开发投资									
41	合计(1+18+21+33+39+40)					*	*	*		
附列资料	全民所有制企业公司制改制资产评估增值政策资产					*				

其中：享受无形资产加速摊销及一次性摊销政策的资产加速摊销额大于一般摊销额的部分

企业在原有的固定资产未达到《企业所得税法实施条例》规定的最低折旧年限前,使用功能相同或类似的新固定资产替代旧固定资产的,可以根据旧固定资产的实际使用年限和国税发〔2009〕81号文件的规定,对新替代的固定资产采取缩短折旧年限或者加速折旧的方法计提折旧。

《财政部 国家税务总局关于进一步鼓励软件产业和集成电路产业发展企业所得税政策的通知》(财税〔2012〕27号)规定,企业外购的软件,凡符合固定资产或无形资产确认条件的,可以按照固定资产或无形资产进行核算,其折旧或摊销年限可以适当缩短,最短可为2年(含)。集成电路生产企业的生产设备,其折旧年限可以适当缩短,最短可为3年(含)。

《国家税务总局关于企业所得税应纳税所得额若干问题的公告》(国家税务总局公告2014年第29号)第五条规定,企业固定资产会计折旧年限如果短于税法规定的最低折旧年限,其按会计折旧年限计提的折旧高于按税法规定的最低折旧年限计提的折旧部分,应调增当期应纳税所得额;企业固定资产会计折旧年限已期满且会计折旧已提足,但税法规定的最低折旧年限尚未到期且税收折旧尚未足额扣除,其未足额扣除的部分准予在剩余的税收折旧年限继续按规定扣除。企业固定资产会计折旧年限如果长于税法规定的最低折旧年限,其折旧应按会计折旧年限计算扣除,税法另有规定除外。

《财政部 国家税务总局关于完善固定资产加速折旧企业所得税政策的通知》(财税〔2014〕75号,以下简称财税〔2014〕75号文件)规定,对生物药品制造业,专用设备制造业,铁路、船舶、航空航天和其他运输设备制造业,计算机、通信和其他电子设备制造业,仪器仪表制造业,信息传输、软件和信息技术服务业等行业企业(以下简称六大行业)2014年1月1日后购进的固定资产(包括自行建造),允许按不低于《企业所得税法》规定折旧年限的60%缩短折旧年限,或选择采取双倍余额递减法或年数总和法进行加速折旧。

《财政部 国家税务总局关于进一步完善固定资产加速折旧企业所得税政策的通知》(财税〔2015〕106号,以下简称财税〔2015〕106号文件)规定,对轻工、纺织、机械、汽车等4个领域重点行业企业2015年1月1日后新购进的固定资产(包括自行建造,下同),允许缩短折旧年限或采取加速折旧方法。

以上十大行业按照国家统计局《国民经济行业分类与代码(GB/4754—2011)》[①]确定。今后国家有关部门更新国民经济行业分类与代码,从其规定。

10个领域重点行业企业是指以上述行业业务为主营业务,其固定资产投入使用

---

① 现为《国民经济行业分类与代码(GB/4754—2017)》。

当年的主营业务收入占企业收入总额50%（不含）以上的企业。所称收入总额，是指《企业所得税法》第六条规定的收入总额。

缩短折旧年限的，对其购置的新固定资产，最低折旧年限不得低于《企业所得税法实施条例》第六十条规定的折旧年限的60%；对其购置的已使用过的固定资产，最低折旧年限不得低于《企业所得税法实施条例》规定的最低折旧年限减去已使用年限后剩余年限的60%。最低折旧年限一经确定，不得改变。

《财政部 税务总局关于扩大固定资产加速折旧优惠政策适用范围的公告》（财政部 税务总局公告2019年第66号，以下简称2019年第66号公告）规定，自2019年1月1日起，适用《财政部 国家税务总局关于完善固定资产加速折旧企业所得税政策的通知》（财税〔2014〕75号）和《财政部 国家税务总局关于进一步完善固定资产加速折旧企业所得税政策的通知》（财税〔2015〕106号）规定固定资产加速折旧优惠的行业范围，扩大至全部制造业领域。

《财政部 税务总局关于中小微企业设备器具所得税税前扣除有关政策的公告》（财政部 税务总局公告2022年第12号）规定，中小微企业在2022年1月1日至2022年12月31日期间新购置的设备、器具（指除房屋、建筑物以外的固定资产），单位价值在500万元以上的，按照单位价值的一定比例自愿选择在企业所得税税前扣除。其中，《企业所得税法实施条例》规定最低折旧年限为3年的设备器具，单位价值的100%可在当年一次性税前扣除；最低折旧年限为4年、5年、10年的，单位价值的50%可在当年一次性税前扣除，其余50%按规定在剩余年度计算折旧进行税前扣除。

中小微企业可按季（月）在预缴申报时享受上述政策。本公告发布前企业在2022年已购置的设备、器具，可在本公告发布后的预缴申报、年度汇算清缴时享受。中小微企业可根据自身生产经营核算需要自行选择享受上述政策，当年度未选择享受的，以后年度不得再变更享受。

风险提示 中小微企业是指从事国家非限制和禁止行业，且符合以下条件的企业：

（1）信息传输业、建筑业、租赁和商务服务业：从业人员2 000人以下，或营业收入10亿元以下或资产总额12亿元以下。

（2）房地产开发经营：营业收入20亿元以下或资产总额1亿元以下。

（3）其他行业：从业人员1 000人以下或营业收入4亿元以下。

从业人数，包括与企业建立劳动关系的职工人数和企业接受的劳务派遣用工人数。从业人数和资产总额指标，应按企业全年的季度平均值确定。具体计算公式如下：

季度平均值＝(季初值＋季末值)÷2

全年季度平均值＝全年各季度平均值之和÷4

年度中间开业或者终止经营活动的,以其实际经营期作为一个纳税年度确定上述相关指标。

3) 固定资产一次性扣除政策

《财政部 税务总局关于设备、器具扣除有关企业所得税政策的通知》(财税〔2018〕54号)规定,企业在2018年1月1日至2020年12月31日①新购进的设备、器具,单位价值不超过500万元的,允许一次性计入当期成本费用在计算应纳税所得额时扣除,不再分年度计算折旧;单位价值超过500万元的,仍按《企业所得税法实施条例》、财税〔2014〕75号文件、财税〔2015〕106号文件等相关规定执行。

《财政部 税务总局关于支持新型冠状病毒感染的肺炎疫情防控有关税收政策的公告》(财政部 税务总局公告2020年第8号)②规定,对疫情防控重点保障物资生产企业为扩大产能新购置的相关设备,允许一次性计入当期成本费用在企业所得税税前扣除。

《财政部 税务总局关于海南自由贸易港企业所得税优惠政策的通知》(财税〔2020〕31号)规定,对在海南自由贸易港设立的企业,新购置(含自建、自行开发)固定资产或无形资产,单位价值不超过500万元(含)的,允许一次性计入当期成本费用在计算应纳税所得额时扣除,不再分年度计算折旧和摊销;新购置(含自建、自行开发)固定资产或无形资产,单位价值超过500万元的,可以缩短折旧、摊销年限或采取加速折旧、摊销的方法。上述所称固定资产,是指除房屋、建筑物以外的固定资产。

《财政部 税务总局关于横琴粤澳深度合作区企业所得税优惠政策的通知》(财税〔2022〕19号)规定,自2021年1月1日起,对在横琴粤澳深度合作区设立的企业,新购置(含自建、自行开发)固定资产或无形资产,单位价值不超过500万元(含)的,允许一次性计入当期成本费用在计算应纳税所得额时扣除,不再分年度计算折旧和摊销;新购置(含自建、自行开发)固定资产或无形资产,单位价值超过500万元的,可以缩短折旧、摊销年限或采取加速折旧、摊销的方法。

《财政部 税务总局 科技部关于加大支持科技创新税前扣除力度的公告》(财政部 税务总局 科技部公告2022年第28号)规定,高新技术企业在2022年10月

---

① 根据《财政部 税务总局关于延长部分税收优惠政策执行期限的公告》(财政部 税务总局公告2021年第6号)的规定,本文件税收优惠政策执行期限延长至2023年12月31日。

② 根据《财政部 税务总局关于延续实施应对疫情部分税费优惠政策的公告》(财政部 税务总局公告2021年第7号)的规定,本文件规定的税收优惠政策凡已经到期的,执行期限延长至2021年3月31日。

1日至2022年12月31日期间新购置的设备、器具(指除房屋、建筑物以外的固定资产),允许当年一次性全额在计算应纳税所得额时扣除,并允许在税前实行100%加计扣除。凡在2022年第四季度内具有高新技术企业资格的企业,均可适用该项政策。企业选择适用该项政策当年不足扣除的,可结转至以后年度按现行有关规定执行。

5.8.1.2 固定资产折旧的纳税申报

表A105080第1行至第17行填报固定资产折旧的纳税申报情况,其中第2行至第7行填报固定资产折旧税法与会计差异的纳税调整,第1行填报第2行至第7行的合计数;第8行至第17行填报纳税人因享受固定资产折旧优惠政策而对折旧产生的影响。

1) 固定资产折旧纳税调整

第2行至第7行固定资产的分类是按照《企业所得税法实施条例》第六十条的标准,以最短折旧年限划分固定资产的类别。这6行不需要填报第6列和第7列,其他各列的填报方法如下:

第1列"资产原值",填报纳税人会计处理计提折旧的资产原值(或历史成本)的金额。

第2列"本年折旧、摊销额",填报纳税人会计核算的本年资产折旧额。

第3列"累计折旧、摊销额",填报纳税人会计核算的累计(含本年)资产折旧额。

第4列"资产计税基础",填报纳税人按照税收规定据以计算折旧的资产原值(或历史成本)的金额。

第5列"税收折旧、摊销额",填报纳税人按照税收规定计算的允许税前扣除的本年资产折旧额。

第8列"累计折旧、摊销额",填报纳税人按照税收规定计算的累计(含本年)资产折旧额。

第9列"纳税调整金额",填报第2-5列金额。

2) 固定资产加速折旧优惠情况统计

第8行至第17行按照不同的优惠政策分行填报。这10行是为了提供优惠政策统计信息,不涉及纳税调整,所以不需要填报第9列。各列的填报方法与前7行的填报方法相同,第6列和第7列填报方法如下:

第6列"享受加速折旧政策的资产按税收一般规定计算的折旧、摊销额",填报纳税人享受加速折旧优惠政策的资产,按照税收一般规定计算的折旧额合计金额。按照税收一般规定计算的折旧额,是指该资产在不享受加速折旧优惠政策情况下,按照税收规定的最低折旧年限以直线法计算的折旧额。本列仅填报"税收折旧、摊销额"大于"享受加速折旧政策的资产按税收一般规定计算的折旧、摊销额"月份的按税收一般规定计算的折旧额合计金额。

第7列"加速折旧、摊销统计额",用于统计纳税人享受各类固定资产加速折旧政策的优惠金额,按第5—6列金额填报。

第8行至第17行各项的填报内容及参考文件:

(1)第8行"(一)重要行业固定资产加速折旧",适用于符合财税〔2014〕75号文件、财税〔2015〕106号文件和2019年第66号公告规定的制造业,信息传输、软件和信息技术服务业行业的企业填报,填报新购进固定资产享受加速折旧政策的有关情况及优惠统计情况。

风险提示 重要行业纳税人按照财税〔2014〕75号文件、财税〔2015〕106号文件、2019年第66号公告规定享受固定资产一次性扣除政策的资产情况在第11行"(四)500万元以下设备器具一次性扣除"中填报。

(2)第9行"(二)其他行业研发设备加速折旧",适用于重要行业以外的其他企业填报,填报单位价值超过100万元的专用研发设备采取缩短折旧年限或加速折旧方法的有关情况及优惠统计情况。

(3)第10行"(三)特定地区企业固定资产加速折旧",适用于海南自由贸易港等特定地区设立的企业填报享受固定资产加速折旧政策有关情况。本行填报第10.1+10.2行金额。

第10.1行"1. 海南自由贸易港企业固定资产加速折旧",海南自由贸易港企业填报新购置(含自建)单位价值500万元以上的固定资产,按照税收规定采取缩短折旧年限或加速折旧方法的有关情况及优惠统计情况。

第10.2行"2. 横琴粤澳深度合作区企业固定资产加速折旧",横琴粤澳深度合作区企业填报新购置(含自建)单位价值500万元以上的固定资产,按照税收规定采取缩短折旧年限或加速折旧方法的固定资产有关情况及优惠统计情况。

风险提示 若特定地区的企业,其固定资产同时符合重要行业加速折旧政策条件,纳税人自行选择在表A105080第8行或本行填报,但不得重复填报。

(4)第11行"(四)500万元以下设备器具一次性扣除",填报新购置单位价值不超过500万元的设备器具等,按照税收规定一次性扣除的有关情况及优惠统计情况。本行填报第11.1+11.2行金额。

第11.1行"高新技术企业2022年第四季度(10月—12月)购置单价500万元以下设备器具一次性扣除",由高新技术企业填报2022年第四季度(10月—12月)新购置单位价值不超过500万元的设备器具等,按照税收规定一次性扣除的有关情况及优惠统计情况。

第11.2行"购置单价500万元以下设备器具一次性扣除(不包含高新技术企业2022年第四季度购置)",由除高新技术企业以外的其他企业填报新购置单位价值不超过500万元的设备器具或者高新技术企业填报除2022年第四季度(10月—12月)以外新购置单位价值不超过500万元的设备器具,按照税收规定一次性扣除的有关情况及优惠统计情况。高新技术企业2022年第四季度(10月—12月)新购置单位价值不超过500万元的设备器具等一次性扣除情况,在第11.1行"高新技术企业2022年第四季度(10月—12月)购置单价500万元以下设备器具一次性扣除"填报。

(5)第12行"(五)500万元以上设备器具一次性扣除",填报新购置单位价值超过500万元的设备器具等,按照税收规定部分或全部一次性扣除的有关情况及优惠统计情况。第12.1行、第12.2行、第12.3行适用中小微企业填报2022年1月1日至2022年12月31日期间新购置的设备器具所得税税前扣除政策有关情况,第12.4行适用高新技术企业填报2022年第四季度购置设备器具所得税税前扣除政策有关情况。本行填报第12.1+12.2+12.3+12.4行金额。

第12.1行"1.中小微企业购置单价500万元以上设备器具—最低折旧年限为3年的设备器具一次性扣除",填报中小微企业新购置单位价值500万元以上的设备器具(折旧年限为3年),按照税收规定一次性扣除的有关情况及优惠统计情况。

第12.2行"2.中小微企业购置单价500万元以上设备器具—最低折旧年限为4、5年的设备器具50％部分一次性扣除",填报中小微企业新购置单位价值500万元以上的设备器具(折旧年限为4、5年)50％的部分,按照税收规定一次性扣除的有关情况及优惠统计情况。

第12.3行"3.中小微企业购置单价500万元以上设备器具—最低折旧年限为10年的设备器具50％部分一次性扣除",填报中小微企业新购置单位价值500万元以上的设备器具(折旧年限为10年)50％的部分,按照税收规定一次性扣除的有关情况及优惠统计情况。

第12.4行"4.高新技术企业2022年第四季度(10月—12月)购置单价500万元以上设备器具一次性扣除",填报高新技术企业2022年第四季度(10月—12月)新购置单位价值500万元以上设备器具,按照税收规定一次性扣除的有关情况及优惠统计情况。

(6)第13行"(六)特定地区企业固定资产一次性扣除",适用于海南自由贸易港等特定地区设立的企业填报享受固定资产一次性扣除政策有关情况。本行填报第13.1+13.2行金额。

第13.1行"1. 海南自由贸易港企业固定资产一次性扣除",海南自由贸易港企业填报新购置(含自建)单位价值不超过500万元的固定资产,按照税收规定一次性扣除的有关情况及优惠统计情况。

第13.2行"2. 横琴粤澳深度合作区企业固定资产一次性扣除",横琴粤澳深度合作区企业填报新购置(含自建)单位价值不超过500万元的固定资产,按照税收规定一次性扣除的有关情况及优惠统计情况。

(7)第14行"(七)技术进步、更新换代固定资产加速折旧",填报固定资产因技术进步、产品更新换代较快而按税收规定享受固定资产加速折旧政策的有关情况及优惠统计情况。

(8)第15行"(八)常年强震动、高腐蚀固定资产加速折旧",填报常年处于强震动、高腐蚀状态的固定资产按税收规定享受固定资产加速折旧政策的有关情况及优惠统计情况。

(9)第16行"(九)外购软件加速折旧",填报企业外购软件作为固定资产处理,按财税〔2012〕27号文件规定享受加速折旧政策的有关情况及优惠统计情况。

(10)第17行"(十)集成电路企业生产设备加速折旧",填报集成电路生产企业的生产设备,按照财税〔2012〕27号文件规定享受加速折旧政策的有关情况及优惠统计情况。

案例解析 5-27 固定资产折旧调增与调减综合业务及纳税申报

【案例材料】

B公司为境内注册的居民企业,属于生物制药行业。B公司会计核算的几项固定资产折旧情况与税法存在差异。

1. 2020年6月购进新型设备,入账价值126万元,预计净残值为零,采用年限平均法计提折旧。按照税法规定,该设备可以采用缩短折旧年限计提折旧,折旧时间确定为6年。

2. 2021年3月购进专门用于研发活动的设备,入账价值121万元,与计税基础相同。会计采用年限平均法计提折旧,折旧年限10年,预计净残值1万元。按照税法规定,该设备可以采用加速折旧方法计算折旧,企业采用双倍余额递减法计算折旧,按10年计算折旧并申报税前扣除。

3. 2021年11月购进一台电子仪器,入账价值54万元,会计核算按年限平均法分3年计提折旧,预计净残值为零。2021年纳税申报时,按照一次性税前扣除的方式完成了申报。

要求:分析B公司3项固定资产2022年度折旧额的计算与纳税申报情况。

【案例分析】

B公司3项固定资产2022年的折旧额的计算与纳税调整如下:

1. 2020年6月购进的新型设备。

(1) 以前年度已经提取折旧=(126-0)÷(6×12)×18=31.5(万元)。

(2) 2022年全年计提折旧=(126-0)÷(6×12)×12=21(万元)。

(3) 至2022年年末累计折旧=31.5+21=52.5(万元),税法与会计无差异,无需纳税调整。

(4) 如果折旧年限按照10年计算,每年折旧额=126÷10=12.6(万元)。

2. 2021年3月购进的专门用于研发设备。

(1) 以前年度会计已提取折旧=(121-1)÷(10×12)×9=9(万元)。

(2) 2022年全年会计计提折旧=(121-1)÷(10×12)×12=12(万元),至2022年年末累计折旧=9+12=21(万元)。

(3) 按照税法规定,研发设备可以采用双倍余额递减法计提折旧额,第一个折旧年度应计折旧额=121×2÷10=24.2(万元),第二个折旧年度应计折旧额=(121-24.2)×2÷10=19.36(万元)。

(4) 以前年度已提取并税前扣除的折旧=24.2÷12×9=18.15(万元)。

(5) 2022年全年计提折旧=24.2÷12×3+19.36÷12×9=20.57(万元),至2022年年末税前扣除累计折旧=18.15+20.57=38.72(万元)。

(6) 2022年研发设备折旧额应纳税调减8.57万元(20.57-12)。

3. 2021年11月购进的电子仪器。

(1) 以前年度会计已提取折旧=54÷(3×12)×1=1.5(万元)。

(2) 2022年全年会计计提折旧=54÷3=18(万元)。

(3) 该设备全部成本已在2021年度纳税申报时一次性全额扣除,2022年电子仪器折旧额应纳税调增18万元。

4. 纳税申报。

B公司的3项固定资产均享受了加速折旧优惠政策,2022年,新型设备与研发设备当年的"税收折旧额"大于"按税收一般规定计算的折旧额",所以应填报第8行统计额。电子仪器当年不符合统计条件,不再填报统计额。

B公司2022年度折旧业务的纳税申报情况,如表5-8-2和表5-8-3所示。

表 5-8-2 资产折旧、摊销及纳税调整明细表（A105080）（局部）

单位：万元

行次	项目	账载金额			税收金额				累计折旧、摊销额	纳税调整金额
		资产原值	本年折旧、摊销额	累计折旧、摊销额	资产计税基础	税收折旧、摊销额	享受加速折旧政策的资产按税收一般规定计算的折旧、摊销额	加速折旧、摊销统计额		
		1	2	3	4	5	6	7(5−6)	8	9(2−5)
1	一、固定资产(2+3+4+5+6+7)	301.00	51.00	93.00	301.00	41.57	*	*	113.72	9.43
2	（一）房屋、建筑物						*	*		
3	（二）飞机、火车、轮船、机器、机械和其他生产设备	247.00	33.00	73.50	247.00	41.57	*	*	59.72	−8.57
4	（三）与生产经营活动有关的器具、工具、家具等						*	*		
5	（四）飞机、火车、轮船以外的运输工具						*	*		
6	（五）电子设备	54.00	18.00	19.50	54.00	0	*	*	54.00	18.00
7	（六）其他						*	*		
8	其中：享受加速折旧政策的资产加速折旧、摊销额（不含一次性扣除）一次性扣除政策的资产加速折旧额大于一般折旧额的部分	247.00	33.00	73.50	247.00	41.57	24.60	16.97	59.72	*

所有固定资产

表 5-8-3　纳税调整项目明细表(A105000)(局部)

单位：万元

行次	项目	账载金额	税收金额	调增金额	调减金额
		1	2	3	4
31	三、资产类调整项目(32＋33＋34＋35)	*	*		
32	(一)资产折旧、摊销(填写 A105080)	51.00	41.57	9.43	

5.8.2　无形资产摊销

5.8.2.1　无形资产摊销的税法规定

《企业所得税法》第十二条规定，下列无形资产不得计算摊销费用税前扣除：

(1) 自行开发的支出已在计算应纳税所得额时扣除的无形资产。

(2) 自创商誉。

(3) 与经营活动无关的无形资产。

(4) 其他不得计算摊销费用扣除的无形资产。

《企业所得税法实施条例》第六十七条规定，无形资产按照直线法计算的摊销费用，准予扣除。无形资产的摊销年限不得少于 10 年，作为投资或者受让的无形资产，在有关法律或协议、合同中规定使用年限的，可依其规定使用年限分期计算摊销。外购商誉的支出，在企业整体转让或清算时，准予扣除。

《财政部　税务总局关于海南自由贸易港企业所得税优惠政策的通知》(财税〔2020〕31 号)规定，对在海南自由贸易港设立的企业，新购置(含自建、自行开发)固定资产或无形资产，单位价值不超过 500 万元(含)的，允许一次性计入当期成本费用在计算应纳税所得额时扣除，不再分年度计算折旧和摊销；新购置(含自建、自行开发)固定资产或无形资产，单位价值超过 500 万元的，可以缩短折旧、摊销年限或采取加速折旧、摊销的方法。上述所称固定资产，是指除房屋、建筑物以外的固定资产。

5.8.2.2　无形资产摊销的纳税申报

表 A105080 第 21 行至第 32 行填报无形资产摊销的纳税申报情况，其中第 22 行至第 29 行填报无形资产摊销税法与会计差异的纳税调整，第 30 行至第 32 行填报纳税人因享受无形资产摊销优惠政策而对摊销额产生的影响。

(1) 第 22 行至第 29 行按照无形资产的类别进行分行填报。这 8 行不需要填报第 6 列和第 7 列，其他各列的填报方法如下：

① 第 1 列"资产原值"，填报纳税人会计处理摊销的资产原值(或历史成本)的金额。

② 第 2 列"本年折旧、摊销额",填报纳税人会计核算的本年资产摊销额。

③ 第 3 列"累计折旧、摊销额",填报纳税人会计核算的累计(含本年)资产摊销额。

④ 第 4 列"资产计税基础",填报纳税人按照税收规定据以计算摊销的资产原值(或历史成本)的金额。

⑤ 第 5 列"税收折旧、摊销额",填报纳税人按照税收规定计算的允许税前扣除的本年资产摊销额。

⑥ 第 8 列"累计折旧、摊销额",填报纳税人按照税收规定计算的累计(含本年)资产摊销额。

⑦ 第 9 列"纳税调整金额",填报第 2—5 列金额。

(2) 第 30 行至第 32 行按照不同的优惠政策分行填报。这 3 行是为了提供优惠政策统计信息,不涉及纳税调整,所以不需要填报第 9 列。各列的填报方法与前 8 行的填报方法相同,第 6 列和第 7 列比较特殊。

① 第 6 列"享受加速折旧政策的资产按税收一般规定计算的折旧、摊销额",填报纳税人享受加速摊销优惠政策的资产,按照税收一般规定计算的摊销额合计金额。按照税收一般规定计算的摊销额,是指该资产在不享受加速摊销优惠政策情况下,按照税收规定的最低折旧年限以直线法计算的摊销额。本列仅填报"税收折旧、摊销额"大于"享受加速折旧政策的资产按税收一般规定计算的折旧、摊销额"月份的按税收一般规定计算的摊销额合计金额。

② 第 7 列"加速折旧、摊销统计额",用于统计纳税人享受各类无形资产加速摊销政策的优惠金额,按第 5—6 列金额填报。

5.8.3 长期待摊费用摊销

5.8.3.1 长期待摊费用的税法规定

《企业所得税法》第十三条规定,在计算应纳税所得额时,企业发生的下列支出作为长期待摊费用,按照规定摊销的,准予扣除:

(1) 已足额提取折旧的固定资产的改建支出。

(2) 租入固定资产的改建支出。

(3) 固定资产的大修理支出。

(4) 其他应当作为长期待摊费用的支出。

《企业所得税法实施条例》第六十八条规定,固定资产的改建支出,是指改变房屋或者建筑物结构、延长使用年限等发生的支出。已足额提取折旧的固定资产的改建支出,按照固定资产预计尚可使用年限分期摊销;租入固定资产的改建支出,按照合同约定的剩余租赁期限分期摊销。

改建的固定资产延长使用年限的,除《企业所得税法》第十三条第(一)项和第(二)项规定外,应当适当延长折旧年限。

《企业所得税法实施条例》第六十九条规定,固定资产的大修理支出,是指同时符合下列条件的支出:一是修理支出达到取得固定资产时的计税基础50%以上;二是修理后固定资产的使用年限延长2年以上。固定资产的大修理支出,按照固定资产尚可使用年限分期摊销。

《企业所得税法实施条例》第七十条规定,其他应当作为长期待摊费用的支出,自支出发生月份的次月起分期摊销,摊销年限不得低于3年。

《国家税务总局关于企业所得税若干税务事项衔接问题的通知》(国税函〔2009〕98号)规定,企业发生的开(筹)办费,未明确列作长期待摊费用,企业可以在开始经营之日的当年一次性扣除,也可以按照《企业所得税法》有关长期待摊费用的处理规定处理,但一经选定,不得改变。

5.8.3.2 长期待摊费用的纳税申报

长期待摊费用的纳税申报与固定资产和无形资产相同,可以比照上述申报方法进行填报,不再赘述。

5.8.4 表内、表间关系

(1) 表内关系。

第1行=第2+3+…+7行。

第10行=第10.1行+10.2行。

第11行=第11.1行+第11.2行。

第12行=第12.1+12.2+12.3+12.4行。

第13行=第13.1+13.2行。

第18行=第19+20行。

第21行=第22+23…+29行。

第31行=第31.1行+31.2行。

第32行=第32.1行+32.2行。

第33行=第34+35+36+37+38行。

第41行=第1+18+21+33+39+40行。(其中第41行第6列=第8+9+10+11+12+13+14+15+16+17+30+31+32行第6列;第41行第7列=第8+9+10+11+12+13+14+15+16+17+30+31+32行第7列)。

第7列=第5-6列。

第 9 列＝第 2－5 列。

（2）表间关系。

第 41 行第 2 列＝表 A105000 第 32 行第 1 列。

第 41 行第 5 列＝表 A105000 第 32 行第 2 列。

若第 41 行第 9 列≥0,第 41 行第 9 列＝表 A105000 第 32 行第 3 列；若第 40 行第 9 列＜0,第 41 行第 9 列的绝对值＝表 A105000 第 32 行第 4 列。

5.9　《资产损失税前扣除及纳税调整明细表》（A105090）

表 A105090（见表 5-9-1）适用于发生资产损失税前扣除项目及纳税调整项目的纳税人填报。

5.9.1　资产损失税前扣除税收政策

5.9.1.1　资产损失确认的税收政策

《财政部　国家税务总局关于企业资产损失税前扣除政策的通知》（财税〔2009〕57 号,以下简称财税〔2009〕57 号文件）规定如下：

资产损失,是指企业在生产经营活动中实际发生的、与取得应税收入有关的资产损失,包括现金损失,存款损失,坏账损失,贷款损失,股权投资损失,固定资产和存货的盘亏、毁损、报废、被盗损失,自然灾害等不可抗力因素造成的损失以及其他损失。

企业清查出的现金短缺减除责任人赔偿后的余额,作为现金损失在计算应纳税所得额时扣除。

企业将货币性资金存入法定具有吸收存款职能的机构,因该机构依法破产、清算,或者政府责令停业、关闭等原因,确实不能收回的部分,作为存款损失在计算应纳税所得额时扣除。

企业除贷款类债权外的应收、预付账款符合下列条件之一的,减除可收回金额后确认的无法收回的应收、预付款项,可以作为坏账损失在计算应纳税所得额时扣除：

（1）债务人依法宣告破产、关闭、解散、被撤销,或者被依法注销、吊销营业执照,其清算财产不足清偿的。

（2）债务人死亡,或者依法被宣告失踪、死亡,其财产或者遗产不足清偿的。

（3）债务人逾期 3 年以上未清偿,且有确凿证据证明已无力清偿债务的。

（4）与债务人达成债务重组协议或法院批准破产重整计划后,无法追偿的。

（5）因自然灾害、战争等不可抗力导致无法收回的。

（6）国务院财政、税务主管部门规定的其他条件。

表 5-9-1 资产损失税前扣除及纳税调整明细表（A105090）

行次	项目	资产损失直接计入本年损益金额 1	资产损失准备金核销金额 2	资产处置收入 3	赔偿收入 4	资产计税基础 5	资产损失的税收金额 6(5-3-4)	纳税调整金额 7
1	一、现金及银行存款损失		*					
2	二、应收及预付款项坏账损失							
3	其中：逾期三年以上的应收款项损失							
4	逾期一年以上的小额应收款项损失							
5	三、存货损失							
6	其中：存货盘亏、报废、损毁、变质或被盗损失							
7	四、固定资产损失							
8	其中：固定资产盘亏、丢失、报废、损毁或被盗损失							
9	五、无形资产损失							
10	其中：无形资产转让损失							
11	无形资产被替代或超过法律保护期限形成的损失							
12	六、在建工程损失		*					
13	其中：在建工程停建、报废损失		*					
14	七、生产性生物资产损失							
15	其中：生产性生物资产盘亏、非正常死亡、被盗、丢失等产生的损失							
16	八、债权性投资损失（17+23）							

（续表）

行次	项　　目	资产损失直接计入本年损益金额	资产损失准备金核销金额	资产处置收入	赔偿收入	资产计税基础	资产损失的税收金额	纳税调整金额
		1	2	3	4	5	6(5−3−4)	7
17	（一）金融企业债权性投资损失(18+22)							
18	1. 贷款损失							
19	其中：符合条件的涉农和中小企业贷款损失							
20	其中：单户贷款余额300万（含）以下的贷款损失							
21	单户贷款余额300万元至1 000万元（含）的贷款损失							
22	2. 其他债权性投资损失							
23	（二）非金融企业债权性投资损失							
24	九、股权（权益）性投资损失							
25	其中：股权转让损失							
26	十、通过各种交易场所、市场买卖债券、股票、期货、基金以及金融衍生产品等发生的损失							
27	十一、打包出售资产损失							
28	十二、其他资产损失							
29	合计(1+2+5+7+9+12+14+16+24+26+27+28)							
30	其中：分支机构留存备查的资产损失							

企业经采取所有可能的措施和实施必要的程序之后,符合下列条件之一的贷款类债权,可以作为贷款损失在计算应纳税所得额时扣除:

(1) 借款人和担保人依法宣告破产、关闭、解散、被撤销,并终止法人资格,或者已完全停止经营活动,被依法注销、吊销营业执照,对借款人和担保人进行追偿后,未能收回的债权。

(2) 借款人死亡,或者依法被宣告失踪、死亡,依法对其财产或者遗产进行清偿,并对担保人进行追偿后,未能收回的债权。

(3) 借款人遭受重大自然灾害或者意外事故,损失巨大且不能获得保险补偿,或者以保险赔偿后,确实无力偿还部分或者全部债务,对借款人财产进行清偿和对担保人进行追偿后,未能收回的债权。

(4) 借款人触犯刑律,依法受到制裁,其财产不足归还所借债务,又无其他债务承担者,经追偿后确实无法收回的债权。

(5) 由于借款人和担保人不能偿还到期债务,企业诉诸法律,经法院对借款人和担保人强制执行,借款人和担保人均无财产可执行,法院裁定执行程序终结或终止(中止)后,仍无法收回的债权。

(6) 由于借款人和担保人不能偿还到期债务,企业诉诸法律后,经法院调解或经债权人会议通过,与借款人和担保人达成和解协议或重整协议,在借款人和担保人履行完还款义务后,无法追偿的剩余债权。

(7) 由于上述(1)~(6)项原因借款人不能偿还到期债务,企业依法取得抵债资产,抵债金额小于贷款本息的差额,经追偿后仍无法收回的债权。

(8) 开立信用证、办理承兑汇票、开具保函等发生垫款时,凡开证申请人和保证人由于上述(1)~(7)项原因,无法偿还垫款,金融企业经追偿后仍无法收回的垫款。

(9) 银行卡持卡人和担保人由于上述(1)~(7)项原因,未能还清透支款项,金融企业经追偿后仍无法收回的透支款项。

(10) 助学贷款逾期后,在金融企业确定的有效追索期限内,依法处置助学贷款抵押物(质押物),并向担保人追索连带责任后,仍无法收回的贷款。

(11) 经国务院专案批准核销的贷款类债权。

(12) 国务院财政、税务主管部门规定的其他条件。

企业的股权投资符合下列条件之一的,减除可收回金额后确认的无法收回的股权投资,可以作为股权投资损失在计算应纳税所得额时扣除:

(1) 被投资方依法宣告破产、关闭、解散、被撤销,或者被依法注销、吊销营业执照的。

（2）被投资方财务状况严重恶化，累计发生巨额亏损，已连续停止经营 3 年以上，且无重新恢复经营改组计划的。

（3）对被投资方不具有控制权，投资期限届满或者投资期限已超过 10 年，且被投资单位因连续 3 年经营亏损导致资不抵债的。

（4）被投资方财务状况严重恶化，累计发生巨额亏损，已完成清算或清算期超过 3 年以上的。

（5）国务院财政、税务主管部门规定的其他条件。

对企业盘亏的固定资产或存货，以该固定资产的账面净值或存货的成本减除责任人赔偿后的余额，作为固定资产或存货盘亏损失在计算应纳税所得额时扣除。

对企业毁损、报废的固定资产或存货，以该固定资产的账面净值或存货的成本减除残值、保险赔款和责任人赔偿后的余额，作为固定资产或存货毁损、报废损失在计算应纳税所得额时扣除。

对企业被盗的固定资产或存货，以该固定资产的账面净值或存货的成本减除保险赔款和责任人赔偿后的余额，作为固定资产或存货被盗损失在计算应纳税所得额时扣除。

企业因存货盘亏、毁损、报废、被盗等原因不得从增值税销项税额中抵扣的进项税额，可以与存货损失一起在计算应纳税所得额时扣除。

企业在计算应纳税所得额时已经扣除的资产损失，在以后纳税年度全部或者部分收回时，其收回部分应当作为收入计入收回当期的应纳税所得额。

企业境内、境外营业机构发生的资产损失应分开核算，对境外营业机构由于发生资产损失而产生的亏损，不得在计算境内应纳税所得额时扣除。

企业对其扣除的各项资产损失，应当提供能够证明资产损失确属已实际发生的合法证据，包括具有法律效力的外部证据、具有法定资质的中介机构的经济鉴证证明、具有法定资质的专业机构的技术鉴定证明等。

5.9.1.2 资产损失管理的税收政策

1）申报管理

《国家税务总局关于企业所得税资产损失资料留存备查有关事项的公告》（国家税务总局公告 2018 年第 15 号）规定，企业向税务机关申报扣除资产损失，仅需填报企业所得税年度纳税申报表《资产损失税前扣除及纳税调整明细表》（A105090），不再报送资产损失相关资料。相关资料由企业留存备查。企业应当完整保存资产损失相关资料，保证资料的真实性、合法性。

2）证据管理

《企业资产损失所得税税前扣除管理办法》（国家税务总局公告 2011 年第 25 号

发布)规定如下:

企业资产损失相关的证据包括具有法律效力的外部证据和特定事项的企业内部证据。

具有法律效力的外部证据,是指司法机关、行政机关、专业技术鉴定部门等依法出具的与本企业资产损失相关的具有法律效力的书面文件,其主要包括:

(1) 司法机关的判决或者裁定。
(2) 公安机关的立案结案证明、回复。
(3) 工商部门出具的注销、吊销及停业证明。
(4) 企业的破产清算公告或清偿文件。
(5) 行政机关的公文。
(6) 专业技术部门的鉴定报告。
(7) 具有法定资质的中介机构的经济鉴定证明。
(8) 仲裁机构的仲裁文书。
(9) 保险公司对投保资产出具的出险调查单、理赔计算单等保险单据。
(10) 符合法律规定的其他证据。

特定事项的企业内部证据,是指会计核算制度健全、内部控制制度完善的企业,对各项资产发生毁损、报废、盘亏、死亡、变质等内部证明或承担责任的声明,主要包括:

(1) 有关会计核算资料和原始凭证。
(2) 资产盘点表。
(3) 相关经济行为的业务合同。
(4) 企业内部技术鉴定部门的鉴定文件或资料。
(5) 企业内部核批文件及有关情况说明。
(6) 对责任人由于经营管理责任造成损失的责任认定及赔偿情况说明。
(7) 法定代表人、企业负责人和企业财务负责人对特定事项真实性承担法律责任的声明。

3) 归属期管理

《企业资产损失所得税税前扣除管理办法》(国家税务总局公告 2011 年第 25 号发布)规定如下:

准予在企业所得税税前扣除的资产损失,是指企业在实际处置、转让上述资产过程中发生的合理损失(以下简称实际资产损失),以及企业虽未实际处置、转让上述资产,但符合财税〔2009〕57 号文件和本办法规定条件计算确认的损失(以下简称法定资产损失)。

企业实际资产损失,应当在其实际发生且会计上已作损失处理的年度申报扣除;法定资产损失,应当在企业向主管税务机关提供证据资料证明该项资产已符合法定资产损失确认条件,且会计上已作损失处理的年度申报扣除[①]。

企业因以前年度实际资产损失未在税前扣除而多缴的企业所得税税款,可在追补确认年度企业所得税应纳税款中予以抵扣,不足抵扣的,向以后年度递延抵扣。

企业实际资产损失发生年度扣除追补确认的损失后出现亏损的,应先调整资产损失发生年度的亏损额,再按弥补亏损的原则计算以后年度多缴的企业所得税税款,并按上述办法进行税务处理。

4)特殊情况损失管理

《企业资产损失所得税税前扣除管理办法》(国家税务总局公告2011年第25号发布)规定如下:

(1)企业将不同类别的资产捆绑(打包),以拍卖、询价、竞争性谈判、招标等市场方式出售,其出售价格低于计税成本的差额,可以作为资产损失并准予在税前申报扣除,但应出具资产处置方案、各类资产作价依据、出售过程的情况说明、出售合同或协议、成交及入账证明、资产计税基础等确定依据。

(2)企业正常经营业务因内部控制制度不健全而出现操作不当、不规范或因业务创新但政策不明确、不配套等原因形成的资产损失,应由企业承担的金额,可以作为资产损失并准予在税前申报扣除,但应出具损失原因证明材料或业务监管部门定性证明、损失专项说明。

(3)企业因刑事案件原因形成的损失,应由企业承担的金额,或经公安机关立案侦查两年以上仍未追回的金额,可以作为资产损失并准予在税前申报扣除,但应出具公安机关、人民检察院的立案侦查情况或人民法院的判决书等损失原因证明材料。

风险提示 企业发生的各种资产损失均需要提供相应的证据材料,证明损失发生的真实性、相关性以及合理性,具体应准备的材料内容请查阅《企业资产损失所得税税前扣除管理办法》(国家税务总局公告2011年第25号发布)的第四章、第五章和第六章规定。这些材料不需要在汇缴时提交给税务机关,但是需要企业留存备查。如果资料不完整、内容不真实、形式不合规,企业发生的损失将无法税前扣除。

5.9.2 资产损失税前扣除的纳税申报

表A105090的总体结构是按照资产类型设置各行内容,共包括12类资产;按照

---

① 根据《国家税务总局关于企业所得税资产损失资料留存备查有关事项的公告》(国家税务总局公告2018年第15号)的规定,本规定有关资产损失证据资料、会计核算资料、纳税资料等相关资料报送的内容自2017年1月1日起废止。

资产损失会计核算方法和税法计算方法设置各列内容,需要填报7列金额。除第7列之外,各类资产各列的填报方法相同,具体如下:

第1列"资产损失直接计入本年损益金额",填报纳税人会计核算计入当期损益的对应项目的资产损失金额,不包含当年度通过准备金项目核销的资产损失金额。

第2列"资产损失准备金核销金额",填报纳税人会计核算当年度通过准备金项目核销的资产损失金额。

第3列"资产处置收入",填报纳税人处置发生损失的资产可收回的残值或处置收益。

第4列"赔偿收入",填报纳税人发生的资产损失,取得的相关责任人、保险公司赔偿的金额。

第5列"资产计税基础",填报纳税人按税收规定计算的发生损失时资产的计税基础,含损失资产涉及的不得抵扣增值税进项税额。

第6列"资产损失的税收金额",填报按税收规定允许当期税前扣除的资产损失金额,按第5-3-4列金额填报。

第7列"纳税调整金额",政策性银行、商业银行、财务公司、城乡信用社、金融租赁公司以及经省级金融管理部门(金融办、局等)批准成立的小额贷款公司第1至15行、第24至26行、第28行填报第1-6列金额;第17至22行、第27行填报第1+2-6列金额。

5.9.2.1 非金融企业资产损失税前扣除的纳税申报

非金融企业发生资产损失,应根据损失的具体内容分别填报相应的行次。需要注意的是,对于每一类损失中需要单独申报的损失,一定要按照表单要求单独申报。比如,发生应收账款损失时,需要填报第2行"应收及预付款项坏账损失",还需要判断是否存在"逾期三年以上的应收款项损失"或"逾期一年以上的小额应收款项损失",如果存在,需要单独填报第3行或第4行。再比如,填报第24行"九、股权(权益)性投资损失"时,需要将纳税人当年发生的股权(权益)性投资损失中因股权转让形成的资产损失单独在第25行"股权转让损失"填报。

非金融企业发生资产损失,在填报第7列"纳税调整金额"时,该列金额填报第1-6列的差额。

案例解析5-28 非金融企业应收账款损失纳税申报

【案例材料】

A公司为境内注册成立的居民企业,会计核算执行《企业会计准则》,2022年全年共核销3笔坏账损失。

1. 应收甲公司货款22.6万元，经多次催款，现已经满3年，有证据证明甲公司目前资不抵债，无力偿还，A公司确认坏账损失。A公司针对该笔应收账款已计提坏账准备5万元，计提当年所得税汇缴时作了纳税调增处理。

2. 2022年8月，因乙公司所在地遭受地震灾害，乙公司恢复生产没有希望，A公司将应收乙公司货款30万元确认为坏账损失。该笔应收款为2022年2月形成，A公司尚未计提坏账准备。

3. 2022年10月，A公司得到丙企业将要破产的消息，于是将45万元应收款确认为坏账损失。该项应收款已经形成近一年，丙企业因经营状况不好，没有按期偿还。A公司对该笔货款已计提坏账准备4.5万元。

3项资产的计税基础合计为97.6万元。

要求：分析A公司2022年度坏账损失纳税申报情况。

【案例分析】

1. 应收甲公司货款，会计核算核销坏账准备5万元，同时确认当期损失17.6万元。该笔损失符合税法规定的应收账款损失确认条件，可以税前扣除22.6万元。

2. 应收乙公司货款，属于自然灾害造成的损失，符合税法规定的应收账款损失确认条件，可以税前扣除30万元。

3. 应收丙公司货款，因丙公司尚未破产，且应收账款形成时间不足一年，不符合税法规定的损失认定条件，不能税前扣除。

3笔业务会计核算核销坏账准备＝5＋4.5＝9.5（万元），计入当期损失的金额＝17.6＋30＋40.5＝88.1（万元）。税法允许税前扣除损失金额＝22.6＋30＝52.6（万元），应纳税调增金额＝88.1－52.6＝35.5（万元）。

A公司2022年度坏账损失纳税申报情况，如表5-9-2和表5-9-3所示。

表5-9-2　资产损失税前扣除及纳税调整明细表(A105090)(局部)

单位：万元

行次	项　目	资产损失直接计入本年损益金额	资产损失准备金核销金额	资产处置收入	赔偿收入	资产计税基础	资产损失的税收金额	纳税调整金额
		1	2	3	4	5	6(5-4-3)	7
1	一、现金及银行存款损失		*					
2	二、应收及预付款坏账损失	88.1	9.5	0	0	52.6	52.6	35.5
3	其中：逾期三年以上的应收款项损失	17.6	5.0	0	0	22.6	22.6	－5.0
4	逾期一年以上的小额应收款项损失							

表 5-9-3　纳税调整项目明细表(A105000)(局部)

单位：万元

行次	项　目	账载金额	税收金额	调增金额	调减金额
		1	2	3	4
34	（三）资产损失(填写 A105090)	*	*	35.5	

案例解析 5-29　非金融企业非货币资产损失纳税申报

【案例材料】

B 公司为居民企业纳税人，2022 年年末企业财产清查时确认 3 项资产损失业务。

1. 原材料因管理不善，发生变质损失，材料账面价值 55 万元，已提存货跌价准备 2 万元，材料购进时取得增值税专用发票注明价款 57 万元，增值税税额 7.41 万元。B 公司决定由仓库管理员赔偿 5 万元，其余部分确认损失。

2. 库存商品因属于过时产品，采取降价销售策略。产品成本 30 万元，已提跌价准备 8 万元，实际售价 18.08 万元。

3. 处置闲置设备一台，设备原值 1 500 万元，已提取折旧 1 190 万元，已提取减值准备 20 万元。该设备处置收入 271.2 万元。按照税法规定，该项资产计税基础为 1 500 万元，已税前扣除折旧 1 214 万元。

要求：分析 B 公司 2022 年度资产损失纳税申报情况。

【案例分析】

1. 根据增值税相关政策规定，因管理不善导致的存货损失，进项税额不能抵扣，应作进项税额转出处理。所以，材料变质损失会计核算计入损益的金额＝55＋7.41－5＝57.41(万元)，按照税法规定材料损失金额＝57＋7.41－5＝59.41(万元)，应纳税调减 2 万元。

```
借：管理费用                                    574 100
    其他应收款                                   50 000
    存货跌价准备                                 20 000
  贷：库存商品                                  570 000
      应交税费——应交增值税(进项税额转出)        74 100
```

2. 库存商品降价销售，会计核算损失＝(30－8)－18.08÷(1＋13%)＝6(万元)，按照税法规定材料损失金额＝30－18.08÷(1＋13%)＝14(万元)，应纳税调减 8 万元。

```
借：银行存款                                    180 800
  贷：主营业务收入                              160 000
      应交税费——应交增值税(销项税额)            20 800
```

```
借：主营业务成本                               220 000
    存货跌价准备                                80 000
    贷：库存商品                                       300 000
```

3. 闲置设备处置损失，会计核算计入损益的金额＝（1 500－20－1 190）－271.2÷（1＋13％）＝50（万元），按照税法规定确认设备处置损失金额＝（1 500－1 214）－271.2÷（1＋13％）＝46（万元），税法与会计差异 4 万元，应纳税调增 4 万元。

```
借：固定资产清理                              2 900 000
    累计折旧                                 11 900 000
    固定资产减值准备                            200 000
    贷：固定资产                                     15 000 000
借：银行存款                                  2 712 000
    资产处置损益                                500 000
    贷：固定资产清理                                  2 900 000
        应交税费——应交增值税（销项税额）               312 000
```

B 公司 2022 年度纳税申报情况，如表 5-9-4 和表 5-9-5 所示。

表 5-9-4　资产损失税前扣除及纳税调整明细表（A105090）（局部）

单位：万元

行次	项目	资产损失直接计入本年损益金额	资产损失准备金核销金额	资产处置收入	赔偿收入	资产计税基础	资产损失的税收金额	纳税调整金额
		1	2	3	4	5	6(5－4－3)	7
5	三、存货损失	63.41	10.00	16.00	5.00	94.41	73.41	－10.00
6	其中：存货盘亏、报废、损毁、变质或被盗损失	57.41	2.00	0	5.00	64.41	59.41	－2.00
7	四、固定资产损失	50.00	20.00	240.00	0	286.00	46.00	4.00
8	其中：固定资产盘亏、丢失、报废、损毁或被盗损失	0	0	0	0	0	0	0

表 5-9-5　纳税调整项目明细表（A105000）（局部）

单位：万元

行次	项目	账载金额	税收金额	调增金额	调减金额
		1	2	3	4
34	（三）资产损失（填写 A105090）	*	*		6

5.9.2.2　金融企业资产损失税前扣除的纳税申报

金融企业发生的资产损失，有一部分是和非金融企业一样申报处理，比如货币资产、存货、固定资产等;还有一部分属于金融企业特有的资产项目和损失类型,这些业务发生后需要填报指定行次,并采用与非金融企业不一样的填报方法。这些行次具体如下:

第17行"(一)金融企业债权性投资损失",填报金融企业当年发生的债权性投资损失的账载金额、资产损失准备金核销金额、资产处置收入、赔偿收入、资产计税基础、资产损失的税收金额及纳税调整金额。

第18行"1.贷款损失",填报金融企业当年发生的贷款损失的账载金额、资产损失准备金核销金额、资产处置收入、赔偿收入、资产计税基础、资产损失的税收金额及纳税调整金额。

第19行"符合条件的涉农和中小企业贷款损失",填报金融企业当年发生的,符合规定条件的涉农和中小企业贷款形成的资产损失相关申报内容。

第20行"单户贷款余额300万(含)以下的贷款损失",填报金融企业当年发生的符合条件的涉农和中小企业贷款损失中,单户贷款余额300万(含)以下的资产损失相关申报内容。

第21行"单户贷款余额300万元至1 000万元(含)的贷款损失",填报金融企业当年发生的符合条件的涉农和中小企业贷款损失中,单户余额300万元至1 000万元(含)的资产损失相关申报内容。

第22行"2.其他债权性投资损失",填报金融企业当年发生的,除贷款损失以外的其他债权性投资损失的账载金额、资产损失准备金核销金额、资产处置收入、赔偿收入、资产计税基础、资产损失的税收金额及纳税调整金额。

第27行"十一、打包出售资产损失",填报纳税人当年发生的,将不同类别的资产捆绑(打包),以拍卖、询价、竞争性谈判、招标等市场方式出售形成的资产损失的账载金额、资产损失准备金核销金额、资产处置收入、赔偿收入、资产计税基础、资产损失的税收金额及纳税调整金额。

填报这些行次时第1列至第6列,各列的填报方法与非金融企业一样,但是第7列不同。政策性银行、商业银行、财务公司、城乡信用社、金融租赁公司以及经省级金融管理部门(金融办、局等)批准成立的小额贷款公司,填报第7列"纳税调整金额"时,第17至22行、第27行填报第1+2-6列金额,其他行次填报第1-6列金额。

风险提示 在填报第6列"资产损失的税收金额"时,不考虑根据该贷款资产已经计提并税前扣除的贷款跌价准备,也不考虑贷款资产实际损失中有多少金额是冲减以前已提取并税前扣除的跌价准备,而是按照该贷款资产的计税基础计算损失的全部实际发生金额填报。贷款准备金的调整通过填报表A105120完成,具体方法请参见案例解析5-38。

案例解析 5-30 金融企业贷款损失纳税调整及申报

【案例材料】

C银行2022年发生的部分贷款损失业务如下：

1.4月因甲公司破产注销，核销对甲公司的贷款200万元，该贷款已提取贷款损失准备金140万元。甲公司贷款不属于中小企业贷款。

2.6月处置打包债权，该债权账面原值3 000万元（等于计税基础），已提贷款损失准备600万元，处置收入1 500万元，会计核算确认处置损失900万元。

3.11月因乙公司贷款已到期半年，乙公司以企业亏损为由表示短期内无法按合同约定偿还，银行确认该笔1 000万元贷款损失，该贷款银行未提取贷款损失准备。乙公司贷款不属于中小企业贷款。

4.12月确认两笔涉农贷款损失，因债务人均遭受洪水灾害，损失巨大，丙农户贷款金额100万元，已计提贷款损失准备40万元；丁农户贷款350万元，已计提贷款损失准备100万元。

要求：分析C银行2022年度贷款损失的纳税申报情况。

【案例分析】

1. 会计核算。

(1) 核销对甲公司的贷款：

借：贷款损失准备	1 400 000
信用减值损失	600 000
贷：贷款——甲公司	2 000 000

(2) 处置打包债权：

借：银行存款	15 000 000
贷款损失准备	6 000 000
贷款处置损益	9 000 000
贷：贷款——打包债权	30 000 000

(3) 核销乙公司贷款：

借：信用减值损失	10 000 000
贷：贷款——乙公司	10 000 000

(4) 核销涉农贷款：

借：贷款损失准备	1 400 000
信用减值损失	3 100 000
贷：贷款——涉农贷款	4 500 000

2. 涉税分析。

（1）因甲公司破产注销，该贷款损失200万元按照税法规定可以税前扣除。

（2）处置打包债权损失可以税前扣除，处置收入为1500万元，处置资产计税基础为3000万元，处置损失为1500万元。

（3）乙公司的贷款损失，按照税法规定，不符合损失确认条件，不能税前扣除。

（4）涉农贷款损失，因债务人遭受洪水灾害，损失巨大，符合税法规定的损失认定条件。可以确认损失450万元。

C银行2022年度纳税申报情况，如表5-9-6和表5-9-7所示。

表 5-9-6　资产损失税前扣除及纳税调整明细表（A105090）（局部）

单位：万元

行次	项目	资产损失直接计入本年损益金额	资产损失准备金核销金额	资产处置收入	赔偿收入	资产计税基础	资产损失的税收金额	纳税调整金额
		1	2	3	4	5	6(5-4-3)	7
17	（一）金融企业债权性投资损失（18+22）							
18	1.贷款损失	1 370	280	0	0	650	650	1 000
19	其中：符合条件的涉农和中小企业贷款损失	310	140	0	0	450	450	0
20	其中：单户贷款余额300万（含）以下的贷款损失	60	40	0	0	100	100	0
21	单户贷款余额300万元至1 000万元（含）的贷款损失	250	100	0	0	350	350	0
22	2.其他债权性投资损失							
27	十一、打包出售资产损失	900	600	1 500	0	3 000	1 500	0

表 5-9-7　纳税调整项目明细表（A105000）（局部）

单位：万元

行次	项目	账载金额	税收金额	调增金额	调减金额
		1	2	3	4
34	（三）资产损失（填写A105090）	*	*	1 000	

5.9.3　表内、表间关系

（1）表内关系。

第16行=第17+23行。

第17行＝第18＋22行。

第29行＝第1＋2＋5＋7＋9＋12＋14＋16＋24＋26＋27＋28行。

第6列＝第5－3－4列。

政策性银行、商业银行、财务公司、城乡信用社、金融租赁公司以及经省级金融管理部门（金融办、局等）批准成立的小额贷款公司：第1至15行、第24至26行、第28行第7列＝第1－6列金额；第17至22行、第27行第7列＝第1＋2－6列金额。

其他企业：第7列＝第1－6列。

(2) 表间关系。

若第29行第7列≥0，第29行第7列＝表A105000第34行第3列；若第29行第7列＜0，第29行第7列的绝对值＝表A105000第34行第4列。

5.10 《企业重组及递延纳税事项纳税调整明细表》(A105100)

表A105100(见表5-10-1)适用于发生企业重组、非货币性资产对外投资、技术入股等业务的纳税人填报。纳税人发生企业重组事项的，在企业重组日所属纳税年度分析填报。对于发生债务重组业务且选择特殊性税务处理(即债务重组所得可以在5个纳税年度均匀计入应纳税所得额)的纳税人，重组日所属纳税年度的以后纳税年度，也在表A105100进行债务重组的纳税调整。除上述债务重组所得可以分期确认应纳税所得额的企业重组外，其他涉及资产计税基础与会计核算成本差异调整的企业重组，表A105100不作调整，在《资产折旧、摊销及纳税调整明细表》(A105080)进行纳税调整。

5.10.1 债务重组

《财政部 国家税务总局关于企业重组业务企业所得税处理若干问题的通知》(财税〔2009〕59号)规定，债务重组是指在债务人发生财务困难的情况下，债权人按照其与债务人达成的书面协议或者法院裁定书，就其债务人的债务作出让步的事项。

风险提示 2019年，财政部修订了债务重组准则，修订后的《企业会计准则第12号——债务重组》规定，债务重组是指在不改变交易对手方的情况下，经债权人和债务人协定或法院裁定，就清偿债务的时间、金额或方式等重新达成协议的交易。自2019年1月1日后，会计确定的债务重组范围要大于税法确认的债务重组范围，表A105100填报的债务重组业务是税法规定的债务重组。

表5-10-1 企业重组及递延纳税事项纳税调整明细表（A105100）

行次	项目	一般性税务处理			特殊性税务处理（递延纳税）			纳税调整金额
		账载金额	税收金额	纳税调整金额	账载金额	税收金额	纳税调整金额	
		1	2	3(2−1)	4	5	6(5−4)	7(3+6)
1	一、债务重组							
2	其中：以非货币性资产清偿债务							
3	债转股							
4	二、股权收购							
5	其中：涉及跨境重组的股权收购							
6	三、资产收购							
7	其中：涉及跨境重组的资产收购							
8	四、企业合并(9+10)							
9	（一）同一控制下企业合并							
10	（二）非同一控制下企业合并							
11	五、企业分立							
12	六、非货币性资产对外投资							
13	七、技术入股							
14	八、股权划转、资产划转							
15	九、基础设施领域不动产投资信托基金(□原始权益人□项目公司)							
15.1	（一）设立基础设施REITs前							
15.2	（二）设立基础设施REITs阶段							
16	十、其他							
17	合计(1+4+6+8+11+12+13+14+15+16)							

5.10.1.1 以非货币资产清偿债务

1) 债务重组税收政策

《财政部 国家税务总局关于企业重组业务企业所得税处理若干问题的通知》(财税〔2009〕59号)规定,以非货币资产清偿债务,应当分解为转让相关非货币性资产、按非货币性资产公允价值清偿债务两项业务,确认相关资产的所得或损失。

企业债务重组确认的应纳税所得额占该企业当年应纳税所得额50%以上,可以在5个纳税年度的期间内,均匀计入各年度的应纳税所得额。

《国家税务总局关于企业取得财产转让等所得企业所得税处理问题的公告》(国家税务总局公告2010年第19号)规定,企业取得财产(包括各类资产、股权、债权等)转让收入、债务重组收入、接受捐赠收入、无法偿付的应付款收入等,不论是以货币形式体现,还是以非货币形式体现,除另有规定外,均应一次性计入确认收入的年度计算缴纳企业所得税。

风险提示 会计准则规定,以资产清偿债务或者将债务转为权益工具方式进行债务重组的,债权人应当在相关资产符合其定义和确认条件时予以确认。以资产清偿债务方式进行债务重组的,债权人初始确认受让的金融资产以外的资产(包括存货、固定资产、无形资产、投资性房地产等)时,该项资产的成本包括放弃债权的公允价值和使该资产达到当前位置和状态所发生的可直接归属于该资产的税金、运输费、装卸费、保险费、装卸费、安装费、专业人员服务费等其他成本。放弃债权的公允价值与账面价值之间的差额,应当计入当期损益。

2) 债务重组纳税申报

发生企业重组纳税调整项目的纳税人,在企业重组日所属纳税年度分析填报《企业重组及递延纳税事项纳税调整明细表》(A105100)。对于发生债务重组业务且选择特殊性税务处理(即债务重组所得可以在5个纳税年度均匀计入应纳税所得额)的纳税人,重组日所属纳税年度以后的各纳税年度,也在表A105100进行债务重组的纳税调整。

第1行"一、债务重组",填报企业发生债务重组业务的相关金额。

第2行"其中:以非货币性资产清偿债务",填报企业发生以非货币性资产清偿债务的债务重组业务的相关金额。

第3行"债转股",填报企业发生债权转股权的债务重组业务的相关金额。

表A105100数据栏设置"一般性税务处理""特殊性税务处理(递延纳税)"两大栏次。纳税人应根据企业重组所适用的税务处理办法,分别按照企业重组类型进行累计填报,损失以"—"号填列。

(1) 一般性税务处理的申报。

第1列"一般性税务处理——账载金额",填报企业重组适用一般性税务处理或企业未发生递延纳税业务,会计核算确认的企业损益金额。

第2列"一般性税务处理——税收金额",填报企业重组适用一般性税务处理或企业未发生递延纳税业务,按税收规定确认的所得(或损失)。

第3列"一般性税务处理——纳税调整金额",填报企业重组适用一般性税务处理或企业未发生递延纳税业务,按税收规定确认的所得(或损失)与会计核算确认的损益金额的差额,为第2-1列的余额。

(2) 特殊性税务处理的申报。

第4列"特殊性税务处理(递延纳税)——账载金额",填报企业重组适用特殊性税务处理或企业发生递延纳税业务,会计核算确认的损益金额。

第5列"特殊性税务处理(递延纳税)——税收金额",填报企业重组适用特殊性税务处理或企业发生递延纳税业务,按税收规定确认的所得(或损失)。

第6列"特殊性税务处理(递延纳税)——纳税调整金额",填报企业重组适用特殊性税务处理或企业发生递延纳税业务,按税收规定确认的所得(或损失)与会计核算确认的损益金额的差额,为第5-4列的余额。

(3) 纳税调整合计。

第7列"纳税调整金额",填报第3+6列的合计金额。

案例解析 5-31 以存货清偿债务纳税申报

【案例材料】

2022年1月1日,A公司销售一批材料给B公司,双方约定价格为135.6万元,B公司承诺5月付款,但是B公司因发生重大财务困难一直未按合同规定偿还债务。2022年9月1日,经双方协议,A公司同意B公司用产品抵偿该应收账款,并将B公司抵偿的产品作为库存商品管理。抵债产品公允价格为86万元(不含增值税),产品成本为72万元。A、B公司均为增值税一般纳税人,增值税税率为13%,除增值税之外不考虑其他税费。债务重组之前A公司曾根据信用评估结果对该项应收账款计提坏账准备2万元。

要求:分析B公司2022年度该项债务重组业务的纳税申报情况。

【案例分析】

1. B公司的会计处理。

抵债产品应交增值税销项税额=86×13%=11.18(万元)。

```
借：应付账款                                                    1 356 000
    贷：库存商品                                                       720 000
        应交税费——应交增值税(销项税额)                                111 800
        其他收益                                                       524 200
```

2. B公司的税务处理。

B公司发生重大财务困难，以存货抵偿债务属于债务重组业务。按照存货的公允价格确认资产转让所得14万元(86—72)，含税公允价值与重组债务的账面价值确认为债务重组收益，债务重组所得为38.42万元(135.6—97.18)，两项合计52.42万元。

B公司2022年度纳税申报情况，如表5-10-2所示。

表5-10-2　企业重组及递延纳税事项纳税调整明细表(A105100)(局部)

单位：万元

行次	项　目	一般性税务处理			纳税调整金额
		账载金额	税收金额	纳税调整金额	
		1	2	3(2—1)	7(3+6)
1	一、债务重组	52.42	52.42	0	
2	其中：以非货币性资产清偿债务	52.42	52.42	0	

案例解析 5-32　以固定资产清偿债务纳税申报

【案例材料】

A公司因采购业务拖欠B公司货款1 035 000元(包括应收的增值税税款)，由于A公司发生财务困难，无法偿还到期债务。2022年10月，经双方协议，B公司同意A公司用一台设备抵偿该债务。这台设备的账面原价为1 200 000元，累计折旧为300 000元，发生清理费用10 000元，设备的公允价值850 000元(增值税按照简易办法计算征收)，A公司当年应纳税所得额为200 000元。B公司对债权计提坏账准备50 000元(未经税务机关核准未税前扣除)，B公司将受让的设备作为固定资产管理，假设除增值税外不考虑其他相关税费。(说明：为了简化表述，税款金额的计算取近似数)

要求：分析A公司和B公司债务重组业务的纳税申报情况。

【案例分析】

1. A公司。

(1) A公司的会计处理：

```
借：固定资产清理                                                   900 000
    累计折旧                                                       300 000
    贷：固定资产                                                     1 200 000
```

借：固定资产清理	10 000	
贷：银行存款		10 000
借：应付账款	1 035 000	
贷：固定资产清理		910 000
其他收益——债务重组收益		108 495
应交税费——简易计税		16 505

(2) 按照税法规定 A 公司税务处理：

债务重组收益＝1 035 000－850 000＝185 000（元）。

应缴纳增值税＝850 000÷(1＋3%)×2%≈16 505（元）。

资产转让所得＝(850 000－16 505)－910 000＝－76 505（元）。

A 公司的资产转让损失 76 505 元可以税前扣除，实现的债务重组收益 185 000 元应该并入当期应纳税所得额，会计与税法确认金额没有差异。由于 A 公司债务重组业务确认的应纳税所得额 108 495 元（185 000－76 505），占当年应纳税所得额的比例为 54.24%，所以企业可以按照特殊性税务处理，分 5 年纳税，2022 年计入应纳税所得额 21 699 元。会计核算一次性计入当期损益 108 495 元，本年应纳税调减 86 796 元。

A 公司 2022 年度纳税申报情况，如表 5-10-3 和表 5-10-4 所示。

表 5-10-3　企业重组及递延纳税事项纳税调整明细表（A105100）（局部）

单位：元

行次	项　目	特殊性税务处理（递延纳税）			纳税调整金额
		账载金额	税收金额	纳税调整金额	
		4	5	6(5－4)	7(3＋6)
1	一、债务重组				
2	其中：以非货币性资产清偿债务	108 495	21 699	－86 796	

表 5-10-4　纳税调整项目明细表（A105000）（局部）

单位：元

行次	项　目	账载金额	税收金额	调增金额	调减金额
		1	2	3	4
36	四、特殊事项调整项目(37＋38＋…＋43)	＊	＊		
37	（一）企业重组及递延纳税事项（填写A105100）	108 495	21 699		86 796

2023 年至 2026 年每年纳税申报时应纳税调增 21 699 元，4 年合计调增 86 796 元。

2. B 公司。

(1) B 公司的会计处理：

借：固定资产　　　　　　　　　　　　　　　　　　　　985 000
　　坏账准备　　　　　　　　　　　　　　　　　　　　 50 000
　贷：应收账款　　　　　　　　　　　　　　　　　　　1 035 000

(2) 按照税法规定 B 公司的税务处理：

B 公司收到的固定资产计税基础为 850 000 元，确认债务重组损失为 185 000 元。会计不确认损失，资产的账面价值为 985 000 元。B 公司 2022 年需要纳税调减 185 000 元。

B 公司 2022 年度纳税申报情况，如表 5-10-5 和表 5-10-6 所示。

表 5-10-5　企业重组及递延纳税事项纳税调整明细表（A105100）（局部）

单位：元

行次	项　目	特殊性税务处理（递延纳税）			纳税调整金额
		账载金额	税收金额	纳税调整金额	
		4	5	6(5−4)	7(3+6)
1	一、债务重组				
2	其中：以非货币性资产清偿债务	0	−185 000	−185 000	

表 5-10-6　纳税调整项目明细表（A105000）（局部）

单位：元

行次	项　目	账载金额	税收金额	调增金额	调减金额
		1	2	3	4
36	四、特殊事项调整项目(37+38+…+43)	*	*		
37	（一）企业重组及递延纳税事项（填写A105100）	0	−185 000		185 000

B 公司取得的抵债资产账面价值和计税基础的差异，未来期间在《资产折旧、摊销及纳税调整明细表》（A105080）进行纳税调整。

5.10.1.2　债务转为资本的债务重组

《财政部　国家税务总局关于企业重组业务企业所得税处理若干问题的通知》（财税〔2009〕59 号）规定，发生债权转股权的债务重组，应当分解为债务清偿和股权投资两项业务，确认有关债务清偿所得或损失。企业发生债权转股权业务，对债务清偿和股权投资两项业务暂不确认有关债务清偿所得或损失，股权投资的计税基础以原债权的计税基础确定。企业的其他相关所得税事项保持不变。

 案例解析 5-33　"债转股"的债务重组业务纳税申报

【案例材料】

D 公司为房地产开发企业。2020 年 10 月，D 公司销售商品房给 E 公司，应收账款总额为 40 000 万元,由于 E 公司发生重大财务困难,无法按期偿付债务。经双方协商,2022 年 3 月达成重组协议,同意 E 公司向 D 公司定向增发普通股抵偿该项债务。E 公司用于抵债的普通股为 3 000 万股,股票每股面值为 1 元,当时市价为每股 12 元。

要求:分析 D 公司和 E 公司债转股业务纳税申报情况。

【案例分析】

1. 会计处理。

(1) D 公司的会计处理:

借:长期股权投资　　　　　　　　　　　　　　　　　　　360 000 000
　　投资收益　　　　　　　　　　　　　　　　　　　　　 40 000 000
　　贷:应收账款　　　　　　　　　　　　　　　　　　　　　　400 000 000

(2) E 公司的会计处理:

借:应付账款　　　　　　　　　　　　　　　　　　　　　400 000 000
　　贷:股本　　　　　　　　　　　　　　　　　　　　　　　　 30 000 000
　　　　资本公积——股本溢价　　　　　　　　　　　　　　　　330 000 000
　　　　投资收益　　　　　　　　　　　　　　　　　　　　　　 40 000 000

2. 涉税分析。

重组当期,D 公司取得该项长期股权投资的会计成本是 36 000 万元,同时确认损失 4 000 万元,按照税法规定,该项股权的计税基础是 40 000 万元,当期纳税申报时需纳税调增 4 000 万元。

E 公司会计核算确认 4 000 万元投资收益,根据税法规定不需要计入当期应纳税所得额,作纳税调减 4 000 万元处理。

3. 纳税申报。

D 公司 2022 年度纳税申报情况,如表 5-10-7 和表 5-10-8 所示。

表 5-10-7　企业重组及递延纳税事项纳税调整明细表(A105100)(局部)

单位:万元

行次	项　目	一般性税务处理			纳税调整金额
		账载金额	税收金额	纳税调整金额	
		1	2	3(2-1)	7(3+6)
1	一、债务重组				
3	其中:债转股	-4 000	0	4 000	

表 5-10-8　纳税调整项目明细表(A105000)(局部)

单位:万元

行次	项　目	账载金额	税收金额	调增金额	调减金额
		1	2	3	4
36	四、特殊事项调整项目(37+38+…+43)	*	*		
37	(一)企业重组及递延纳税事项(填写A105100)	-4 000	0		4 000

E公司2022年度纳税申报情况,如表5-10-9和表5-10-10所示。

表 5-10-9　企业重组及递延纳税事项纳税调整明细表(A105100)(局部)

单位:万元

行次	项　目	一般性税务处理			纳税调整金额
		账载金额	税收金额	纳税调整金额	
		1	2	3(2-1)	7(3+6)
1	一、债务重组				
3	其中:债转股	4 000	0	-4 000	

表 5-10-10　纳税调整项目明细表(A105000)(局部)

单位:万元

行次	项　目	账载金额	税收金额	调增金额	调减金额
		1	2	3	4
36	四、特殊事项调整项目(37+38+…+43)	*	*		
37	(一)企业重组及递延纳税事项(填写A105100)	4 000	0		4 000

5.10.2　股权收购与资产收购

《财政部　国家税务总局关于企业重组业务企业所得税处理若干问题的通知》(财税〔2009〕59号)规定如下:

股权收购,是指一家企业(以下称为收购企业)购买另一家企业(以下称为被收购企业)的股权,以实现对被收购企业控制的交易。收购企业支付对价的形式包括股权支付、非股权支付或两者的组合。

资产收购,是指一家企业(以下称为受让企业)购买另一家企业(以下称为转让企业)实质经营性资产的交易。受让企业支付对价的形式包括股权支付、非股权支付或两者的组合。

股权支付,是指企业重组中购买、换取资产的一方支付的对价中,以本企业或其控股企业的股权、股份作为支付的形式;非股权支付,是指以本企业的现金、银行存款、应收款项、本企业或其控股企业股权和股份以外的有价证券、存货、固定资产、其他资产以及承担债务等作为支付的形式。

《国家税务总局关于企业重组业务企业所得税征收管理若干问题的公告》(国家税务总局公告2015年第48号)规定如下:

股权收购中当事各方,是指收购方、转让方及被收购企业,主导方为股权转让方,涉及两个或两个以上股权转让方,由转让被收购企业股权比例最大的一方作为主导方(转让股权比例相同的可协商确定主导方)。以转让合同(协议)生效且完成股权变更手续日为重组日。关联企业之间发生股权收购,转让合同(协议)生效后12个月内尚未完成股权变更手续的,应以转让合同(协议)生效日为重组日。

资产收购中当事各方,是指收购方、转让方,主导方为资产转让方。以转让合同(协议)生效且当事各方已进行会计处理的日期为重组日。

5.10.2.1 股权收购与资产收购的一般性税务处理

《财政部 国家税务总局关于企业重组业务企业所得税处理若干问题的通知》(财税〔2009〕59号)规定,企业股权收购、资产收购重组交易,相关交易应按以下规定处理:

(1) 被收购方应确认股权、资产转让所得或损失。
(2) 收购方取得股权或资产的计税基础应以公允价值为基础确定。
(3) 被收购企业的相关所得税事项原则上保持不变。

5.10.2.2 股权收购与资产收购的特殊性税务处理

《财政部 国家税务总局关于企业重组业务企业所得税处理若干问题的通知》(财税〔2009〕59号)规定如下:

适用特殊性税务处理应同时符合的条件:

(1) 具有合理的商业目的,且不以减少、免除或者推迟缴纳税款为主要目的。
(2) 企业重组中取得股权支付的原主要股东,在重组后连续12个月内,不得转让所取得的股权。
(3) 企业重组后的连续12个月内不改变重组资产原来的实质性经营活动。
(4) 收购企业购买的股权不低于被收购企业全部股权的50%。
(5) 收购企业在该股权收购发生时的股权支付金额不低于其交易支付总额的85%。

满足特殊性税务处理的,股权收购可以选择按以下规定处理:

(1) 被收购企业的股东取得收购企业股权的计税基础,以被收购股权的原有计税基础确定。

(2) 收购企业取得被收购企业股权的计税基础,以被收购股权的原有计税基础确定。

(3) 收购企业、被收购企业的原有各项资产和负债的计税基础和其他相关所得税事项保持不变。

满足特殊性税务处理的,资产收购可以选择按以下规定处理:

(1) 转让企业取得受让企业股权的计税基础,以被转让资产的原有计税基础确定。

(2) 受让企业取得转让企业资产的计税基础,以被转让资产的原有计税基础确定。

特殊性税务处理中,股权支付部分暂不确认有关资产的转让所得或损失的,其非股权支付仍应在交易当期确认相应的资产转让所得或损失,并调整相应资产的计税基础。

$$\text{非股权支付对应的资产转让所得或损失} = \left(\text{被转让资产的公允价值} - \text{被转让资产的计税基础}\right) \times \left(\text{非股权支付金额} \div \text{被转让资产的公允价值}\right)$$

5.10.2.3 股权收购与资产收购的纳税申报

发生股权收购、资产收购时如果适用一般性税务处理,填报第1列至第3列;如果适用特殊性税务处理,填报第4列至第6列。填报方法同5.10.1.1"以非货币资产清偿债务",填报行次如下:

第4行"二、股权收购",填报企业发生股权收购重组业务的相关金额。

第5行"其中:涉及跨境重组的股权收购",填报企业发生涉及中国境内与境外之间、内地与港澳之间、大陆与台湾地区之间的股权收购交易重组业务的相关金额。

第6行"三、资产收购",填报企业发生资产收购重组业务的相关金额。

第7行"其中:涉及跨境重组的资产收购",填报企业发生涉及中国境内与境外之间、内地与港澳之间、大陆与台湾地区之间的资产收购交易重组业务的相关金额。

风险提示 企业重组业务适用特殊性税务处理的,重组各方应在该重组业务完成当年,办理企业所得税年度申报时,分别向各自主管税务机关报送《企业重组所得税特殊性税务处理报告表及附表》和申报资料。重组主导方申报后,其他当事方向其主管税务机关办理纳税申报。申报时还应附送重组主导方经主管税务机关受理的《企业重组所得税特殊性税务处理报告表及附表》(复印件)。

应从以下几方面逐条说明企业重组具有合理的商业目的:

(1) 重组交易的方式。
(2) 重组交易的实质结果。
(3) 重组各方涉及的税务状况变化。
(4) 重组各方涉及的财务状况变化。
(5) 非居民企业参与重组活动的情况。

当事各方还应向主管税务机关提交重组前连续12个月内有无与该重组相关的其他股权、资产交易情况的说明,并说明这些交易与该重组是否构成分步交易,是否作为一项企业重组业务进行处理。

案例解析5-34 非同一控制下股权收购纳税申报

【案例材料】

A公司和B公司为非同一控制下的独立交易公司。2022年3月,A公司与B公司的股东M公司签订股权收购协议,A公司向M公司定向增发股权100万股(股权公允价值为900万元),同时支付现金100万元,购买其所持有的B公司80%的股权。B公司被收购股权的公允价值为1 000万元,M公司持有B公司股权的账面价值为400万元(与计税基础相同)。

该股权收购满足以下条件:具有合理的商业目的,且不以减少、免除或者推迟缴纳税款为主要目的;公司重组中取得股权支付的原主要股东,在重组后连续12个月内,不得转让所取得的股权;公司重组后的连续12个月内不改变重组资产原来的实质性经营活动。

要求:分析股权收购业务中M公司2022年度纳税申报情况。

【案例分析】

1. 会计处理。

(1) A公司的会计处理:

借:长期股权投资——B公司	10 000 000
贷:银行存款	1 000 000
实收资本	1 000 000
资本公积	8 000 000

(2) M公司会计处理:

借:长期股权投资——A公司	9 000 000
银行存款	1 000 000
贷:长期股权投资——B公司	4 000 000
投资收益	6 000 000

2. 税务处理。

(1) A公司收购B公司80%的股权,并且股权支付金额占交易支付总额的比例为900÷1 000=90%,不低于85%,综合案例所给的其他条件,可以判断该项股权收购可以采用特殊性税务处理方法。

(2) M公司税务处理:

① 非股权支付确认所得。对于股权支付部分,M公司暂不确认有关资产的转让所得或损失,现金部分应确认相应的股权转让所得=(被转让股权的公允价值-被转让股权的计税基础)×(现金÷被转让股权的公允价值)=(1 000-400)×(100÷1 000)=60(万元)。这与M公司会计处理中反映的投资收益600万元存在差异,在所得税申报时要纳税调减540万元。

② M公司取得的A公司股权的计税基础=被转让股权的初始计税基础-非股权支付金额+股权转让所得=400-100+60=360(万元)。而M公司对A公司长期股权投资的账面价值为900万元,税法与会计存在差异。未来M公司处置对A公司的长期股权投资时,由于计税成本和账面价值存在差异,处置损益会产生税法与会计差异,需要纳税调整。

(3) M公司2022年度纳税申报情况,如表5-10-11和表5-10-12所示。

表5-10-11　企业重组及递延纳税事项纳税调整明细表(A105100)(局部)

单位:万元

行次	项目	特殊性税务处理(递延纳税)			纳税调整金额
		账载金额	税收金额	纳税调整金额	
		4	5	6(5-4)	7(3+6)
4	二、股权收购	600	60	-540	

表5-10-12　纳税调整项目明细表(A105000)(局部)

单位:万元

行次	项目	账载金额	税收金额	调增金额	调减金额
		1	2	3	4
36	四、特殊事项调整项目(37+38+…+43)				
37	(一)企业重组及递延纳税事项(填写A105100)	600	60		540

案例解析5-35　资产收购业务的纳税申报

【案例材料】

A公司为扩展生产经营规模,决定收购B公司的相关资产。2022年5月1日,双方达成资产收购协议,A 公司收购 B 公司一组资产,占全部资产的比例为 60%。所收购资产的账面价值和公允价值具体情况如下:

1. 设备账面价值 520 万元,公允价值 600 万元。
2. 不动产账面价值 1 800 万元,公允价值 2 300 万元。
3. 存货账面价值 70 万元,公允价值 110 万元。

A 公司向 B 公司支付了两项对价:一是定向向 B 公司增发股份 1 000 万股,股份的公允价值为 2 600 万元;二是支付现金 410 万元。

该项资产收购是为了扩大生产经营,具有合理的商业目的,且双方承诺保持税法规定的资产和权益的连续性要求。

要求:假设不考虑增值税等相关税费,分析 B 公司 2022 年度资产收购业务的纳税申报情况。

【案例分析】

1. B 公司的税务处理。

A 公司在资产收购中,股权支付金额为 2 600 万元,非股权支付金额为 410 万元,股权支付金额占交易总额的 86.38%(2 600÷3 010),超过 85% 的比例。收购资产占全部资产比例 60%,超过 50% 的比例要求,因此,A 公司和 B 公司可以按照税法规定,进行特殊性税务处理备案申报。

转让方 B 公司取得受让公司股权的计税基础,以被转让资产的原有计税基础确定。由于转让方 B 公司转让资产,不仅收到了股权,还收到了 410 万元现金的非股权支付,应确认非股权支付对应的资产转让所得。

$$\begin{matrix}\text{非股权支付对应的}\\ \text{资产转让所得或损失}\end{matrix} = \left(\begin{matrix}\text{被转让资产}\\ \text{的公允价值}\end{matrix} - \begin{matrix}\text{被转让资产}\\ \text{的计税基础}\end{matrix}\right) \times \left(\begin{matrix}\text{非股权}\\ \text{支付金额}\end{matrix} \div \begin{matrix}\text{被转让资产}\\ \text{的公允价值}\end{matrix}\right)$$

B 公司非股权支付对应的资产转让所得=(3 010-2 390)×(410÷3 010)=84.45(万元),B 公司需要就其非股权支付对应的资产转让所得 84.45 万元缴纳公司所得税。

B 公司取得 A 公司 1 000 万股股份的计税基础=2 390+84.45-410=2 064.45(万元)。

2. B 公司的会计处理。

B 公司转让了一组资产,会计核算时按照各资产的公允价值和账面价值确认资产处置(销售)损益。计入当期损益的金额=(600-520)+(2 300-1 800)+(110-70)=620(万元)。B 公司取得 A 公司股权的入账价值为 2 600 万元。

3. 纳税调整。

本期会计核算计入当期损益 620 万元,税法确认收益 84.45 万元,应纳税调减

535.55万元。将来B公司转让A公司股权时,股权的计税基础为2 064.45万元,账面价值为2 600万元,转让所得应纳税调增535.55万元。

2022年度B公司纳税申报情况,如表5-10-13和表5-10-14所示。

表5-10-13　企业重组及递延纳税事项纳税调整明细表(A105100)(局部)

单位:万元

行次	项目	特殊性税务处理(递延纳税)			纳税调整金额
		账载金额	税收金额	纳税调整金额	
		4	5	6(5-4)	7(3+6)
6	三、资产收购	620.00	84.45	-535.55	

表5-10-14　纳税调整项目明细表(A105000)(局部)

单位:万元

行次	项目	账载金额	税收金额	调增金额	调减金额
		1	2	3	4
36	四、特殊事项调整项目(37+38+…+43)	*	*		
37	(一)企业重组及递延纳税事项(填写A105100)	620.00	84.45		535.55

5.10.3　企业合并与企业分立

《财政部　国家税务总局关于企业重组业务企业所得税处理若干问题的通知》(财税〔2009〕59号)规定如下:

企业合并,是指一家或多家企业(以下称为被合并企业)将其全部资产和负债转让给另一家现存或新设企业(以下称为合并企业),被合并企业股东换取合并企业的股权或非股权支付,实现两个或两个以上企业的依法合并。

企业分立,是指一家企业(以下称为被分立企业)将部分或全部资产分离转让给现存或新设的企业(以下称为分立企业),被分立企业股东换取分立企业的股权或非股权支付,实现企业的依法分立。

《国家税务总局关于企业重组业务企业所得税征收管理若干问题的公告》(国家税务总局公告2015年第48号)规定如下:

合并中当事各方,是指合并企业、被合并企业及被合并企业股东。合并主导方为被合并企业,涉及同一控制下多家被合并企业的,以净资产最大的一方为主导方。企业合并以合并合同(协议)生效、当事各方已进行会计处理且完成工商新设登记或变更登记日为重组日。按规定不需要办理工商新设或变更登记的合并,以合并合同(协议)生效且当事各方已进行会计处理的日期为重组日。

分立中当事各方,是指分立企业、被分立企业及被分立企业股东。分立主导方为被分立企业。企业分立以分立合同(协议)生效、当事各方已进行会计处理且完成工商新设登记或变更登记日为重组日。

5.10.3.1 合并与分立的一般性税务处理

《财政部 国家税务总局关于企业重组业务企业所得税处理若干问题的通知》(财税〔2009〕59号)规定如下:

企业合并,当事各方应按下列规定处理:

(1) 合并企业应按公允价值确定接受被合并企业各项资产和负债的计税基础。

(2) 被合并企业及其股东都应按清算进行所得税处理。

(3) 被合并企业的亏损不得在合并企业结转弥补。

企业分立,当事各方应按下列规定处理:

(1) 被分立企业对分立出去资产应按公允价值确认资产转让所得或损失。

(2) 分立企业应按公允价值确认接受资产的计税基础。

(3) 被分立企业继续存在时,其股东取得的对价应视同被分立企业分配进行处理。

(4) 被分立企业不再继续存在时,被分立企业及其股东都应按清算进行所得税处理。

(5) 企业分立相关企业的亏损不得相互结转弥补。

5.10.3.2 合并与分立的特殊性税务处理

《财政部 国家税务总局关于企业重组业务企业所得税处理若干问题的通知》(财税〔2009〕59号)规定如下:

企业合并,企业股东在该企业合并发生时取得的股权支付金额不低于其交易支付总额的85%,以及同一控制下且不需要支付对价的企业合并,可以选择按以下规定处理:

(1) 合并企业接受被合并企业资产和负债的计税基础,以被合并企业的原有计税基础确定。

(2) 被合并企业合并前的相关所得税事项由合并企业承继。

(3) 可由合并企业弥补的被合并企业亏损的限额=被合并企业净资产公允价值×截至合并业务发生当年年末国家发行的最长期限的国债利率。

(4) 被合并企业股东取得合并企业股权的计税基础,以其原持有的被合并企业股权的计税基础确定。

企业分立,被分立企业所有股东按原持股比例取得分立企业的股权,分立企业和被分立企业均不改变原来的实质经营活动,且被分立企业股东在该企业分立发生时取得的股权支付金额不低于其交易支付总额的85%,可以选择按以下规定处理:

(1) 分立企业接受被分立企业资产和负债的计税基础,以被分立企业的原有计税基础确定。

(2) 被分立企业已分立出去资产相应的所得税事项由分立企业承继。

(3) 被分立企业未超过法定弥补期限的亏损额可按分立资产占全部资产的比例进行分配,由分立企业继续弥补。

(4) 被分立企业的股东取得分立企业的股权(以下简称"新股"),如需部分或全部放弃原持有的被分立企业的股权(以下简称"旧股"),"新股"的计税基础应以放弃"旧股"的计税基础确定。如不需放弃"旧股",则其取得"新股"的计税基础可从以下两种方法中选择确定:直接将"新股"的计税基础确定为零,或者以被分立企业分立出去的净资产占被分立企业全部净资产的比例先调减原持有的"旧股"的计税基础,再将调减的计税基础平均分配到"新股"上。

5.10.3.3 合并与分立的纳税申报

发生合并、分立业务时如果适用一般性税务处理,填报第1列至第3列,如果适用特殊性税务处理,填报第4列至第6列,填报方法同5.10.1.1"以非货币资产清偿债务",填报行次如下:

第8行"四、企业合并",填报第9行和第10行的合计金额。

第9行"(一)同一控制下企业合并",填报企业发生同一控制下企业合并重组业务的相关金额。

第10行"(二)非同一控制下企业合并",填报企业发生非同一控制下企业合并重组业务的相关金额。

第11行"五、企业分立",填报企业发生非同一控制下企业分立重组业务的相关金额。

5.10.4 非货币性资产对外投资与技术入股

5.10.4.1 非货币性资产对外投资的税收政策

《财政部 国家税务总局关于非货币性资产投资企业所得税政策问题的通知》(财税〔2014〕116号)规定如下:

居民企业以非货币性资产对外投资确认的非货币性资产转让所得,可在不超过5年期限内,分期均匀计入相应年度的应纳税所得额,按规定计算缴纳企业所得税。非货币性资产,是指现金、银行存款、应收账款、应收票据以及准备持有至到期的债券投资等货币性资产以外的资产。企业以非货币性资产对外投资,应对非货币性资产进行评估并按评估后的公允价值扣除计税基础后的余额,计算确认非货币性资产转让所得。

企业以非货币性资产对外投资,应于投资协议生效并办理股权登记手续时,确认非货币性资产转让收入的实现。

风险提示 这里所指的"不超过5年期限",是指从确认非货币性资产转让收入年度起不超过连续5个纳税年度的期间,5年的递延纳税期间要连续,中间不能中断。

企业应将股权投资合同或协议、对外投资的非货币性资产(明细)公允价值评估确认报告、非货币性资产(明细)计税基础的情况说明、被投资企业设立或变更的工商部门证明材料等资料留存备查。

企业以非货币性资产对外投资而取得被投资企业的股权,应以非货币性资产的原计税成本为计税基础,加上每年确认的非货币性资产转让所得,逐年进行调整。

被投资企业取得非货币性资产的计税基础,应按非货币性资产的公允价值确定。

风险提示 可以分期递延纳税的非货币性资产投资,限于以非货币性资产出资设立新的居民企业,或将非货币性资产注入现存的居民企业,不包括在股权转让中以非货币性资产为对价获得股权。

《国家税务总局关于非货币性资产投资企业所得税有关征管问题的公告》(国家税务总局公告2015年第33号)规定,关联企业之间发生的非货币性资产投资行为,投资协议生效后12个月内尚未完成股权变更登记手续的,于投资协议生效时,确认非货币性资产转让收入的实现。

5.10.4.2 技术成果对外投资的税收政策

《财政部 国家税务总局关于完善股权激励和技术入股有关所得税政策的通知》(财税〔2016〕101号)规定如下:

企业或个人以技术成果投资入股到境内居民企业,被投资企业支付的对价全部为股票(权)的,企业或个人可选择继续按现行有关税收政策执行,也可选择适用递延纳税优惠政策。

选择技术成果投资入股递延纳税政策的,经向主管税务机关备案,投资入股当期可暂不纳税,允许递延至转让股权时,按股权转让收入减去技术成果原值和合理税费后的差额计算缴纳所得税。

技术成果,是指专利技术(含国防专利)、计算机软件著作权、集成电路布图设计专有权、植物新品种权、生物医药新品种,以及科技部、财政部、国家税务总局确定的其他技术成果。技术成果投资入股，是指纳税人将技术成果所有权让渡给被投资企业、取得该企业股票（权）的行为。

被投资企业可以按技术成果投资入股时的评估值入账并在企业所得税前摊销扣除。

 技术成果属于非货币性资产，以技术成果投资可以递延纳税，从纳税时间上给企业提供了一种新选择。企业以技术成果投资入股时，既可以选择按5年分期纳税的政策，也可以选择递延至股权转让时再纳税的政策。如果选择递延纳税政策后，持有递延纳税的股权期间，因该股权产生的转增股本收入，以及以该递延纳税的股权再进行非货币性资产投资的，应在当期缴纳税款。

5.10.4.3 递延纳税的纳税申报

表A105100第12行"六、非货币性资产对外投资"，填报企业发生非货币性资产对外投资的相关金额，执行递延纳税政策的填写"特殊性税务处理（递延纳税）"相关列次。

第13行"七、技术入股"，填报企业以技术成果投资入股到境内居民企业，被投资企业支付对价全部为股票（权）的技术入股业务的相关金额，适用递延纳税政策的填写"特殊性税务处理（递延纳税）"相关列次。

案例解析5-36 非货币性资产对外投资业务纳税申报

【案例材料】

A公司为境内注册成立的居民企业。2021年4月20日，A公司以其拥有的土地使用权投资到B公司，取得B公司20%的股权，能对其实施重大影响。A公司采用权益法核算对B公司的长期股权投资。A公司于4月30日办理了资产、股权的登记手续。土地使用权账面原值为9 000万元，累计摊销1 200万元，土地使用权账面价值与计税基础相同，公允价值为16 000万元（不含增值税）。

2022年2月20日，A公司与C公司达成协议，约定以拥有的房产为对价，取得C公司所持有的B公司5%的股权，3月2日办理了房产、股权的转让登记手续，至此A公司拥有B公司25%的股权。房产的账面原值为4 000万元，累计折旧1 200万元，房产的账面价值与计税基础相同，公允价值为4 500万元（不含税）。

要求：分析两年中A公司以非货币性资产取得B公司股权业务的纳税申报情况。

【案例分析】

1. 2021年，A公司的会计和税务处理。

(1) A 公司以土地使用权投资 B 公司的会计核算：

转让土地使用权应交增值税销项税额＝16 000×9％＝1 440(万元)。

借：长期股权投资——B 公司　　　　　　　　　　　　　　　174 400 000
　　累计摊销　　　　　　　　　　　　　　　　　　　　　　 12 000 000
　　贷：无形资产——土地使用权　　　　　　　　　　　　　　90 000 000
　　　　应交税费——应交增值税(销项税额)　　　　　　　　　14 400 000
　　　　资产处置损益　　　　　　　　　　　　　　　　　　　82 000 000

(2) 税务处理：

A 公司应确认土地使用权转让所得＝16 000－(9 000－1 200)＝8 200(万元)，选择分 5 年平均计入当年应纳税所得额，2021 年计入 1 640 万元(8 200÷5)，应纳税调减 6 560 万元。2021 年年末，A 公司确认 B 公司股权的计税基础＝(9 000－1 200)＋1 440＋1 640＝10 880(万元)。

A 公司 2021 年度纳税申报情况，如表 5-10-15 和表 5-10-16 所示。

表 5-10-15　企业重组及递延纳税事项纳税调整明细表(A105100)(局部)

单位：万元

行次	项　目	特殊性税务处理(递延纳税)			纳税调整金额
		账载金额	税收金额	纳税调整金额	
		4	**5**	**6(5－4)**	**7(3＋6)**
12	六、非货币性资产对外投资	8 200	1 640	－6 560	

表 5-10-16　纳税调整项目明细表(A105000)(局部)

单位：万元

行次	项　目	账载金额	税收金额	调增金额	调减金额
		1	**2**	**3**	**4**
36	四、特殊事项调整项目(37＋38＋…＋43)				
37	(一)企业重组及递延纳税事项(填写 A105100)	8 200	1 640		6 560

2. 2022 年 A 公司的会计和税务处理。

(1) A 公司以房产取得 B 公司 5％股权的会计核算：

转让房产应交增值税销项税额＝4 500×9％＝405(万元)。

借：固定资产清理　　　　　　　　　　　　　　　　　　　　28 000 000
　　累计折旧　　　　　　　　　　　　　　　　　　　　　　 12 000 000
　　贷：固定资产　　　　　　　　　　　　　　　　　　　　　40 000 000

借：长期股权投资——B公司　　　　　　　　　　　　　49 050 000
　　贷：固定资产清理　　　　　　　　　　　　　　　　28 000 000
　　　　应交税费——应交增值税(销项税额)　　　　　 4 050 000
　　　　资产处置损益　　　　　　　　　　　　　　　17 000 000

(2) 2022年的税务处理：

2021年，计算所得税时分期确认了转让土地使用权的转让所得1 640万元，2022年继续确认1 640万元，会计核算已在当年全部确认，2022年不再确认，应纳税调增。2022年年末，A公司确认B公司20%股权的计税基础＝(9 000－1 200)＋1 440＋1 640＋1 640＝12 520(万元)。

2022年，A公司转让的房产虽然也获得了B公司的股权，但是交易当事方是B公司的原股东，不属于《财政部　国家税务总局关于非货币性资产投资企业所得税政策问题的通知》(财税〔2014〕116号)规定的情况，不可以分期纳税，所以应在当年一次性计入应纳税所得额，税法与会计无差异。A公司获得的B公司5%股权的计税基础为4 905万元。

至2022年年末，A公司拥有B公司股权的账面价值是22 345万元，计税基础为17 425万元。

A公司2022年度纳税申报情况，如表5-10-17和表5-10-18所示。

表5-10-17　企业重组及递延纳税事项纳税调整明细表(A105100)(局部)

单位：万元

行次	项目	特殊性税务处理(递延纳税)			纳税调整金额
		账载金额	税收金额	纳税调整金额	
		4	5	6(5－4)	7(3＋6)
12	六、非货币性资产对外投资	0	1 640	1 640	

表5-10-18　纳税调整项目明细表(A105000)(局部)

单位：万元

行次	项目	账载金额	税收金额	调增金额	调减金额
		1	2	3	4
36	四、特殊事项调整项目(37＋38＋…＋43)				
37	(一)企业重组及递延纳税事项(填写A105100)	0	1 640	1 640	

5.10.5 股权划转与资产划转

5.10.5.1 股权划转与资产划转的税收政策

《财政部 国家税务总局关于促进企业重组有关企业所得税处理问题的通知》(财税〔2014〕109号)规定,对100%直接控制的居民企业之间,以及受同一或相同多家居民企业100%直接控制的居民企业之间按账面净值划转股权或资产,凡具有合理商业目的、不以减少、免除或者推迟缴纳税款为主要目的,股权或资产划转后连续12个月内不改变被划转股权或资产原来实质性经营活动,且划出方企业和划入方企业均未在会计上确认损益的,可以选择按以下规定进行特殊性税务处理:

(1)划出方企业和划入方企业均不确认所得。

(2)划入方企业取得被划转股权或资产的计税基础,以被划转股权或资产的原账面净值确定。

(3)划入方企业取得的被划转资产,应按其原账面净值计算折旧扣除。

风险提示 判断居民企业之间资产或股权划转是否可以进行特殊性税务处理,除要满足企业之间需要100%直接控制的前提条件外,还应该满足四个条件:一是目的合理;二是资产获利方式不改变;三是股东权益保持延续;四是会计核算不确认损益。能够满足这四个条件的业务实质上是对股东控制下的经济资源进行组织管理和组合结构的调整。从会计角度分析,这种情况下的资产划转是集团公司这一会计主体内部进行的资源调整,没有与其他会计主体发生交易。但是按照税法规定,资产划转是不同纳税主体之间发生了资产权属的变化。所以,税法对这类业务采用"递延纳税"的特殊规定,与企业重组中特殊性税务处理的原因不同,这是对特殊业务中纳税主体与会计主体的差异进行了协调。

《国家税务总局关于资产(股权)划转企业所得税征管问题的公告》(国家税务总局公告2015年第40号)规定如下:

100%直接控制的居民企业之间,以及受同一或相同多家居民企业100%直接控制的居民企业之间按账面净值划转股权或资产,划出方可以在划转当期不确认所得,划入方取得的被划转资产,应按其原账面净值计算折旧扣除,限于以下情形:

(1)100%直接控制的母子公司之间,母公司向子公司按账面净值划转其持有的股权或资产,母公司获得子公司100%的股权支付。母公司按增加长期股权投资处理,子公司按接受投资(包括资本公积,下同)处理。母公司获得子公司股权的计税基础以划转股权或资产的原计税基础确定。

(2)100%直接控制的母子公司之间,母公司向子公司按账面净值划转其持有的股权或资产,母公司没有获得任何股权或非股权支付。母公司按冲减实收资本(包括资本公积,下同)处理,子公司按接受投资处理。

(3) 100%直接控制的母子公司之间,子公司向母公司按账面净值划转其持有的股权或资产,子公司没有获得任何股权或非股权支付。母公司按收回投资处理,或按接受投资处理,子公司按冲减实收资本处理。母公司应按被划转股权或资产的原计税基础,相应调减持有子公司股权的计税基础。

(4) 受同一或相同多家母公司100%直接控制的子公司之间,在母公司主导下,一家子公司向另一家子公司按账面净值划转其持有的股权或资产,划出方没有获得任何股权或非股权支付。划出方按冲减所有者权益处理,划入方按接受投资处理。

 需要注意上述规定的母公司和子公司之间进行资产或股权划转,并不是只涉及两个公司,还可能涉及各公司的股东。

股权或资产划转完成日,是指股权或资产划转合同(协议)或批复生效,且交易双方已进行会计处理的日期。

进行特殊性税务处理的股权或资产划转,交易双方应在协商一致的基础上,采取一致处理原则统一进行特殊性税务处理。

 交易双方应在企业所得税年度汇算清缴时,分别向各自主管税务机关报送《居民企业资产(股权)划转特殊性税务处理申报表》和相关资料(一式两份)。

相关资料包括:股权或资产划转总体情况说明,包括基本情况、划转方案等,并详细说明划转的商业目的;交易双方或多方签订的股权或资产划转合同(协议),需有权部门(包括内部和外部)批准的,应提供批准文件;被划转股权或资产账面净值和计税基础说明;交易双方按账面净值划转股权或资产的说明(需附会计处理资料);交易双方均未在会计上确认损益的说明(需附会计处理资料);12个月内不改变被划转股权或资产原来实质性经营活动的承诺书。

交易双方应在股权或资产划转完成后的下一年度的企业所得税年度申报时,各自向主管税务机关提交书面情况说明,以证明被划转股权或资产自划转完成日后连续12个月内,没有改变原来的实质性经营活动。

5.10.5.2 股权划转与资产划转的纳税申报

第14行"八、股权划转、资产划转",填报企业发生资产(股权)划转业务的相关金额。

5.10.6 基础设施领域不动产投资信托基金

5.10.6.1 基础设施领域不动产投资信托基金(REITs)试点税收政策

《财政部 税务总局关于基础设施领域不动产投资信托基金(REITs)试点税收

政策的公告》(财政部 税务总局公告2022年第3号)规定,为支持基础设施领域不动产投资信托基金(以下简称基础设施REITs)试点,自2021年1月1日起,对证监会、国家发展改革委根据有关规定组织开展的基础设施REITs试点项目,在设立基础设施REITs前,原始权益人向项目公司划转基础设施资产相应取得项目公司股权,适用特殊性税务处理,即项目公司取得基础设施资产的计税基础,以基础设施资产的原计税基础确定;原始权益人取得项目公司股权的计税基础,以基础设施资产的原计税基础确定。原始权益人和项目公司不确认所得,不征收企业所得税。基础设施REITs设立阶段,原始权益人向基础设施REITs转让项目公司股权实现的资产转让评估增值,当期可暂不缴纳企业所得税,允许递延至基础设施REITs完成募资并支付股权转让价款后缴纳。其中,对原始权益人按照战略配售要求自持的基础设施REITs份额对应的资产转让评估增值,允许递延至实际转让时缴纳企业所得税。对基础设施REITs运营、分配等环节涉及的税收,按现行税收法律法规的规定执行。

原始权益人通过二级市场认购(增持)该基础设施REITs份额,按照先进先出原则认定优先处置战略配售份额。

5.10.6.2 基础设施领域不动产投资信托基金(REITs)的纳税申报

第15行"九、基础设施领域不动产投资信托基金(□原始权益人 □项目公司)",填报原始权益人、项目公司在设立基础设施REITs前、设立阶段发生的划转基础设施资产、转让项目公司股权等相关业务产生的损益金额及调整金额。本行填报第15.1行和第15.2行的合计金额。

纳税人填报本行时,根据实际情况填报企业类型。

第15.1行"(一)设立基础设施REITs前",填报在设立基础设施REITs前,原始权益人与项目公司就其发生的划转基础设施资产业务产生的损益金额及调整金额。

第15.2行"(二)设立基础设施REITs阶段",填报原始权益人在设立基础设施REITs阶段,针对向基础设施REITs转让项目公司股权实现的资产转让评估增值以及按照战略配售要求自持的基础设施REITs份额对应的资产转让评估增值等产生的损益金额及调整金额。

5.10.7 表内、表间关系

(1) 表内关系。

第8行=第9+10行。

第15行=第15.1+15.2行。

第17行=第1+4+6+8+11+12+13+14+15+16行。

第16行＝第1＋4＋6＋8＋11＋12＋13＋14＋15行。

第3列＝第2－1列。

第6列＝第5－4列。

第7列＝第3＋6列。

（2）表间关系。

第17行第1＋4列＝表A105000第37行第1列。

第17行第2＋5列＝表A105000第37行第2列。

若第17行第7列≥0，第17行第7列＝表A105000第37行第3列；若第17行第7列＜0，第17行第7列的绝对值＝表A105000第37行第4列。

5.11 《政策性搬迁纳税调整明细表》（A105110）

企业政策性搬迁，是指由于社会公共利益的需要，在政府主导下企业进行整体搬迁或部分搬迁。表A105110（见表5-11-1）适用于发生政策性搬迁纳税调整项目的纳税人在完成搬迁年度及以后进行损失分期扣除的年度填报。

表5-11-1 政策性搬迁纳税调整明细表（A105110）

行次	项目	金额
1	一、搬迁收入(2+8)	
2	（一）搬迁补偿收入(3+4+5+6+7)	
3	1.对被征用资产价值的补偿	
4	2.因搬迁、安置而给予的补偿	
5	3.对停产停业形成的损失而给予的补偿	
6	4.资产搬迁过程中遭到毁损而取得的保险赔款	
7	5.其他补偿收入	
8	（二）搬迁资产处置收入	
9	二、搬迁支出(10+16)	
10	（一）搬迁费用支出(11+12+13+14+15)	
11	1.安置职工实际发生的费用	
12	2.停工期间支付给职工的工资及福利费	
13	3.临时存放搬迁资产而发生的费用	
14	4.各类资产搬迁安装费用	
15	5.其他与搬迁相关的费用	
16	（二）搬迁资产处置支出	

(续表)

行次	项　目	金额
17	三、搬迁所得或损失(1－9)	
18	四、应计入本年应纳税所得额的搬迁所得或损失(19＋20＋21)	
19	其中：搬迁所得	
20	搬迁损失一次性扣除	
21	搬迁损失分期扣除	
22	五、计入当期损益的搬迁收益或损失	
23	六、以前年度搬迁损失当期扣除金额	
24	七、纳税调整金额(18－22－23)	

5.11.1 政策性搬迁税收政策

《国家税务总局关于发布〈企业政策性搬迁所得税管理办法〉的公告》(国家税务总局公告 2012 年第 40 号)规定,《企业政策性搬迁所得税管理办法》执行范围仅限于企业政策性搬迁过程中涉及的所得税征收管理事项,不包括企业自行搬迁或商业性搬迁等非政策性搬迁的税务处理事项。这里所称的政策性搬迁应符合下列需要之一,并能提供相关文件证明资料:

（1）国防和外交的需要。

（2）由政府组织实施的能源、交通、水利等基础设施的需要。

（3）由政府组织实施的科技、教育、文化、卫生、体育、环境和资源保护、防灾减灾、文物保护、社会福利、市政公用等公共事业的需要。

（4）由政府组织实施的保障性安居工程建设的需要。

（5）由政府依照《中华人民共和国城乡规划法》有关规定组织实施的对危房集中、基础设施落后等地段进行旧城区改建的需要。

（6）法律、行政法规规定的其他公共利益的需要。

5.11.1.1 政策性搬迁所得的管理

1) 搬迁所得计入应纳税所得额的规定

政策性搬迁企业的搬迁收入扣除搬迁支出后的余额,为企业的搬迁所得。企业在搬迁期间发生的搬迁收入和搬迁支出,可以暂不计入当期应纳税所得额,而在完成搬迁的年度,对搬迁收入和支出进行汇总清算,计入搬迁完成年度企业应纳税所得额计算纳税。

企业应当自搬迁开始年度,至次年 5 月 31 日前,向主管税务机关(包括迁出地和迁入地)报送政策性搬迁依据、搬迁规划等相关材料。逾期未报的,除特殊原因并经主管税务机关认可外,按非政策性搬迁处理。

企业应向主管税务机关报送的政策性搬迁依据、搬迁规划等相关材料,包括:

(1) 政府搬迁文件或公告。

(2) 搬迁重置总体规划。

(3) 拆迁补偿协议。

(4) 资产处置计划。

(5) 其他与搬迁相关的事项。

企业迁出地和迁入地主管税务机关发生变化的,由迁入地主管税务机关负责企业搬迁清算。

2) 确定搬迁完成年度的方法

下列情形之一的,为搬迁完成年度:

(1) 从搬迁开始,5年内(包括搬迁当年度)任何一年完成搬迁的。

(2) 从搬迁开始,搬迁时间满5年(包括搬迁当年度)的年度。

企业边搬迁、边生产的,搬迁年度应从实际开始搬迁的年度计算。

企业同时符合下列条件的,视为已经完成搬迁:

(1) 搬迁规划已基本完成。

(2) 当年生产经营收入占规划搬迁前年度生产经营收入50%以上。

3) 搬迁损失的处理

企业搬迁收入扣除搬迁支出后为负数的,应为搬迁损失。搬迁损失可在下列方法中选择其一进行税务处理:

(1) 在搬迁完成年度,一次性作为损失进行扣除。

(2) 自搬迁完成年度起分3个年度,均匀在税前扣除。

上述方法由企业自行选择,但一经选定,不得改变。

4) 亏损弥补时间的计算

企业以前年度发生的尚未弥补的亏损,凡企业由于搬迁停止生产经营无所得的,从搬迁年度次年起,至搬迁完成年度前一年度止,可作为停止生产经营活动年度,从法定亏损结转弥补年限中减除;企业边搬迁、边生产的,其亏损结转年度应连续计算。

5.11.1.2 政策性搬迁收入的内容

《国家税务总局关于发布〈企业政策性搬迁所得税管理办法〉的公告》(国家税务总局公告2012年第40号)规定,自2012年10月1日起,企业的搬迁收入,包括搬迁过程中从本企业以外(包括政府或其他单位)取得的搬迁补偿收入,以及本企业搬迁资产处置收入等。搬迁补偿收入具体包括:

(1) 对被征用资产价值的补偿。
(2) 因搬迁、安置而给予的补偿。
(3) 对停产停业形成的损失而给予的补偿。
(4) 资产搬迁过程中遭到毁损而取得的保险赔款。
(5) 其他补偿收入。

企业搬迁资产处置收入,是指企业由于搬迁而处置企业各类资产所取得的收入,但是不包括由于搬迁处置存货而取得的收入。处置存货而取得的收入应按正常经营活动取得的收入进行所得税处理。

5.11.1.3 政策性搬迁支出的内容

《国家税务总局关于发布〈企业政策性搬迁所得税管理办法〉的公告》(国家税务总局公告2012年第40号)规定,自2012年10月1日起,企业的搬迁支出,包括搬迁费用支出以及由于搬迁所发生的企业资产处置支出。

搬迁费用支出,是指企业搬迁期间所发生的各项费用,包括安置职工实际发生的费用、停工期间支付给职工的工资及福利费、临时存放搬迁资产而发生的费用、各类资产搬迁安装费用以及其他与搬迁相关的费用。

资产处置支出,是指企业由于搬迁而处置各类资产所发生的支出,包括变卖及处置各类资产的净值、处置过程中所发生的税费等支出。企业由于搬迁而报废的资产,如无转让价值,其净值作为企业的资产处置支出。

《国家税务总局关于企业政策性搬迁所得税有关问题的公告》(国家税务总局公告2013年第11号)规定,凡在国家税务总局公告2012年第40号生效前已经签订搬迁协议且尚未完成搬迁清算的企业政策性搬迁项目,企业在重建或恢复生产过程中购置的各类资产,可以作为搬迁支出,从搬迁收入中扣除。但购置的各类资产应剔除该搬迁补偿收入后,作为该资产的计税基础,并按规定计算折旧或费用摊销。凡在国家税务总局公告2012年第40号生效后签订搬迁协议的政策性搬迁项目,应按国家税务总局公告2012年第40号有关规定执行。

风险提示 国家税务总局公告2012年第40号生效后,搬迁支出不再包括企业在重建或恢复生产过程中购置的各类资产发生的支出,这些支出应作为资产的取得成本,即计税基础,按照相关资产的扣除政策在未来计税时税前扣除。

5.11.2 政策性搬迁的纳税申报

5.11.2.1 搬迁收入的申报

第1行"一、搬迁收入",包括搬迁补偿收入和搬迁资产处置收入。搬迁补偿收入是纳税人从本企业以外取得的搬迁补偿收入金额;搬迁资产处置收入是纳税人由于搬迁而处置各类资产所取得的收入累计金额。

第2行"(一)搬迁补偿收入",填报按税收规定确认的,纳税人从本企业以外取得的搬迁补偿收入金额,此行为第3行至第7行的合计金额。

第3行"1.对被征用资产价值的补偿",填报按税收规定确认的,纳税人被征用资产价值补偿收入累计金额。

第4行"2.因搬迁、安置而给予的补偿",填报按税收规定确认的,纳税人因搬迁、安置而取得的补偿收入累计金额。

第5行"3.对停产停业形成的损失而给予的补偿",填报按税收规定确认的,纳税人停产停业形成损失而取得的补偿收入累计金额。

第6行"4.资产搬迁过程中遭到毁损而取得的保险赔款",填报按税收规定确认,纳税人资产搬迁过程中遭到毁损而取得的保险赔款收入累计金额。

第7行"5.其他补偿收入",填报按税收规定确认,纳税人其他补偿收入累计金额。

第8行"(二)搬迁资产处置收入",填报按税收规定确认,纳税人由于搬迁而处置各类资产所取得的收入累计金额。

5.11.2.2 搬迁支出的申报

第9行"二、搬迁支出",包括搬迁费用支出和搬迁资产处置支出。搬迁费用支出是纳税人搬迁过程中发生的费用支出累计金额;搬迁资产处置支出是纳税人搬迁资产处置支出累计金额。

第10行"(一)搬迁费用支出",填报按税收规定确认,纳税人搬迁过程中发生的费用支出累计金额,为第11行至第15行的合计金额。

第11行"1.安置职工实际发生的费用",填报按税收规定确认,纳税人安置职工实际发生费用支出的累计金额。

第12行"2.停工期间支付给职工的工资及福利费",填报按税收规定确认,纳税人因停工支付给职工的工资及福利费支出累计金额。

第13行"3.临时存放搬迁资产而发生的费用",填报按税收规定确认,纳税人临时存放搬迁资产发生的费用支出累计金额。

第14行"4.各类资产搬迁安装费用",填报按税收规定确认,纳税人各类资产搬迁安装费用支出累计金额。

第15行"5.其他与搬迁相关的费用",填报按税收规定确认,纳税人其他与搬迁相关的费用支出累计金额。

第16行"(二)搬迁资产处置支出",填报按税收规定确认的,纳税人搬迁资产处置支出累计金额。符合《国家税务总局关于企业政策性搬迁所得税有关问题的公告》(国家税务总局公告2013年第11号)规定的资产购置支出,填报在本行。

5.11.2.3 搬迁所得的申报

第17行"三、搬迁所得或损失",填报政策性搬迁所得或损失,填报第1—9行的余额,损失以"－"号填列。

第18行"四、应计入本年应纳税所得额的搬迁所得或损失",填报政策性搬迁所得或损失按照税收规定计入本年应纳税所得额的金额,填报第19行至第21行的合计金额,损失以"－"号填列。

第19行"其中:搬迁所得",填报按税法相关规定,搬迁完成年度政策性搬迁所得的金额。

第20行"搬迁损失一次性扣除",由选择一次性扣除搬迁损失的纳税人填报,填报搬迁完成年度按照税收规定计算的搬迁损失金额,损失以"－"号填列。

第21行"搬迁损失分期扣除",由选择分期扣除搬迁损失的纳税人填报,填报搬迁完成年度按照税收规定计算的搬迁损失在本年扣除的金额,损失以"－"号填列。

5.11.2.4 搬迁所得纳税调整的申报

第22行"五、计入当期损益的搬迁收益或损失",填报政策性搬迁项目会计核算计入当期损益的金额,损失以"－"号填列。

第23行"六、以前年度搬迁损失当期扣除金额",填报以前年度完成搬迁形成的损失,按照税收规定在当期扣除的金额。

第24行"七、纳税调整金额",填报第18－22－23行的余额,即纳税调整金额。

风险提示 根据表A105110"纳税人在完成搬迁年度及以后进行损失分期扣除的年度填报"的填表要求,说明企业在搬迁期间不需要填报表A105110。由于会计核算没有将政策性搬迁期间作为一个特殊阶段单独进行经营成果归集,搬迁期间会计核算会确认相关业务对损益的影响,所以对政策性搬迁引起的税法与会计差异的纳税调整在搬迁期间每个年度都需要进行。如果搬迁期间不填报表A105110,则搬迁期间搬迁所得产生的税法与会计差异应在表A105000中调整,将搬迁所得中会计核算已计入本期损益的金额分别在第11行、第30行或第35行等相应的"其他"项目中调增或调减。

案例解析 5-37 政策性搬迁业务纳税调整及申报

【案例材料】

2020年11月,A公司根据政府规划,需要整体搬迁,政府拨付给A公司搬迁补偿款3 000万元。A公司搬迁过程中报废不动产原值1 000万元,已提取折旧600万元,处置收入为零;处置的设备原值800万元,已提取折旧300万元,取得处置收入678万元(含增值税);政府收回旧址土地使用权,账面原值1 000万元,累计摊销800万元。A公司搬迁过程中支付人员安置补偿费90万元,发生的设备拆卸及运输费20万元。2020年12月,A公司先后购置厂房和土地,购置厂房1 200万元,取得增值税普通发票;支付土地出让金5 000万元。

2021年,A公司陆续支付停工期间职工费用920万元。2021年6月,购置新设备并投入使用,取得增值税专用发票,价款200万元,增值税26万元。

2022年3月,搬迁完成。假设A公司固定资产折旧均采用直线法,固定资产的预计净残值均为零,厂房的折旧年限为20年,设备的折旧年限为10年,土地使用权按直线法分25年摊销。

要求:假设资料未提及的其他事项忽略不计,分析各年中搬迁活动相关的纳税调整及2022年度纳税申报情况。

【案例分析】

1. 2020年。

A公司搬迁过程涉及事项账务处理:

(1) 收到政府补偿款:

借:银行存款	30 000 000
贷:专项应付款	30 000 000

(2) 处置各项资产:

① 处置厂房:

借:固定资产清理	4 000 000
累计折旧	6 000 000
贷:固定资产	10 000 000
借:资产处置损益	4 000 000
贷:固定资产清理	4 000 000

② 处置设备:

借:固定资产清理	5 000 000
累计折旧	3 000 000
贷:固定资产	8 000 000
借:银行存款	6 780 000
贷:固定资产清理	6 000 000
应交税费——应交增值税(销项税额)	780 000

借：固定资产清理   1 000 000
    贷：资产处置损益   1 000 000

③政府收回土地：

借：资产处置损益   2 000 000
    累计摊销   8 000 000
    贷：无形资产   10 000 000

（3）支付人员安置费用：

借：应付职工薪酬——辞退福利   900 000
    贷：银行存款   900 000

借：管理费用   900 000
    贷：应付职工薪酬——辞退福利   900 000

（4）支付设备拆卸费：

借：管理费用   200 000
    贷：银行存款   200 000

（5）重建支出：

借：固定资产——厂房   12 000 000
    无形资产——土地使用权   50 000 000
    贷：银行存款   62 000 000

（6）2020年补偿款使用情况：

补偿款用于补偿损失和费用＝厂房处置损失＋土地损失＋补偿职工＋设备拆卸＝400＋200＋90＋20＝710（万元）。

补偿款可用于补偿资产构建支出＝3 000－710＝2 290（万元）。会计核算可以根据资产购置顺序，以先购置先补偿的原则确定补偿款用于补偿某项资产，先用于厂房支出1 200万元，剩余1 090万元作为土地补偿支出。

借：专项应付款   30 000 000
    贷：递延收益   30 000 000

（7）年末结转确认其他收益：

借：递延收益   7 136 300
    贷：其他收益   7 136 300

本期确认其他收益＝各种损失费用对应的政府补助＋本期摊销土地对应的政府补助＝710＋1 090÷25÷12＝713.63（万元）。

2020年度纳税调整如下：

2020年会计核算搬迁业务对损益的影响分别是：资产处置损失600万元(400+200)，资产处置收益100万元，管理费用110万元(90+20)，其他收益713.63万元，当期会计利润合计增加103.63万元(100+713.63－600－110)。

按税法规定，搬迁过程中发生的搬迁支出1 210万元(400+500+200+90+20)不能当期扣除，收到的搬迁收入3 600万元(3 000+600)不计入当期应纳税所得额。

会计计入损益的支出和费用进行纳税调增710万元处理，对会计确认的收益进行纳税调减813.63万元处理。

2. 2021年。

A公司相关账务处理：

(1) 支付停工期间人工费用：

借：应付职工薪酬	9 200 000
贷：银行存款	9 200 000
借：管理费用	9 200 000
贷：应付职工薪酬	9 200 000

(2) 购置设备：

借：固定资产	2 000 000
应交税费——应交增值税(进项税额)	260 000
贷：银行存款	2 260 000

(3) 计算全年固定资产折旧额和无形资产摊销额：

房屋折旧额＝1 200÷20＝60(万元)。

设备折旧额＝200÷10×6÷12＝10(万元)。

土地摊销额＝5 000÷25＝200(万元)。

借：管理费用(等)	2 700 000
贷：累计折旧	700 000
累计摊销	2 000 000

(4) 结转确认其他收益：

当期确认其他收益＝1 200÷20+1 090÷25＝103.6(万元)。

| 借：递延收益 | 1 036 000 |
| 　　贷：其他收益 | 1 036 000 |

2021年纳税调整如下：

按会计准则规定，会计核算应计提固定资产折旧额70万元，无形资产摊销额200万元，确认人工费用920万元，同时确认其他收益103.6万元。

税法规定,企业政策性搬迁期间购置固定资产支出,不属于搬迁支出,可以按照税收政策规定计算折旧额或摊销额,并在计算企业所得税时税前扣除。2020年购置的设备已经投入使用,所以案例资料中固定资产折旧与土地价值摊销均不需要纳税调整。停工期间人工费用属于搬迁支出,不能当期扣除,应纳税调增920万元。会计根据资产摊销进度确认的其他收益,根据税法规定,该项收入不计入当期应纳税所得额,要纳税调减103.6万元。

3. 2022年。

A公司相关账务处理如下:

(1) 计算固定资产折旧和无形资产摊销:

房屋折旧额=1 200÷20=60(万元)。

设备折旧额=200÷10=20(万元)。

土地摊销额=5 000÷25=200(万元)。

借:管理费用　　　　　　　　　　　　　　　　　　　　　　　2 800 000
　　贷:累计折旧　　　　　　　　　　　　　　　　　　　　　　800 000
　　　　累计摊销　　　　　　　　　　　　　　　　　　　　　2 000 000

(2) 结转确认其他收益:

当期确认其他收益=1 200÷20+1 090÷25=103.6(万元)。

借:递延收益　　　　　　　　　　　　　　　　　　　　　　　1 036 000
　　贷:其他收益　　　　　　　　　　　　　　　　　　　　　1 036 000

2022年度纳税调整如下:

本年度搬迁完成,根据税法规定,应清算政策性搬迁所得,并入当期的应纳税所得额。

搬迁所得=(3 000+600)-(400+500+200+90+20+920)=1 470(万元)。

当年会计核算根据资产摊销进度,确认的其他收益103.6万元作纳税调减处理。以后各年会计确认其他收益金额应逐年纳税调减,直至递延收益摊销完为止。

2022年度A公司纳税申报情况,如表5-11-2和表5-11-3所示。

表5-11-2　政策性搬迁纳税调整明细表(A105110)(局部)

单位:万元

行次	项　目	金额
1	一、搬迁收入(2+8)	3 600
2	(一)搬迁补偿收入(3+4+5+6+7)	3 000
8	(二)搬迁资产处置收入	600

(续表)

行次	项 目	金额
9	二、搬迁支出(10＋16)	2 130
10	（一）搬迁费用支出(11＋12＋13＋14＋15)	1 030
11	1. 安置职工实际发生的费用	90
12	2. 停工期间支付给职工的工资及福利费	920
13	3. 临时存放搬迁资产而发生的费用	
14	4. 各类资产搬迁安装费用	20
15	5. 其他与搬迁相关的费用	
16	（二）搬迁资产处置支出	1 100
17	三、搬迁所得或损失(1—9)	1 470
18	四、应计入本年应纳税所得额的搬迁所得或损失(19＋20＋21)	1 470
19	其中：搬迁所得	1 470
20	搬迁损失一次性扣除	
21	搬迁损失分期扣除	
22	五、计入当期损益的搬迁收益或损失	103.6
23	六、以前年度搬迁损失当期扣除金额	0
24	七、纳税调整金额(18—22—23)	1 366.4

表 5-11-3 纳税调整项目明细表(A105000)(局部)

单位：万元

行次	项 目	账载金额	税收金额	调增金额	调减金额
		1	2	3	4
36	四、特殊事项调整项目(37＋38＋…＋43)	*	*		
38	（二）政策性搬迁(填写 A105110)	*	*	1 366.4	

政策性搬迁活动中，企业实现的收益、发生的损失、费用以及资产购置支出，最终对会计利润的影响与对应纳税所得额的影响，计算金额没有差异，差异表现为确认的角度和时间不同。如果不存在其他因素的影响，不同时期纳税调增与纳税调减的总数应该是相等的。本例中，A 公司 2020 年纳税调减 103.63 万元，2021 年纳税调增 816.4 万元(其中纳税调减 103.6 万元，纳税调增 920 万元)，2022 年纳税调增 1 366.4 万元，这 3 年累计调增 2 079.17 万元。2023 年以后各年结转的其他收益需要逐年纳税调减，各年调减金额合计为 2 079.17 万元，其中厂房对应的其他收益为 1 080 万元(1 200－120)，土地对应的其他收益为 999.17 万元(1 090－3.63－43.6－43.6)。

5.11.3 表内、表间关系

(1) 表内关系。

第 1 行＝第 2＋8 行。

第 2 行＝第 3＋4＋…＋7 行。

第 9 行＝第 10＋16 行。

第 10 行＝第 11＋12＋…＋15 行。

第 17 行＝第 1－9 行。

第 18 行＝第 19＋20＋21 行。

第 24 行＝第 18－22－23 行。

(2) 表间关系。

若第 24 行≥0,第 24 行＝表 A105000 第 38 行第 3 列;若第 24 行＜0,第 24 行的绝对值＝表 A105000 第 38 行第 4 列。

5.12 《贷款损失准备金及纳税调整明细表》(A105120)

表 A105120(见表 5-12-1)本表适用于发生贷款损失准备金的金融企业、小额贷款公司纳税人填报。纳税人根据税法和相关政策规定,以及国家统一企业会计制度,填报贷款损失准备金会计处理、税收规定及纳税调整情况。只要会计上发生贷款损失准备金,不论是否纳税调整,均需填报。

5.12.1 贷款损失准备金税前扣除政策

5.12.1.1 金融企业一般贷款准备金政策

《财政部 税务总局关于金融企业贷款损失准备金企业所得税税前扣除有关政策的公告》(财政部 税务总局公告 2019 年第 86 号,以下简称 2019 年第 86 号公告)规定如下。

1) 准予税前提取贷款损失准备金的贷款资产范围

自 2019 年 1 月 1 日起至 2023 年 12 月 31 日①,政策性银行、商业银行、财务公司、城乡信用社和金融租赁公司等金融企业准予税前提取贷款损失准备金的贷款资产范围包括:

---

① 根据《财政部 税务总局关于延长部分税收优惠政策执行期限的公告》(财政部 税务总局公告 2021 年第 6 号)的规定,2019 年第 86 号公告规定的准备金企业所得税税前扣除政策到期后继续执行。

表 5-12-1 贷款损失准备金及纳税调整明细表（A105120）

行次	项目	账载金额				税收金额					纳税调整金额
		上年末贷款资产余额	本年末贷款资产余额	上年末贷款损失准备金余额	本年末贷款损失准备金余额	上年末准予提取贷款损失准备金的贷款资产余额	本年末准予提取贷款损失准备金的贷款资产余额	计提比例	按本年末准予提取贷款损失准备金的贷款资产余额与计提比例计算的准备金额	截至上年末已在税前扣除的贷款损失准备金的余额	准予当年税前扣除的贷款损失准备金	
		1	2	3	4	5	6	7	8(6×7)	9	10(4与8的孰小值-9)	11(4-3-10)
1	一、金融企业(2+3)							*				
2	（一）贷款损失准备金			*	*			1%		*	*	*
3	（二）涉农和中小企业贷款损失准备金			*	*			*		*	*	*
4	其中：关注类贷款			*	*			2%		*	*	*
5	次级类贷款			*	*			25%		*	*	*
6	可疑类贷款			*	*			50%		*	*	*
7	损失类贷款			*	*			100%		*	*	*
8	二、小额贷款公司							1%				
9	三、其他							*				
10	合计(1+8+9)											

(1) 贷款(含抵押、质押、保证、信用等贷款)。

(2) 银行卡透支、贴现、信用垫款(含银行承兑汇票垫款、信用证垫款、担保垫款等)、进出口押汇、同业拆出、应收融资租赁款等具有贷款特征的风险资产。

(3) 由金融企业转贷并承担对外还款责任的国外贷款,包括国际金融组织贷款、外国买方信贷、外国政府贷款、日本国际协力银行不附条件贷款和外国政府混合贷款等资产。

金融企业的委托贷款、代理贷款、国债投资、应收股利、上交央行准备金以及金融企业剥离的债权和股权、应收财政贴息、央行款项等不承担风险和损失的资产,不得提取贷款损失准备金在税前扣除。

2) 金融企业准予当年税前扣除的贷款损失准备金的计算

金融企业准予当年税前扣除的贷款损失准备金计算公式如下:

$$\begin{matrix} \text{准予当年税前扣除} \\ \text{的贷款损失准备金} \end{matrix} = \begin{matrix} \text{本年末准予提取贷款损失} \\ \text{准备金的贷款资产余额} \end{matrix} \times 1\% - \begin{matrix} \text{截至上年末已在税前扣除} \\ \text{的贷款损失准备金的余额} \end{matrix}$$

金融企业按上述公式计算的数额如为负数,应当相应调增当年应纳税所得额。

金融企业发生的符合条件的贷款损失,应先冲减已在税前扣除的贷款损失准备金,不足冲减部分可据实在计算当年应纳税所得额时扣除。

5.12.1.2 金融企业涉农贷款和中小企业贷款准备金政策

《财政部 税务总局关于金融企业涉农贷款和中小企业贷款损失准备金税前扣除有关政策的公告》(财政部 税务总局公告2019年第85号,以下简称2019年第85号公告)规定如下。

1) 涉农贷款和中小企业贷款损失准备金的计算

自2019年1月1日起至2023年12月31日[①],金融企业根据《贷款风险分类指引》(银监发〔2007〕54号),对其涉农贷款和中小企业贷款进行风险分类后,按照以下比例计提的贷款损失准备金,准予在计算应纳税所得额时扣除:

(1) 关注类贷款,计提比例为2%。
(2) 次级类贷款,计提比例为25%。
(3) 可疑类贷款,计提比例为50%。
(4) 损失类贷款,计提比例为100%。

金融企业发生的符合条件的涉农贷款和中小企业贷款损失,应先冲减已在税前扣除的贷款损失准备金,不足冲减部分可据实在计算应纳税所得额时扣除。

---

① 根据《财政部 税务总局关于延长部分税收优惠政策执行期限的公告》(财政部 税务总局公告2021年第6号)的规定,2019年第85号公告规定的准备金企业所得税税前扣除政策到期后继续执行。

金融企业涉农贷款和中小企业贷款损失准备金的税前扣除政策,凡按照2019年第85号公告的规定执行的,不再适用2019年第86号公告的规定。

2)涉农贷款的范围

涉农贷款,是指《涉农贷款专项统计制度》(银发〔2007〕246号)统计的以下贷款:

(1)农户贷款。农户贷款是指金融企业发放给农户的所有贷款。农户贷款的判定应以贷款发放时的承贷主体是否属于农户为准。农户,是指长期(一年以上)居住在乡镇(不包括城关镇)行政管理区域内的住户,还包括长期居住在城关镇所辖行政村范围内的住户和户口不在本地而在本地居住一年以上的住户,国有农场的职工和农村个体工商户。位于乡镇(不包括城关镇)行政管理区域内和在城关镇所辖行政村范围内的国有经济的机关、团体、学校、企事业单位的集体户;有本地户口,但举家外出谋生一年以上的住户,无论是否保留承包耕地均不属于农户。农户以户为统计单位,既可以从事农业生产经营,也可以从事非农业生产经营。

(2)农村企业及各类组织贷款。农村企业及各类组织贷款,是指金融企业发放给注册地位于农村区域的企业及各类组织的所有贷款。农村区域,是指除地级及以上城市的城市行政区及其市辖建制镇之外的区域。

3)中小企业贷款的范围

中小企业贷款,是指金融企业对年销售额和资产总额均不超过2亿元的企业的贷款。

5.12.1.3　小额贷款公司贷款准备金政策

《财政部　税务总局关于小额贷款公司有关税收政策的通知》(财税〔2017〕48号)规定,自2017年1月1日至2019年12月31日[1],对经省级金融管理部门(金融办、局等)批准成立的小额贷款公司按年末贷款余额的1%计提的贷款损失准备金准予在企业所得税税前扣除。具体政策口径按照《财政部　国家税务总局关于金融企业贷款损失准备金企业所得税税前扣除有关政策的通知》(财税〔2015〕9号)执行[与财税〔2015〕9号衔接的现行有效文件是2019年第86号公告]。

5.12.2　贷款损失准备金纳税申报

2020年,国家税务总局对表A105120进行了较大幅度修订,修订内容包括填报

---

[1] 根据《财政部 税务总局关于延续实施普惠金融有关税收优惠政策的公告》(财政部 税务总局公告2020年第22号,以下简称2020年第22号公告)的规定,《财政部 国家税务总局关于小额贷款公司有关税收政策的通知》(财税〔2017〕48号)规定于2019年12月31日执行到期的税收优惠政策,实施期限延长至2023年12月31日;2020年第22号公告发布之日前,已征的按照2020年第22号公告规定应予免征的增值税,可抵减纳税人以后月份应缴纳的增值税或予以退还。

主体和表单结构。

5.12.2.1 填报主体

表A105120适用于金融企业和小额贷款公司填报,表单行次按照公司类型和贷款类型进行设置。

第1行"一、金融企业",填报金融企业贷款损失准备金的纳税调整情况,包括贷款损失准备金、涉农和中小企业贷款损失准备金两种贷款类型的合计纳税调整金额。

(1)第2行"(一)贷款损失准备金",填报金融企业执行2019年第86号公告规定的贷款资产的情况。

(2)第3行"(二)涉农和中小企业贷款损失准备金",填报金融企业执行2019年第85号公告规定的涉农和中小企业贷款资产的情况。涉农和中小企业贷款损失准备金需要根据损失类型,包括"关注类贷款""次级类贷款""可疑类贷款""损失类贷款"分别在第4行至第7行填报明细情况。

第8行"二、小额贷款公司",填报经省级金融管理部门批准成立的小额贷款公司贷款损失准备金的纳税调整情况。

5.12.2.2 表单结构

表A105120共包括11列,第1列至第4列填报会计信息,即"账载金额";第5列至第10列填报按照税法计算的数据,即"税收金额";第11列填报税法与会计差异的"纳税调整金额"。

1) 账载金额的填报

第1列"上年末贷款资产余额"和第2列"本年末贷款资产余额"分别填报纳税人会计核算的上年末和本年末贷款资产余额。

第3列"上年末贷款损失准备金余额"和第4列"本年末贷款损失准备金余额",分别填报纳税人会计核算的上年末和本年末贷款损失准备金余额。

风险提示 根据《企业会计准则第22号——金融工具的确认和计量》的规定,会计核算采用信用评估方法,预测金融资产可能发生的损失风险,不同客户信用风险情况不同,所以年末贷款资产的余额与贷款损失准备金余额并不存在确定的比例关系。纳税申报时直接根据有关账户的期末余额填报这四列数据,不需要考虑各账户本期发生额变动的具体内容。

2) 税收金额的填报

第5列"上年末准予提取贷款损失准备金的贷款资产余额"和第6列"本年末准予提取贷款损失准备金的贷款资产余额",分别填报纳税人按照税收规定上年末和本年末准予提取贷款损失准备金的贷款资产余额。

第7列"计提比例",填报纳税人对应贷款按照税收规定准予计提贷款损失准备金的比例。涉农和中小企业贷款损失准备金的计提比例根据贷款类型会有差别。

第8列"按本年末准予提取贷款损失准备金的贷款资产余额与计提比例计算的准备金额",填报纳税人按照税收规定计算的准备金额,即本年的计提基数×计提比例。

第9列"截至上年末已在税前扣除的贷款损失准备金的余额",填报纳税人按照税收规定截至上年末已在税前扣除的贷款损失准备金的余额。

第10列"准予当年税前扣除的贷款损失准备金",填报第4列与第8列的孰小值-第9列金额。

风险提示 税收金额的填报并不直接反映政策规定。比如,根据2019年第86号公告的规定,计算"准予当年税前扣除的贷款损失准备金"的过程中,没有比较税收金额与会计金额孰小的要求,只要根据税法规定确认贷款资产期末余额和计提比例直接计算就可以,但是表A105120第10列的填报要求,需要比较并选择"税法与会计孰小"金额。再比如,2019年第86号公告规定金融企业发生贷款损失,应先冲减已在税前扣除的贷款损失准备金,不足冲减部分可据实在计算当年应纳税所得额时扣除,但是在填报表A105120时不需要分析实际发生的损失中冲减准备金的情况,直接按照上期末准备金余额填报。所以在填报表A105120"税收金额"时,要清楚申报表的填报思路与政策之间的差异,这是表A105120与其他纳税调整表不同的地方,其他纳税调整表一般直接反映政策要求。

案例解析5-38 贷款损失及贷款准备金纳税调整及申报

【案例材料】

A银行为境内注册的居民企业,有关贷款资产和贷款损失准备金变化情况分别如下。(说明:考虑报表空间限制,对材料中的数字进行了处理,请忽略其合理性):

1. 2021年年末,A银行贷款资产情况如下:

(1)一般贷款资产余额为9 000万元,贷款损失准备金余额为620万元,符合税法规定可以计提准备金的一般贷款资产余额为8 600万元,税法允许的一般贷款准备金计提比例为1%。

(2)中小企业贷款余额为1 000万元,贷款损失准备金余额为300万元,按照税法规定该中小企业贷款属于"次级类",其准备金计提比例为25%,该贷款准备金中的250万元已在税前扣除。

2. 2022年,A银行发生的贷款损失业务如下:

(1) 4月因甲公司破产注销,银行核销对甲公司的贷款合计金额600万元,该笔贷款已提取贷款损失准备金120万元。

(2) 8月重新评估对乙公司(属于中小企业)的1 000万元贷款,认为该贷款属于"关注类"贷款,根据《金融企业准备金计提管理办法》,准备金余额应为30万元,A银行反向转回贷款损失准备金270万元。按照税法规定,关注类贷款损失准备金计提比例为2%。

(3) 9月收回以前年度确认的丙公司贷款损失130万元,该项损失之前确认时符合税法规定的损失确认条件已在税前扣除。

(4) 11月因丁公司持续亏损,面临破产清算的风险,银行将其到期但尚未偿还的900万元多笔贷款一次性核销,其中一笔500万元的贷款已过期3年,其余的贷款期限均不足1年。核销前银行已计提贷款损失准备金300万元。

(5) 12月A银行根据信用风险评估结果,计算各项一般贷款(贷款资产年末余额为9 900万元)的准备金余额应为760万元,当期计提准备金400万元。

2022年年末,按照税法规定,可以提取一般贷款损失准备金的贷款资产余额为9 200万元。中小企业贷款余额与上年年末一致,没有变化。

要求:分析A银行2022年度贷款损失有关的纳税申报情况。

【案例分析】

A银行业务分析如下:

(1) 因甲公司破产注销,银行核销贷款600万元,符合税法规定的损失确认条件,可以税前扣除,应填报表A105090,而且填报税收金额时不考虑之前已提取的准备金使用情况。

(2) 重新评估对乙公司的贷款信用风险,反向转回贷款损失准备金270万元,影响当期损益。按照税法规定,反向转回贷款损失准备金230万元,税法与会计存在差异40万元。

(3) 收回以前年度确认的丙公司贷款损失130万元,因该项损失之前确认时符合税法规定的损失确认条件已在税前扣除,所以应确认为收入。会计核算直接反向转回当时核销的贷款准备金,不影响损益,会计与税法存在差异130万元。

(4) 因丁公司亏损,面临破产清算的风险,不属于税法确认损失的条件,银行核销的900万元贷款不能税前扣除,存在税法与会计差异。

(5) A银行年末根据信用风险评估,计提贷款损失准备金400万元并计入当期损益,与按税法规定的计提比例计算的准备金之间存在差异。

综合上述分析:

税法允许税前扣除的贷款损失为600万元,收回以前年度核销的损失130万元应确认为其他收入,年末可以计提的准备金=9 200×1%-86+1 000×2%-250=-224(万元),三项合计计入当年应纳税所得额的金额=130-600-(-224)=-246(万元)。

当年会计核销贷款损失计入当期损益的损失金额=(600-120)+(900-300)=1 080(万元),转回准备金冲减信用减值损失270万元,期末计提准备金400万元增加信用减值损失,三项合计抵减会计利润金额=1 080-270+400=1 210(万元)。

税法与会计差异1 210-246=964(万元),应纳税调增964万元。

风险提示 会计核销贷款损失可以有两种核算方法:一种是直接通过准备金核销全部损失,然后补提不足的准备金;另一种是按照已提的准备金核销,准备金不足的部分直接计入当期损益。两种方法对损益的影响是一样的,在填报表A105090第2列时会有区别,但是最终纳税调整的申报结果是相同的。

A银行2022年度纳税申报:

(1)申报贷款损失,如表5-12-2所示。

表5-12-2 资产损失税前扣除及纳税调整明细表(A105090)(局部)

单位:万元

行次	项目	资产损失直接计入本年损益金额	资产损失准备金核销金额	资产处置收入	赔偿收入	资产计税基础	资产损失的税收金额	纳税调整金额
		1	2	3	4	5	6(5-4-3)	7
17	(一)金融企业债权性投资损失(18+22)							
18	1.贷款损失	1 080	420	0	0	600	600	900

如果会计核算采用全部冲减准备金,期末再补提准备金,则申报方法如表5-12-3所示。

表5-12-3 资产损失税前扣除及纳税调整明细表(A105090)(局部)

行次	项目	资产损失直接计入本年损益金额	资产损失准备金核销金额	资产处置收入	赔偿收入	资产计税基础	资产损失的税收金额	纳税调整金额
		1	2	3	4	5	6(5-4-3)	7
17	(一)金融企业债权性投资损失(18+22)							
18	1.贷款损失	0	1 500	0	0	600	600	900

(2)申报贷款准备金如表5-12-4和表5-12-5所示。

第5章 纳税调整表填报

表 5-12-4 贷款损失准备金及纳税调整明细表（A105120）（局部）

单位：万元

行次	项目	账载金额				税收金额					纳税调整金额
		上年末贷款资产余额 1	本年末贷款资产余额 2	上年末贷款损失准备金余额 3	本年末贷款损失准备金余额 4	上年末准予提取贷款损失准备金的贷款资产余额 5	本年末准予提取贷款损失准备金的贷款资产余额 6	计提比例 7	按本年末准予提取贷款损失准备金的贷款资产余额与计提比例计算的准备金额 8(6×7)	截至上年末已在税前扣除的贷款损失准备金的余额 9	准予当年税前扣除的贷款损失准备金 10(4与8的较小值-9)	11(4-3-10)
1	一、金融企业（2+3）	10 000	10 900	920	760	9 600	10 200	*	112	336	-224	64
2	（一）贷款损失准备金	9 000	9 900	*	*	8 600	9 200	1%	92	*	*	*
3	（二）涉农和中小企业贷款损失准备金	1 000	1 000	*	*	1 000	1 000	*	20	*	*	*
4	其中：关注类贷款		1 000	*	*		1 000	2%	20	*	*	*
5	次级类贷款							25%		*	*	*

表 5-12-5 纳税调整项目明细表（A105000）（局部）

单位：万元

行次	项目	账载金额 1	税收金额 2	调增金额 3	调减金额 4
34	（三）资产损失（填写 A105090）	*	*		
39	（三）特殊行业准备金（39.1+39.2+39.4+39.5+39.6+39.7）	*	*	900	
39.7	6. 金融企业、小额贷款公司准备金（填写 A105120）	*	*	64	
46	合计（1+12+31+36+44+45）			964	

5.12.3 表内、表间关系

(1) 表内关系。

第 8 列＝第 6×7 列。

第 10 列＝第 4 列与第 8 列的孰小值－第 9 列。

第 11 列＝第 4－3－10 列。

第 1 行＝第 2＋3 行(仅第 1、2、5、6、8 列)。

第 10 行＝第 1＋8＋9 行。

(2) 表间关系。

若第 10 行第 11 列≥0,第 10 行第 11 列＝表 A105000 第 39.7 行第 3 列;若第 10 行第 11 列<0,第 10 行第 11 列的绝对值＝表 A105000 第 39.7 行第 4 列。

5.13 《纳税调整项目明细表》(A105000)

表 A105000(见表 5-13-1)由纳税人根据税法、相关税收规定以及国家统一会计制度的规定,填报企业所得税涉税事项的会计处理、税务处理以及纳税调整情况。

表 A105000 是调整税法与会计差异的总表,主表 A100000 的第 15 行和第 16 行的金额分别来自表 A105000 第 46 行第 3 列和第 4 列的合计数。表 A105000 中很多行次的金额都根据下级表单的合计金额填报,这些金额所反映的业务内容在本章第 1 节至第 12 节中已经详细介绍,所以本节只分析不涉及下级表单的相关项目。表 A105000 第 28 行"(十五)境外所得分摊的共同支出"的填报参见 8.1.3"境外所得纳税调整"相关内容,第 41 行"(五)有限合伙企业法人合伙方应分得的应纳税所得额"的填报参见 7.5.3"合伙创投企业法人合伙人投资额的计算"相关内容,本节不再赘述。

表 5-13-1 纳税调整项目明细表(A105000)

行次	项 目	账载金额	税收金额	调增金额	调减金额
		1	2	3	4
1	一、收入类调整项目(2＋3＋…＋8＋10＋11)	*	*		
2	(一)视同销售收入(填写 A105010)	*			*
3	(二)未按权责发生制原则确认的收入(填写 A105020)				
4	(三)投资收益(填写 A105030)				
5	(四)按权益法核算长期股权投资对初始投资成本调整确认收益	*	*	*	

(续表)

行次	项 目	账载金额 1	税收金额 2	调增金额 3	调减金额 4
6	（五）交易性金融资产初始投资调整	*	*		*
7	（六）公允价值变动净损益		*		
8	（七）不征税收入	*	*		
9	其中：专项用途财政性资金(填写A105040)	*	*		
10	（八）销售折扣、折让和退回				
11	（九）其他				
12	二、扣除类调整项目(13＋14＋…＋24＋26＋27＋28＋29＋30)	*	*		
13	（一）视同销售成本(填写A105010)	*		*	
14	（二）职工薪酬(填写A105050)				
15	（三）业务招待费支出				*
16	（四）广告费和业务宣传费支出(填写A105060)	*	*		
17	（五）捐赠支出(填写A105070)				
18	（六）利息支出				
19	（七）罚金、罚款和被没收财物的损失			*	*
20	（八）税收滞纳金、加收利息			*	*
21	（九）赞助支出			*	*
22	（十）与未实现融资收益相关在当期确认的财务费用				
23	（十一）佣金和手续费支出（保险企业填写A105060）				
24	（十二）不征税收入用于支出所形成的费用	*	*		*
25	其中：专项用途财政性资金用于支出所形成的费用(填写A105040)	*	*		*
26	（十三）跨期扣除项目				
27	（十四）与取得收入无关的支出			*	*
28	（十五）境外所得分摊的共同支出	*	*		*
29	（十六）党组织工作经费				
30	（十七）其他				
31	三、资产类调整项目(32＋33＋34＋35)			*	*

(续表)

行次	项　目	账载金额	税收金额	调增金额	调减金额
		1	2	3	4
32	（一）资产折旧、摊销（填写 A105080）				
33	（二）资产减值准备金		*		
34	（三）资产损失（填写 A105090）	*	*		
35	（四）其他				
36	四、特殊事项调整项目(37+38+…+43)	*	*		
37	（一）企业重组及递延纳税事项（填写 A105100）				
38	（二）政策性搬迁（填写 A105110）	*	*		
39	（三）特殊行业准备金(39.1+39.2+39.4+39.5+39.6+39.7)	*	*		
39.1	1. 保险公司保险保障基金				
39.2	2. 保险公司准备金				
39.3	其中：已发生未报案未决赔款准备金				
39.4	3. 证券行业准备金				
39.5	4. 期货行业准备金				
39.6	5. 中小企业融资（信用）担保机构准备金				
39.7	6. 金融企业、小额贷款公司准备金（填写 A105120）	*	*		
40	（四）房地产开发企业特定业务计算的纳税调整额（填写 A105010）	*			
41	（五）合伙企业法人合伙人应分得的应纳税所得额				
42	（六）发行永续债利息支出				
43	（七）其他	*	*		
44	五、特别纳税调整应税所得	*	*		
45	六、其他	*	*		
46	合计(1+12+31+36+44+45)	*	*		

5.13.1　投资活动相关事项

企业投资活动产生的税法与会计差异需要进行纳税调整的事项，除表 A105030 中调整的持有收益和处置收益、表 A105090 中调整的处置损失外，还包括其他事项，这些事项需要在表 A105000 中进行调整。

5.13.1.1 长期股权投资权益法下初始成本调整

1) 会计核算

根据《企业会计准则第 2 号——长期股权投资》的规定,采用权益法核算的长期股权投资,投资方取得投资以后,对于取得投资时初始投资成本与应享有被投资单位可辨认净资产公允价值份额之间的差额,应区别情况处理:

（1）初始投资成本小于取得投资时应享有被投资单位可辨认净资产公允价值份额的,两者之间的差额体现为双方在交易作价过程中转让方的让步,该部分经济利益流入应计入取得投资当期的营业外收入,同时调整增加长期股权投资的账面价值。

（2）初始投资成本大于取得投资时应享有被投资单位可辨认净资产公允价值份额的,该部分差额是投资方在取得投资过程中通过作价体现出的与所取得股权份额相对应的商誉价值,这种情况下不要求对长期股权投资的成本进行调整。

被投资单位可辨认净资产的公允价值,应当比照《企业会计准则第 20 号——企业合并》的有关规定确定。

2) 税法规定

《企业所得税法实施条例》第五十六条规定,企业的各项资产,包括固定资产、生物资产、无形资产、长期待摊费用、投资资产、存货等,以历史成本为计税基础。历史成本,是指企业取得该项资产时实际发生的支出。

《企业所得税法实施条例》第七十一条规定,企业通过支付现金方式取得的投资资产,以购买价款为计税基础;通过支付现金以外的方式取得的投资资产,以该资产的公允价值和支付的相关税费为计税基础。

3) 纳税申报

会计对长期股权投资初始成本的调整会产生税法与会计的差异,这个差异在表 A105000 第 5 行"(四)按权益法核算长期股权投资对初始投资成本调整确认收益"调整,表 A105000 第 5 行第 4 列"调减金额"填报纳税人采取权益法核算,初始投资成本小于取得投资时应享有被投资单位可辨认净资产公允价值份额的差额计入取得投资当期营业外收入的金额。

5.13.1.2 交易性金融资产初始成本与公允价值变动损益

1) 会计核算

根据《企业会计准则第 22 号——金融工具的确认与计量》的规定,分类为以公允价值计量且其变动计入当期损益的金融资产,在"交易性金融资产"科目核算,其初始成本以取得时的公允价值计量,不包括交易费用。持有期间以公允价值计量,公允价值变动计入当期损益,在"公允价值变动损益"科目核算。

2) 税法规定

按照税法规定,投资资产的计税基础是指取得时支付的对价,包括交易费用在内。并且采用历史成本计量,持有期间无论是出现资产增值还是贬值情况,均不得调整资产的计税基础。

3) 纳税申报

(1) 交易性金融资产在取得投资时,交易费用处理的税法与会计差异在表A105000第6行"(五)交易性金融资产初始投资调整"调整,第3列"调增金额"填报纳税人根据税收规定确认交易性金融资产初始投资金额与会计核算的交易性金融资产初始投资账面价值的差额。

(2) 交易性金融资产持有期间,因公允价值变动会计核算计入当期损益的金额,在表A105000第7行"(六)公允价值变动净损益"调整,第1列"账载金额"填报纳税人会计核算的以公允价值计量的金融资产计入当期损益的公允价值变动金额。若第1列≤0,第3列"调增金额"填报第1列金额的绝对值。若第1列>0,第4列"调减金额"填报第1列金额。

风险提示 A105000第7行"(六)公允价值变动净损益"填报纳税人会计核算的以公允价值计量的金融资产、金融负债以及投资性房地产类项目,计入当期损益的公允价值变动金额,公允价值变动损益产生的税法与会计差异在此行调整,但是股份支付业务中产生的公允价值变动损益不在此行调整。

案例解析 5-39 投资活动综合业务纳税调整及申报

【案例材料】

A公司为境内注册的居民企业。A公司发生的两笔投资业务具体情况如下:

1. 2021年,A公司为短期获利于6月6日购入B公司的流通股票100 000股,每股市价20元,在交易时发生相关交易费用1 590元,并取得增值税专用发票,增值税税额为90元。2021年12月31日,B公司股票每股市价16.8元。

2022年4月25日,A公司将所持有的B公司股票全部出售,在扣除相关费用后,A公司实际收到转让款2 150 000元。

2. 2021年8月,A公司取得C公司30%的股权,支付价款6 000万元。取得投资时,被投资单位净资产账面价值为24 000万元(假定被投资单位各项可辨认净资产的公允价值与其账面价值相同)。A公司在取得C公司的股权后,能够对C公司施加重大影响,对该投资采用权益法核算。2021年,C公司实现税后利润700万元。

2022年2月,C公司宣告分配现金股利400万元,A公司应分得股息、红利120万元。

要求：分析 A 公司两笔投资业务在 2021 年度和 2022 年度纳税申报情况。

【案例分析】

1. A 公司 2021 年度业务分析。

(1) 6 月，A 公司购入 B 公司股票：

借：交易性金融资产——成本　　　　　　　　　　　　　　　2 000 000
　　应交税费——应交增值税(进项税额)　　　　　　　　　　　　90
　　投资收益　　　　　　　　　　　　　　　　　　　　　　　1 500
　　贷：银行存款　　　　　　　　　　　　　　　　　　　　2 001 590

(2) 12 月 31 日，B 公司股票公允价值变动：

公允价值变动损益＝(16.8÷10 000)×100 000－200＝－32(万元)。

借：公允价值变动损益　　　　　　　　　　　　　　　　　　320 000
　　贷：交易性金融资产——公允价值变动　　　　　　　　　　320 000

2021 年度企业所得税汇算清缴时，取得该项交易性金融资产的相关手续费会计核算计入了当期损益，本期应纳税调增 0.15 万元。公允价值变动损益不计入应纳税所得额，应纳税调增 32 万元。

(3) 8 月取得 C 公司股权初始成本确认与调整：

A 公司取得 C 公司投资时被投资单位可辨认净资产的公允价值为 24 000 万元，A 公司按持股比例 30% 计算确定应享有 7 200 万元，则初始投资成本与应享有被投资单位可辨认净资产公允价值份额之间的差额 1 200 万元应计入取得投资当期的营业外收入。

借：长期股权投资——投资成本　　　　　　　　　　　　　60 000 000
　　贷：银行存款　　　　　　　　　　　　　　　　　　　60 000 000

借：长期股权投资——投资成本　　　　　　　　　　　　　12 000 000
　　贷：营业外收入　　　　　　　　　　　　　　　　　　12 000 000

(4) 2021 年年末确认 C 公司投资收益：

2021 年 C 公司实现利润 700 万元，A 公司应确认投资收益＝700×30%＝210(万元)。

借：长期股权投资——损益调整　　　　　　　　　　　　　2 100 000
　　贷：投资收益　　　　　　　　　　　　　　　　　　　2 100 000

按照税法规定，以支付现金方式取得的长期股权投资，计税基础为支付的买价加相关税费。A 公司取得 C 公司的投资资产计税基础为 6 000 万元。会计确认的 1 200 万元营业外收入应纳税调减。会计确认的 210 万元投资收益，不属于税法规定的股息、红利收益,应纳税调减。

A 公司 2021 年度纳税申报情况,如表 5-13-2 和表 5-13-3 所示。

表 5-13-2　投资收益纳税调整明细表(A105030)(局部)

单位:万元

行次	项目	持有收益			纳税调整金额
		账载金额	税收金额	纳税调整金额	
		1	2	3(2−1)	11(3+10)
6	六、长期股权投资	210	0	−210	−210

表 5-13-3　纳税调整项目明细表(A105000)(局部)

单位:万元

行次	项目	账载金额	税收金额	调增金额	调减金额
		1	2	3	4
4	(三)投资收益(填写 A105030)	210	0		210.00
5	(四)按权益法核算长期股权投资对初始投资成本调整确认收益	*	*	*	1 200.00
6	(五)交易性金融资产初始投资调整	*	*	0.15	*
7	(六)公允价值变动净损益	−32.00	*	32.00	

2. A 公司 2022 年度业务分析。

(1) 4 月 25 日,出售 B 公司股票:

应交增值税=(215−200)÷1.06×6%=0.85(万元)。

借:银行存款　　　　　　　　　　　　　　　　　　　　　　2 150 000
　　交易性金融资产——公允价值变动　　　　　　　　　　　　320 000
　　贷:交易性金融资产——成本　　　　　　　　　　　　　　2 000 000
　　　　投资收益　　　　　　　　　　　　　　　　　　　　　　461 500
　　　　应交税费——转让金融商品应交增值税　　　　　　　　　8 500

A 公司转让 B 公司股票,按照税法规定转让所得=215−0.85−200.15=14(万元),应纳税调减 32.15 万元。

(2) 2 月 C 公司宣告分配现金股利 400 万元:

A 公司应收股利=400×30%=120(万元)。

借:应收股利　　　　　　　　　　　　　　　　　　　　　　1 200 000
　　贷:长期股权投资——损益调整　　　　　　　　　　　　　1 200 000

C 公司宣告分配现金股利,按照税法规定应确认股息、红利收益 120 万元,应纳税调增120万元。

2022年度纳税申报情况,如表5-13-4、表5-13-5和表5-13-6所示。

表5-13-4 投资收益纳税调整明细表(A105030)(局部)

单位:万元

行次	项目	持有收益			纳税调整金额
		账载金额	税收金额	纳税调整金额	
		1	2	3(2-1)	11(3+10)
6	六、长期股权投资	0	120	120	120

表5-13-5 投资收益纳税调整明细表(A105030)(局部)

单位:万元

行次	项目	处置收益							纳税调整金额
		会计确认的处置收入	税收计算的处置收入	处置投资的账面价值	处置投资的计税基础	会计确认的处置所得或损失	税收计算的处置所得	纳税调整金额	
		4	5	6	7	8(4-6)	9(5-7)	10(9-8)	11(3+10)
1	一、交易性金融资产	214.15	214.15	168	200.15	46.15	14.00	-32.15	-32.15

表5-13-6 纳税调整项目明细表(A105000)(局部)

单位:万元

行次	项目	账载金额	税收金额	调增金额	调减金额
		1	2	3	4
4	(三)投资收益(填写A105030)	46.15	134.00	87.85	

5.13.2 业务招待费

5.13.2.1 业务招待费税前扣除政策

《企业所得税法实施条例》第四十三条规定,企业发生的与生产经营活动有关的业务招待费支出,按照发生额的60%扣除,但最高不得超过当年销售(营业)收入的5‰。这是对一般企业正常经营活动期间业务招待费的扣除方法,这里的销售(营业)收入包括"主营业务收入""其他业务收入",以及按照税法规定确定的"视同销售收入"三部分收入。

《国家税务总局关于贯彻落实企业所得税法若干税收问题的通知》(国税函〔2010〕79号)第八条规定,对从事股权投资业务的企业(包括集团公司总部、创业投资企业等),其从被投资企业所分配的股息、红利以及股权转让收入,可以按规定的比例计算业务招待费扣除限额。

《国家税务总局关于企业所得税应纳税所得额若干税务处理问题的公告》(国家税务总局公告 2012 年第 15 号)第五条规定,企业在筹建期间,发生的与筹办活动有关的业务招待费支出,可按实际发生额的 60% 计入企业筹办费,并按有关规定在税前扣除。

5.13.2.2　业务招待费纳税调整及申报

会计核算按照业务招待费发生的实际金额确认,税法根据规定按比例计算确认,且存在最高限额的限定。所以,企业发生了业务招待费,在年度所得税汇算清缴中一定存在纳税调整问题。业务招待费的税会差异通过填报表 A105000 第 15 行"(三)业务招待费支出"调整,本行第 1 列"账载金额"填报纳税人会计核算计入当期损益的业务招待费金额,第 2 列"税收金额"填报按照税收规定允许税前扣除的业务招待费支出金额,第 3 列"调增金额"填报第 1 列减第 2 列的差额。

 案例解析 5-40　业务招待费的纳税调整及申报

【案例材料】

S 公司于 2022 年 3 月在南京注册成立,至 6 月筹建完成开始投产经营。S 公司会计核算执行《企业会计准则》。筹建期间除构建长期资产应该资本化处理的支出外,累计发生各项费用 73 万元,其中包括业务招待费 24 万元。S 公司选择开办费用在开业后一次性计入损益的税前扣除方法。

S 公司从正式开始经营至年末全年实现营业收入 1 000 万元,实现营业外收入 10 万元,发生业务招待费 20 万元。根据税法规定,本期发生视同销售业务应确认收入 100 万元。不考虑其他纳税调整事项。

要求:分析 S 公司业务招待费的确认和纳税申报情况。

【案例分析】

会计核算根据业务招待费发生的期间和金额分别进行确认,属于筹建期间的业务招待费和其他开办费一起记入"管理费用——开办费"明细账;属于经营期间发生的业务招待费,记入"管理费用——业务招待费"明细账。

```
借:管理费用——开办费                        730 000
         ——业务招待费                        200 000
    贷:银行存款                                       930 000
```

(1)筹建期间发生的业务招待费可以按照发生额的 60% 计入开办费税前扣除,如果没有其他需要调整的事项,企业可以税前扣除的开办费=73-24+24×60%=63.4(万元),开办费应纳税调增 9.6 万元,开办费的调整填报《资产折旧、摊销及纳税调整明细表》(A105080)。

(2) 经营期间发生的业务招待费可以税前扣除金额的计算：

实际发生额的 60%＝20×60%＝12(万元)。

扣除限额＝(1 000＋100)×5‰＝5.5(万元)。

税前可以扣除的业务招待费为 5.5 万元,业务招待费支出应纳税调增 14.5 万元。

A 公司 2022 年度纳税申报情况,如表 5-13-7 所示。

表 5-13-7　纳税调整项目明细表(A105000)(局部)

单位：万元

行次	项　目	账载金额	税收金额	调增金额	调减金额
		1	2	3	4
12	二、扣除类调整项目(13＋14＋…＋24＋26＋27＋28＋29＋30)	*	*		
15	(三)业务招待费支出	20.0	5.5	14.5	*
31	三、资产类调整项目(32＋33＋34＋35)	*	*		
32	(一)资产折旧、摊销 　　 (填写 A105080)	73.0	64.4	9.6	

5.13.3　利息支出

5.13.3.1　向金融企业借款，借款费用的税法规定

《企业所得税法实施条例》第三十八条规定,非金融企业向金融企业借款的利息支出、金融企业的各项存款利息支出和同业拆借利息支出、企业经批准发行债券的利息支出可以税前扣除。税法与会计不存在差异,不需要纳税调整。

5.13.3.2　向非金融企业及自然人借款，借款费用的税法规定

《企业所得税法实施条例》第三十八条规定,非金融企业向非金融企业借款的利息支出,不超过按照金融企业同期同类贷款利率计算的数额的部分可以税前扣除。超过规定标准的部分税前不可以扣除。

《国家税务总局关于企业向自然人借款的利息支出企业所得税税前扣除问题的通知》(国税函〔2009〕777 号)规定,企业向股东或其他与企业有关联关系的自然人借款的利息支出,应根据《企业所得税法》第四十六条和《财政部　国家税务总局关于企业关联方利息支出税前扣除标准有关税收政策问题的通知》(财税〔2008〕121 号)规定的条件,计算企业所得税扣除额。企业向股东或其他与企业有关联关系的自然人以外的内部职工或其他人员借款的利息支出,如果这种借贷是真实、合法、有效的,

并且不具有非法集资目的或其他违反法律、法规的行为,并且企业与个人之间签订了借款合同,其利息支出在不超过按照金融企业同期同类贷款利率计算的数额的部分,根据《企业所得税法》第八条和《企业所得税法实施条例》第二十七条规定,准予扣除。

《国家税务总局关于企业所得税若干问题的公告》(国家税务总局公告2011年第34号)第一条规定,非金融企业向非金融企业借款的利息支出,不超过按照金融企业同期同类贷款利率计算的数额的部分,准予税前扣除。鉴于目前我国对金融企业利率要求的具体情况,企业在按照合同要求首次支付利息并进行税前扣除时,应提供"金融企业的同期同类贷款利率情况说明",以证明其利息支出的合理性。

"金融企业的同期同类贷款利率情况说明"中,应包括在签订该借款合同当时,本省任何一家金融企业提供同期同类贷款利率情况。该金融企业应为经政府有关部门批准成立的可以从事贷款业务的企业,包括银行、财务公司、信托公司等金融机构。"同期同类贷款利率"是指在贷款期限、贷款金额、贷款担保以及企业信誉等条件基本相同下,金融企业提供贷款的利率。该利率既可以是金融企业公布的同期同类平均利率,也可以是金融企业对某些企业提供的实际贷款利率。

5.13.3.3 借款费用纳税调整及申报

向非金融企业和向个人借款的利息费用纳税调整在表A105000第18行"(六)利息支出"填报。本行第1列"账载金额"填报纳税人向非金融企业借款,会计核算计入当期损益的利息支出的金额,第2列"税收金额"填报按照税收规定允许税前扣除的利息支出的金额。

风险提示 企业发行永续债的利息支出不在表A105000第18行填报,在表A105000第42行"(六)发行永续债利息支出"调整。向关联方借款的利息支出不在表A105000第18行填报,在表A105000第44行"五、特别纳税调整应税所得"调整。

案例解析5-41 利息支出纳税调整及申报

【案例材料】

A公司为境内注册的居民企业,2022年发生的借款业务如下:

(1) 因经营活动需要,2022年4月1日从非关联企业取得短期借款90万元,双方约定年利率为8.8%(银行同期利率4%),期限10个月。2023年1月末按期还本付息96.6万元,并取得增值税发票。

(2) 2022年8月1日从银行取得专项长期借款1 000万元,年利率为4.8%,期限3年,合同约定按月支付利息,借款资金用于公司基建项目建设。

(3) 2022年9月1日从个人取得短期借款50万元,年利率为6.9%(银行同期利率4.8%),期限6个月,合同约定按月支付利息。A公司提供了"金融企业同期同类贷款利率情况说明",说明中可参考的金融公司实际贷款年利率为4.2%。年末因企业资金紧张,11月和12月利息至年末尚未支付,也未取得发票。

要求:分析A公司借款利息的纳税申报情况。

【案例分析】

(1) 从非关联企业借款利息支出=90×8.8%÷12×9=5.94(万元)。

借:财务费用　　　　　　　　　　　　　　　　　　　　　　　　　59 400
　　贷:应付利息　　　　　　　　　　　　　　　　　　　　　　　　　59 400

按照税法规定,2022年可以税前扣除的利息=90×4%÷12×9=2.7(万元),由于在2023年1月实际支付了全部本息并取得了发票,所以2022年纳税申报时应纳税调增3.24万元。

(2) 专项借款利息支出=1 000×4.8%÷12×5=20(万元)。

借:在建工程　　　　　　　　　　　　　　　　　　　　　　　　　200 000
　　贷:银行存款　　　　　　　　　　　　　　　　　　　　　　　　　200 000

借款利息计入工程成本,与税法规定一致,不需要纳税调整。

(3) 从个人取得借款利息支出=50×6.9%÷12×4=1.15(万元)。

借:财务费用　　　　　　　　　　　　　　　　　　　　　　　　　11 500
　　贷:应付利息　　　　　　　　　　　　　　　　　　　　　　　　　11 500

借:应付利息　　　　　　　　　　　　　　　　　　　　　　　　　5 750
　　贷:银行存款　　　　　　　　　　　　　　　　　　　　　　　　　5 750

按照税法规定,2022年可以税前扣除的利息=50×4.2%÷12×2=0.35(万元),未支付的2个月利息不能税前扣除,纳税调增0.8万元。

A公司2022年度纳税申报情况,如表5-13-8所示。

表5-13-8　纳税调整项目明细表(A105000)(局部)

单位:万元

行次	项　目	账载金额	税收金额	调增金额	调减金额
		1	2	3	4
12	二、扣除类调整项目(13+14+…+24+26+27+28+29+30)	*	*		
18	(六)利息支出	7.09	3.05	4.04	

5.13.4 不得扣除支出项目

5.13.4.1 不得扣除支出项目的税法规定

《企业所得税法》第十条规定,在计算应纳税所得额时,下列支出不得扣除:

(1) 向投资者支付的股息、红利等权益性投资收益款项。

(2) 企业所得税税款。

(3) 税收滞纳金。

(4) 罚金、罚款和被没收财物的损失。

(5)《企业所得税法》第九条规定以外的捐赠支出。

(6) 赞助支出。

(7) 未经核定的准备金支出。

(8) 与取得收入无关的其他支出。

5.13.4.2 不得扣除支出项目的纳税申报

不得扣除项目中第 1 项"向投资者支付的股息、红利等权益性收益款项",会计核算时不属于费用支出,不影响利润总额的计算,第 2 项"企业所得税款"属于费用但是在计算利润总额之后减除,所以这两项均不需要纳税调整。第 5 项捐赠支出的纳税调整填报表 A105070。第 7 项"未经核定的准备金支出"在表 A105000 第 33 行调整。第 3、4、6 项支出纳税申报,分别填报表 A105000 第 19 行至第 21 行,这三行的第 1 列和第 3 列金额相同。

第 19 行"(七)罚金、罚款和被没收财物的损失",填报纳税人会计核算计入当期损益的罚金、罚款和被没收财物的损失,不包括纳税人按照经济合同规定支付的违约金(包括银行罚息)、罚款和诉讼费。

第 20 行"(八)税收滞纳金、加收利息",填报纳税人会计核算计入当期损益的税收滞纳金、加收利息。

第 21 行"(九)赞助支出",填报纳税人会计核算计入当期损益的不符合税收规定的公益性捐赠的赞助支出的金额,包括直接向受赠人的捐赠、赞助支出等(不含广告性的赞助支出,广告性的赞助支出在表 A105060 中填报)。

5.13.5 佣金和手续费支出

佣金是指企业在销售业务发生时支付给中间人的报酬,中间人必须是有权从事中介服务的单位或个人,但不包括本企业的职工。手续费是指因他人代为办理有关事项而支付的相应报酬。佣金和手续费实质上是企业支付的符合一定条件的劳务报酬。会计核算是在佣金和手续费实际发生时,直接将其记入当期"销售费用"科目,同时设置"销售费用——手续费及佣金"明细科目进行明细核算。

5.13.5.1 佣金和手续费税前扣除政策

《财政部 国家税务总局关于企业手续费及佣金支出税前扣除政策的通知》(财税〔2009〕29号)规定如下:

企业(保险企业除外)发生与生产经营有关的手续费及佣金支出,不超过限额以内的部分,准予扣除;超过部分,不得扣除。"限额"按与具有合法经营资格中介服务机构或个人(不含交易双方及其雇员、代理人和代表人等)所签订服务协议或合同确认的收入金额的5%计算。

企业应与具有合法经营资格中介服务企业或个人签订代办协议或合同,并按国家有关规定支付手续费及佣金。除委托个人代理外,企业以现金等非转账方式支付的手续费及佣金不得在税前扣除。企业为发行权益性证券支付给有关证券承销机构的手续费及佣金不得在税前扣除。

企业不得将手续费及佣金支出计入回扣、业务提成、返利、进场费等费用。

企业已计入固定资产、无形资产等相关资产的手续费及佣金支出,应当通过折旧、摊销等方式分期扣除,不得在发生当期直接扣除。

企业支付的手续费及佣金不得直接冲减服务协议或合同金额,并如实入账。

5.13.5.2 佣金和手续费的纳税申报

企业(不包括保险企业)发生的佣金和手续费的纳税调整填报表A105000第23行"(十一)佣金和手续费支出"。本行第1列"账载金额"填报纳税人会计核算计入当期损益的佣金和手续费金额,第2列"税收金额"填报按照税收规定允许税前扣除的佣金和手续费支出金额,第3列"调增金额"填报第1列减第2列的差额。

案例解析5-42 公司佣金手续费纳税调整及申报

【案例材料】

东方培训机构是境内注册的居民企业,专门从事财税等相关业务培训。2022年,公司全年实现培训收入860万元(不含增值税),其中400万元是机构业务部门自主项目实现的收入,公司按照奖励计划,给业务部人员发放工作量奖20万元;460万元是通过与其他单位合作项目实现的收入。按照公司项目合作制度,如果是个人(包括本公司职工和公司外个人)给公司联系的项目,公司按照实现收入的8%计算支付佣金报酬。2022年,公司全年劳务报酬支出合计36.8万元,其中支付给本公司职工11.04万元,支付给公司之外的个人25.76万元。

要求：分析东方培训机构2022年佣金手续费支出纳税申报情况。

【案例分析】

(1) 支付给本公司业务部工作量奖20万元和支付给本公司职工的联系费11.04万元均属于工资薪金，按照工资薪金的相关规定税前扣除。

(2) 支付给公司外的个人的报酬属于佣金费：

佣金手续费的扣除限额 = 460 × 25.76 ÷ 36.8 × 5% = 16.1（万元）。

佣金手续费纳税调整金额 = 25.76 − 16.1 = 9.66（万元）。

公司2022年度纳税申报情况，如表5-13-9所示。

表 5-13-9　纳税调整项目明细表（A105000）（局部）

单位：万元

行次	项目	账载金额	税收金额	调增金额	调减金额
		1	2	3	4
12	二、扣除类调整项目(13+14+…+24+26+27+28+29+30)	*	*		
23	（十一）佣金和手续费支出（保险企业填写A105060）	25.76	16.10	9.66	

5.13.6　资产减值准备金

5.13.6.1　资产减值准备金的会计核算

根据企业会计准则规定，各种资产均应在期末时进行减值测试，发生减值情况时应确认减值损失。

《企业会计准则第22号——金融工具确认和计量》第四十六条规定，企业应当以预期信用损失为基础，对有关资产项目进行减值处理并确认损失准备，这些资产包括：以摊余成本计量的金融资产和以公允价值计量且其变动计入其他综合收益的金融资产；租赁应收款；合同资产；财务担保合同。

"预期信用损失法"与过去规定的、根据实际已发生减值损失确认减值准备的方法有着根本性不同。在预期信用损失法下，减值准备的计提不以减值的实际发生为前提，而是以未来可能的违约事件造成的损失的期望值来计量当前（资产负债表日）应当确认的减值准备，借记"信用减值损失"科目，贷记"坏账准备""债权投资减值准备""其他综合收益——信用减值准备"等科目。

《企业会计准则第1号——存货》规定，资产负债表日，存货成本高于可变现净值的要计提存货跌价准备，借记"资产减值损失"科目，贷记"存货跌价准备"科目，确认的资产减值损失要计入当期损益。如果以后期间,导致存货减值的因素消失,曾经减计的金额应该予以恢复,作相反的会计分录,转回的金额计入当期损益,恢复的最大金额是将"存货跌价准备"账户余额冲至为零为限。

《企业会计准则第8号——资产减值》规定了固定资产和无形资产等的减值损失的确认。当资产的可收回金额低于其账面价值时,应当将二者的差额确认为资产减值损失,借记"资产减值损失"科目,贷记"固定资产减值准备"或者"无形资产减值准备"科目。计提了减值准备的资产,在未来计提折旧或者进行摊销时,应当重新计算其折旧额与摊销额,在剩余期限内摊销其剩余价值,即账面价值扣除预计净残值的差额。需要注意的是,固定资产和无形资产的减值损失一经确定不得转回,不论减值因素是否消失。

在处置或者出售资产时,已经提取的减值(或跌价)准备要同时转销,如果是将一部分资产出售,那么按照出售资产占全部资产的比例计算出售资产所对应的减值(跌价)准备金额,转销相应的部分。

5.13.6.2　除特殊行业风险准备金的税法规定

《企业所得税法》第十条第(七)项规定,未经核定的准备金支出不能税前扣除。

《企业所得税法实施条例》第五十六条规定,企业的各项资产,包括固定资产、生物资产、无形资产、长期待摊费用、投资资产、存货等,以历史成本为计税基础。历史成本,是指企业取得该项资产时实际发生的支出。企业持有各项资产期间资产增值或者减值,除国务院财政、税务主管部门规定可以确认损益外,不得调整该资产的计税基础。

一般情况下,税法不确认资产持有期间发生的减值,不能调整资产的计税基础,不允许将未经核定的准备金支出在税前扣除。

5.13.6.3　除特殊行业风险准备金的纳税调整及申报

会计根据谨慎性原则的要求,既不能高估资产也不能低估损失,要计提风险准备金抵减当期会计利润。会计核算强调风险预见的前瞻性,损失预计的充分性,计提风险准备金的额度要根据相关信息和会计职业判断合理预计。

税法根据历史成本原则,资产持有期间不确认资产减值损失。

除特殊行业外,一般企业因提取各项准备金而引起当期利润减少,在计算应纳税所得额时均要进行纳税调增处理,在转回多提的准备金或者在处置资产核销准备金时,再进行纳税调减。因计提资产减值准备金而产生的税法与会计差异属于暂时性差异,企业可以按照《企业会计准则第18号——所得税》的规定,符合条件时确认递延所得税资产。

一般企业资产减值准备的纳税调整填报《纳税调整事项明细表》(A105000)第33行"(二)资产减值准备金",本行填报坏账准备、存货跌价准备等不允许税前扣除的各类资产减值准备金纳税调整金额,第1列"账载金额"填报纳税人会计核算计入当期损益的资产减值准备金金额(因价值恢复等原因转回的资产减值准备金应予以冲回)。若第1列≥0,第3列"调增金额"填报第1列金额。若第1列＜0,第4列"调减金额"填报第1列金额的绝对值。

案例解析5-43 资产减值准备金纳税调整及申报

【案例材料】

C公司为境内注册成立的居民企业,2022年年末结账前对资产进行清查,有关资产损失准备金的提取(或转回)情况如下:

(1)对应收账款进行信用风险评估,确认信用减值损失25万元。

(2)对各项存货进行减值评估,因市场价格回暖,转回曾经计提的存货跌价准备8万元。

(3)对固定资产进行减值测试,计提固定资产减值准备12万元。

要求:分析C公司2022年度资产损失准备金的纳税申报情况。

【案例分析】

根据案例材料,C公司编制相关会计分录如下:

(1)对金融资产信用风险评估,确认信用减值损失:

借:信用减值损失	250 000
贷:坏账准备	250 000

应纳税调增25万元。

(2)转回已提取的存货跌价准备:

借:存货跌价准备	80 000
贷:资产减值损失	80 000

应纳税调减8万元。

(3)计提固定资产减值准备:

借:资产减值损失	120 000
贷:固定资产减值准备	120 000

根据税法规定,C公司计提的资产损失准备金不能税前扣除,应纳税调增37万元,同时公司反向转回的存货跌价损失,也不需要确认,应纳税调减8万元。三项业务对本年会计利润的影响合计为抵减会计利润29万元,所以纳税申报时应纳税调

增29万元。

2022年度C公司纳税申报情况,如表5-13-10所示。

表5-13-10　纳税调整项目明细表(A105000)(局部)

单位:万元

行次	项目	账载金额	税收金额	调增金额	调减金额
		1	2	3	4
31	三、资产类调整项目(32+33+34+35)	*	*		
32	(一)资产折旧、摊销(填写A105080)				
33	(二)资产减值准备金	29	*	29	

风险提示 已经计提损失准备金的各项资产在实际处置或转让时应同时核销已提取的准备金,与提取损失准备金时的申报方式不同,核销减少的准备金纳税申报要区分情况:

(1)如果各项资产在实际处置或转让时,按照税法规定计算的转让所得是转让损失,则核销的准备金与转让损失一起填报表A105090相应行次。

(2)如果按照税法规定计算的资产转让所得不是损失,需要根据资产类型分别处理:

① 应收账款收回,转回的坏账准备,冲减"信用资产减值损失"科目,核销的准备金继续在表A105000第33行填报。

② 销售存货核销的准备金冲减"主营业务成本"科目,税法与会计的差异体现为"营业成本"的差异,核销的准备金需要在表A105000第30行填报。

③ 处置转让固定资产(或无形资产)核销的准备金影响的是"资产处置损益"科目,税法与会计的差异体现为被处置固定资产(或无形资产)的"成本"差异,核销的准备金需要在表A105000第30行填报。

④ 投资资产转让核销的准备金影响的是"投资收益"科目,核销的准备金纳税调整在表A105030相应行次的第6列"处置投资的账面价值"填报完成。

5.13.7　发行永续债利息支出

5.13.7.1　永续债利息支出的所得税处理

《财政部　税务总局关于永续债企业所得税政策问题的公告》(财政部　税务总局公告2019年第64号)规定如下:

永续债,是指经国家发展和改革委员会、中国人民银行、中国银行保险监督管理委员会、中国证券监督管理委员会核准,或经中国银行间市场交易商协会注册、中国证券监督管理委员会授权的证券自律组织备案,依照法定程序发行、附赎回(续期)选择权或无明确到期日的债券,包括可续期企业债、可续期公司债、永续债务融资工具(含永续票据)、无固定期限资本债券等。

自2019年1月1日起,企业发行的永续债,可以适用股息、红利企业所得税政策,即:投资方取得的永续债利息收入属于股息、红利性质,按照现行企业所得税政策相关规定进行处理,其中,发行方和投资方均为居民企业的,永续债利息收入可以适用企业所得税法规定的居民企业之间的股息、红利等权益性投资收益免征企业所得税规定;同时,发行方支付的永续债利息支出不得在企业所得税税前扣除。

企业发行符合规定条件的永续债,也可以按照债券利息适用企业所得税政策,即:发行方支付的永续债利息支出准予在其企业所得税税前扣除;投资方取得的永续债利息收入应当依法纳税。这里所指的符合规定条件的永续债,是指符合下列条件中5条(含)以上的永续债:

(1) 被投资企业对该项投资具有还本义务。
(2) 有明确约定的利率和付息频率。
(3) 有一定的投资期限。
(4) 投资方对被投资企业净资产不拥有所有权。
(5) 投资方不参与被投资企业日常生产经营活动。
(6) 被投资企业可以赎回,或满足特定条件后可以赎回。
(7) 被投资企业将该项投资计入负债。
(8) 该项投资不承担被投资企业股东同等的经营风险。
(9) 该项投资的清偿顺序位于被投资企业股东持有的股份之前。

企业发行永续债,应当将其适用的税收处理方法在证券交易所、银行间债券市场等发行市场的发行文件中向投资方予以披露。

发行永续债的企业对每一永续债产品的税收处理方法一经确定,不得变更。企业对永续债采取的税收处理办法与会计核算方式不一致的,发行方、投资方在进行税收处理时须作出相应纳税调整。

5.13.7.2 永续债利息支出的会计核算

永续债的会计处理,应根据《企业会计准则第22号——金融工具确认和计量》(以下简称第22号准则)、《企业会计准则第37号——金融工具列报》(以下简称第37号准则)、《财政部关于印发〈永续债相关会计处理的规定〉的通知》(财会〔2019〕2号)等相关规定。

永续债发行方在确定永续债的会计分类是权益工具还是金融负债时,根据第37号准则规定的同时还应考虑关于到期日、清偿顺序、利率跳升和间接义务等因素,应当以合同条款的经济实质为基础,考虑合同中关于清偿顺序的条款。

1) 发行方发行的金融工具归类为债务工具并以摊余成本计量

借:银行存款(应按实际收到的金额)
　　贷:应付债券——永续债(面值)
　　　　　　　——永续债(利息调整)(或借方)

分类为债务工具的金融工具在存续期间,计提利息并对账面的利息调整进行调整等,按照第 22 号准则中有关金融负债按摊余成本后续计量的规定进行会计处理。

2) 发行方发行的金融工具归类为权益工具

借:银行存款(按实际收到的金额)
　　贷:其他权益工具——永续债

分类为权益工具的金融工具,在存续期间分派股利(含分类为权益工具的工具所产生的利息,下同)的,作为利润分配处理。

借:利润分配——应付优先股股利、应付永续债利息
　　贷:应付股利——优先股股利、永续债利息等

5.13.7.3　永续债利息支出的纳税调整及申报

企业发行永续债采取的税收处理办法与会计核算方式不一致时的纳税调整填报表 A105000 第 42 行"(六)发行永续债利息支出"。

永续债发行方会计按照债务核算,税收适用股息、红利企业所得税政策时,表 A105000 第 42 行第 1 列"账载金额"填报支付的永续债利息支出计入当期损益的金额;第 2 列"税收金额"填报 0,第 1 列和第 2 列的差额填报第 3 列"调增金额"。

永续债发行方会计按照权益核算,税收按照债券利息适用企业所得税政策时,表 A105000 第 42 行第 1 列"账载金额"填报 0;第 2 列"税收金额"填报永续债发行方支付的永续债利息支出准予在企业所得税税前扣除的金额。第 2 列＞第 1 列的差额,填报第 4 列"调减金额"。

5.13.8　特殊行业准备金

5.13.8.1　保险企业准备金税前扣除政策

《财政部　国家税务总局关于保险公司准备金支出企业所得税税前扣除有关政策问题的通知》(财税〔2016〕114 号,以下简称财税〔2016〕114 号文件)①规定如下:

(1)保险保障基金。

保险保障基金,是指按照《中华人民共和国保险法》和《保险保障基金管理办法》规定缴纳形成的,在规定情形下用于救助保单持有人、保单受让公司或者处置保险

---

① 根据《财政部 税务总局关于延长部分税收优惠政策执行期限的公告》(财政部 税务总局公告 2021 年第 6 号)的规定,财税〔2016〕114 号文件规定的准备金企业所得税税前扣除政策到期后继续执行。

业风险的非政府性行业风险救助基金。

保险公司按下列规定缴纳的保险保障基金,准予据实税前扣除:

① 非投资型财产保险业务,不得超过保费收入的0.8%;投资型财产保险业务,有保证收益的,不得超过业务收入的0.08%,无保证收益的,不得超过业务收入的0.05%。

② 有保证收益的人寿保险业务,不得超过业务收入的0.15%;无保证收益的人寿保险业务,不得超过业务收入的0.05%。

③ 短期健康保险业务,不得超过保费收入的0.8%;长期健康保险业务,不得超过保费收入的0.15%。

④ 非投资型意外伤害保险业务,不得超过保费收入的0.8%;投资型意外伤害保险业务,有保证收益的,不得超过业务收入的0.08%,无保证收益的,不得超过业务收入的0.05%。

风险提示 应注意财税〔2016〕114号文件中相关概念的界定。

(1) 保费收入,是指投保人按照保险合同约定,向保险公司支付的保险费。

(2) 业务收入,是指投保人按照保险合同约定,为购买相应的保险产品支付给保险公司的全部金额。

(3) 非投资型财产保险业务,是指仅具有保险保障功能而不具有投资理财功能的财产保险业务。

(4) 投资型财产保险业务,是指兼具有保险保障与投资理财功能的财产保险业务。

(5) 有保证收益,是指保险产品在投资收益方面提供固定收益或最低收益保障。

(6) 无保证收益,是指保险产品在投资收益方面不提供收益保证,投保人承担全部投资风险。

保险公司有下列情形之一的,其缴纳的保险保障基金不得在税前扣除:

① 财产保险公司的保险保障基金余额达到公司总资产6%的。

② 人身保险公司的保险保障基金余额达到公司总资产1%的。

(2) 保险责任准备金。

保险公司按国务院财政部门的相关规定提取的未到期责任准备金、寿险责任准备金、长期健康险责任准备金、已发生已报案未决赔款准备金和已发生未报案未决赔款准备金,准予在税前扣除。

① 未到期责任准备金、寿险责任准备金、长期健康险责任准备金依据经中国保监会核准任职资格的精算师或出具专项审计报告的中介机构确定的金额提取。

风险提示 应注意财税〔2016〕114号文件中相关概念的界定。

(1) 未到期责任准备金,是指保险人为尚未终止的非寿险保险责任提取的准备金。

(2) 寿险责任准备金,是指保险人为尚未终止的人寿保险责任提取的准备金。

(3) 长期健康险责任准备金,是指保险人为尚未终止的长期健康保险责任提取的准备金。

② 已发生已报案未决赔款准备金,按最高不超过当期已经提出的保险赔款或者给付金额的 100% 提取;已发生未报案未决赔款准备金按不超过当年实际赔款支出额的 8% 提取。

风险提示 应注意财税〔2016〕114 号文件中相关概念的界定。

(1) 已发生已报案未决赔款准备金,是指保险人为非寿险保险事故已经发生并已向保险人提出索赔、尚未结案的赔案提取的准备金。

(2) 已发生未报案未决赔款准备金,是指保险人为非寿险保险事故已经发生、尚未向保险人提出索赔的赔案提取的准备金。

(3) 农业保险大灾准备金。

保险公司经营财政给予保费补贴的农业保险,按不超过财政部门规定的农业保险大灾风险准备金(以下简称大灾准备金)计提比例,计提的大灾准备金准予在企业所得税前据实扣除。具体计算公式如下:

$$\text{本年度扣除的大灾准备金} = \text{本年度保费收入} \times \text{规定比例} - \text{上年度已在税前扣除的大灾准备金结存余额}$$

按上述公式计算的数额如为负数,应调增当年应纳税所得额。

财政给予保费补贴的农业保险,是指各级财政按照中央财政农业保险保费补贴政策规定给予保费补贴的种植业、养殖业、林业等农业保险。

规定比例,是指按照《财政部关于印发〈农业保险大灾风险准备金管理办法〉的通知》(财金〔2013〕129 号)规定的计提比例。

(4) 保险公司实际发生的各种保险赔款、给付,应首先冲抵按规定提取的准备金,不足冲抵部分,准予在当年税前扣除。

5.13.8.2 证券行业准备金税前扣除政策

《财政部 国家税务总局关于证券行业准备金支出企业所得税税前扣除有关政策问题的通知》(财税〔2017〕23 号,以下简称财税〔2017〕23 号文件)[1]规定的证券类准备金和期货类准备金的税前扣除标准如下。

---

[1] 根据《财政部 税务总局关于延长部分税收优惠政策执行期限的公告》(财政部 税务总局公告 2021 年第 6 号)的规定,财税〔2017〕23 号文件规定的准备金企业所得税税前扣除政策到期后继续执行。

1) 证券类准备金

(1) 证券交易所风险基金。

上海、深圳证券交易所依据《证券交易所风险基金管理暂行办法》(证监发〔2000〕22号)的有关规定,按证券交易所交易收取经手费的20%、会员年费的10%提取的证券交易所风险基金,在各基金净资产不超过10亿元的额度内,准予在企业所得税税前扣除。

(2) 证券结算风险基金。

中国证券登记结算公司所属上海分公司、深圳分公司依据《证券结算风险基金管理办法》(证监发〔2006〕65号)的有关规定,按证券登记结算公司业务收入的20%提取的证券结算风险基金,在各基金净资产不超过30亿元的额度内,准予在企业所得税税前扣除。

证券公司依据《证券结算风险基金管理办法》(证监发〔2006〕65号)的有关规定,作为结算会员按人民币普通股和基金成交金额的十万分之三、国债现货成交金额的十万分之一、1天期国债回购成交额的千万分之五、2天期国债回购成交额的千万分之十、3天期国债回购成交额的千万分之十五、4天期国债回购成交额的千万分之二十、7天期国债回购成交额的千万分之五十、14天期国债回购成交额的十万分之一、28天期国债回购成交额的十万分之二、91天期国债回购成交额的十万分之六、182天期国债回购成交额的十万分之十二逐日交纳的证券结算风险基金,准予在企业所得税税前扣除。

(3) 证券投资者保护基金。

依据《证券投资者保护基金管理办法》(证监会令第27号、第124号)的有关规定,上海、深圳证券交易所在风险基金分别达到规定的上限后,按交易经手费的20%缴纳的证券投资者保护基金,准予在企业所得税税前扣除。

证券公司按其营业收入0.5%~5%缴纳的证券投资者保护基金,准予在企业所得税税前扣除。

2) 期货类准备金

(1) 期货交易所风险准备金。

大连商品交易所、郑州商品交易所和中国金融期货交易所依据《期货交易管理条例》(国务院令第489号)、《期货交易所管理办法》(证监会令第42号)和《商品期货交易财务管理暂行规定》(财商字〔1997〕44号印发)的有关规定,上海期货交易所依据《期货交易管理条例》(国务院令第489号)、《期货交易所管理办法》(证监会令第42号)和《关于调整上海期货交易所风险准备金规模的批复》(证监函〔2009〕407号)的有关规定,分别按向会员收取手续费收入的20%计提的风险准备金,在风险准备金余额达到有关规定的额度内,准予在企业所得税税前扣除。

(2) 期货公司风险准备金。

期货公司依据《期货公司管理办法》(证监会令第43号)和《商品期货交易财务管理暂行规定》(财商字〔1997〕44号)的有关规定,从其收取的交易手续费收入减去应付期货交易所手续费后的净收入的5%提取的期货公司风险准备金,准予在企业所得税税前扣除。

(3) 期货投资者保障基金。

上海期货交易所、大连商品交易所、郑州商品交易所和中国金融期货交易所依据《期货投资者保障基金管理办法》(证监会令第38号、第129号)和《关于明确期货交易者保障基金缴纳比例有关事项的规定》(证监会 财政部公告〔2016〕26号,根据证监会〔2022〕43号修改)的有关规定,按其向期货公司会员收取的交易手续费的2‰(2016年12月8日前按3‰)缴纳的期货交易者保障基金,在基金总额达到有关规定的额度内,准予在企业所得税税前扣除。

期货公司依据《期货投资者保障基金管理办法》(证监会令第38号、第129号)和《关于明确期货交易者保障基金缴纳比例有关事项的规定》(证监会 财政部公告〔2016〕26号,根据证监会〔2022〕43号修改)的有关规定,从其收取的交易手续费中按照代理交易额的亿分之五至亿分之十的比例(2016年12月8日前按千万分之五至千万分之十的比例)缴纳的期货交易者保障基金,在基金总额达到有关规定的额度内,准予在企业所得税税前扣除。

不超过规定比例计提的准备金,准予在企业所得税税前扣除。已实现税前扣除的准备金如发生清算、退还,应按规定补征企业所得税。

5.13.8.3 特殊行业准备金的纳税申报

自2020年开始,特殊行业准备金的纳税调整填报表A105000第39行"(三)特殊行业准备金",不同行业分别填报第39.1行至第39.7行(见表5-13-1)。第1列"账载金额"填报纳税人会计核算的计入损益的金额。第2列"税收金额"填报按照税收规定允许税前扣除的金额。若第1列≥第2列,第3列"调增金额"填报第1－2列金额。若第1列＜第2列,第4列"调减金额"填报第1－2列金额的绝对值。

5.13.9 表内、表间关系

(1) 表内关系。

第1行＝第2+3+4+5+6+7+8+10+11行。

第12行＝第13+14+…+23+24+26+27+28+29+30行。

第31行＝第32+33+34+35行。

第 36 行＝第 37＋38＋39＋40＋41＋42＋43 行。

第 39 行＝第 39.1＋39.2＋39.4＋39.5＋39.6＋39.7 行。

第 46 行＝第 1＋12＋31＋36＋44＋45 行。

(2) 表间关系。

第 2 行第 2 列＝表 A105010 第 1 行第 1 列；第 2 行第 3 列＝表 A105010 第 1 行第 2 列。

第 3 行第 1 列＝表 A105020 第 14 行第 2 列；第 3 行第 2 列＝表 A105020 第 14 行第 4 列；若表 A105020 第 14 行第 6 列≥0，第 3 行第 3 列＝表 A105020 第 14 行第 6 列；若表 A105020 第 14 行第 6 列＜0，第 3 行第 4 列＝表 A105020 第 14 行第 6 列的绝对值。

第 4 行第 1 列＝表 A105030 第 10 行第 1＋8 列；第 4 行第 2 列＝表 A105030 第 10 行第 2＋9 列；若表 A105030 第 10 行第 11 列≥0，第 4 行第 3 列＝表 A105030 第 10 行第 11 列；若表 A105030 第 10 行第 11 列＜0，第 4 行第 4 列＝表 A105030 第 10 行第 11 列的绝对值。

第 9 行第 3 列＝表 A105040 第 7 行第 14 列；第 9 行第 4 列＝表 A105040 第 7 行第 4 列。

第 13 行第 2 列＝表 A105010 第 11 行第 1 列；第 13 行第 4 列＝表 A105010 第 11 行第 2 列的绝对值。

第 14 行第 1 列＝表 A105050 第 13 行第 1 列；第 14 行第 2 列＝表 A105050 第 13 行第 5 列；若表 A105050 第 13 行第 6 列≥0，第 14 行第 3 列＝表 A105050 第 13 行第 6 列；若表 A105050 第 13 行第 6 列＜0，第 14 行第 4 列＝表 A105050 第 13 行第 6 列的绝对值。

若表 A105060 第 12 行第 1 列≥0，第 16 行第 3 列＝表 A105060 第 12 行第 1 列，若表 A105060 第 12 行第 1 列＜0，第 16 行第 4 列＝表 A105060 第 12 行第 1 列的绝对值。

第 17 行第 1 列＝表 A105070 合计行第 1 列；第 17 行第 2 列＝表 A105070 合计行第 4 列；第 17 行第 3 列＝表 A105070 合计行第 5 列；第 17 行第 4 列＝表 A105070 合计行第 6 列。

保险企业：第 23 行第 1 列＝表 A105060 第 1 行第 2 列。若表 A105060 第 3 行第 2 列≥第 6 行第 2 列，第 2 列＝表 A105060 第 6 行第 2 列；若表 A105060 第 3 行第 2 列＜第 6 行第 2 列，第 2 列＝表 A105060 第 3 行第 2 列＋第 9 行第 2 列。若表 A105060 第 12 行第 2 列≥0，第 3 列＝表 A105060 第 12 行第 2 列。若表 A105060 第 12 行第 2 列＜0，第 4 列＝表 A105060 第 12 行第 2 列的绝对值。

第 25 行第 3 列＝表 A105040 第 7 行第 11 列。

第 28 行第 3 列＝表 A108010 第 10 行第 16＋17 列。

第 32 行第 1 列＝表 A105080 第 41 行第 2 列；第 32 行第 2 列＝表 A105080 第 41 行第 5 列；若表 A105080 第 41 行第 9 列≥0，第 32 行第 3 列＝表 A105080 第 41 行第 9 列；若表 A105080 第 41 行第 9 列＜0，第 32 行第 4 列＝表 A105080 第 41 行第 9 列的绝对值。

若表 A105090 第 29 行第 7 列≥0，第 34 行第 3 列＝表 A105090 第 29 行第 7 列；若表 A105090 第 29 行第 7 列＜0，第 34 行第 4 列＝表 A105090 第 29 行第 7 列的绝对值。

第 37 行第 1 列＝表 A105100 第 17 行第 1＋4 列；第 37 行第 2 列＝表 A105100 第 17 行第 2＋5 列；若表 A105100 第 17 行第 7 列≥0，第 37 行第 3 列＝表 A105100 第 17 行第 7 列；若表 A105100 第 17 行第 7 列＜0，第 37 行第 4 列＝表 A105100 第 17 行第 7 列的绝对值。

若表 A105110 第 24 行≥0，第 38 行第 3 列＝表 A105110 第 24 行；若表 A105110 第 24 行＜0，第 38 行第 4 列＝表 A105110 第 24 行的绝对值。

若表 A105120 第 10 行第 11 列≥0，第 39.7 行第 3 列＝表 A105120 第 10 行第 11 列；若表 A105120 第 10 行第 11 列＜0，第 39.7 行第 4 列＝表 A105120 第 10 行第 11 列的绝对值。

第 40 行第 2 列＝表 A105010 第 21 行第 1 列；若表 A105010 第 21 行第 2 列≥0，第 40 行第 3 列＝表 A105010 第 21 行第 2 列；若表 A105010 第 21 行第 2 列＜0，第 40 行第 4 列＝表 A105010 第 21 行第 2 列的绝对值。

第 46 行第 3 列＝表 A100000 第 15 行；第 46 行第 4 列＝表 A100000 第 16 行。

第6章

亏损弥补纳税申报表填报

6.1 亏损弥补税法及相关政策规定

6.1.1 亏损弥补的时间

6.1.1.1 亏损弥补期限的一般规定

1）弥补期限为5年

《企业所得税法》第十八条规定，企业纳税年度发生的亏损，准予向以后年度结转，用以后年度的所得弥补，但结转年限最长不得超过5年。

2）弥补期限为10年

《财政部 税务总局关于延长高新技术企业和科技型中小企业亏损结转年限的通知》(财税〔2018〕76号)规定，自2018年1月1日起，当年具备高新技术企业或科技型中小企业资格(以下统称资格)的企业，其具备资格年度之前5个年度发生的尚未弥补完的亏损，准予结转以后年度弥补，最长结转年限由5年延长至10年。

《国家税务总局关于延长高新技术企业和科技型中小企业亏损结转弥补年限有关企业所得税处理问题的公告》(国家税务总局公告2018年第45号)规定，具备高新技术企业或科技型中小企业资格(以下统称资格)的企业，其具备资格年度之前5个年度发生的尚未弥补完的亏损，是指当年具备资格的企业，其前5个年度无论是否具备资格，所发生的尚未弥补完的亏损。

2018年具备资格的企业，无论2013年至2017年是否具备资格，其2013年至2017年发生的尚未弥补完的亏损，均准予结转以后年度弥补，最长结转年限为10年。2018年以后年度具备资格的企业，依此类推，进行亏损结转弥补税务处理。

风险提示 高新技术企业按照其取得的高新技术企业证书注明的有效期所属年度，确定其具备资格的年度。科技型中小企业按照其取得的科技型中小企业入库登记编号注明的年度，确定其具备资格的年度。

《财政部 税务总局 发展改革委 工业和信息化部关于促进集成电路和软件产业高质量发展企业所得税政策的公告》(财政部 税务总局 发展改革委 工业和信息化部公告 2020 年第 45 号)规定,国家鼓励的线宽小于 130 纳米(含)的集成电路生产企业,属于国家鼓励的集成电路生产企业清单年度之前 5 个纳税年度发生的尚未弥补完的亏损,准予向以后年度结转,总结转年限最长不得超过 10 年。

3) 弥补期限为 8 年

《财政部 国家税务总局关于支持新型冠状病毒感染的肺炎疫情防控有关税收政策的公告》(财政部 税务总局公告 2020 年第 8 号)①规定,受疫情影响较大的困难行业企业 2020 年度发生的亏损,最长结转年限由 5 年延长至 8 年。困难行业企业,包括交通运输、餐饮、住宿、旅游(指旅行社及相关服务、游览景区管理两类)四大类,具体判断标准按照现行《国民经济行业分类》执行。困难行业企业 2020 年度主营业务收入须占收入总额(剔除不征税收入和投资收益)的 50% 以上。

《财政部 税务总局关于电影等行业税费支持政策的公告》(财政部 税务总局公告 2020 年第 25 号)②规定,对电影行业企业 2020 年度发生的亏损,最长结转年限由 5 年延长至 8 年。电影行业企业限于电影制作、发行和放映等企业,不包括通过互联网、电信网、广播电视网等信息网络传播电影的企业。

风险提示 受疫情影响较大的困难企业和电影行业企业,可以按 8 年期限弥补的亏损仅指 2020 年度发生的亏损,其他年度的亏损还是按照 5 年期限弥补。

6.1.1.2 企业重组涉及的亏损弥补期限

《国家税务总局关于延长高新技术企业和科技型中小企业亏损结转弥补年限有关企业所得税处理问题的公告》(国家税务总局公告 2018 年第 45 号)规定,企业发生符合特殊性税务处理规定的合并或分立重组事项的,其尚未弥补完的亏损,按照《财政部 国家税务总局关于企业重组业务企业所得税处理若干问题的通知》(财税〔2009〕59 号)和本公告有关规定进行税务处理:

(1) 合并企业承继被合并企业尚未弥补完的亏损的结转年限,按照被合并企业的亏损结转年限确定。

(2) 分立企业承继被分立企业尚未弥补完的亏损的结转年限,按照被分立企业

---

① 根据《财政部 税务总局关于延续实施应对疫情部分税费优惠政策的公告》(财政部 税务总局公告 2021 年第 7 号)的规定,《财政部 税务总局关于支持新型冠状病毒感染的肺炎疫情防控有关税收政策的公告》(财政部 税务总局公告 2020 年第 8 号)规定的税收优惠政策凡已经到期的,执行期限延长至 2021 年 3 月 31 日。

② 根据《财政部 税务总局关于延续实施应对疫情部分税费优惠政策的公告》(财政部 税务总局公告 2021 年第 7 号)的规定,《财政部 税务总局关于电影等行业税费支持政策的公告》(财政部 税务总局公告 2020 年第 25 号)规定的税费优惠政策凡已经到期的,执行期限延长至 2021 年 12 月 31 日。

的亏损结转年限确定。

（3）合并企业或分立企业具备资格的，其承继被合并企业或被分立企业尚未弥补完的亏损的结转年限，按照《财政部 税务总局关于延长高新技术企业和科技型中小企业亏损结转年限的通知》（财税〔2018〕76号）第一条和本公告第一条规定处理。

风险提示 合并或分立企业不属于高新技术和科技型企业的，合并进来的亏损按照原来弥补期限计算，如果被并企业是高新技术和科技型企业，按照10年计算，否则按5年计算；分立出去的亏损按5年计算。如果合并企业或分立企业属于高新技术和科技型企业，合并并入的亏损和分立分出的亏损，均按10年期限计算，不考虑合并前被合并企业的类型，也不考虑分立后新形成的企业类型。

6.1.1.3　企业筹建期支出的处理期限

《国家税务总局关于贯彻落实企业所得税法若干税收问题的通知》（国税函〔2010〕79号）第七条规定，企业自开始生产经营的年度，为开始计算企业损益的年度。企业从事生产经营之前进行筹办活动期间发生筹办费用支出，不得计算为当期的亏损，应按照《国家税务总局关于企业所得税若干税务事项衔接问题的通知》（国税函〔2009〕98号）第九条规定执行，即企业的开（筹）办费未明确列作长期待摊费用，企业可以在开始经营之日的当年一次性扣除，也可以按照有关长期待摊费用的处理规定处理，但一经选定，不得改变。

6.1.1.4　清算所得弥补以前年度亏损期限的确认

《财政部 国家税务总局关于企业清算业务企业所得税处理若干问题的通知》（财税〔2009〕60号）规定，企业应将整个清算期作为一个独立的纳税年度计算清算所得，计算清算所得时可以依法弥补亏损。

风险提示 "企业应将整个清算期作为一个独立的纳税年度"，这说明清算发生所在的公历年度很可能作为两个纳税年度确认。比如，企业2022年3月10日开始清算，2022年11月清算结束，那么2022年1月1日至2022年3月10日作为一个纳税年度（即2022年度），2022年3月11日至清算完成日作为另一个单独的纳税年度（即清算年度），2022年包含两个纳税年度。2022年计算清算所得应交所得税之前，可以弥补的亏损（如果是一般企业5年弥补期）包括2018年至2022年5个纳税年度的亏损，不包括2017年的亏损。

6.1.1.5　政策性搬迁亏损年度的确认

《国家税务总局关于发布〈企业政策性搬迁所得税管理办法〉的公告》（国家税务

总局公告 2012 年第 40 号)第二十一条规定,企业以前年度发生尚未弥补的亏损的,凡企业由于搬迁停止生产经营无所得的,从搬迁年度次年起,至搬迁完成年度前一年度止,可作为停止生产经营活动年度,从法定亏损结转弥补年限中减除;企业边搬迁、边生产的,其亏损结转年度应连续计算。

风险提示 搬迁期间可以减除的年限不包括搬迁开始和搬迁结束的当年,比如 2019 年 3 月开始搬迁,2021 年 5 月搬迁结束,能够减除的年限为 1 年。而且应该有前提条件,即停止生产经营无所得,如果企业边搬迁、边生产的,其亏损结转年度应连续计算。

6.1.2 弥补亏损的范围

《企业所得税法》第十七条规定,企业在汇总计算缴纳企业所得税时,其境外营业机构的亏损不得抵减境内营业机构的盈利。

《财政部 国家税务总局关于企业境外所得税收抵免有关问题的通知》(财税〔2009〕125 号)第三条第(五)项规定,在汇总计算境外应纳税所得额时,企业在境外同一国家(地区)设立不具有独立纳税地位的分支机构,按照《企业所得税法》及其实施条例的有关规定计算的亏损,不得抵减其境内或他国(地区)的应纳税所得额,但可以用同一国家(地区)其他项目或以后年度的所得按规定弥补。

《国家税务总局关于查增应纳税所得额弥补以前年度亏损处理问题的公告》(国家税务总局公告 2010 年第 20 号)规定,根据《企业所得税法》第五条的规定,税务机关对企业以前年度纳税情况进行检查时调增的应纳税所得额,凡企业以前年度发生亏损且该亏损属于《企业所得税法》规定允许弥补的,应允许调增的应纳税所得额弥补该亏损。弥补该亏损后仍有余额的,按照《企业所得税法》规定计算缴纳企业所得税。对检查调增的应纳税所得额应根据其情节,依照《税收征管法》有关规定进行处理或处罚。

6.2 《企业所得税弥补亏损明细表》(A106000)

表 A106000(见表 6-2-1)适用于发生弥补亏损、亏损结转等事项的纳税人填报。

6.2.1 允许税前弥补亏损的计算

《企业所得税法实施条例》第十条规定,《企业所得税法》第五条所称亏损,是指企业依照《企业所得税法》和本条例的规定将每一纳税年度的收入总额减除不征税

表6-2-1 企业所得税弥补亏损明细表（A106000）

行次	项目	年度	当年境内所得额	分立转出的亏损额	合并、分立转入的亏损额			弥补亏损企业类型	当年亏损额	当年待弥补的亏损额	用本年度所得额弥补的以前年度亏损额		当年可结转以后年度弥补的亏损额
					可弥补年限5年	可弥补年限8年	可弥补年限10年				使用境内所得弥补	使用境外所得弥补	
		1	2	3	4	5	6	7	8	9	10	11	12
1	前十年度												
2	前九年度												
3	前八年度												
4	前七年度												
5	前六年度												
6	前五年度												
7	前四年度												
8	前三年度												
9	前二年度												
10	前一年度												
11	本年度												
12	可结转以后年度弥补的亏损额合计												

收入、免税收入和各项扣除后小于零的数额。但是企业所得税纳税申报表是按照"间接法"计算应纳税所得额,即以会计利润为基础,对税法与会计差异进行纳税调整后再减除免税、减计收入及加计扣除金额,如果余额为负数,负数金额即为税法允许税前弥补的亏损额。

风险提示 因为境外亏损不能由境内所得弥补,所以计算的亏损额仅是指境内亏损,如果利润中包括境外亏损,通过填报表 A100000 第 14 行减除。

6.2.2 亏损弥补的纳税申报

纳税人弥补以前年度亏损时,应按照"先到期亏损先弥补、同时到期亏损先发生的先弥补"的原则处理。

6.2.2.1 年度的填报

第 1 列"年度",填报公历年度。纳税人应首先填报第 11 行"本年度"对应的公历年度,再依次从第 10 行往第 1 行倒推填报以前年度。纳税人发生政策性搬迁事项,如停止生产经营活动年度可以从法定亏损结转弥补年限中减除,则按可弥补亏损年度进行填报。

风险提示 本年度是指申报所属期年度,如纳税人在 2023 年 5 月 10 日进行 2022 年度企业所得税年度纳税申报时,本年度(申报所属期年度)为 2022 年。

6.2.2.2 当年境内所得额的填报

第 2 列"当年境内所得额",第 11 行填报表 A100000 第 19－20 行金额。第 1 行至第 10 行填报以前年度主表第 23 行(2013 年及以前纳税年度)、以前年度表 A106000 第 6 行第 2 列(2014 至 2017 纳税年度)、以前年度表 A106000 第 11 行第 2 列的金额(亏损以负数表示)。

风险提示 发生查补以前年度应纳税所得额、追补以前年度未能税前扣除的实际资产损失等情况的,按照相应调整后的金额填报。

6.2.2.3 合并与分立业务中亏损弥补的填报

第 3 列"分立转出的亏损额",填报本年度企业分立按照企业重组特殊性税务处理规定转出的符合条件的亏损额。分立转出的亏损额按亏损所属年度填报,转出亏损的亏损额以正数表示。

第 4 列"合并、分立转入的亏损额——可弥补年限 5 年",填报企业符合企业重组特殊性税务处理规定,因合并或分立本年度转入的不超过 5 年亏损弥补年限规定的亏损额。合并、分立转入的亏损额按亏损所属年度填报,转入的亏损额以负数表示。

第5列"合并、分立转入的亏损额——可弥补年限8年",填报企业符合企业重组特殊性税务处理规定,因合并或分立本年度转入的不超过8年亏损弥补年限规定的亏损额。合并、分立转入的亏损额按亏损所属年度填报,转入的亏损额以负数表示。

第6列"合并、分立转入的亏损额——可弥补年限10年",填报企业符合企业重组特殊性税务处理规定,因合并或分立本年度转入的不超过10年亏损弥补年限规定的亏损额。合并、分立转入的亏损额按亏损所属年度填报,转入的亏损额以负数表示。

6.2.2.4 弥补亏损企业类型的填报

第7列"弥补亏损企业类型",纳税人根据不同年度情况从《弥补亏损企业类型代码表》(见表6-2-2)中选择相应的代码填入本项。

表 6-2-2 弥补亏损企业类型代码表

代码	类型
100	一般企业
200	符合条件的高新技术企业
300	符合条件的科技型中小企业
400	线宽小于130纳米(含)的集成电路生产企业
500	受疫情影响困难行业企业
600	电影行业企业

6.2.2.5 弥补亏损的填报

第8列"当年亏损额",填报纳税人各年度可弥补亏损额的合计金额。

第9列"当年待弥补的亏损额",填报在用本年度(申报所属期年度)所得额弥补亏损前,当年度尚未被弥补的亏损额。

第10列"用本年度所得额弥补的以前年度亏损额——使用境内所得弥补",当第11行第2列本年度的"当年境内所得额">0时,第1行至第10行,填报各年度被本年度境内所得依次弥补的亏损额,弥补的亏损额以正数表示。本列第11行,填报本列第1行至第10行的合计金额,表A100000第21行填报本项金额。

第11列"用本年度所得额弥补的以前年度亏损额——使用境外所得弥补",第1行至第10行,当纳税人选择用境外所得弥补境内以前年度亏损的,填报各年度被本年度境外所得依次弥补的亏损额,本列第 11 行,填报本列第 1 行至第 10 行的合计金额。弥补的亏损额以正数表示。

风险提示 弥补的顺序按照亏损到期的年限排序,优先弥补到期时间近的亏损额,亏损到期年限相同则先弥补更早发生的亏损额。

第 12 列"当年可结转以后年度弥补的亏损额",第 1 行至第 11 行,填报各年度尚未弥补完的且准予结转以后年度弥补的亏损额,结转以后年度弥补的亏损额以正数表示。本列第 12 行,填报本列第 1 行至第 11 行的合计金额。

风险提示 有关亏损弥补的纳税申报,除填报《企业所得税弥补亏损明细表》(A106000)外,如果用境外所得弥补境内亏损,还会涉及填报《境外所得税收抵免明细表》(A108000)、《境外分支机构弥补亏损明细表》(A108020)和《中华人民共和国企业所得税年度纳税申报表》(A100000),表 A108000 和表 A108020 的申报方法详见第 8 章相关内容,表 A100000 第 18 行的填报方法见第 3 章相关内容。

案例解析 6-1 以境内所得弥补境内亏损纳税申报

【案例材料】

甲公司于 2013 年注册成立,主营通用设备制造。至 2022 年,甲公司 2017 年和 2018 年发生的亏损尚未弥补完毕。

2017 年至 2021 年度《企业所得税弥补亏损明细表》(A106000)第 6 行第 2 列"当年境内所得额"分别为:2017 年度—150 万元、2018 年度—50 万元、2019 年度 10 万元、2020 年度 30 万元、2021 年度 100 万元。2022 年度《企业所得税年度纳税申报表(A 类)》(A100000)第 19 行"纳税调整后所得"为 120 万元,第 20 行"所得减免"为 90 万元。

要求:填报甲公司 2022 年度《企业所得税弥补亏损明细表》(A106000)。

【案例分析】

根据《企业所得税法》第十八条的规定,一般企业纳税年度发生的亏损,准予向以后 5 个纳税年度结转。

2022 年实现应纳税所得额 30 万元,以前年度需要弥补的亏损分别是 2017 年度亏损的 10 万元、2018 年度亏损的 50 万元。本年先弥补 2017 年亏损的 10 万元,再弥补 2018 年亏损的一部分 20 万元,未能弥补的 2018 年 30 万元亏损可以向后递延。如果 2018 年的 30 万元亏损到 2023 年年末仍未弥补完,则不可以再向后结转税前扣除。

甲公司 2022 年度纳税申报情况,如表 6-2-3 所示。

表6-2-3 企业所得税弥补亏损明细表(A106000)(局部)

单位:万元

行次	项目	年度	当年境内所得额	弥补亏损企业类型	当年亏损额	当年待弥补的亏损额	用本年度所得额弥补的以前年度亏损额		当年可结转以后年度弥补的亏损额
							使用境内所得弥补	使用境外所得弥补	
		1	2	7	8	9	10	11	12
6	前五年度	2017	-150	100	-150	-10	10		0
7	前四年度	2018	-50	100	-50	-50	20		30
8	前三年度	2019	10	100	0	0	0		0
9	前二年度	2020	30	100	0	0	0		0
10	前一年度	2021	100	100	0	0	0		0
11	本年度	2022	30	100			30		0
12	可结转以后年度弥补的亏损额合计								30

案例解析6-2 高新技术企业弥补亏损纳税申报

【案例材料】

乙公司于2010年注册成立,主营多晶硅的生产开发,2019年被认定为高新技术企业。乙公司2015年度至2021年度《企业所得税弥补亏损明细表》(A106000)第2列相关行次的金额如表6-2-4所示。

表6-2-4 乙公司各年度表A106000"当年境内所得额"汇总表

单位:万元

项目	2015年	2016年	2017年	2018年	2019年	2020年	2021年
第6行第2列	-280	-40	-10	0			
第11行第2列					150	90	-120

2022年度《企业所得税年度纳税申报表(A类)》(A100000)第19行"纳税调整后所得"为160万元,第20行"所得减免"为40万元。

要求:请填报乙公司2022年度《企业所得税弥补亏损明细表》(A106000)。

【案例分析】

乙公司2019年具备高新技术企业资格,其具备资格年度之前5个年度发生的尚未弥补完的亏损,即2015年至2018年发生的尚未弥补完的亏损,均准予结转以后年度弥补,最长结转年限为10年。

2015年亏损280万元，经过2019年和2020年两年弥补之后还有40万元亏损需要由2022年所得弥补。2022年乙公司实现应纳税所得额160万元，先弥补2015年亏损的40万元，再弥补2016年亏损的40万元和2017年亏损的10万元，最后弥补2021年的亏损。2021年度的亏损可以弥补其中的70万元，剩余未能弥补的50万元可以向后递延，递延期限还有9年。

乙公司2022年度纳税申报情况，如表6-2-5所示。

表6-2-5　企业所得税弥补亏损明细表(局部)(A106000)

单位：万元

行次	项目	年度	当年境内所得额	弥补亏损企业类型	当年亏损额	当年待弥补的亏损额	用本年度所得额弥补的以前年度亏损额		当年可结转以后年度弥补的亏损额
							使用境内所得弥补	使用境外所得弥补	
			1	2	7	8	9	10	11	12
4	前七年度	2015	−280	100	−280	−40	40		0
5	前六年度	2016	−40	100	−40	−40	40		0
6	前五年度	2017	−10	100	−10	−10	10		0
7	前四年度	2018	0	100	0	0			0
8	前三年度	2019	150	200	0	0			0
9	前二年度	2020	90	200	0	0			0
10	前一年度	2021	−120	200	−120	−120	70		50
11	本年度	2022	160	200			160		0
12		可结转以后年度弥补的亏损额合计							50

案例解析6-3　以境外所得弥补境内亏损纳税申报

【案例材料】

丙公司于2017年3月注册成立，2018年开始投入生产，是中国境内居民企业。丙公司主营医疗器械的生产制造，并有境外投资业务，境外所得选择"分国不分项"的境外所得抵免方式，同时选择用境外所得弥补境内亏损。

2018年度至2021年度亏损情况，如6-2-6所示。

表6-2-6　丙公司2018—2021年亏损情况汇总表

单位：万元

年限	2018年	2019年	2020年	2021年
税法允许弥补的亏损	−39	−26	−9	−13

丙公司2022年实现会计利润140万元,其中包括从境外A国获得利息收入78万元,根据A国税法规定缴纳企业所得税7.8万元,实际收到利息70.2万元。本年所得税汇缴时税法与会计差异纳税调增45万元、纳税调减53万元,当年境内取得的国债利息收入74万元享受免税优惠。

要求:请根据以上材料,计算丙公司2022年度应纳所得税额,并进行纳税申报。

【案例分析】

丙公司2022年度境内所得额=140-78+45-53-74=-20(万元)。

丙公司选择用境外所得弥补境内亏损,2022年取得境外所得为78万元。

丙公司2022年度当年境内亏损为20万元,以前年度四年亏损合计87万元,用境外所得先弥补境内当年的亏损20万元,剩余58万元再按照年限顺序弥补以前年度的亏损,具体情况是:弥补2018年度的亏损39万元,2019年度的亏损19万元,2019年度未弥补的亏损7万元、2020年度亏损9万元以及2021年度亏损结转到以后年度继续弥补。

丙公司当年不需要缴纳所得税,境外已缴纳的7.8万元税款可以留到以后年度抵减。

丙公司2022年度纳税申报情况,如表6-2-7、表6-2-8、表6-2-9所示。

表6-2-7 中华人民共和国企业所得税年度纳税申报表(A类)(A100000)(局部)

单位:万元

行次	类别	项目	金额
13	利润总额计算	三、利润总额(10+11-12)	140
14	应纳税所得额计算	减:境外所得(填写A108010)	78
15		加:纳税调整增加额(填写A105000)	45
16		减:纳税调整减少额(填写A105000)	53
17		减:免税、减计收入及加计扣除(填写A107010)	74
18		加:境外应税所得抵减境内亏损(填写A108000)	20
19		四、纳税调整后所得(13-14+15-16-17+18)	0
20		减:所得减免(填写A107020)	0
21		减:弥补以前年度亏损(填写A106000)	0
22		减:抵扣应纳税所得额(填写A107030)	0
23		五、应纳税所得额(19-20-21-22)	0

第6章 亏损弥补纳税申报表填报

表 6-2-8 企业所得税弥补亏损明细表（A106000）

单位：万元

行次	项目	年度	当年境内所得额	弥补亏损企业类型	当年亏损额	当年待弥补的亏损额	用本年度所得额弥补的以前年度亏损额		当年可结转以后年度弥补的亏损额
							使用境内所得弥补	使用境外所得弥补	
		1	2	7	8	9	10	11	12
7	前四年度	2018	−39	100	−39	−39		39	0
8	前三年度	2019	−26	100	−26	−26		19	7
9	前二年度	2020	−9	100	−9	−9		0	9
10	前一年度	2021	−13	100	−13	−13			13
11	本年度	2022	0		0	0		58	0
12	可结转以后年度弥补的亏损额合计								29

表 6-2-9 境外所得税收抵免明细表（A108000）

单位：万元

行次	国家（地区）	境外税前所得	境外所得纳税调整后所得	弥补境外以前年度亏损	境外应纳税所得额	抵减境内亏损	抵减境内亏损后的境外应纳税所得额	税率
	1	2	3	4	5(3−4)	6	7(5−6)	8
1		78			78	78	0	
10	合计				78	78	0	

案例解析 6-4 企业类型变化弥补亏损纳税申报

【案例材料】

丁公司于 2016 年注册成立，主营电子管的生产制造，2019 年被认定为科技型中小企业，2020 年被继续认定为科技型中小企业，但 2021 年由于不符合科技型中小企业的条件而转为一般企业。

丁公司 2016—2021 年度各年发生的亏损额分别为：2016 年度 −18 万元、2017 年度 −8 万元、2019 年度 −27.6 万元、2020 年度 −7.2 万元、2021 年度 −9.67 万元，丁公司 2018 年度盈利 15 万元。

2022 年度丁公司依然为一般企业，根据会计利润进行纳税调整，"纳税调整后所得"为 14 万元，该公司没有免税所得项目。

要求：根据上述资料分析丁公司 2022 年度亏损弥补的方法，并进行纳税申报。

【案例分析】

由于丁公司 2019 年和 2020 年均被认定为科技型中小企业，那么丁公司 2016 年至2020年度的亏损弥补年限均为10年,即亏损结转年限在2025年至2029年间到期。但由于丁公司2021年转为一般企业,企业2021年发生的亏损就只能结转以后5个年度,即亏损结转年限在2026年到期,丁公司各年度尚未弥补亏损的发生及到期时间情况如表6-2-10所示。

表6-2-10　丁公司尚未弥补亏损的发生时间及弥补到期年度表

单位:年

企业类型	亏损年度	亏损弥补年限	亏损弥补到期年限
一般企业	2016	10	2026
一般企业	2017	10	2027
一般企业	2018	10	2028
科技型中小企业	2019	10	2029
科技型中小企业	2020	10	2030
一般企业	2021	5	2026
一般企业	2022	5	2027

从表6-2-10可知,丁公司2021年的亏损与2016年的亏损弥补期限都在2026年到期。这种情况下,该公司弥补亏损的顺序就不再按照亏损发生的自然年度顺序进行,而是按照亏损弥补期限到期年限顺序进行,即遵循先到期的先弥补,同时到期的先发生的先弥补原则。2016年的亏损和2021年的亏损虽然同时到期,2016年的亏损先发生,因此丁公司2022年弥补亏损的顺序是,首先弥补2016年亏损,其次弥补2021年亏损,再次弥补2017年亏损,2017年不足弥补的亏损和2019年、2020年亏损最后一起结转到以后年度继续弥补。

丁公司2022年度纳税申报情况,如表6-2-11所示。

表6-2-11　企业所得税弥补亏损明细表(A106000)(局部)

单位:万元

行次	项目	年度	当年境内所得额	弥补亏损企业类型	当年亏损额	当年待弥补的亏损额	用本年度所得额弥补的以前年度亏损额		当年可结转以后年度弥补的亏损额
							使用境内所得弥补	使用境外所得弥补	
		1	2	7	8	9	10	11	12
5	前六年度	2016	−18.00	100	−18.00	−3.00	3.00		0
6	前五年度	2017	−8.00	100	−8.00	−8.00	1.33		6.67
7	前四年度	2018	15.00	100	0	0	0		0
8	前三年度	2019	−27.60	200	−27.60	−27.60	0		27.60

(续表)

行次	项 目	年度	当年境内所得额	弥补亏损企业类型	当年亏损额	当年待弥补的亏损额	用本年度所得额弥补的以前年度亏损额		当年可结转以后年度弥补的亏损额
							使用境内所得弥补	使用境外所得弥补	
		1	2	7	8	9	10	11	12
9	前二年度	2020	−7.20	200	−7.20	−7.20	0		7.20
10	前一年度	2021	−9.67	100	−9.67	−9.67	9.67		0
11	本年度	2022	14.00	100			14.00		0
12	可结转以后年度弥补的亏损额合计								41.47

案例解析6-5 企业合并弥补亏损纳税申报

【案例材料】

戊公司成立于2016年，主营盐化工产品的生产开发，2022年2月完成对P公司（P公司在2021年被认定为高新技术企业）的吸收合并，合并方案符合《企业所得税法》规定的特殊性税务处理条件。戊公司所接受的各项资产和负债均按照P公司资产和负债的原有计税基础确认。

P公司2016年度发生的亏损40万元和2017年度发生的亏损30万元，至合并日尚未弥补完。合并基准日P公司净资产公允价值为2 000万元，合并当年年末国家发行最长期限的国债利率为3.8%。

戊公司2016年度至2021年度《企业所得税弥补亏损明细表》（A106000）第6行第2列"当年境内所得额"分别为：2016年度−45万元、2017年度−35万元、2018年度0万元、2019年度0万元、2020年度−21万元、2021年度−15万元。2022年度《企业所得税年度纳税申报表（A类）》（A100000）第19行"纳税调整后所得"为118万元，第20行"所得减免"为16万元。

要求：请填报戊企业2022年度《企业所得税弥补亏损明细表》（A106000）。

【案例分析】

1. 可由戊公司弥补的P公司亏损的额度。

可由合并企业弥补的被合并企业亏损的限额＝被合并企业净资产公允价值×截至合并业务发生当年年末国家发行的最长期限的国债利率，可由戊公司弥补的P公司亏损的限额＝2 000×3.8%＝76(万元)，P公司以前年度的70万元亏损均可以由戊公司合并弥补。

2. 亏损的弥补年限。

根据《国家税务总局关于延长高新技术企业和科技型中小企业亏损结转弥补年

限有关企业所得税处理问题的公告》（国家税务总局公告2018年第45号）第三条的规定，虽然戊公司是一般企业，但由于P公司2021年被认定为高新技术企业，其取得高新技术企业前五年即2016年度至2020年度的亏损可以结转10年，亏损转入戊公司后，结转年限仍然可以按照10年计算。戊公司合并P公司后亏损金额以及弥补期限情况如表6-2-12所示。

表6-2-12　戊公司亏损金额及弥补期限汇总表

单位：万元

年度	戊公司亏损	并入P公司亏损	亏损弥补年限		亏损弥补到期年度	
			戊公司	P公司转入	戊公司亏损	并入P公司亏损
2016	−45	−40	5	10	2021年	2026年
2017	−35	−30	5	10	2022年	2027年
2018	0	0	5	—	—	—
2019	0	0	5	—	—	—
2020	−21	0	5	—	2025年	—
2021	−15	0	5	—	2026年	—
合计	−116	−70	—	—	—	—

从表6-2-12可知，从P公司合并转入的亏损70万元虽然发生时间比较早，但是弥补到期时间都在2026年之后，戊公司的亏损因弥补期限为5年，所以距离到期期限除了2021年亏损之外都在2025年之前，这种情况下，弥补亏损的顺序就不再是按照亏损发生的自然年度顺序，而是按照亏损结转的到期年限顺序，按照先到期的先弥补，同时到期的亏损，先发生的先弥补原则进行亏损弥补。

戊公司2016年发生的亏损已过弥补期限，不能由2022年实现的所得弥补，所以2022年实现的102万元所得额先弥补戊公司2017年的亏损35万元，然后再弥补2020年的亏损21万元，因合并P公司2016年亏损和戊公司2021年亏损同时在2026年到期，则先弥补合并的P公司亏损40万元，剩余部分再补戊公司2021年的亏损。未弥补完亏损的结转到以后年度继续弥补。

戊公司2022年度纳税申报，如表6-2-13所示。

6.2.3　表内、表间关系

（1）表内关系。

当第2列＜0且第3列＞0时，第3列＜第2列的绝对值；当第2列≥0时，则第3列＝0。

第6章 亏损弥补纳税申报表填报

表6-2-13 企业所得税弥补亏损明细表（A106000）（局部）

单位：万元

行次	项目	年度	当年境内所得额	分立转出的亏损额	合并、分立转入的亏损额			弥补亏损企业类型	当年亏损额	当年待弥补的亏损额	用本年度所得额弥补的以前年度亏损额		当年可结转以后年度弥补的亏损额
					可弥补年限5年	可弥补年限8年	可弥补年限10年				使用境内所得弥补	使用境外所得弥补	
		1	2	3	4	5	6	7	8	9	10	11	12
4	前七年度												
5	前六年度	2016	−45				−40	100	−85	−40	40		0
6	前五年度	2017	−35				−30	100	−65	−65	35		30
7	前四年度	2018	0				0	100	0	0	0		0
8	前三年度	2019	0				0	100	0	0	0		0
9	前二年度	2020	−21				0	100	−21	−21	21		0
10	前一年度	2021	−15				0	100	−15	−15	6		9
11	本年度	2022	102					100			102		0
12	可结转以后年度弥补的亏损额合计												39

第10列第11行＝第10列第1＋2＋3＋4＋5＋6＋7＋8＋9＋10行；当第2列第11行≤0时,第10列第1行至第11行＝0；当第2列第11行＞0时,第10列第11行≤第2列第11行。

第11列第11行＝第11列第1＋2＋3＋4＋5＋6＋7＋8＋9＋10行。

第12列第12行＝第12列第1＋2＋3＋4＋5＋6＋7＋8＋9＋10＋11行。

第1行第12列＝0；第2至10行第12列＝第9列的绝对值－第10列－第11列；第11行第12列＝第9列的绝对值。

（2）表间关系。

第11行第2列＝表A100000第19－20行。

第11行第10列＝表A100000第21行。

第11行第11列＝表A108000第10行第6列－表A100000第18行。

第7章

税收优惠纳税申报表填报

《国家税务总局关于发布修订后的〈企业所得税优惠政策事项办理办法〉的公告》(国家税务总局公告2018年第23号)规定如下:

企业享受优惠事项采取"自行判别、申报享受、相关资料留存备查"的办理方式。企业应当根据经营情况和相关税收规定自行判断是否符合优惠事项规定的条件,符合条件的可以按照《企业所得税优惠事项管理目录(2017年版)》列示的时间自行计算减免税额,并通过填报企业所得税纳税申报表享受税收优惠。同时,按照《企业所得税优惠政策事项办理办法》的规定归集和留存相关资料备查。

留存备查资料,是指与企业享受优惠事项有关的合同、协议、凭证、证书、文件、账册、说明等资料。留存备查资料分为主要留存备查资料和其他留存备查资料两类。主要留存备查资料由企业按照《企业所得税优惠事项管理目录(2017年版)》列示的资料清单准备,其他留存备查资料由企业根据享受优惠事项情况自行补充准备。

设有非法人分支机构的居民企业和实行汇总纳税的非居民企业机构、场所享受优惠事项的,由居民企业的总机构和汇总纳税的主要机构、场所负责统一归集并留存备查资料。分支机构和被汇总纳税的非居民企业机构、场所按照规定可独立享受优惠事项的,由分支机构和被汇总纳税的非居民企业机构、场所负责归集并留存备查资料,同时分支机构和被汇总纳税的非居民企业机构、场所应在当完成年度汇算清缴后将留存的备查资料清单送总机构与汇总纳税的主要机构、场所汇总。

风险提示 企业享受优惠事项的,应当在完成年度汇算清缴后,将留存备查资料归集齐全并整理完成,以备税务机关核查。企业同时享受多项优惠事项或者享受的优惠事项按照规定分项目进行核算的,应当按照优惠事项或者项目分别归集留存备查资料。企业对优惠事项留存备查资料的真实性、合法性承担法律责任。企业留存备查资料应从企业享受优惠事项当年的企业所得税汇算清缴期结束次日起保留10年。

企业享受优惠事项后发现其不符合优惠事项规定条件的,应当依法及时自行调整并补缴税款及滞纳金。

风险提示 税务机关应当严格按照《企业所得税优惠政策事项办理办法》规定的方式管理优惠事项,严禁擅自改变优惠事项的管理方式。

企业未能按照税务机关要求提供留存备查资料,或者提供的留存备查资料与实际生产经营情况、财务核算情况、相关技术领域、产业、目录、资格证书等不符,无法证实符合优惠事项规定条件的,或者存在弄虚作假情况的,税务机关将依法追缴其已享受的企业所得税优惠,并按照《税收征管法》等相关规定处理。

7.1 《符合条件的居民企业之间的股息、红利等权益性投资收益优惠明细表》(A107011)

表A107011(见表7-1-1)适用于享受符合条件的居民企业之间的股息、红利等权益性投资收益优惠的纳税人填报。填报本年发生的符合条件的居民企业之间的股息、红利(包括H股)等权益性投资收益优惠情况,不包括连续持有居民企业公开发行并上市流通的股票不足12个月取得的投资收益。

7.1.1 投资业务基本信息申报

第1列"被投资企业",填报被投资企业名称。

第2列"被投资企业统一社会信用代码(纳税人识别号)",填报被投资企业工商等部门核发的纳税人统一社会信用代码。未取得统一社会信用代码的,填报税务机关核发的纳税人识别号。

第3列"投资性质",按选项填报:直接投资;股票投资(不含H股);股票投资(沪港通H股投资);股票投资(深港通H股投资);创新企业CDR;永续债。

符合《财政部 国家税务总局 证监会关于沪港股票市场交易互联互通机制试点有关税收政策的通知》(财税〔2014〕81号)第一条第(四)项第一目规定,享受沪港通H股股息红利免税政策的企业,选择"(3)股票投资(沪港通H股投资)"。

符合《财政部 国家税务总局 证监会关于深港股票市场交易互联互通机制试点有关税收政策的通知》(财税〔2016〕127号)第一条第(四)项第一目规定,享受深港通H股股息红利免税政策的企业,选择"(4)股票投资(深港通H股投资)"。

符合《财政部 税务总局 证监会关于创新企业境内发行存托凭证试点阶段有关税收政策的公告》(财政部 税务总局 证监会公告2019年第52号)第二条第一款规定,享受对持有创新企业CDR取得的股息、红利所得按规定免征企业所得税的,选择"(5)创新企业CDR"。

表 7-1-1 符合条件的居民企业之间的股息、红利等权益性投资收益优惠明细表（A107011）

行次	被投资企业	被投资企业信用代码（纳税人识别号）	投资性质	投资成本	投资比例	被投资企业利润分配确认金额		被投资企业清算确认金额			撤回或减少投资确认金额				合计
						被投资企业做出利润分配或转股决定时间	依决定归属于本公司的股息、红利等权益性投资收益金额	分得的被投资企业清算剩余资产	被清算企业累计未分配利润和累计盈余公积应享有部分	应确认的股息所得	从被投资企业撤回或减少投资取得的资产	减少投资比例	收回初始投资成本	取得资产中超过初始回收投资成本部分	撤回或应享有被投资企业累计未分配利润和累计盈余公积	应确认的股息所得	
	1	2	3	4	5	6	7	8	9	10(8与9孰小)	11	12	13 (4×12)	14 (11−13)	15	16(14与15孰小)	17 (7＋10＋16)
1																	
2																	
3																	
4																	
5																	
6																	
7																	
8	合计																
9	其中：直接投资或非H股股票投资																
10	股票投资—沪港通H股																
11	股票投资—深港通H股																
12	创新企业CDR																
13	永续债																

符合《财政部 税务总局关于永续债企业所得税政策问题的公告》(财政部 税务总局公告2019年第64号)第一条规定,享受永续债利息收入免征企业所得税的企业,选择"(6)永续债"。

第4列"投资成本",填报纳税人投资于被投资企业的计税成本。

第5列"投资比例",填报纳税人投资于被投资企业的股权比例。若购买公开发行股票的,此列可不填报。

7.1.2 持有期间取得股息、红利收益

7.1.2.1 税收政策

《国家税务总局关于贯彻落实企业所得税法若干税收问题的通知》(国税函〔2010〕79号)规定,企业权益性投资取得股息、红利等收入,应以被投资企业股东会或股东大会作出利润分配或转股决定的日期,确定收入的实现。

被投资企业将股权(票)溢价所形成的资本公积转为股本的,不作为投资方企业的股息、红利收入,投资方企业也不得增加该项长期投资的计税基础。

7.1.2.2 纳税申报

第6列"被投资企业做出利润分配或转股决定时间",填报被投资企业做出利润分配或转股决定的时间。

第7列"依决定归属于本公司的股息、红利等权益性投资收益金额",填报纳税人按照投资比例或者其他方法计算的,实际归属于本公司的股息、红利等权益性投资收益金额。若被投资企业将股权(票)溢价所形成的资本公积转为股本的,不作为投资方企业的股息、红利收入,投资方企业也不得增加该项长期投资的计税基础。

7.1.3 清算时分回剩余财产中的股息、红利收益

7.1.3.1 税收政策

《财政部 国家税务总局关于企业清算业务企业所得税处理若干问题的通知》(财税〔2009〕60号)规定如下:

企业应将整个清算期作为一个独立的纳税年度计算清算所得。企业的全部资产可变现价值或交易价格,减除资产的计税基础、清算费用、相关税费,加上债务清偿损益等后的余额,为清算所得。

企业全部资产的可变现价值或交易价格减除清算费用,职工的工资、社会保险费用和法定补偿金,结清清算所得税、以前年度欠税等税款,清偿企业债务,按规定计算可以向所有者分配的剩余资产。

被清算企业的股东分得的剩余资产的金额,其中相当于被清算企业累计未分配利润和累计盈余公积中按该股东所占股份比例计算的部分,应确认为股息所得;剩余资产减除股息所得后的余额,超过或低于股东投资成本的部分,应确认为股东的投资转让所得或损失。

被清算企业的股东从被清算企业分得的资产应按可变现价值或实际交易价格确定计税基础。

7.1.3.2　纳税申报

第8列"分得的被投资企业清算剩余资产",填报纳税人分得的被投资企业清算后的剩余资产。

第9列"被清算企业累计未分配利润和累计盈余公积应享有部分",填报被清算企业累计未分配利润和累计盈余公积中本企业应享有的金额。

第10列"应确认的股息所得",填报第7列与第8列孰小值。

7.1.4　撤资或减少投资时取得的股息、红利收益

7.1.4.1　税收政策

《国家税务总局关于企业所得税若干问题的公告》(国家税务总局公告2011年第34号)规定,投资企业从被投资企业撤回或减少投资,其取得的资产中,相当于初始出资的部分,应确认为投资收回;相当于被投资企业累计未分配利润和累计盈余公积按减少实收资本比例计算的部分,应确认为股息所得;其余部分确认为投资资产转让所得。

被投资企业发生的经营亏损,由被投资企业按规定结转弥补;投资企业不得调整减低其投资成本,也不得将其确认为投资损失。

7.1.4.2　纳税申报

第11列"从被投资企业撤回或减少投资取得的资产",填报纳税人从被投资企业撤回或减少投资时取得的资产。

第12列"减少投资比例",填报纳税人撤回或减少的投资额占投资方在被投资企业持有总投资比例。

第13列"收回初始投资成本",填报第4×12列的金额。

第14列"取得资产中超过收回初始投资成本部分",填报第11−13列的余额。

第15列"撤回或减少投资应享有被投资企业累计未分配利润和累计盈余公积",填报被投资企业累计未分配利润和累计盈余公积按减少实收资本比例计算的部分。

第 16 列"应确认的股息所得",填报第 13 列与第 14 列孰小值。

案例解析 7-1 权益性投资股息、红利收益免税申报

【案例材料】

甲公司注册成立于 2012 年,是中国境内居民企业,企业所得税税率为 25%。

1. 2018 年 3 月,甲公司与乙公司共同出资设立 A 公司,A 公司股本 1 000 万元,其中甲公司出资 300 万元,持股比例为 30%。甲公司对 A 公司投资采用权益法核算。2021 年度 A 公司实现利润 400 万元,2022 年 3 月 10 日,经 A 公司股东会决议,向股东分配利润 280 万元,甲公司于 3 月 25 日取得投资收益 84 万元;2022 年度 A 公司实现利润 300 万元。

2. 2019 年 1 月,甲公司与丙公司、丁公司共同出资设立 B 公司,三方约定,如果在后续经营过程中出现某位股东想退出时,其所持有的股份由其他股东接收,并按照转让时股份对应的净资产账面价值计算应支付的金额;如果其他股东不接受,B 公司进行解散清算处理。B 公司股本 500 万元,甲公司出资 200 万元,持股比例为 40%,甲公司对 B 公司采用权益法核算。三年后由于特殊原因甲公司向丙公司、丁公司提出退出,但丙公司、丁公司不想接受甲公司持有的 B 公司股份,经过协商,最终于 2022 年 9 月 25 日,三方股东达成一致意见,决定对 B 公司进行清算,以 2022 年 9 月 30 日作为清算基准日。B 公司 2022 年 9 月 30 日账面数据如下:资产总额 2 800 万元,负债总额 2 120 万元,股本 500 万元,盈余公积为 30 万元,未分配利润 150 万元(B 公司一直未进行利润分配)。2022 年 12 月 15 日,B 公司完成清算,可供股东分配的剩余资产 750 万元,甲公司取得 300 万元。

3. 2019 年 5 月,甲公司出资 4 500 万元投资给 C 公司,股权比例为 90%,甲公司对 C 公司投资采用成本法核算。由于业务发展未及预期,甲公司决定减少对 C 公司的投资。2022 年 8 月 1 日,甲公司将出资由 4 500 万元减少到 2 700 万元,减资比例 40%,甲公司减资 1 800 万元。2022 年 8 月 15 日,甲公司取得减资价款 1 850 万元。在减资基准日 2022 年 7 月 31 日,C 公司账面注册资本为 5 000 万元,盈余公积 60 万元,未分配利润 120 万元。

要求:根据上述资料,填报 2022 年度的《符合条件的居民企业之间的股息、红利等权益性投资收益优惠明细表》(A107011)及相关报表。

【案例分析】

1. 甲公司于 2022 年 3 月 25 日取得 A 公司分配的投资收益 84 万元,属于符合条件的居民企业之间的股息、红利等权益性投资收益——被投资企业利润分配确认金额,免征企业所得税。

2. 甲公司于 2022 年 12 月 15 日取得 B 公司清算所得 300 万元,其中,按照持股

第7章 税收优惠纳税申报表填报

表7-1-2 符合条件的居民企业之间的股息、红利等权益性投资收益优惠明细表（A107011）

单位：万元

行次	被投资企业	被投资企业统一社会信用代码（纳税人识别号）	投资性质	投资成本	投资比例	被投资企业利润分配确认金额		被投资企业清算确认金额				撤回或减少投资确认金额					合计
						被投资企业做出利润分配或转股决定时间	依决定归属于本公司的股息、红利等权益性投资收益金额	分得的被投资企业清算剩余资产	被清算企业累计未分配利润和累计盈余公积应享有部分	应确认的股息所得	从被投资企业撤回或减少投资取得的资产	减少投资比例	收回初始投资成本	取得资产中超过收回初始投资成本部分	撤回或减少投资应享有被投资企业累计未分配利润和累计盈余公积	应确认的股息所得	
1	2		3	4	5	6	7	8	9	10（8与9孰小）	11	12	13（4×12）	14（11－13）	15	16（14与15孰小）	17（7＋10＋16）
1	A公司		直接投资	300	30%	2022.03.10	84										84
2	B公司		直接投资	200	40%			300	72	72							72
3	C公司		直接投资	4 500	90%						1 850	40%	1 800	50	64.8	50	50
8	合计																206
9	其中：直接投资或非H股股票投资																206
10	股票投资—沪港通H股																
11	股票投资—深港通H股																
12	创新企业CDR																
13	永续债																

比例对应的被清算企业累计未分配利润和累计盈余公积＝180×40％＝72(万元)，属于符合条件的居民企业之间的股息、红利等权益性投资收益，免征企业所得税。剩余财产中超过成本的 28 万元(300－72－200)作为股权转让所得计入应纳税所得额。

3. 甲公司于 2022 年 8 月 15 日取得减资价款 1 850 万元，超过初始投资成本的金额＝1 850－1 800＝50(万元)。按照持股比例对应的应享有被投资企业累计未分配利润和累计盈余公积＝180×90％×1 800÷4 500＝64.8(万元)，所以超过成本的 50 万元属于符合条件的居民企业之间的股息、红利等权益性投资收益，免征企业所得税。

甲公司 2022 年度纳税申报如表 7-1-2 和表 7-1-3 所示。

表 7-1-3 免税、减计收入及加计扣除优惠明细表(A107010)(局部)

单位：万元

行次	项目	金额
1	一、免税收入(2+3+9+…+16)	206
2	(一)国债利息收入免征企业所得税	0
3	(二)符合条件的居民企业之间的股息、红利等权益性投资收益免征企业所得税(4+5+6+7+8)	206

7.1.5 表内、表间关系

(1) 表内关系。

第 13 列＝第 4×12 列。

第 14 列＝第 11－13 列。

第 17 列＝第 7＋10＋16 列。

第 10 列＝第 8 列与第 9 列孰小值。

第 16 列＝第 14 列与第 15 列孰小值。

第 8 行("合计"行)＝第 1＋2＋…＋7 行第 17 列合计。

第 9 行("直接投资或非 H 股票投资"合计行)＝第 1＋2＋…＋7 行中，各行第 3 列选择"(1)直接投资"或"(2)股票投资(不含 H 股)"的行次第 17 列合计金额。

第 10 行("股票投资—沪港通 H 股"合计行)＝第 1＋2＋…＋7 行中，各行第 3 列选择"(3)股票投资(沪港通 H 股投资)"的行次第 17 列合计金额。

第 11 行("股票投资—深港通 H 股"合计行)＝第 1＋2…＋7 行中，各行第 3 列选择"(4)股票投资(深港通 H 股投资)"的行次第 17 列合计金额。

第 12 行("创新企业 CDR"合计行)＝第 1＋2…＋7 行中，"投资性质"列选择"(5)居民企业持有 CDR"的行次第 17 列合计金额。

第 13 行("永续债"合计行)＝第 1＋2…＋7 行中,"投资性质"列选择"(6)符合条件的永续债"的行次第 17 列合计金额。

(2) 表间关系。

第 8 行第 17 列＝表 A107010 第 3 行。

第 9 行第 17 列＝表 A107010 第 4 行。

第 10 行第 17 列＝表 A107010 第 5 行。

第 11 行第 17 列＝表 A107010 第 6 行。

第 12 行第 17 列＝表 A107010 第 7 行。

第 13 行第 17 列＝表 A107010 第 8 行。

7.2 《研发费用加计扣除优惠明细表》(A107012)

表 A107012 适用于享受研发费用加计扣除优惠(含结转)政策的纳税人填报。纳税人根据税法及相关税收政策规定,填报本年发生的研发费用加计扣除优惠情况及结转情况。

表 7-2-1 研发费用加计扣除优惠明细表(A107012)

行次	项　　目	金额(数量)
1	本年可享受研发费用加计扣除项目数量	
2	一、自主研发、合作研发、集中研发(3＋7＋16＋19＋23＋34)	
3	(一)人员人工费用(4＋5＋6)	
4	1.直接从事研发活动人员工资薪金	
5	2.直接从事研发活动人员五险一金	
6	3.外聘研发人员的劳务费用	
7	(二)直接投入费用(8＋9＋10＋11＋12＋13＋14＋15)	
8	1.研发活动直接消耗材料费用	
9	2.研发活动直接消耗燃料费用	
10	3.研发活动直接消耗动力费用	
11	4.用于中间试验和产品试制的模具、工艺装备开发及制造费	
12	5.用于不构成固定资产的样品、样机及一般测试手段购置费	
13	6.用于试制产品的检验费	
14	7.用于研发活动的仪器、设备的运行维护、调整、检验、维修等费用	
15	8.通过经营租赁方式租入的用于研发活动的仪器、设备租赁费	

(续表)

行次	项　　目	金额(数量)
16	(三)折旧费用(17+18)	
17	1. 用于研发活动的仪器的折旧费	
18	2. 用于研发活动的设备的折旧费	
19	(四)无形资产摊销(20+21+22)	
20	1. 用于研发活动的软件的摊销费用	
21	2. 用于研发活动的专利权的摊销费用	
22	3. 用于研发活动的非专利技术(包括许可证、专有技术、设计和计算方法等)的摊销费用	
23	(五)新产品设计费等(24+25+26+27)	
24	1. 新产品设计费	
25	2. 新工艺规程制定费	
26	3. 新药研制的临床试验费	
27	4. 勘探开发技术的现场试验费	
28	(六)其他相关费用(29+30+31+32+33)	
29	1. 技术图书资料费、资料翻译费、专家咨询费、高新科技研发保险费	
30	2. 研发成果的检索、分析、评议、论证、鉴定、评审、评估、验收费用	
31	3. 知识产权的申请费、注册费、代理费	
32	4. 职工福利费、补充养老保险费、补充医疗保险费	
33	5. 差旅费、会议费	
34	(七)经限额调整后的其他相关费用	
35	二、委托研发(36+37+39)	
36	(一)委托境内机构或个人进行研发活动所发生的费用	
37	(二)委托境外机构进行研发活动发生的费用	
38	其中：允许加计扣除的委托境外机构进行研发活动发生的费用	
39	(三)委托境外个人进行研发活动发生的费用	
40	三、年度研发费用小计(2+36×80%+38)	
41	(一)本年费用化金额	
42	(二)本年资本化金额	

(续表)

行次	项 目	金额(数量)
43	四、本年形成无形资产摊销额	
44	五、以前年度形成无形资产本年摊销额	
45	六、允许扣除的研发费用合计(41+43+44)	
46	减：特殊收入部分	
47	七、允许扣除的研发费用抵减特殊收入后的金额(45-46)	
48	减：当年销售研发活动直接形成产品(包括组成部分)对应的材料部分	
49	减：以前年度销售研发活动直接形成产品(包括组成部分)对应材料部分结转金额	
50	八、加计扣除比例及计算方法	
L1	本年允许加计扣除的研发费用总额(47-48-49)	
L1.1	其中：第四季度允许加计扣除的研发费用金额	
L1.2	前三季度允许加计扣除的研发费用金额(L1-L1.1)	
51	九、本年研发费用加计扣除总额(47-48-49)×50	
52	十、销售研发活动直接形成产品(包括组成部分)对应材料部分结转以后年度扣减金额(当47-48-49≥0,本行=0；当47-48-49<0,本行=47-48-49的绝对值)	

7.2.1　自主研发、合作研发、集中研发优惠政策与申报

《财政部　国家税务总局　科技部关于完善研究开发费用税前加计扣除政策的通知》(财税〔2015〕119号，以下简称财税〔2015〕119号文件)、《国家税务总局关于企业研究开发费用税前加计扣除政策有关问题的公告》(国家税务总局公告2015年第97号)、《国家税务总局关于研发费用税前加计扣除归集范围有关问题的公告》(国家税务总局公告2017年第40号)、《国家税务总局关于进一步落实研发费用加计扣除政策有关问题的公告》(国家税务总局公告2021年第28号)等文件，规定了企业自主研发、合作研发、集中研发(以下简称自主研发)发生的支出，可以加计扣除的具体要求。

企业共同合作开发的项目，由合作各方就自身实际承担的研发费用分别计算加计扣除。

企业集团根据生产经营和科技开发的实际情况，对技术要求高、投资数额大，需要集中研发的项目，其实际发生的研发费用，可以按照权利和义务相一致、费用支出和收益分享相配比的原则，合理确定研发费用的分摊方法，在受益成员企业之间进行分摊，由相关成员企业分别计算加计扣除。

风险提示 有关研发费用加计扣除的文件比较多,各个文件之间在内容上存在新文件取代旧文件的情况,即虽然文件有效,但是文件中部分条款被后续文件更改而废止,需要特别关注这些问题。本节内容忽略文件界限,以费用类型为主线,按照目前有效文件要求进行归纳、整理。

7.2.1.1 人员人工费用

1) 税收政策

人员人工费用,指直接从事研发活动人员的工资薪金、基本养老保险费、基本医疗保险费、失业保险费、工伤保险费、生育保险费和住房公积金,以及外聘研发人员的劳务费用。

(1) 直接从事研发活动人员包括研究人员、技术人员、辅助人员。研究人员是指主要从事研究开发项目的专业人员;技术人员是指具有工程技术、自然科学和生命科学中一个或一个以上领域的技术知识和经验,在研究人员指导下参与研发工作的人员;辅助人员是指参与研究开发活动的技工。外聘研发人员是指与本企业或劳务派遣企业签订劳务用工协议(合同)和临时聘用的研究人员、技术人员、辅助人员。

接受劳务派遣的企业按照协议(合同)约定支付给劳务派遣企业,且由劳务派遣企业实际支付给外聘研发人员的工资薪金等费用,属于外聘研发人员的劳务费用。

(2) 工资薪金包括按规定可以在税前扣除的对研发人员股权激励的支出。

(3) 直接从事研发活动的人员、外聘研发人员同时从事非研发活动的,企业应对其人员活动情况做必要记录,并将其实际发生的相关费用按实际工时占比等合理方法在研发费用和生产经营费用间分配,未分配的不得加计扣除。

2) 纳税申报

人员人工费用填报第3行至第6行,第3行填报第4+5+6行合计金额。直接从事研发活动的人员、外聘研发人员同时从事非研发活动的,填报按实际工时占比等合理方法分配的用于研发活动的相关费用。

第4行"1.直接从事研发活动人员工资薪金",填报纳税人直接从事研发活动人员,包括研究人员、技术人员、辅助人员的工资、薪金、奖金、津贴、补贴以及按规定可以在税前扣除的对研发人员股权激励的支出。

第5行"2.直接从事研发活动人员五险一金",填报纳税人直接从事研发活动人员,包括研究人员、技术人员、辅助人员的基本养老保险费、基本医疗保险费、失业保险费、工伤保险费、生育保险费和住房公积金。

第6行"3.外聘研发人员的劳务费用",填报与纳税人或劳务派遣企业签订劳务用工协议(合同)的外聘研发人员的劳务费用,以及临时聘用的研究人员、技术人员、辅助人员的劳务费用。

7.2.1.2 直接投入费用

1）税收政策

直接投入费用包括研发活动直接消耗的材料、燃料和动力费用；用于中间试验和产品试制的模具、工艺装备开发及制造费，不构成固定资产的样品、样机及一般测试手段购置费，试制产品的检验费；用于研发活动的仪器、设备的运行维护、调整、检验、维修等费用，以及通过经营租赁方式租入的用于研发活动的仪器、设备租赁费。

（1）以经营租赁方式租入的用于研发活动的仪器、设备，同时用于非研发活动的，企业应对其仪器设备使用情况做必要记录，并将其实际发生的租赁费按实际工时占比等合理方法在研发费用和生产经营费用间分配，未分配的不得加计扣除。

（2）企业研发活动直接形成产品或作为组成部分形成的产品对外销售的，研发费用中对应的材料费用不得加计扣除。

产品销售与对应的材料费用发生在不同纳税年度且材料费用已计入研发费用的，可在销售当年以对应的材料费用发生额直接冲减当年的研发费用，不足冲减的，结转以后年度继续冲减。

2）纳税申报

直接投入费用填报第7行至第15行，第7行填报第8+9+10+11+12+13+14+15行合计金额。

第8行"1.研发活动直接消耗材料费用"，填报纳税人研发活动直接消耗的材料费用。

第9行"2.研发活动直接消耗燃料费用"，填报纳税人研发活动直接消耗的燃料费用。

第10行"3.研发活动直接消耗动力费用"，填报纳税人研发活动直接消耗的动力费用。

第11行"4.用于中间试验和产品试制的模具、工艺装备开发及制造费"，填报纳税人研发活动中用于中间试验和产品试制的模具、工艺装备开发及制造的费用。

第12行"5.用于不构成固定资产的样品、样机及一般测试手段购置费"，填报纳税人研发活动中用于不构成固定资产的样品、样机及一般测试手段购置费用。

第13行"6.用于试制产品的检验费"，填报纳税人研发活动中用于试制产品的检验费。

第14行"7.用于研发活动的仪器、设备的运行维护、调整、检验、维修等费用"，填报纳税人用于研发活动的仪器、设备的运行维护、调整、检验、维修等费用。

第15行"8.通过经营租赁方式租入的用于研发活动的仪器、设备租赁费"，填报纳税人经营租赁方式租入的用于研发活动的仪器、设备租赁费。

7.2.1.3 固定资产折旧费用

1) 税收政策

固定资产折旧费用,是指用于研发活动的仪器、设备的折旧费。

(1) 用于研发活动的仪器、设备,同时用于非研发活动的,企业应对其仪器设备使用情况做必要记录,并将其实际发生的折旧费按实际工时占比等合理方法在研发费用和生产经营费用间分配,未分配的不得加计扣除。

(2) 企业用于研发活动的仪器、设备,符合税法规定且选择加速折旧优惠政策的,在享受研发费用税前加计扣除政策时,就税前扣除的折旧部分计算加计扣除。

风险提示 不包括房屋、建筑物等不动产计提的折旧费。

2) 纳税申报

折旧费用填报第16行至第18行,第16行填报第17+18行合计金额。

第17行"1.用于研发活动的仪器的折旧费",填报纳税人用于研发活动的仪器的折旧费。

第18行"2.用于研发活动的设备的折旧费",填报纳税人用于研发活动的设备的折旧费。

7.2.1.4 无形资产摊销费用

1) 税收政策

无形资产摊销费用,是指用于研发活动的软件、专利权、非专利技术(包括许可证、专有技术、设计和计算方法等)的摊销费用。

(1) 用于研发活动的无形资产,同时用于非研发活动的,企业应对其无形资产使用情况做必要记录,并将其实际发生的摊销费按实际工时占比等合理方法在研发费用和生产经营费用间分配,未分配的不得加计扣除。

(2) 用于研发活动的无形资产,符合税法规定且选择缩短摊销年限的,在享受研发费用税前加计扣除政策时,就税前扣除的摊销部分计算加计扣除。

2) 纳税申报

无形资产摊销填报第19行至第22行,第19行填报第20+21+22行合计金额。

第20行"1.用于研发活动的软件的摊销费用",填报纳税人用于研发活动的软件的摊销费用。

第21行"2.用于研发活动的专利权的摊销费用",填报纳税人用于研发活动的专利权的摊销费用。

第22行"3.用于研发活动的非专利技术(包括许可证、专有技术、设计和计算方法等)的摊销费用",填报纳税人用于研发活动的非专利技术(包括许可证、专有技术、设计和计算方法等)的摊销费用。

7.2.1.5 新产品设计费用

1) 税收政策

新产品设计费、新工艺规程制定费、新药研制的临床试验费、勘探开发技术的现场试验费,是指企业在新产品设计、新工艺规程制定、新药研制的临床试验、勘探开发技术的现场试验过程中发生的与开展该项活动有关的各类费用。

2) 纳税申报

新产品设计费填报第23行至第27行,第23行填报第24+25+26+27行合计金额。新产品设计费、新工艺规程制定费、新药研制的临床试验费、勘探开发技术的现场试验费等由辅助生产部门提供的,填报按照一定的分配标准分配给研发项目的金额。

第24行"1.新产品设计费",填报纳税人研发活动中发生的新产品设计费。

第25行"2.新工艺规程制定费",填报纳税人研发活动中发生的新工艺规程制定费。

第26行"3.新药研制的临床试验费",填报纳税人研发活动中发生的新药研制的临床试验费。

第27行"4.勘探开发技术的现场试验费",填报纳税人研发活动中发生的勘探开发技术的现场试验费。

7.2.1.6 其他相关费用

1) 税收政策

其他相关费用,是指与研发活动直接相关的其他费用,如技术图书资料费、资料翻译费、专家咨询费、高新科技研发保险费,研发成果的检索、分析、评议、论证、鉴定、评审、评估、验收费用,知识产权的申请费、注册费、代理费,差旅费、会议费,职工福利费、补充养老保险费、补充医疗保险费。

企业在一个纳税年度内同时开展多项研发活动的,自2021年起由原来按照每一研发项目分别计算"其他相关费用"限额,改为统一计算全部研发项目"其他相关费用"限额,其中资本化项目发生的费用在形成无形资产的年度统一纳入计算:

全部研发项目的其他相关费用限额＝全部研发项目的人员人工等五项费用之和×10%÷(1－10%)。

"人员人工等五项费用"是指财税〔2015〕119号文件第一条第(一)项"允许加计扣除的研发费用"第一目至第五目费用,包括"人员人工费用""直接投入费用""折旧费用""无形资产摊销"和"新产品设计费、新工艺规程制定费、新药研制的临床试验费、勘探开发技术的现场试验费"。

当"其他相关费用"实际发生数小于限额时,按实际发生数计算税前加计扣除额;当"其他相关费用"实际发生数大于限额时,按限额计算税前加计扣除额。

2)纳税申报

其他相关费用填报第28行至第34行,第28行填报第29+30+31+32+33行合计金额,第34行填报经过计算符合税法规定的"其他相关费用"。

第29行"1.技术图书资料费、资料翻译费、专家咨询费、高新科技研发保险费",填报纳税人研发活动中发生的技术图书资料费、资料翻译费、专家咨询费、高新科技研发保险费。

第30行"2.研发成果的检索、分析、评议、论证、鉴定、评审、评估、验收费用",填报纳税人研发活动中发生的研发成果的检索、分析、评议、论证、鉴定、评审、评估、验收费用。

第31行"3.知识产权的申请费、注册费、代理费",填报纳税人研发活动中发生的知识产权的申请费、注册费、代理费。

第32行"4.职工福利费、补充养老保险费、补充医疗保险费",填报纳税人研发活动人员发生的职工福利费、补充养老保险费、补充医疗保险费。

第33行"5.差旅费、会议费",填报纳税人研发活动发生的差旅费、会议费。

第34行"(七)经限额调整后的其他相关费用",填报第28行与其他相关费用限额的孰小值。其他相关费用限额按以下公式计算:其他相关费用限额=第3+7+16+19+23行×10%/(1-10%)。

风险提示 企业应按照国家财务会计制度要求,对研发支出进行会计处理;同时,对享受加计扣除的研发费用按研发项目设置辅助账,准确归集核算当年可加计扣除的各项研发费用实际发生额。企业在一个纳税年度内进行多项研发活动的,应按照不同研发项目分别归集可加计扣除的研发费用。企业应对研发费用和生产经营费用分别核算,准确、合理归集各项费用支出,对划分不清的,不得实行加计扣除。

自2019年开始不再向税务机关报送《"研发支出"辅助账汇总表》,由企业留存备查。

《国家税务总局关于进一步落实研发费用加计扣除政策有关问题的公告》(国家税务总局公告2021年第28号)增设简化版研发支出辅助账和研发支出辅助账汇总表样式,《国家税务总局关于企业研究开发费用税前加计扣除政策有关问题的公告》(国家税务总局公告2015年第97号)发布的研发支出辅助账和研发支出辅助账汇总表样式,继续有效。

企业按照研发项目设置辅助账时,可以自主选择使用上述两个版本的研发支出辅助账样式,也可以参照上述样式自行设计研发支出辅助账样式。企业自行设计的研发支出辅助账样式,应当包括 2021 版研发支出辅助账样式所列数据项,且逻辑关系一致,能准确归集允许加计扣除的研发费用。

纳税人如果使用 2021 版研发支出辅助账样式或者使用自行设计研发支出辅助账样式时,《研发费用加计扣除优惠明细表》(A107012)第 3 行"(一)人员人工费用"、第 7 行"(二)直接投入费用"、第 16 行"(三)折旧费用"、第 19 行"(四)无形资产摊销"、第 23 行"(五)新产品设计费等"、第 28 行"(六)其他相关费用"等行次下的明细行次无需填报,上述行次不执行规定的表内计算关系。

7.2.2 委托研发优惠政策与申报

7.2.2.1 委托研发税收政策

1) 委托境内研发

企业委托外部机构或个人进行研发活动所发生的费用,按照委托方实际支付给受托方的费用的 80% 计入委托方研发费用并计算加计扣除,受托方不得再进行加计扣除。委托外部研究开发费用实际发生额应按照独立交易原则确定,委托方与受托方存在关联关系的,受托方应向委托方提供研发项目费用支出明细情况。无论委托方是否享受研发费用税前加计扣除政策,受托方均不得加计扣除。

委托个人研发的,应凭个人出具的发票等合法有效凭证在税前加计扣除。

2) 委托境外研发

《财政部 税务总局关于企业委托境外研究开发费用税前加计扣除有关政策问题的通知》(财税〔2018〕64 号)规定如下:

委托境外进行研发活动所发生的费用,按照费用实际发生额的 80% 计入委托方的委托境外研发费用。委托境外研发费用不超过境内符合条件的研发费用 2/3 的部分,可以按规定在企业所得税前加计扣除。这里的委托境外进行研发活动不包括委托境外个人进行的研发活动。

委托方与受托方存在关联关系的,受托方应向委托方提供研发项目费用支出明细情况。

委托境外进行研发活动应签订技术开发合同,并由委托方到科技行政主管部门进行登记。相关事项按技术合同认定登记管理办法及技术合同认定规则执行。

企业应在年度申报享受优惠时,按照《国家税务总局关于发布修订后的〈企业所得税优惠政策事项办理办法〉的公告》(国家税务总局公告 2018 年第 23 号)的规定办理有关手续,并留存备查以下资料:

(1) 企业委托研发项目计划书和企业有权部门立项的决议文件。

(2) 委托研究开发专门机构或项目组的编制情况和研发人员名单。

(3) 经科技行政主管部门登记的委托境外研发合同。

(4) "研发支出"辅助账及汇总表。

(5) 委托境外研发银行支付凭证和受托方开具的收款凭据。

(6) 当年委托研发项目的进展情况等资料。

企业如果已取得地市级(含)以上科技行政主管部门出具的鉴定意见,应作为资料留存备查。

7.2.2.2 委托研发纳税申报

委托研发填报第 35 行至第 39 行,第 35 行填报第 36＋37＋39 行金额。

第 36 行"(一)委托境内机构或个人进行研发活动所发生的费用",填报纳税人研发项目委托境内机构或个人进行研发活动所发生的费用。

第 37 行"(二)委托境外机构进行研发活动发生的费用",填报纳税人研发项目委托境外机构进行研发活动所发生的费用。

第 38 行"允许加计扣除的委托境外机构进行研发活动发生的费用",填报纳税人按照税收规定允许加计扣除的委托境外机构进行研发活动发生的研发费用。

第 39 行"(三)委托境外个人进行研发活动发生的费用",填报纳税人委托境外个人进行研发活动发生的费用。本行不参与加计扣除优惠金额的计算。

7.2.3 本期研发费用加计扣除的计算与申报

7.2.3.1 研发费用加计扣除的基数

本期研发费用加计扣除的计算基数包括四项内容,用公式表示为:

$$\text{计算基数} = \text{本年研发费用中费用化金额} + \text{本期无形资产摊销额} - \text{特殊收入} - \text{应当减除的材料成本}$$

1) 本年研发费用中费用化金额

研发费用实际发生额减除资本化金额,剩余部分为费用化金额。按照税法规定,企业开展研发活动中实际发生的研发费用形成无形资产的,其资本化的时点与会计处理保持一致,税法与会计无差异。

2) 本期无形资产摊销额

本期无形资产摊销额包括以前年度形成的无形资产在本期的摊销额和本年形成的无形资产在本期的摊销额两部分。无形资产摊销的开始时间是无形资产开发完成投入使用的当月。

3) 特殊收入

企业取得研发过程中形成的下脚料、残次品、中间试制品等特殊收入,在计算确认收入当年的加计扣除研发费用时,应从已归集研发费用中扣减该特殊收入,不足扣减的,加计扣除研发费用按零计算。

4)应当减除的材料成本

企业研发活动直接形成产品或作为组成部分形成的产品对外销售的,研发费用中对应的材料费用不得加计扣除。

产品销售与对应的材料费用发生在不同纳税年度且材料费用已计入研发费用的,可在销售当年以对应的材料费用发生额直接冲减当年的研发费用,不足冲减的,结转以后年度继续冲减。

7.2.3.2 研发费用加计扣除的比例

《财政部 税务总局 科技部关于提高科技型中小企业研究开发费用税前加计扣除比例的通知》(财税〔2017〕34号)规定,科技型中小企业开展研发活动中实际发生的研发费用,未形成无形资产计入当期损益的,在按规定据实扣除的基础上,在2017年1月1日至2019年12月31日,再按照实际发生额的75%在税前加计扣除;形成无形资产的,在上述期间按照无形资产成本的175%在税前摊销。

《财政部 税务总局 科技部关于提高研究开发费税前加计扣除比例的通知》(财税〔2018〕99号)规定,企业开展研发活动中实际发生的研发费用,未形成无形资产计入当期损益的,在按规定据实扣除的基础上,在2018年1月1日至2020年12月31日[该期限延长至2023年12月31日,详见《财政部 税务总局关于延长部分税收优惠政策执行期限的公告》(财政部 税务总局公告2021年第6号)],再按照实际发生额的75%在税前加计扣除;形成无形资产的,在上述期间按照无形资产成本的175%在税前摊销。

《财政部 税务总局关于进一步完善研发费用税前加计扣除政策的公告》(财政部 税务总局公告2021年第13号)规定,制造业企业开展研发活动中实际发生的研发费用,未形成无形资产计入当期损益的,在按规定据实扣除的基础上,自2021年1月1日起,再按照实际发生额的100%在税前加计扣除;形成无形资产的,自2021年1月1日起,按照无形资产成本的200%在税前摊销。

制造业企业,是指以制造业业务为主营业务,享受优惠当年主营业务收入占收入总额的比例达到50%以上的企业。制造业的范围按照《国民经济行业分类》(GB/T 4574—2017)确定,如国家有关部门更新《国民经济行业分类》,从其规定。收入总额按照《企业所得税法》第六条规定执行。

《财政部 税务总局 科技部关于进一步提高科技型中小企业研发费用税前加计扣除比例的公告》(财政部 税务总局 科技部公告2022年第16号)规定,自2022年1月1日起,科技型中小企业开展研发活动中实际发生的研发费用,未形成无形资产计入当期损益的,在按规定据实扣除的基础上,再按照实际发生额的100%在税前加计扣除;形成无形资产的,自2022年1月1日起,按照无形资产成本的200%在税前摊销。

《财政部 税务总局 科技部关于加大支持科技创新税前扣除力度的公告》(财政部 税务总局 科技部公告2022年第28号)规定,现行适用研发费用税前加计扣除比例75%的企业,在2022年10月1日至2022年12月31日期间,税前加计扣除比例提高至100%。企业在2022年度企业所得税汇算清缴计算享受研发费用加计扣除优惠时,第四季度研发费用可由企业自行选择按实际发生数计算,或者按全年实际发生的研发费用乘以2022年10月1日后的经营月份数占其2022年度实际经营月份数的比例计算。

根据以上文件规定,所有可以享受加计扣除优惠政策的企业加计扣除比例的变化情况如表7-2-2所示。

表7-2-2 研发费用加计扣除比例变化一览表

	时间	适用的企业范围	比例	税法和文件
1	2008—2016年	所有企业	50%	《企业所得税法》、财税〔2015〕119号
2	2017年	非科技型中小企业	50%	财税〔2015〕119号
		科技型中小企业	75%	财税〔2017〕34号
3	2018—2020年	所有企业	75%	财税〔2018〕99号
4	2021—2023年	非制造业	75%	《财政部 税务总局关于延长部分税收优惠政策执行期限的公告》(财政部 税务总局公告2021年第6号)
5	自2021年起	制造业	100%	财政部 税务总局公告2021年第13号
6	自2022年起	科技型中小企业	100%	财政部 税务总局 科技部公告2022年第16号
7	在2022年10月1日至2022年12月31日期间	其他企业(现执行75%比例的企业)	100%	财政部 税务总局 科技部公告2022年第28号

7.2.3.3 研发费用加计扣除的申报

本年研发费用加计扣除金额的申报填报第40行至第52行,其中,第51行是最终的计算结果。

第40行"三、年度研发费用小计",填报第2行+第36行×80%+第38行金额。

第41行"(一)本年费用化金额",填报纳税人研发活动本年费用化部分金额。

第42行"(二)本年资本化金额",填报纳税人研发活动本年结转无形资产的金额。

第43行"四、本年形成无形资产摊销额",填报纳税人研发活动本年形成无形资产的摊销额。

第44行"五、以前年度形成无形资产本年摊销额",填报纳税人研发活动以前年度形成无形资产本年摊销额。

第45行"六、允许扣除的研发费用合计",填报第41+43+44行金额。

第46行"特殊收入部分",填报纳税人已归集计入研发费用,但在当期取得的研发过程中形成的下脚料、残次品、中间试制品等特殊收入。

第47行"七、允许扣除的研发费用抵减特殊收入后的金额",填报第45-46行金额。

第48行"当年销售研发活动直接形成产品(包括组成部分)对应的材料部分",填报纳税人当年销售研发活动直接形成产品(包括组成部分)对应的材料部分金额。

第49行"以前年度销售研发活动直接形成产品(包括组成部分)对应材料部分结转金额",填报纳税人销售以前年度研发活动直接形成产品(包括组成部分)对应材料部分结转金额。

第50行"八、加计扣除比例及计算方法",根据有关政策规定填报。纳税人根据实际情况从《研发费用加计扣除比例及计算方法代码表》(见表7-2-3)选择相应代码填入本项。

表7-2-3　研发费用加计扣除比例及计算方法代码表

代码	类　型	
110	全年100%(制造业企业、科技型中小企业)	
121	前三季度75%且第四季度100%(其他企业)	按比例计算
122		按实际发生金额计算

第L1行"本年允许加计扣除的研发费用总额(47-48-49)",填报第47-48-49行的金额,当第47-48-49行<0时,本行填报0。

第L1.1行"其中:第四季度允许加计扣除的研发费用金额",当"研发费用加计扣除比例及计算方法"选择"121"或"122"时,填报根据选定的第四季度相关费用计算方法计算的第四季度税前加计扣除金额。当"研发费用加计扣除比例及计算方法"选择"110"时,本行无需填报。

第L1.2行"前三季度允许加计扣除的研发费用金额",当"研发费用扣除比例及计算方法"选择"121"或"122"时,填报根据选定的第四季度相关费用计算方法计算的前三季度税前加计扣除金额。当"研发费用加计扣除比例及计算方法"选择"110"时,本行无需填报。

第51行"九、本年研发费用加计扣除总额",填报第(47-48-49)行×第50行的金额。当第47－48－49行<0时，本行填报0。当"研发费用加计扣除比例及计算方法"选择"110"时，填报第L1行×100%的金额；当"研发费用加计扣除比例及计算方法"选择"121"或"122"时，填报第L1.1行×100%＋第L1.2行×75%的金额。

第52行"十、销售研发活动直接形成产品（包括组成部分）对应材料部分结转以后年度扣减金额"，当第47－48－49行≥0时，填报0；当第47－48－49行<0时，填报第47－48－49行金额的绝对值。

 案例解析7-2 研发费用加计扣除优惠申报

【案例材料】

M公司为2018年注册成立的中国境内物流企业，近几年研发立项情况如下：

1. 2020年1月立项A项目，自行研发一项新技术，研发预算900万元，研发周期从2020年1月至2021年10月。

A项目研发的新技术于2021年10月底研发完成取得专利并结转无形资产，无形资产账面金额920万元，采用直线法分10年摊销。

2. 2020年3月立项B项目，B项目采用委托研发方式完成，研发预算500万元，分别委托境内甲机构、境外乙机构和境外个人完成项目的50%、40%、10%，研发周期从2020年3月至2022年3月，研发费用按合同约定的时间分期支付。

B项目研发的新技术于2022年4月形成无形资产，无形资产的账面价值为640万元，公司按直线法分10年进行摊销。该项无形资产研发过程中M公司实际支付给甲机构、乙机构和境外个人的研发费分别为280万元、310万元、50万元，其中，2022年M公司支付给甲机构、乙机构和境外个人的研发费用尾款分别为120万元、110万元和20万元。

3. 2022年立项C项目，自行研发一项新技术，研发预算1 800万元，研发周期从2022年3月至2023年12月。

2022年C项目发生的研发费用支出中，研究阶段作为费用化处理的支出占当年全部支出的80%，公司单独设置辅助账，并于当年按照"已结束"项目申请加计扣除优惠，研究阶段研发支出具体情况如表7-2-3所示。

表7-2-4 M公司2022年C项目研究阶段研发支出汇总表

单位：万元

序号	项目支出内容	金额	备注
1	（一）人员人工费用	405	
2	1. 直接从事研发活动人员工资薪金	240	

(续表)

序号	项目支出内容	金额	备 注
3	2. 直接从事研发活动人员五险一金	108	
4	3. 外聘研发人员的劳务费用	32	
	4. 车间管理人员工资薪金误计入研发费	25	不得加计扣除
5	（二）直接投入费用	254.6	
6	1. 研发活动直接消耗材料费用	225	
7	2. 研发活动直接消耗燃料费用	21	
8	3. 研发活动直接消耗动力费用	8.6	
9	（三）折旧费用	98	
10	1. 用于研发活动的仪器的折旧费	18	
11	2. 用于研发活动的设备的折旧费	30	税前允许扣除折旧22万元
12	3. 研发活动所在的科研楼折旧费	50	不得加计扣除
13	（四）无形资产摊销	2.7	
14	1. 用于研发活动的软件的摊销费用	1.5	
15	2. 用于研发活动的专利权的摊销费用	1.2	
16	（五）新产品设计费等	2.9	
17	1. 新产品设计费	2.9	
18	（六）其他相关费用	199.8	
19	1. 技术图书资料费、资料翻译费、专家咨询费、高新科技研发保险费	17	
20	2. 研发成果的检索、分析、评议、论证、鉴定、评审、评估、验收费用	6.8	
21	3. 知识产权的申请费、注册费、代理费	0	
22	4. 职工福利费、补充养老保险费、补充医疗保险费	120	
23	5. 差旅费、会议费	56	
24	合计	963	

2022年，C项目在研发过程中形成的下脚料、残次品、中间试制品等取得特殊收入12万元；销售2021年A项目研发活动直接形成产品取得销售收入9万元，该产品成本中材料费用为3万元。

要求：根据上述资料，填报2022年度M公司研发费用加计扣除优惠明细表及相关报表。

【案例分析】

1. 自主研发项目：

（1）车间管理人员工资薪金误计入研发费25万元，不属于符合条件的年度研发费用。

（2）用于研发活动办公楼的折旧费50万元，不属于符合条件的年度研发费用。设备折旧按照税法计算的折旧额22万元计算。

（3）其他相关费用限额＝[(405－25)＋254.6＋(98－50－8)＋2.7＋2.9]÷(1－10％)×10％＝680.2÷(1－10％)×10％＝75.58(万元)，实际发生额为199.8万元，超过限额，按照限额75.58万元计算。

（4）C项目发生的符合条件的年度研发费用＝680.2＋75.58＝755.78(万元)。

2. 委托研发项目：

（1）委托境内机构进行研发活动发生的费用280万元，其中本年支付120万元，按照80％计入年度研发费用金额＝280×80％＝224(万元)。

（2）委托境外机构进行研发活动发生的费用310万元，其中本年支付110万元，境内发生的符合条件研发费用的三分之二金额＝(755.78＋224)×2/3＝653.19(万元)，委托境外机构进行研发活动发生的费用的80％金额＝310×80％＝248(万元)，则计入年度研发费用金额为248万元。

（3）委托境外个人进行研发活动发生的费用50万元，不得计入年度研发费用。

3. 研发费用加计扣除的计算：

（1）2022年度研发费用小计金额＝755.78＋280×80％＋248＝1227.78(万元)。

（2）C项目发生的年度研发费用为755.78万元，属于本年费用化金额。

（3）B项目符合条件的研发费用＝224＋248＝472(万元)，属于本年资本化金额。

（4）本年B项目形成无形资产，本年无形资产摊销额＝472÷10×9/12＝35.4(万元)。

（5）2021年形成无形资产的A项目本年摊销额＝920÷10＝92(万元)。

（6）2022年允许加计扣除的研发费用总额＝755.78＋35.4＋92－12－3＝868.18(万元)。

（7）2022年研发费用加计扣除总额＝868.18×3/12×100％＋(868.18－868.18×3/12)×75％＝705.4(万元)。

4. M公司2022年度纳税申报情况，如表7-2-4和表7-2-5所示。

表 7-2-5 发费用加计扣除优惠明细表(A107012)

单位：万元

行次	项 目	金额(数量)
1	本年可享受研发费用加计扣除项目数量	3
2	一、自主研发、合作研发、集中研发(3＋7＋16＋19＋23＋34)	755.78
3	（一）人员人工费用(4＋5＋6)	380.00
4	1. 直接从事研发活动人员工资薪金	240.00
5	2. 直接从事研发活动人员五险一金	108.00
6	3. 外聘研发人员的劳务费用	32.00
7	（二）直接投入费用(8＋9＋10＋11＋12＋13＋14＋15)	254.60
8	1. 研发活动直接消耗材料费用	225.00
9	2. 研发活动直接消耗燃料费用	21.00
10	3. 研发活动直接消耗动力费用	8.60
11	4. 用于中间试验和产品试制的模具、工艺装备开发及制造费	
12	5. 用于不构成固定资产的样品、样机及一般测试手段购置费	
13	6. 用于试制产品的检验费	
14	7. 用于研发活动的仪器、设备的运行维护、调整、检验、维修等费用	
15	8. 通过经营租赁方式租入的用于研发活动的仪器、设备租赁费	
16	（三）折旧费用(17＋18)	40.00
17	1. 用于研发活动的仪器的折旧费	18.00
18	2. 用于研发活动的设备的折旧费	22.00
19	（四）无形资产摊销(20＋21＋22)	2.70
20	1. 用于研发活动的软件的摊销费用	1.50
21	2. 用于研发活动的专利权的摊销费用	1.20
22	3. 用于研发活动的非专利技术(包括许可证、专有技术、设计和计算方法等)的摊销费用	
23	（五）新产品设计费等(24＋25＋26＋27)	2.90
24	1. 新产品设计费	2.90
25	2. 新工艺规程制定费	
26	3. 新药研制的临床试验费	
27	4. 勘探开发技术的现场试验费	
28	（六）其他相关费用(29＋30＋31＋32＋33)	199.80

(续表)

行次	项　目	金额(数量)
29	1. 技术图书资料费、资料翻译费、专家咨询费、高新科技研发保险费	17.00
30	2. 研发成果的检索、分析、评议、论证、鉴定、评审、评估、验收费用	6.80
31	3. 知识产权的申请费、注册费、代理费	
32	4. 职工福利费、补充养老保险费、补充医疗保险费	120.00
33	5. 差旅费、会议费	56.00
34	(七)经限额调整后的其他相关费用	75.58
35	二、委托研发(36+37+39)	640.00
36	(一)委托境内机构或个人进行研发活动所发生的费用	280.00
37	(二)委托境外机构进行研发活动发生的费用	310.00
38	其中：允许加计扣除的委托境外机构进行研发活动发生的费用	248.00
39	(三)委托境外个人进行研发活动发生的费用	50.00
40	三、年度研发费用小计(2+36×80%+38)	1 227.78
41	(一)本年费用化金额	755.78
42	(二)本年资本化金额	472.00
43	四、本年形成无形资产摊销额	35.40
44	五、以前年度形成无形资产本年摊销额	92.00
45	六、允许扣除的研发费用合计(41+43+44)	883.18
46	减：特殊收入部分	12.00
47	七、允许扣除的研发费用抵减特殊收入后的金额(45-46)	871.18
48	减：当年销售研发活动直接形成产品(包括组成部分)对应的材料部分	0
49	减：以前年度销售研发活动直接形成产品(包括组成部分)对应材料部分结转金额	3.00
50	八、加计扣除比例及计算方法	121.00
L1	本年允许加计扣除的研发费用总额(47-48-49)	868.18
L1.1	其中：第四季度允许加计扣除的研发费用金额	217.05
L1.2	前三季度允许加计扣除的研发费用金额(L1-L1.1)	651.13
51	九、本年研发费用加计扣除总额(47-48-49)×50	705.40
52	十、销售研发活动直接形成产品(包括组成部分)对应材料部分结转以后年度扣减金额(当47-48-49≥0,本行=0；当47-48-49<0,本行=47-48-49的绝对值)	0

表 7-2-6　免税、减计收入及加计扣除优惠明细表（A107010）（局部）

单位：万元

行次	项　　目	金　　额
25	三、加计扣除（26＋27＋28＋29＋30）	705.4
26	（一）开发新技术、新产品、新工艺发生的研究开发费用加计扣除（填写A107012）	705.4

7.2.4　表内、表间关系

（1）表内关系。

第 2 行＝第 3＋7＋16＋19＋23＋34 行。

第 3 行＝第 4＋5＋6 行。当表 A000000"224 研发支出辅助账样式"填报"2021 版"或"自行设计"时，不执行本规则。

第 7 行＝第 8＋9＋10＋11＋12＋13＋14＋15 行。当表 A000000"224 研发支出辅助账样式"填报"2021 版"或"自行设计"时，不执行本规则。

第 16 行＝第 17＋18 行。当表 A000000"224 研发支出辅助账样式"填报"2021 版"或"自行设计"时，不执行本规则。

第 19 行＝第 20＋21＋22 行。当表 A000000"224 研发支出辅助账样式"填报"2021 版"或"自行设计"时，不执行本规则。

第 23 行＝第 24＋25＋26＋27 行。当表 A000000"224 研发支出辅助账样式"填报"2021 版"或"自行设计"时，不执行本规则。

第 28 行＝第 29＋30＋31＋32＋33 行。当表 A000000"224 研发支出辅助账样式"填报"2021 版"或"自行设计"时，不执行本规则。

第 34 行＝第 28 行与第 3＋7＋16＋19＋23 行×10％/（1－10％）的孰小值。

第 35 行＝第 36＋37＋39 行。

第 40 行＝第 2 行＋第 36 行×80％＋第 38 行。

第 45 行＝第 41＋43＋44 行。

第 47 行＝第 45－46 行。

第 L1 行＝第 47－48－49 行。当第 47－48－49 行＜0 时，第 L1 行＝0。

第 L1.2 行＝第 L 行－第 L1.1 行。

第 51 行＝（第 47－48－49 行）×第 50 行，当第 47－48－49 行＜0 时，本行＝0。

当"研发费用加计扣除比例及计算方法"选择"110"时，第 51 行＝第 L1 行×100％；当"研发费用加计扣除比例及计算方法"选择"121"或"122"时，第 51 行＝第 L1.1 行×100％＋第 L1.2 行×75％。

当第 47－48－49 行≥0 时,第 52 行＝0;当第 47－48－49 行＜0 时,第 52 行＝第 46－47－48 行金额的绝对值。

(2)表间关系。

当表 A000000"210-3"项目未填有入库编号时,第 51 行＝表 A107010 第 26 行。

当表 A000000"210-3"项目填有入库编号时,第 51 行＝表 A107010 第 27 行。

7.3 《免税、减计收入及加计扣除优惠明细表》(A107010)

表 A107010(见表 7-3-1)适用于享受免税收入、减计收入和加计扣除优惠的纳税人填报。纳税人根据税法及相关税收政策规定,填报本年发生的免税收入、减计收入和加计扣除优惠情况。

表 7-3-1　免税、减计收入及加计扣除优惠明细表(A107010)

行次	项　目	金　额
1	一、免税收入(2+3+9+…+16)	
2	（一）国债利息收入免征企业所得税	
3	（二）符合条件的居民企业之间的股息、红利等权益性投资收益免征企业所得税(4+5+6+7+8)	
4	1. 一般股息红利等权益性投资收益免征企业所得税(填写 A107011)	
5	2. 内地居民企业通过沪港通投资且连续持有 H 股满 12 个月取得的股息红利所得免征企业所得税(填写 A107011)	
6	3. 内地居民企业通过深港通投资且连续持有 H 股满 12 个月取得的股息红利所得免征企业所得税(填写 A107011)	
7	4. 居民企业持有创新企业 CDR 取得的股息红利所得免征企业所得税(填写 A107011)	
8	5. 符合条件的永续债利息收入免征企业所得税(填写 A107011)	
9	（三）符合条件的非营利组织的收入免征企业所得税	
10	（四）中国清洁发展机制基金取得的收入免征企业所得税	
11	（五）投资者从证券投资基金分配中取得的收入免征企业所得税	
12	（六）取得的地方政府债券利息收入免征企业所得税	
13	（七）中国保险保障基金有限责任公司取得的保险保障基金等收入免征企业所得税	
14	（八）中国奥委会取得北京冬奥组委支付的收入免征企业所得税	
15	（九）中国残奥委会取得北京冬奥组委分期支付的收入免征企业所得税	

(续表)

行次	项 目	金 额
16	（十）其他(16.1+16.2)	
16.1	1. 取得的基础研究资金收入免征企业所得税	
16.2	2. 其他	
17	二、减计收入(18+19+23+24)	
18	（一）综合利用资源生产产品取得的收入在计算应纳税所得额时减计收入	
19	（二）金融、保险等机构取得的涉农利息、保费减计收入(20+21+22)	
20	1. 金融机构取得的涉农贷款利息收入在计算应纳税所得额时减计收入	
21	2. 保险机构取得的涉农保费收入在计算应纳税所得额时减计收入	
22	3. 小额贷款公司取得的农户小额贷款利息收入在计算应纳税所得额时减计收入	
23	（三）取得铁路债券利息收入减半征收企业所得税	
24	（四）其他(24.1+24.2)	
24.1	1. 取得的社区家庭服务收入在计算应纳税所得额时减计收入	
24.2	2. 其他	
25	三、加计扣除(26+27+28+29+30)	
26	（一）开发新技术、新产品、新工艺发生的研究开发费用加计扣除（填写A107012）	
27	（二）科技型中小企业开发新技术、新产品、新工艺发生的研究开发费用加计扣除（填写A107012）	
28	（三）企业为获得创新性、创意性、突破性的产品进行创意设计活动而发生的相关费用加计扣除（加计扣除比例及计算方法：_____）	
28.1	其中：第四季度相关费用加计扣除	
28.2	前三季度相关费用加计扣除	
29	（四）安置残疾人员所支付的工资加计扣除	
30	（五）其他(30.1+30.2+30.3)	
30.1	1. 企业投入基础研究支出加计扣除	
30.2	2. 高新技术企业设备器具加计扣除	
30.3	3. 其他	
31	合计(1+17+25)	

7.3.1 免税收入优惠政策与申报

第 1 行"一、免税收入",填报第 2＋3＋9＋10＋11＋12＋13＋14＋15＋16 行金额。

7.3.1.1 国债利息收入

1) 税收政策

《国家税务总局关于企业国债投资业务企业所得税处理问题的公告》(国家税务总局公告 2011 年第 36 号)规定如下：

企业取得的国债利息收入,免征企业所得税。具体按以下规定执行：

(1) 企业从发行者直接投资购买的国债持有至到期,其从发行者取得的国债利息收入,全额免征企业所得税。

(2) 企业到期前转让国债,或者从非发行者投资购买的国债,其按规定计算的国债利息收入,免征企业所得税,具体计算方法：

$$国债利息收入＝国债金额 \times (适用年利率 \div 365) \times 持有天数$$

上述公式中的"国债金额",按国债发行面值或发行价格确定；"适用年利率"按国债票面年利率或折合年收益率确定；如企业不同时间多次购买同一品种国债的,"持有天数"可按平均持有天数计算确定。

国债利息收入实现的时间,根据《企业所得税法实施条例》第十八条规定,企业投资国债从国务院财政部门取得的国债利息收入,应以国债发行时约定应付利息的日期,确认利息收入的实现。

2) 纳税申报

企业取得国债利息收入免征企业所得税优惠,填表第 2 行,填报金额为纳税人根据等相关税收政策规定计算的国债利息收入。

7.3.1.2 符合条件的居民企业之间的股息、红利等权益性投资收益

1) 税法规定

《企业所得税法》第二十六条第(一)项至第(三)项规定,企业的下列收入为免税收入：国债利息收入；符合条件的居民企业之间的股息、红利等权益性投资收益；在中国境内设立机构、场所的非居民企业从居民企业取得与该机构、场所有实际联系的股息、红利等权益性投资收益。

《企业所得税法实施条例》第八十三条规定,《企业所得税法》第二十六条第(二)项所称符合条件的居民企业之间的股息、红利等权益性投资收益,是指居民企业直接投资于其他居民企业取得的投资收益。《企业所得税法》第二十六条第

(二)项和第(三)项所称股息、红利等权益性投资收益,不包括连续持有居民企业公开发行并上市流通的股票不足12个月取得的投资收益。

2) 纳税申报

第3行"(二)符合条件的居民企业之间的股息、红利等权益性投资收益免征企业所得税",填报表A107011第8行第17列金额。

第4行"1.一般股息红利等权益性投资收益免征企业所得税",填报不含持有H股、创新企业CDR、永续债取得的投资收益,按表A107011第9行第17列金额填报。

第5行"2.内地居民企业通过沪港通投资且连续持有H股满12个月取得的股息红利所得免征企业所得税",填报根据《财政部 国家税务总局 证监会关于沪港股票市场交易互联互通机制试点有关税收政策的通知》(财税〔2014〕81号)等相关税收政策规定,内地居民企业连续持有H股满12个月的股息、红利所得,按表A107011第10行第17列金额填报。

第6行"3.内地居民企业通过深港通投资且连续持有H股满12个月取得的股息红利所得免征企业所得税",填报根据《财政部 国家税务总局 证监会关于深港股票市场交易互联互通机制试点有关税收政策的通知》(财税〔2016〕127号)等相关税收政策规定,内地居民企业连续持有H股满12个月的股息、红利所得,按表A107011第11行第17列金额填报。

第7行"居民企业持有创新企业CDR取得的股息红利所得免征企业所得税",填报根据《财政部 税务总局 证监会关于创新企业境内发行存托凭证试点阶段有关税收政策的公告》(财政部 税务总局 证监会公告2019年第52号)等相关税收政策规定,居民企业持有创新企业CDR取得的股息、红利所得,按表A107011第12行第17列金额填报。

7.3.1.3 永续债利息收入

1) 税收政策

《财政部 税务总局关于永续债企业所得税政策问题的公告》(财政部 税务总局公告2019年第64号)规定,企业发行的永续债,可以适用股息、红利企业所得税政策,即投资方取得的永续债利息收入属于股息、红利性质,按照现行企业所得税政策相关规定进行处理,其中,发行方和投资方均为居民企业的,永续债利息收入可以适用《企业所得税法》规定的居民企业之间的股息、红利等权益性投资收益免征企业所得税规定;同时,发行方支付的永续债利息支出不得在企业所得税税前扣除。

2) 纳税申报

第8行"符合条件的永续债利息收入免征企业所得税",填报居民企业取得的可以适用居民企业之间的股息、红利等权益性投资收益免征企业所得税规定的永续债利息收入,按表 A107011 第 13 行第 17 列金额填报。

7.3.1.4 非营利组织的收入

1）税收政策

《企业所得税法》第二十六条第(四)项规定,符合条件的非营利组织的收入为免税收入。

《财政部 国家税务总局关于非营利组织企业所得税免税收入问题的通知》(财税〔2009〕122 号)规定,非营利组织的下列收入为免税收入:

(1) 接受其他单位或者个人捐赠的收入。

(2) 除《企业所得税法》第七条规定的财政拨款以外的其他政府补助收入,但不包括因政府购买服务取得的收入。

(3) 按照省级以上民政、财政部门规定收取的会费。

(4) 不征税收入和免税收入孳生的银行存款利息收入。

(5) 财政部、国家税务总局规定的其他收入。

《财政部 税务总局关于非营利组织免税资格认定管理有关问题的通知》(财税〔2018〕13 号)规定,符合条件的非营利组织,必须同时满足以下条件:

(1) 依照国家有关法律法规设立或登记的事业单位、社会团体、基金会、社会服务机构、宗教活动场所、宗教院校以及财政部、税务总局认定的其他非营利组织。

(2) 从事公益性或者非营利性活动。

(3) 取得的收入除用于与该组织有关的、合理的支出外,全部用于登记核定或者章程规定的公益性或者非营利性事业。

(4) 财产及其孳息不用于分配,但不包括合理的工资薪金支出。

(5) 按照登记核定或者章程规定,该组织注销后的剩余财产用于公益性或者非营利性目的,或者由登记管理机关采取转赠给与该组织性质、宗旨相同的组织等处置方式,并向社会公告。

(6) 投入人对投入该组织的财产不保留或者享有任何财产权利。投入人是指各级人民政府及其部门外的法人、自然人和其他组织。

(7) 工作人员工资福利开支控制在规定的比例内,不变相分配该组织的财产。其中,工作人员平均工资薪金水平不得超过税务登记所在地的地市级(含地市级)以上地区的同行业同类组织平均工资水平的两倍,工作人员福利按照国家有关规定执行。

(8) 对取得的应纳税收入及其有关的成本、费用、损失应与免税收入及其有关的成本、费用、损失分别核算。

风险提示 非营利组织免税优惠资格的有效期为 5 年。非营利组织应在免税优惠资格期满后 6 个月内提出复审申请,不提出复审申请或复审不合格的,其享受免税优惠的资格到期自动失效。非营利组织免税资格复审,按照初次申请免税优惠资格的规定办理。

2) 纳税申报

第 9 行"(三)符合条件的非营利组织的收入免征企业所得税",填报纳税人根据规定认定的符合条件的非营利组织取得的免税收入,不包括从事营利性活动所取得的收入。当表 A000000"207 非营利组织"选择"是"时,本行可以填报,否则不得填报。

7.3.1.5 中国清洁发展机制基金及清洁发展机制项目收入

1) 税收政策

《财政部 国家税务总局关于中国清洁发展机制基金及清洁发展机制项目实施企业有关企业所得税政策问题的通知》(财税〔2009〕30 号)规定,对清洁基金取得的下列收入,免征企业所得税:

(1) CDM 项目温室气体减排量转让收入上缴国家的部分。

(2) 国际金融组织赠款收入。

(3) 基金资金的存款利息收入、购买国债的利息收入。

(4) 国内外机构、组织和个人的捐赠收入。

2) 纳税申报

第 10 行"(四)中国清洁发展机制基金取得的收入免征企业所得税",填报中国清洁发展机制基金取得的免税收入。

7.3.1.6 投资者从证券投资基金分配中取得的收入

1) 税收政策

《财政部 国家税务总局关于企业所得税若干优惠政策的通知》(财税〔2008〕1 号)规定如下:

(1) 对证券投资基金从证券市场中取得的收入,包括买卖股票、债券的差价收入,股权的股息、红利收入,债券的利息收入及其他收入,暂不征收企业所得税。

(2) 对投资者从证券投资基金分配中取得的收入,暂不征收企业所得税。

(3) 对证券投资基金管理人运用基金买卖股票、债券的差价收入,暂不征收企业所得税。

2) 纳税申报

第 11 行"(五)投资者从证券投资基金分配中取得的收入免征企业所得税",填报投资者从证券投资基金分配中取得的收入。

7.3.1.7 地方政府债券利息收入

1) 税收政策

《财政部 国家税务总局关于地方政府债券利息所得免征所得税问题的通知》（财税〔2011〕76号）规定，对企业和个人取得的2009年、2010年和2011年发行的地方政府债券利息所得，免征企业所得税和个人所得税。地方政府债券是指经国务院批准，以省、自治区、直辖市和计划单列市政府为发行和偿还主体的债券。

《财政部 国家税务总局关于地方政府债券利息免征所得税问题的通知》（财税〔2013〕5号）规定，对企业和个人取得的2012年及以后年度发行的地方政府债券利息收入，免征企业所得税和个人所得税。地方政府债券是指经国务院批准同意，以省、自治区、直辖市、计划单列市政府为发行和偿还主体的债券。

2) 纳税申报

第12行"（六）取得的地方政府债券利息收入免征企业所得税"，填报纳税人取得的地方政府债券利息收入。

7.3.1.8 保险保障基金有限责任公司免税收入

1) 税收政策

《财政部 税务总局关于保险保障基金有关税收政策问题的通知》（财税〔2018〕41号）规定，中国保险保障基金有限责任公司根据《保险保障基金管理办法》取得的下列收入，免征企业所得税：

（1）境内保险公司依法缴纳的保险保障基金。

（2）依法从撤销或破产保险公司清算财产中获得的受偿收入和向有关责任方追偿所得，以及依法从保险公司风险处置中获得的财产转让所得。

（3）接受捐赠收入。

（4）银行存款利息收入。

（5）购买政府债券、中央银行、中央企业和中央级金融机构发行债券的利息收入。

（6）国务院批准的其他资金运用取得的收入。

2) 纳税申报

第13行"（七）中国保险保障基金有限责任公司取得的保险保障基金等收入免征企业所得税"，填报中国保险保障基金有限责任公司取得的各项免税收入。

7.3.1.9 中国奥委会取得北京冬奥组委支付的收入

根据《财政部 税务总局 海关总署关于北京2022年冬奥会和冬残奥会税收政

策的通知》(财税〔2017〕60号)的规定,中国奥委会按中国奥委会、主办城市签订的《联合市场开发计划协议》和中国奥委会、主办城市、国际奥委会签订的《北京2022年冬季奥林匹克运动会主办城市合同》取得的由北京冬奥组委分期支付的收入、按比例支付的盈余分成收入免征企业所得税;中国残奥委会按照《联合市场开发计划协议》取得的由北京冬奥组委分期支付的收入免征企业所得税。

上述收入分别填报第14行和第15行。

7.3.2 减计收入优惠政策与申报

7.3.2.1 综合利用资源生产产品取得的收入

第18行"(一)综合利用资源生产产品取得的收入在计算应纳税所得额时减计收入",填报纳税人综合利用资源生产产品取得的收入总额乘以10%的金额。

7.3.2.2 金融、保险等机构取得的涉农利息、保费减计收入

第19行"金融、保险等机构取得的涉农利息、保费减计收入",填报金融、保险等机构取得的涉农利息、保费收入减计收入的金额,按第20+21+22行金额填报。

第20行"1.金融机构取得的涉农贷款利息收入在计算应纳税所得额时减计收入",填报纳税人取得农户小额贷款利息收入总额乘以10%的金额。

第21行"2.保险机构取得的涉农保费收入在计算应纳税所得额时减计收入",填报保险公司为种植业、养殖业提供保险业务取得的保费收入总额乘以10%的金额。其中保费收入总额=原保费收入+分保费收入-分出保费。

第22行"3.小额贷款公司取得的农户小额贷款利息收入在计算应纳税所得额时减计收入",填报根据《财政部 税务总局关于小额贷款公司有关税收政策的通知》(财税〔2017〕48号)等相关税收政策规定,经省级金融管理部门(金融办、局等)批准成立的小额贷款公司取得的农户小额贷款利息收入乘以10%的金额。

7.3.2.3 取得铁路债券利息收入

第23行"(三)取得铁路债券利息收入减半征收企业所得税",填报纳税人根据《财政部 国家税务总局关于铁路建设债券利息收入企业所得税政策的通知》(财税〔2011〕99号)、《财政部 国家税务总局关于2014—2015年铁路建设债券利息收入企业所得税政策的通知》(财税〔2014〕2号)及《财政部 国家税务总局关于铁路债券利息收入所得税政策问题的通知》(财税〔2016〕30号)[①]、《财政部 税务总局关于铁

---

① 根据《财政部关于公布废止和失效的财政规章和规范性文件目录(第十三批)的决定》(财政部令第103号)的规定,《财政部 国家税务总局关于铁路债券利息收入所得税政策问题的通知》(财税〔2016〕30号)自2020年1月23日起失效。

路债券利息收入所得税政策的公告》(财政部 税务总局公告2019年第57号)等相关税收政策规定,持有中国铁路建设铁路债券等企业债券取得的利息收入乘以50%的金额。

7.3.2.4 取得社区家庭服务收入

《财政部 税务总局 发展改革委 民政部 商务部 卫生健康委关于养老、托育、家政等社区家庭服务业税费优惠政策的公告》(财政部 税务总局 发展改革委 民政部 商务部 卫生健康委公告2019年第76号)规定,自2019年6月1日起执行至2025年12月31日,为社区提供养老、托育、家政等服务的机构,提供社区养老、托育、家政服务取得的收入,在计算应纳税所得额时,减按90%计入收入总额。

上述所称社区,是指聚居在一定地域范围内的人们所组成的社会生活共同体,包括城市社区和农村社区。

上述所称为社区提供养老服务的机构,是指在社区依托固定场所设施,采取全托、日托、上门等方式,为社区居民提供养老服务的企业、事业单位和社会组织。社区养老服务是指为老年人提供的生活照料、康复护理、助餐助行、紧急救援、精神慰藉等服务。

上述所称为社区提供托育服务的机构,是指在社区依托固定场所设施,采取全日托、半日托、计时托、临时托等方式,为社区居民提供托育服务的企业、事业单位和社会组织。社区托育服务是指为3周岁(含)以下婴幼儿提供的照料、看护、膳食、保育等服务。

上述所称为社区提供家政服务的机构,是指以家庭为服务对象,为社区居民提供家政服务的企业、事业单位和社会组织。社区家政服务是指进入家庭成员住所或医疗机构为孕产妇、婴幼儿、老人、病人、残疾人提供的照护服务,以及进入家庭成员住所提供的保洁、烹饪等服务。

第24.1行"1.取得的社区家庭服务收入在计算应纳税所得额时减计收入",填报纳税人社区养老、托育、家政相关服务的收入乘以10%的金额。

7.3.3 加计扣除优惠政策与申报

7.3.3.1 研发费用加计扣除

研发费用加计扣除申报需要先填报表A107012,根据企业类型或业务内容,相应选择表A107010行次,将表A107012第51行金额填入相应行次内,第26行和第27行不可同时填报。

当表A000000"210-3"项目未填有入库编号时,填报第26行"(一)开发新技术、新产品、新工艺发生的研究开发费用加计扣除"。

当表 A000000"210-3"项目填有入库编号时,填报第 27 行"(二)科技型中小企业开发新技术、新产品、新工艺发生的研究开发费用加计扣除"。

风险提示 企业预缴申报当年第三季度(按季预缴)或 9 月(按月预缴)企业所得税时,可以自行选择就当年上半年研发费用享受加计扣除优惠政策,自行计算加计扣除金额,填报《中华人民共和国企业所得税月(季)度预缴纳税申报表(A 类)》享受税收优惠,并根据享受加计扣除优惠的研发费用情况(上半年)填写《研发费用加计扣除优惠明细表》(A107012)。《研发费用加计扣除优惠明细表》(A107012)与相关政策规定的其他资料一并留存备查。其他预缴时间不可以申报享受。

如果企业办理第三季度或 9 月预缴申报时,未选择享受研发费用加计扣除优惠政策的,可在次年办理汇算清缴时统一享受。

第 28 行"(三)企业为获得创新性、创意性、突破性的产品进行创意设计活动而发生的相关费用加计扣除",填报纳税人根据《财政部 国家税务总局 科技部关于完善研究开发费用税前加计扣除政策的通知》(财税〔2015〕119 号)第二条第(四)项规定,企业为获得创新性、创意性、突破性的产品进行创意设计活动而发生的相关费用按照规定进行税前加计扣除的金额。

7.3.3.2 残疾人员工资加计扣除

1) 税收政策

《财政部 国家税务总局关于安置残疾人员就业有关企业所得税优惠政策问题的通知》(财税〔2009〕70 号)规定,企业安置残疾人员的,在按照支付给残疾职工工资据实扣除的基础上,可以在计算应纳税所得额时按照支付给残疾职工工资的 100% 加计扣除。

残疾人员的范围适用《中华人民共和国残疾人保障法》的有关规定。

企业享受安置残疾职工工资 100% 加计扣除应同时具备如下条件:

(1) 依法与安置的每位残疾人签订了 1 年以上(含 1 年)的劳动合同或服务协议,并且安置的每位残疾人在企业实际上岗工作。

(2) 为安置的每位残疾人按月足额缴纳了企业所在区县人民政府根据国家政策规定的基本养老保险、基本医疗保险、失业保险和工伤保险等社会保险。

(3) 定期通过银行等金融机构向安置的每位残疾人实际支付了不低于企业所在区县适用的经省级人民政府批准的最低工资标准的工资。

(4) 具备安置残疾人上岗工作的基本设施。

风险提示 企业就支付给残疾职工的工资,在进行企业所得税预缴申报时,允许据实计算扣除；在年度终了进行企业所得税年度申报和汇算清缴时，再按规定计算加计扣除。

2) 纳税申报

安置残疾人员所支付的工资加计扣除金额填报第29行，根据税收政策规定，按照支付给残疾职工工资的100%加计扣除的金额填报。

7.3.3.3 企业投入基础研究支出加计扣除

1) 税收政策

《财政部 税务总局关于企业投入基础研究有关税收优惠政策的公告》（财政部 税务总局2022年第32号）规定，自2022年1月1日起，对企业出资给非营利性科学技术研究开发机构（科学技术研究开发机构以下简称科研机构）、高等学校和政府性自然科学基金用于基础研究的支出，在计算应纳税所得额时可按实际发生额在税前扣除，并可按100%在税前加计扣除。

非营利性科研机构、高等学校包括国家设立的科研机构和高等学校、民办非营利性科研机构和高等学校，具体按以下条件确定：(1)国家设立的科研机构和高等学校是指利用财政性资金设立的、取得《事业单位法人证书》的科研机构和公办高等学校，包括中央和地方所属科研机构和高等学校。(2)民办非营利性科研机构和高等学校，是指同时满足以下条件的科研机构和高等学校：①根据《民办非企业单位登记管理暂行条例》在民政部门登记，并取得《民办非企业单位（法人）登记证书》。②对于民办非营利性科研机构，其《民办非企业单位（法人）登记证书》记载的业务范围应属于科学研究与技术开发、成果转让、科技咨询与服务、科技成果评估范围。对业务范围存在争议的，由税务机关转请县级（含）以上科技行政主管部门确认。对于民办非营利性高等学校，应取得教育主管部门颁发的《民办学校办学许可证》，记载学校类型为"高等学校"。③经认定取得企业所得税非营利组织免税资格。

风险提示 政府性自然科学基金是指国家和地方政府设立的自然科学基金委员会管理的自然科学基金。基础研究是指通过对事物的特性、结构和相互关系进行分析，从而阐述和检验各种假设、原理和定律的活动，不包括在境外开展的研究，也不包括社会科学、艺术或人文学方面的研究。具体依据以下内容判断：

（1）基础研究不预设某一特定的应用或使用目的，主要是为获得关于现象和可观察事实的基本原理的新知识，可针对已知或具有前沿性的科学问题，或者针对人们普遍感兴趣的某些广泛领域，以未来广泛应用为目标。

（2）基础研究可细分为两种类型，一是自由探索性基础研究，即为了增进知识，不追求经济或社会效益，也不积极谋求将其应用于实际问题或把成果转移到负责应用的部门。二是目标导向(定向)基础研究,旨在获取某方面知识、期望为探索解决当前已知或未来可能发现的问题奠定基础。

(3)基础研究成果通常表现为新原理、新理论、新规律或新知识,并以论文、著作、研究报告等形式为主。同时,由于基础研究具有较强的探索性、存在失败的风险,论文、著作、研究报告等也可以体现为试错或证伪等成果。

企业出资基础研究应签订相关协议或合同,协议或合同中需明确资金用于基础研究领域。企业和非营利性科研机构、高等学校和政府性自然科学基金管理单位应将相关资料留存备查,包括企业出资协议、出资合同、相关票据等,出资协议、出资合同和出资票据应包含出资方、接收方、出资用途(注明用于基础研究)、出资金额等信息。非营利性科研机构、高等学校接收企业、个人和其他组织机构基础研究资金收入,免征企业所得税,该项免税收入填报表 A107010 第 16.1 行"1.取得的基础研究资金收入免征企业所得税"。

2)纳税申报

企业投入基础研究支出加计扣除应填报第 30.1 行"1.企业投入基础研究支出加计扣除",本行填报出资给非营利性科学技术研究开发机构、高等学校和政府性自然科学基金用于基础研究的支出按照 100% 加计扣除的金额。

7.3.3.4 高新技术企业设备器具加计扣除

1) 税收政策

《财政部 税务总局 科技部关于加大支持科技创新税前扣除力度的公告》(财政部 税务总局 科技部 2022 年第 28 号)规定,高新技术企业在 2022 年 10 月 1 日至 2022 年 12 月 31 日期间新购置的设备、器具,允许当年一次性全额在计算应纳税所得额时扣除,并允许在税前实行 100% 加计扣除。

凡在 2022 年第四季度内具有高新技术企业资格的企业,均可适用该项政策。企业选择适用该项政策当年不足扣除的,可结转至以后年度按现行有关规定执行。

高新技术企业购置的设备、器具是指除房屋、建筑物以外的固定资产;高新技术企业的条件和管理办法按照《科技部 财政部 国家税务总局关于修订印发〈高新技术企业认定管理办法〉的通知》(国科发火〔2016〕32 号)执行。

2)纳税申报

高新技术企业设备器具加计扣除应填报第 30.2 行"2.高新技术企业设备器具加计扣除",本行填报高新技术企业根据相关税收政策规定,在 2022 年 10 月 1 日至 2022 年 12 月 31 日新购置的设备器具加计扣除的金额。

案例解析 7-3 免税、减计收入和加计扣除优惠申报

【案例材料】

甲公司2022年度实现利润总额1 680万元,当年无境外所得,税法与会计差异需要纳税调整增加90万元,纳税调整减少38万元,当年涉及免税收入、减计收入及加计扣除的事项如下:

(1) 1月1日购入当天发行的国债,债券账面价值10 000万元,票面年利率3.75%(与实际利率相同),每年年末付息一次,甲公司根据业务模式和合同现金流量特征将其分类为以摊余成本计量的金融资产,并记入"债权投资"科目核算。

(2) 7月1日购入铁路债券5 000万元,票面利率3.95%(与实际利率相同),每半年付息一次,甲公司将其分类为以公允价值计量且其变动计入当期损益的金融资产,并记入"交易性金融资产"科目核算。

(3) 当年利用废旧轮胎生产翻新轮胎、胶粉,产品符合国家及行业相关标准的要求,共计实现销售收入800万元。

(4) 企业全年支付的工资总额中,包括支付给残疾人的工资薪金35万元。该企业安置的残疾人员符合国家规定的可以享受加计扣除优惠的各项条件。

【案例分析】

(1) 当年国债利息收入=10 000×3.75%=375(万元),属于免税收入。

(2) 当年铁路债券利息收入=5 000×3.95%×50%=98.75(万元),取得铁路债券利息收入减半征收企业所得税,可以减计的收入金额=98.75×50%=49.375(万元)。

(3) 甲公司利用《资源综合利用企业所得税优惠目录》规定的资源为主要原材料,生产符合国家或者行业相关标准的产品,取得的销售收入为800万元,在计算应纳税所得额时,可以减计的收入金额=800×10%=80(万元)。

(4) 甲公司安置残疾人员就业,按照支付给残疾人职工工资的100%加计扣除,加计扣除金额为35万元。

甲公司2022年度纳税申报情况,如表7-3-2和表7-3-3所示。

表7-3-2 免税、减计收入及加计扣除优惠明细表(A107010)(局部)

单位:万元

行次	项目	金额
1	一、免税收入(2+3+9+…+16)	375.000
2	(一)国债利息收入免征企业所得税	375.000

(续表)

行次	项　目	金　额
17	二、减计收入(18+19+23+24)	129.375
18	（一）综合利用资源生产产品取得的收入在计算应纳税所得额时减计收入	80.000
23	（三）取得铁路债券利息收入减半征收企业所得税	49.375
25	三、加计扣除(26+27+28+29+30)	35.000
29	（四）安置残疾人员所支付的工资加计扣除	35.000
31	合计(1+17+25)	539.375

表 7-3-3　中华人民共和国企业所得税年度纳税申报表(A 类)(A100000)(局部)

单位：万元

行次	类别	项　目	金　额
13	利润总额计算	三、利润总额(10+11-12)	1 680.000
14	应纳税所得额计算	减：境外所得(填写 A108010)	0
15		加：纳税调整增加额(填写 A105000)	90.000
16		减：纳税调整减少额(填写 A105000)	38.000
17		减：免税、减计收入及加计扣除(填写 A107010)	539.375
18		加：境外应税所得抵减境内亏损(填写 A108000)	0
19		四、纳税调整后所得(13-14+15-16-17+18)	1 192.625

7.3.4　表内、表间关系

（1）表内关系。

第 1 行＝第 2+3+9+10+…+16 行。

第 3 行＝第 4+5+6+7+8 行。

第 17 行＝第 18+19+23+24 行。

第 19 行＝第 20+21+22 行。

第 24 行＝第 24.1+24.2 行。

第 25 行＝第 26+27+28+29+30 行。

第 26 行和第 27 行不可同时填报。

第 31 行＝第 1+17+25 行。

（2）表间关系。

第 3 行＝表 A107011 第 8 行(合计行)第 17 列。

第 4 行＝表 A107011 第 9 行第 17 列。

第 5 行＝表 A107011 第 10 行第 17 列。

第 6 行＝表 A107011 第 11 行第 17 列。

第 7 行＝表 A107011 第 12 行第 17 列。

第 8 行＝表 A107011 第 13 行第 17 列。

当表 A000000"210-3"项目未填有入库编号时，第 26 行＝表 A107012 第 51 行。

当表 A000000"210-3"项目填有入库编号时，第 27 行＝表 A107012 第 51 行。

第 31 行＝表 A100000 第 17 行。

7.4 《所得减免优惠明细表》（A107020）

表 A107020（见表 7-4-1）适用于享受所得减免优惠政策的纳税人填报。纳税人根据税法及相关税收政策规定，填报本年发生的所得减免优惠情况，《中华人民共和国企业所得税年度纳税申报表（A 类）》（A100000）第 19 行"纳税调整后所得"为负数的，无需填报表 A107020。

7.4.1 所得减免优惠政策

《企业所得税法》第二十七条规定，企业的下列所得可以免征、减征企业所得税：

（1）从事农、林、牧、渔业项目的所得。

（2）从事国家重点扶持的公共基础设施项目投资经营的所得。

（3）从事符合条件的环境保护、节能节水项目的所得。

（4）符合条件的技术转让所得。

（5）《企业所得税法》第三条第三款规定的所得。

7.4.1.1 农、林、牧、渔业项目所得

企业从事下列项目的所得，免征企业所得税：

（1）蔬菜、谷物、薯类、油料、豆类、棉花、麻类、糖料、水果、坚果的种植。

（2）农作物新品种的选育。

（3）中药材的种植。

（4）林木的培育和种植。

（5）牲畜、家禽的饲养。

（6）林产品的采集。

（7）灌溉、农产品初加工、兽医、农技推广、农机作业和维修等农、林、牧、渔服务业项目。

（8）远洋捕捞。

第7章 税收优惠纳税申报表填报

表7－4－1 所得减免优惠明细表（A107020）

行次	减免项目	项目名称	优惠事项名称	优惠方式	项目收入	项目成本	相关税费	应分摊期间费用	纳税调整额	项目所得额 免税项目	项目所得额 减半项目	减免所得额
		1	2	3	4	5	6	7	8	9	10	11(9＋10×50%)
1	一、农、林、牧、渔业项目											
2												
3		小计	*	*								
4	二、国家重点扶持的公共基础设施项目											
5												
6		小计	*	*								
7	三、符合条件的环境保护、节能节水项目											
8												
9		小计	*	*								
10	四、符合条件的技术转让项目			*						*	*	*
11			*	*						*	*	*
12		小计	*	*								
13	五、清洁发展机制项目											
14												
15		小计	*	*								

(续表)

行次	减免项目	项目名称 1	优惠事项名称 2	优惠方式 3	项目收入 4	项目成本 5	相关税费 6	应分摊期间费用 7	纳税调整额 8	项目所得额 免税项目 9	项目所得额 减半项目 10	减免所得额 11(9+10×50%)
16	六、符合条件的节能服务公司实施的合同能源管理项目		*									
17			*	*								
18		小计										
19	七、线宽小于130纳米(含)的集成电路生产项目		*	*								
20		小计										
21	八、线宽小于65纳米(含)或投资额超过150亿元的集成电路生产项目		*	*								
22			*	*								
23		小计										
24	九、线宽小于28纳米(含)的集成电路生产项目		*	*								
25			*	*								
26		小计										
27	十、其他		*	*								
28		小计										
29	合计	*	*	*								
30												
31												

334

企业从事下列项目的所得,减半征收企业所得税:

(1) 花卉、茶以及其他饮料作物和香料作物的种植。

(2) 海水养殖、内陆养殖。

企业从事国家限制和禁止发展的项目,不得享受上述规定的企业所得税优惠。

相关政策:《财政部 国家税务总局关于发布享受企业所得税优惠政策的农产品初加工范围(试行)的通知》(财税〔2008〕149号)、《国家税务总局关于黑龙江垦区国有农场土地承包费缴纳企业所得税问题的批复》(国税函〔2009〕779号)、《国家税务总局关于"公司+农户"经营模式企业所得税优惠问题的公告》(国家税务总局公告2010年第2号)、《财政部 国家税务总局关于享受企业所得税优惠的农产品初加工有关范围的补充通知》(财税〔2011〕26号)、《国家税务总局关于实施农林牧渔业项目企业所得税优惠问题的公告》(国家税务总局公告2011年第48号)。

7.4.1.2 国家重点扶持的公共基础设施项目所得

国家重点扶持的公共基础设施项目,是指《公共基础设施项目企业所得税优惠目录》规定的港口码头、机场、铁路、公路、城市公共交通、电力、水利等项目。

企业从事上述规定的国家重点扶持的公共基础设施项目的投资经营的所得,自项目取得第一笔生产经营收入所属纳税年度起,第一年至第三年免征企业所得税,第四年至第六年减半征收企业所得税。

企业承包经营、承包建设和内部自建自用上述规定的项目,不得享受上述规定的企业所得税优惠。

相关政策:《财政部 国家税务总局关于执行公共基础设施项目企业所得税优惠目录有关问题的通知》(财税〔2008〕46号)、《财政部 国家税务总局 国家发展改革委关于公布公共基础设施项目企业所得税优惠目录(2008年版)的通知》(财税〔2008〕116号)、《国家税务总局关于实施国家重点扶持的公共基础设施项目企业所得税优惠问题的通知》(国税发〔2009〕80号)、《财政部 国家税务总局关于公共基础设施项目和环境保护节能节水项目企业所得税优惠政策问题的通知》(财税〔2012〕10号)、《国家税务总局关于电网企业电网新建项目享受所得税优惠政策问题的公告》(国家税务总局公告2013年第26号)、《财政部 国家税务总局关于公共基础设施项目享受企业所得税优惠政策问题的补充通知》(财税〔2014〕55号)、《财政部 税务总局关于继续实行农村饮水安全工程税收优惠政策的公告》(财政部 税务总局公告2019年第67号)、《财政部 国家税务总局 国家发展改革委 生态环境部关于公布〈环境保护、节能节水项目企业所得税优惠目录(2021年版)〉以及〈资源综合利用企业所得税优惠目录(2021年版)〉的公告》(财政部 税务总局 发展改革委 生态环境部公告2021年第36号)。

7.4.1.3　环境保护、节能节水项目所得

符合条件的环境保护、节能节水项目,包括公共污水处理、公共垃圾处理、沼气综合开发利用、节能减排技术改造、海水淡化等。项目的具体条件和范围由国务院财政、税务主管部门商国务院有关部门制订,报国务院批准后公布施行。

企业从事上述规定的符合条件的环境保护、节能节水项目的所得,自项目取得第一笔生产经营收入所属纳税年度起,第一年至第三年免征企业所得税,第四年至第六年减半征收企业所得税。

风险提示　国家重点扶持的公共基础设施项目和符合条件的环境保护、节能节水项目按照规定享受减免税优惠的,如果在减免税期限内转让,受让方自受让之日起,可以在剩余期限内享受规定的减免税优惠;减免税期限届满后转让的,受让方不得就该项目重复享受减免税优惠。

相关政策:《财政部　国家税务总局　国家发展改革委关于公布环境保护节能节水项目企业所得税优惠目录(试行)的通知》(财税〔2009〕166号)、《财政部　国家税务总局关于公共基础设施项目和环境保护节能节水项目企业所得税优惠政策问题的通知》(财税〔2012〕10号)、《财政部　国家税务总局　国家发展改革委　生态环境部关于公布〈环境保护、节能节水项目企业所得税优惠目录(2021年版)〉以及〈资源综合利用企业所得税优惠目录(2021年版)〉的公告》(财政部　税务总局　发展改革委　生态环境部公告2021年第36号)。

7.4.1.4　技术转让所得

符合条件的技术转让所得免征、减征企业所得税,是指一个纳税年度内,居民企业技术转让所得不超过500万元的部分,免征企业所得税;超过500万元的部分,减半征收企业所得税。

《财政部　税务总局　科技部　知识产权局关于中关村国家自主创新示范区特定区域技术转让企业所得税试点政策的通知》(财税〔2020〕61号,以下简称财税〔2020〕61号文件)规定,自2020年1月1日起,在中关村国家自主创新示范区特定区域内(包括朝阳园、海淀园、丰台园、顺义园、大兴—亦庄园、昌平园)注册的居民企业,符合条件的技术转让所得,在一个纳税年度内不超过2 000万元的部分,免征企业所得税;超过2 000万元部分,减半征收企业所得税。

(1)技术,是指专利(含国防专利)、计算机软件著作权、集成电路布图设计专有权、植物新品种权、生物医药新品种,以及财政部和国家税务总局确定的其他技术。其中,专利是权利人依法就发明创造,包括发明、实用新型、外观设计享有的专有的权利。

(2)技术转让,是指居民企业转让符合财税〔2020〕61号文件第二条规定技术的

所有权或 3 年以上(含 3 年)非独占许可使用权和全球独占许可使用权的行为。技术转让应签订技术转让合同。相关管理事项按照《财政部 国家税务总局关于居民企业技术转让有关企业所得税政策问题的通知》(财税〔2010〕111 号)第三条规定执行。

居民企业从直接或间接持有股权之和达到 100%的关联方取得的技术转让所得,可享受财税〔2020〕61 号文件规定的优惠政策。

相关政策:《国家税务总局关于技术转让所得减免企业所得税有关问题的通知》(国税函〔2009〕212 号)、《财政部 国家税务总局关于居民企业技术转让有关企业所得税政策问题的通知》(财税〔2010〕111 号)、《国家税务总局关于技术转让所得减免企业所得税有关问题的公告》(国家税务总局公告 2013 年第 62 号)、《国家税务总局关于许可使用权技术转让所得企业所得税有关问题的公告》(国家税务总局公告 2015 年第 82 号)、《财政部 税务总局 科技部 知识产权局关于中关村国家自主创新示范区特定区域技术转让企业所得税试点政策的通知》(财税〔2020〕61 号)。

7.4.1.5 非居民企业取得的免税所得

《企业所得税法实施条例》第九十一条规定,非居民企业取得下列所得可以免征企业所得税:

(1) 外国政府向中国政府提供贷款取得的利息所得。

(2) 国际金融组织向中国政府和居民企业提供优惠贷款取得的利息所得。

(3) 经国务院批准的其他所得。

7.4.1.6 清洁发展机制项目

2005 年正式生效的《联合国气候变化框架公约》(《京都议定书》)引入了清洁发展机制(以下简称 CDM)。CDM 的主要内容是发达国家通过提供资金和技术的方式,帮助发展中国家实施具有温室气体减排效果的项目,项目所产生的温室气体减排量被列入发达国家履行《京都议定书》的承诺。

《财政部 国家税务总局关于中国清洁发展机制基金及清洁发展机制项目实施企业有关企业所得税政策问题的通知》(财税〔2009〕30 号)规定,企业按照《清洁发展机制项目运行管理办法》(发展改革委 科技部 外交部 财政部令第 37 号)的规定,将温室气体减排量的转让收入,按照以下比例上缴给国家的部分,准予在计算应纳税所得额时扣除:

(1) 氢氟碳化物(HFC)和全氟碳化物(PFC)类项目,为温室气体减排量转让收入的 65%。

(2) 氧化亚氮(N_2O)类项目,为温室气体减排量转让收入的 30%。

(3)《清洁发展机制项目运行管理办法》第四条规定的重点领域以及植树造林项

目等类清洁发展机制项目,为温室气体减排量转让收入的2%。

对企业实施的将温室气体减排量转让收入的65%上缴给国家的HFC和PFC类CDM项目,以及将温室气体减排量转让收入的30%上缴给国家的N_2O类CDM项目,其实施该类CDM项目的所得,自项目取得第一笔减排量转让收入所属纳税年度起,第一年至第三年免征企业所得税,第四年至第六年减半征收企业所得税。

企业实施CDM项目的所得,是指企业实施CDM项目取得的温室气体减排量转让收入扣除上缴国家的部分,再扣除企业实施CDM项目发生的相关成本、费用后的净所得。

企业应单独核算其享受优惠的CDM项目的所得,并合理分摊有关期间费用,没有单独核算的,不得享受上述企业所得税优惠政策。

7.4.1.7 节能服务企业合同能源管理项目

1) 符合条件的节能服务公司

《财政部 国家税务总局关于促进节能服务产业发展增值税营业税和企业所得税政策问题的通知》(财税〔2010〕110号)规定,符合条件的节能服务公司是指同时满足以下条件:

(1) 具有独立法人资格,注册资金不低于100万元,且能够单独提供用能状况诊断、节能项目设计、融资、改造(包括施工、设备安装、调试、验收等)、运行管理、人员培训等服务的专业化节能服务公司。

(2) 节能服务公司实施合同能源管理项目相关技术应符合国家质量监督检验检疫总局和国家标准化管理委员会发布的《合同能源管理技术通则》(GB/T 24915—2010)①规定的技术要求。

(3) 节能服务公司与用能企业签订《节能效益分享型》合同,其合同格式和内容,符合《合同法》②和国家质量监督检验检疫总局和国家标准化管理委员会发布的《合同能源管理技术通则》(GB/T 24915—2010)③等规定。

(4) 节能服务公司实施合同能源管理的项目符合《财政部 国家税务总局 国家发展改革委关于公布环境保护节能节水项目企业所得税优惠目录(试行)的通知》(财税〔2009〕166号)④"4.节能减排技术改造"类中第一项至第八项规定的项目和条件。

(5) 节能服务公司投资额不低于实施合同能源管理项目投资总额的70%。

---

①③ 现为《合同能源管理技术通则》(GB/T 24915—2020)。

② 《合同法》于2021年1月1日起废止,现为《民法典》第三编"合同"。

④ 根据《财政部 国家税务总局 国家发展改革委 生态环境部关于公布〈环境保护、节能节水项目企业所得税优惠目录(2021年版)〉以及〈资源综合利用企业所得税优惠目录(2021年版)〉的公告》(财政部 税务总局 发展改革委 生态环境部公告2021年第36号)的规定,《财政部 国家税务总局 国家发展改革委关于公布环境保护节能节水项目企业所得税优惠目录(试行)的通知》(财税〔2009〕166号)自2022年1月1日起废止。

（6）节能服务公司拥有匹配的专职技术人员和合同能源管理人才，具有保障项目顺利实施和稳定运行的能力。

2）节能服务公司优惠政策

《财政部 国家税务总局关于促进节能服务产业发展增值税、营业税和企业所得税政策问题的通知》（财税〔2010〕110号）规定，对符合条件的节能服务公司实施合同能源管理项目，符合企业所得税税法有关规定的，自项目取得第一笔生产经营收入所属纳税年度起，第一年至第三年免征企业所得税，第四年至第六年按照25%的法定税率减半征收企业所得税。

《国家税务总局 国家发展改革委关于落实节能服务企业合同能源管理项目企业所得税优惠政策有关征收管理问题的公告》（国家税务总局 国家发展改革委公告2013年第77号）规定，对实施节能效益分享型合同能源管理项目的节能服务企业，凡实行查账征收所得税的居民企业并符合《企业所得税法》和本公告有关规定的，该项目可享受财税〔2010〕110号规定的企业所得税"三免三减半"优惠政策。如节能服务企业的分享型合同约定的效益分享期短于6年的，按实际分享期享受优惠。

节能服务企业享受"三免三减半"项目的优惠期限，应连续计算。对在优惠期限内转让所享受优惠的项目给其他符合条件的节能服务企业，受让企业承续经营该项目的，可自项目受让之日起，在剩余期限内享受规定的优惠；优惠期限届满后转让的，受让企业不得就该项目重复享受优惠。

节能服务企业投资项目所发生的支出，应按税法规定作资本化或费用化处理。形成的固定资产或无形资产，应按合同约定的效益分享期计提折旧或摊销。节能服务企业应分别核算各项目的成本费用支出额。对在合同约定的效益分享期内发生的期间费用划分不清的，应合理进行分摊，期间费用的分摊应按照项目投资额和销售（营业）收入额两个因素计算分摊比例，两个因素的权重各为50%。

享受企业所得税优惠政策的项目应属于《财政部 国家税务总局 国家发展改革委关于公布环境保护节能节水项目企业所得税优惠目录（试行）的通知》（财税〔2009〕166号）规定的节能减排技术改造项目，包括余热余压利用、绿色照明等节能效益分享型合同能源管理项目。

7.4.1.8 集成电路生产项目

《财政部 税务总局 发展改革委 工业和信息化部关于促进集成电路和软件产业高质量发展企业所得税政策的公告》（财政部 税务总局 发展改革委 工业和信息化部公告2020年第45号）规定，国家鼓励的集成电路线宽小于28纳米（含），且经营期在15年以上的集成电路生产企业或项目，第一年至第十年免征企业所得税；国家鼓励的集成电路线宽小于65纳米（含），且经营期在15年以上的集成电路生产企业或项目,第一年至第五年免征企业所得税,第六年至第十年按照25%的法定税率减半征收企业所得税;国家鼓励的集成电路线宽小于130纳米(含),且经营期在10年以上的集成电路生产企业或项目,第一年至第二年免征企业所得税,第三年至第五年按照25%的法定税率减半征收企业所得税。

7.4.2 所得减免优惠申报

7.4.2.1 所得减免优惠明细表列次填报

第1列"项目名称",填报纳税人享受减免所得优惠的项目在会计核算上的名称。项目名称以纳税人内部规范称谓为准。

第2列"优惠事项名称",按照该项目享受所得减免企业所得税优惠事项的具体政策内容选择填报。具体说明如下:

(1)"一、农、林、牧、渔业项目"的优惠事项,包括:

① 蔬菜、谷物、薯类、油料、豆类、棉花、麻类、糖料、水果、坚果的种植。

② 农作物新品种的选育。

③ 中药材的种植。

④ 林木的培育和种植。

⑤ 牲畜、家禽的饲养。

⑥ 林产品的采集。

⑦ 灌溉、兽医、农技推广、农机作业和维修等农、林、牧、渔服务业项目。

⑧ 农产品初加工。

⑨ 远洋捕捞。

⑩ 花卉、茶以及其他饮料作物和香料作物的种植。

⑪ 海水养殖、内陆养殖。

⑫ 其他。

(2)"二、国家重点扶持的公共基础设施项目"的优惠事项,包括:

① 港口码头项目。

② 机场项目。

③ 铁路项目。

④ 公路项目。

⑤ 城市公共交通项目。

⑥ 电力项目。

⑦ 水利项目(不含农村饮水安全工程)。

⑧ 农村饮水安全工程。

⑨ 其他项目。

(3)"三、符合条件的环境保护、节能节水项目"的优惠事项,包括:

① 公共污水处理项目。

② 公共垃圾处理项目。

③ 沼气综合开发利用项目。

④ 节能减排技术改造项目。

⑤ 海水淡化项目。

⑥ 其他项目。

(4)"四、符合条件的技术转让项目",纳税人填报"小计"行时,在以下优惠事项中选择填报:

① 一般技术转让项目。

② 中关村国家自主创新示范区特定区域技术转让项目。其他行次无需填报本列。

(5)"五、清洁发展机制项目",本列无需填报。

(6)"六、符合条件的节能服务公司实施合同能源管理项目",本列无需填报。

(7)"七、线宽小于130纳米(含)的集成电路生产项目",在以下优惠事项中选择填报:①国家鼓励的线宽小于130纳米(含)的集成电路生产项目(适用新政策);②线宽小于130纳米(含)的集成电路生产项目(适用原政策)。

(8)"八、线宽小于65纳米(含)或投资额超过150亿元的集成电路生产项目",在以下优惠事项中选择填报:

① 国家鼓励的线宽小于65纳米(含)的项目(适用新政策)。

② 线宽小于65纳米(含)的项目(适用原政策)。

③ 投资额超过150亿元的项目(适用原政策)。

(9)"九、线宽小于28纳米(含)的集成电路生产项目",本列无需填报。

(10)"十、其他",填报上述所得减免优惠项目以外的其他所得减免优惠政策具体名称。

第3列"优惠方式",填报该项目享受所得减免企业所得税优惠的具体方式。该项目享受免征企业所得税优惠的,填报"免税";项目享受减半征税企业所得税优惠的,填报"减半征收"。

第4列"项目收入",填报享受所得减免企业所得税优惠项目取得的收入总额。

第5列"项目成本",填报享受所得减免企业所得税优惠项目发生的成本总额。

第6列"相关税费",填报享受所得减免企业所得税优惠项目实际发生的有关税费总额,包括除企业所得税和允许抵扣的增值税以外的各项税金及其附加、合同签订费用、律师费等相关费用及其他支出。

第 7 列"应分摊期间费用",填报享受所得减免企业所得税优惠项目合理分摊的期间费用总额。合理分摊比例可以按照投资额、销售收入、资产额、人员工资等参数确定,一经确定,不得随意变更。

第 8 列"纳税调整额",填报纳税人按照税收规定需要调整减免税项目收入、成本、费用的金额,纳税调减以"一"号填列。

第 9 列"项目所得额——免税项目",填报享受所得减免企业所得税优惠的纳税人计算确认的本期免税项目所得额。本列根据第 3 列分析填报,第 3 列填报"免税"的,填报第 4－5－6－7＋8 列金额,当第 4－5－6－7＋8 列＜0 时,填报 0。

第 10 列"项目所得额——减半项目",填报享受所得减免企业所得税优惠的纳税人本期经计算确认的减半征收项目所得额。本列根据第 3 列分析填报,第 3 列填报"减半征税"的,填报第 4－5－6－7＋8 列金额,当第 4－5－6－7＋8 列＜0 时,填报 0。

风险提示 如果填报"四、符合条件的技术转让项目"的"小计"行,第 9 列和第 10 列可能都会涉及。当第 4－5－6－7＋8 列≤限额时,第 9 列填报第 4－5－6－7＋8 列金额,超过限额部分的金额填入第 10 列;当第 4－5－6－7＋8 列＜0 时,第 9 列和第 10 列均填报 0。如果本行第 2 列选择"一般技术转让项目",限额为 500 万元;如果选择"中关村国家自主创新示范区特定区域技术转让项目"时,限额为 2 000 万元。

第 11 列"减免所得额",填报享受所得减免企业所得税优惠的企业,该项目按照税收规定实际可以享受免征、减征的所得额,按第 9 列＋第 10 列×50％金额填报。

7.4.2.2 所得减免优惠明细表行次填报

第 1 行至第 3 行"一、农、林、牧、渔业项目",按农、林、牧、渔业项目的优惠政策具体内容分别填报,一个项目填报一行,纳税人有多个项目的,可自行增加行次填报。各行相应列次填报金额的合计金额填入"小计"行。

第 4 行至第 6 行"二、国家重点扶持的公共基础设施项目",按国家重点扶持的公共基础设施项目具体内容分别填报,一个项目填报一行,纳税人有多个项目的,可自行增加行次填报。各行相应列次填报金额的合计金额填入"小计"行。

第 7 行至第 9 行"三、符合条件的环境保护、节能节水项目",按符合条件的环境保护、节能节水项目的具体内容分别填报,一个项目填报一行。纳税人有多个项目的,可自行增加行次填报。各行相应列次填报金额的合计金额填入"小计"行。

第 10 行至第 12 行"四、符合条件的技术转让项目",按照不同技术转让项目分别填报,一个项目填报一行,纳税人有多个项目的,可自行增加行次填报。各行相应列次填报金额的合计金额填入"小计"行。

第 13 行至第 15 行"五、清洁发展机制项目",按照实施的清洁发展机制的不同项目分别填报,一个项目填报一行,纳税人有多个项目的,可自行增加行次填报。各行相应列次填报金额的合计金额填入"小计"行。

第16行至第18行"六、符合条件的节能服务公司实施合同能源管理项目",按照节能服务公司实施合同能源管理的不同项目分别填报,一个项目填报一行,纳税人有多个项目的,可自行增加行次填报。各行相应列次填报金额的合计金额填入"小计"行。

第19行至第21行"七、线宽小于130纳米(含)的集成电路生产项目",按照投资的线宽小于130纳米(含)的集成电路生产项目的不同项目分别填报,一个项目填报一行,纳税人有多个项目的,可自行增加行次填报。各行相应列次填报金额的合计金额填入"小计"行。本行填报本纳税年度发生的减征、免征企业所得税项目的有关情况。填报该项目的纳税人还应填报表A107042,若纳税人不享受集成电路生产企业减免所得税优惠事项,只需填报表A107042"基本信息"和"关键指标情况",无需填报"减免税额"。

第22行至第24行"八、线宽小于65纳米(含)或投资额超过150亿元的集成电路生产项目",按照投资的线宽小于65纳米(含)或投资额超过150亿元的集成电路生产项目的不同项目分别填报,一个项目填报一行,纳税人有多个项目的,可自行增加行次填报。各行相应列次填报金额的合计金额填入"小计"行。填报该项目的纳税人还应填报表A107042,若纳税人不享受集成电路生产企业减免所得税优惠事项,只需填报表A107042"基本信息"和"关键指标情况",无需填报"减免税额"。

第25行至27行"九、线宽小于28纳米(含)的集成电路生产项目减免企业所得税(填写A107042)",按照投资的线宽小于28纳米(含)的集成电路生产项目的不同项目分别填报,一个项目填报一行,纳税人有多个项目的,可自行增加行次填报。各行相应列次填报金额的合计金额填入"小计"行。填报该项目的纳税人还应填报表A107042,若纳税人不享受集成电路生产企业减免所得税优惠事项,只需填报表A107042"基本信息"和"关键指标情况",无需填报"减免税额"。

第28行至第30行"十、其他",填报纳税人享受的其他专项减免项目名称、优惠事项名称及减免税代码、项目收入等。按照享受所得减免企业所得税优惠的其他项目内容分别填报,一个项目填报一行,纳税人有多个项目的,可自行增加行次填报。各行相应列次填报金额的合计金额填入"小计"行。

第31行"合计",填报第一项至第十项"小计"行的合计金额。

案例解析7-4 基础设施项目所得减免优惠申报

【案例材料】

甲公司成立于2016年,主要经营建筑施工业务、基础设施投资业务、运营管理业务和钢结构装配业务。2017年,甲公司承接一项城市公共交通项目,该项目列入《公共基础设施项目企业所得税优惠目录》,属于国家重点扶持的公共基础设施项目。

城市公共交通项目于2018年取得第一笔经营收入,与其他经营业务分开核算。该项目2022年取得项目收入为25 000万元,项目成本18 000万元,相关税费350万元,分摊期间费用190万元(含业务招待费50万元,可税前扣除30万元),无其他纳税调整。其他经营业务2022年取得营业收入350 000万元,营业成本270 000万元,纳税调整后所得45 000万元。

要求:根据上述资料,计算填报2022年度《所得减免优惠明细表》(A107020)及相关报表。

【案例分析】

城市公共交通项目所得额=25 000－18 000－350－190＋20＝6 480(万元)。

城市公共交通项目减免所得额=6 480×50%＝3 240(万元)。

甲公司纳税调整后所得=45 000＋6 480＝51 480(万元)。

2022年度纳税申报情况,如表7-4-2和表7-4-3所示。

表7-4-2 所得减免优惠明细表(A107020)(局部)

单位:万元

行次	减免项目	项目名称	优惠事项名称	优惠方式	项目收入	项目成本	相关税费	应分摊期间费用	纳税调整额	项目所得额		减免所得额
										免税项目	减半项目	
		1	2	3	4	5	6	7	8	9	10	11 (9＋10×50%)
4	二、国家重点扶持的公共基础设施项目	城轨N号线	城市公共交通项目	减半征收	25 000	18 000	350	190	20		6 480	3 240
5												
6		小计	*	*	25 000	18 000	350	190	20		6 480	3 240
31	合计	*	*	*	25 000	18 000	350	190	20		6 480	3 240

表7-4-3 中华人民共和国企业所得税年度纳税申报表(A类)(A100000)(局部)

单位:万元

行次	类别	项 目	金 额
19	应纳税所得额计算	四、纳税调整后所得(13－14＋15－16－17＋18)	51 480
20		减:所得减免(填写A107020)	3 240
21		减:弥补以前年度亏损(填写A106000)	0
22		减:抵扣应纳税所得额(填写A107030)	0
23		五、应纳税所得额(19－20－21－22)	48 240

案例解析 7-5 企业技术转让所得减免优惠申报

【案例材料】

Y 公司是一家在中关村国家自主创新示范区特定区域内注册的居民企业，2020 年被认定为高新技术企业，企业所得税税率为 15%。2022 年，Y 公司实现营业收入 80 000 万元（含技术转让收入 5 000 万元），发生营业成本 60 000 万元（含技术转让成本 2 000 万元）、税金及附加 1 100 万元（含技术转让税金及附加 45 万元）、期间费用 5 500 万元（按照营业收入的比例分摊给技术转让 344 万元），其中业务招待费 380 万元（按照营业收入的比例分摊给技术转让 23.75 万元），除技术转让业务外其他所得纳税调整后为 9 800 万元。

【案例分析】

根据《财政部 税务总局 科技部 知识产权局联合发布关于中关村国家自主创新示范区特定区域技术转让企业所得税试点政策的通知》（财税〔2020〕61 号）的规定，自 2020 年 1 月 1 日起，在中关村国家自主创新示范区特定区域内注册的居民企业，符合条件的技术转让所得，在一个纳税年度内不超过 2 000 万元的部分，免征企业所得税；超过 2 000 万元部分，减半征收企业所得税。

业务招待费应纳税调增金额 = 23.75 × 40% = 9.5（万元）。

技术转让纳税调整后所得 = 5 000 − 2 000 − 45 − 344 + 9.5 = 2 620.5（万元）。

减免所得税额 = 2 000 + 620.5 × 50% = 2 310.25（万元）。

Y 公司全部纳税调整后所得 = 9 800 + 2 620.5 = 12 420.5（万元）。

2022 年度纳税申报（本例仅填报减免所得额，减免所得税额的申报见[案例解析 7-10]）情况，如表 7-4-4 和表 7-4-5 所示。

表 7-4-4 所得减免优惠明细表（A107020）（局部）

单位：万元

行次	减免项目	项目名称	优惠事项名称	优惠方式	项目收入	项目成本	相关税费	应分摊期间费用	纳税调整额	项目所得额 免税项目	项目所得额 减半项目	减免所得额 11 (9+10×50%)
		1	2	3	4	5	6	7	8	9	10	
10	四、符合条件的技术转让项目		*	*	5 000.00	2 000.00	45.00	344.00	9.50	*	*	*
11			*	*						*	*	*
12		小计		*	5 000.00	2 000.00	45.00	344.00	9.50	2 000.00	620.50	2 310.25
31	合计	*	*	*	5 000.00	2 000.00	45.00	344.00	9.50	2 000.00	620.50	2 310.25

表7-4-5　中华人民共和国企业所得税年度纳税申报表(A类)(A100000)(局部)

单位：万元

行次	类别	项　目	金　额
19	应纳税所得额计算	四、纳税调整后所得(13－14＋15－16－17＋18)	12 420.50
20		减：所得减免(填写A107020)	2 310.25
21		减：弥补以前年度亏损(填写A106000)	0
22		减：抵扣应纳税所得额(填写A107030)	0
23		五、应纳税所得额(19－20－21－22)	10 110.25

7.4.3　表内、表间关系

(1) 表内关系(以表样列示行次为例)。

第3行＝第1＋2行。

第6行＝第4＋5行。

第9行＝第7＋8行。

第12行＝第10＋11行。

第15行＝第13＋14行。

第18行＝第16＋17行。

第21行＝第19＋20行。

第24行＝第22＋23行。

第27行＝第25＋26行。

第30行＝第28＋29行。

第31行＝第3＋6＋9＋12＋15＋18＋21＋24＋27＋30行。

当第3列选择"免税"时，第9列＝第4－5－6－7＋8列；当第4－5－6－7＋8列＜0时，第9列＝0。

第12行第2列选择"一般技术专项项目"：当第12行第4－5－6－7＋8列≤5 000 000时，第12行第9列＝第4－5－6－7＋8列；当第12行第4－5－6－7＋8列＞5 000 000时，第12行第9列＝5 000 000。

第12行第2列选择"中关村国家自主创新示范区特定区域技术转让项目"：当第12行第4－5－6－7＋8列≤20 000 000时，第12行第9列＝第4－5－6－7＋8列；当第12行第4－5－6－7＋8列＞20 000 000时，第12行第9列＝20 000 000。

当第3列选择"减半征税"时，第10列＝第4－5－6－7＋8列；当第4－5－6－7＋8列＜0时，第10列＝0。

第12行第2列选择"一般技术专项项目"：当第12行第4－5－6－7＋8列≤

5 000 000时,第12行第10列＝0;当第12行第4－5－6－7＋8列＞5 000 000时,第12行第10列＝第4－5－6－7＋8列－5 000 000。

第12行第2列选择"中关村国家自主创新示范区特定区域技术转让项目":当第12行第4－5－6－7＋8列≤20 000 000时,第12行第10列＝0;当第12行第4－5－6－7＋8列＞20 000 000时,第12行第10列＝第4－5－6－7＋8列－20 000 000。

第11列＝第9列＋第10列×50%;当第9列＋第10列×50%＜0时,第11列＝0。

(2)表间关系。

当本表合计行第11列≥0,且本表合计行第11列≤表A100000第19行时,合计行第11列＝表A100000第20行。

当本表合计行第11列≥0,且本表合计行第11列＞表A100000第19行时,表A100000第20行＝表A100000第19行。

7.5 《抵扣应纳税所得额明细表》(A107030)

表A107030(见表7-5-1)适用于享受创业投资企业抵扣应纳税所得额优惠(含结转)的纳税人填报。纳税人根据税法及相关政策规定,填报本年度发生的创业投资企业抵扣应纳税所得额优惠情况。企业只要本年有新增符合条件的投资额、从有限合伙制创业投资企业分得的应纳税所得额或以前年度结转的尚未抵扣的股权投资余额,无论本年是否抵扣应纳税所得额,均需填报表A107030。

表7-5-1 抵扣应纳税所得额明细表(A107030)

行次	项 目	合计金额 1＝2＋3	投资于未上市中小高新技术企业 2	投资于种子期、初创期科技型企业 3
一、创业投资企业直接投资按投资额一定比例抵扣应纳税所得额				
1	本年新增的符合条件的股权投资额			
2	税收规定的抵扣率	70%	70%	70%
3	本年新增的可抵扣的股权投资额(1×2)			
4	以前年度结转的尚未抵扣的股权投资余额		*	*
5	本年可抵扣的股权投资额(3＋4)		*	*
6	本年可用于抵扣的应纳税所得额		*	*
7	本年实际抵扣应纳税所得额			
8	结转以后年度抵扣的股权投资余额		*	*

(续表)

行次	项 目	合计金额 1＝2＋3	投资于未上市中小高新技术企业 2	投资于种子期、初创期科技型企业 3
二、通过有限合伙制创业投资企业投资按一定比例抵扣分得的应纳税所得额				
9	本年从有限合伙创投企业应分得的应纳税所得额			
10	本年新增的可抵扣投资额			
11	以前年度结转的可抵扣投资额余额		*	*
12	本年可抵扣投资额(10＋11)		*	*
13	本年实际抵扣应分得的应纳税所得额			
14	结转以后年度抵扣的投资额余额		*	*
三、抵扣应纳税所得额合计				
15	合计(7＋13)			

7.5.1 抵扣应纳税所得额政策

《企业所得税法实施条例》第九十七条规定,创业投资企业采取股权投资方式投资于未上市的中小高新技术企业2年以上的,可以按照其投资额的70%在股权持有满2年的当年抵扣该创业投资企业的应纳税所得额;当年不足抵扣的,可以在以后纳税年度结转抵扣。

《国家税务总局关于有限合伙制创业投资企业法人合伙人企业所得税有关问题的公告》(国家税务总局公告2015年第81号)规定,有限合伙制创业投资企业采取股权投资方式投资于未上市的中小高新技术企业满2年(24个月,下同)的,其法人合伙人可按照对未上市中小高新技术企业投资额的70%抵扣该法人合伙人从该有限合伙制创业投资企业分得的应纳税所得额,当年不足抵扣的,可以在以后纳税年度结转抵扣。

《财政部 税务总局关于创业投资企业和天使投资个人有关税收政策的通知》(财税〔2018〕55号)规定,公司制创业投资企业采取股权投资方式直接投资于种子期、初创期科技型企业(以下简称初创科技型企业)满2年(24个月,下同)的,可以按照投资额的70%在股权持有满2年的当年抵扣该公司制创业投资企业的应纳税所得额;当年不足抵扣的,可以在以后纳税年度结转抵扣。

有限合伙制创业投资企业(以下简称合伙创投企业)采取股权投资方式直接投资于初创科技型企业满2年的,该合伙创投企业的法人合伙人可以按照对初创科技型企业投资额的70%抵扣法人合伙人从合伙创投企业分得的所得;当年不足抵扣的,可以在以后纳税年度结转抵扣。

7.5.2 享受政策的投资主体和被投资主体条件

7.5.2.1 创业投资企业的条件

1) 创业投资企业的一般规定

享受抵扣应纳税所得额优惠政策的创业投资企业,应同时符合以下条件:

(1) 在中国境内(不含中国港、澳、台地区)注册成立、实行查账征收的居民企业或合伙创投企业,且不属于被投资初创科技型企业的发起人。

(2) 符合《创业投资企业管理暂行办法》(发展改革委等10部门令第39号)规定或者《私募投资基金监督管理暂行办法》(证监会令第105号)关于创业投资基金的特别规定,按照上述规定完成备案且规范运作。

(3) 投资后2年内,创业投资企业及其关联方持有被投资初创科技型企业的股权比例合计应低于50%。

2) 有限合伙制创业投资企业的具体规定

《国家税务总局关于有限合伙制创业投资企业法人合伙人企业所得税有关问题的公告》(国家税务总局公告2015年第81号)规定,有限合伙制创业投资企业是指依照《中华人民共和国合伙企业法》《创业投资企业管理暂行办法》(国家发展和改革委员会令第39号)和《外商投资创业投资企业管理规定》(外经贸部 科技部 工商总局 税务总局 外汇管理局令2003年第2号)设立的专门从事创业投资活动的有限合伙企业。

有限合伙制创业投资企业的法人合伙人,是指依照《企业所得税法》及其实施条例以及相关规定,实行查账征收企业所得税的居民企业。

7.5.2.2 初创科技型企业的判断

1) 初创科技型企业的条件

创业投资企业投资的初创科技型企业,应同时符合以下条件:

(1) 在中国境内(不包括中国港、澳、台地区)注册成立、实行查账征收的居民企业。

(2) 接受投资时,从业人数不超过200人,其中具有大学本科以上学历的从业人数不低于30%;资产总额和年销售收入均不超过3 000万元。

风险提示 根据《财政部 税务总局关于实施小微企业普惠性税收减免政策的通知》(财税〔2019〕13号)和《财政部 税务总局关于延续执行创业投资企业和天使投资个人投资初创科技型企业有关政策条件的公告》(财政部 税务总局公告2022年第6号)的规定,自2019年1月1日至2023年12月31日,初创科技型企业条件中的"从业人数不超过200人"调整为"从业人数不超过300人","资产总额和年销售收入均不超过3 000万元"调整为"资产总额和年销售收入均不超过5 000万元"。如果是2019年1月1日前2年内发生的投资,自2019年1月1日起投资满2年,或者是2019年1月1日至2021年12月31日发生的投资,投资满2年,只要符合财税〔2019〕13号文件规定和财税〔2018〕55号文件规定的其他条件的,可以适用财税〔2018〕55号文件规定的税收政策。

风险提示 根据《财政部 税务总局关于延续执行创业投资企业和天使投资个人投资初创科技型企业有关政策条件的公告》(财政部 税务总局公告2022年第6号)的规定,自2022年1月1日至2023年12月31日,对于初创科技型企业需符合的条件,从业人数继续按不超过300人、资产总额和年销售收入按均不超过5000万元执行,《财政部 税务总局关于创业投资企业和天使投资个人有关税收政策的通知》(财税〔2018〕55号,以下简称财税〔2018〕55号文件)规定的其他条件不变。在此期间已投资满2年及新发生的投资,可按财税〔2018〕55号文件和本公告规定适用税收政策。

(3) 接受投资时设立时间不超过5年(60个月)。

(4) 接受投资时以及接受投资后2年内未在境内外证券交易所上市。

(5) 接受投资当年及下一纳税年度,研发费用总额占成本费用支出的比例不低于20%。

2) 相关指标的计算方法

(1) 研发费用口径,按照《财政部 国家税务总局 科技部关于完善研究开发费用税前加计扣除政策的通知》(财税〔2015〕119号)等规定执行。

(2) 从业人数,包括与企业建立劳动关系的职工人员及企业接受的劳务派遣人员。从业人数和资产总额指标,按照企业接受投资前连续12个月的平均数计算,不足12个月的,按实际月数平均计算。

(3) 销售收入,包括主营业务收入与其他业务收入;年销售收入指标,按照企业接受投资前连续12个月的累计数计算,不足12个月的,按实际月数累计计算。

(4) 成本费用,包括主营业务成本、其他业务成本、销售费用、管理费用、财务费用。

7.5.3 合伙创投企业法人合伙人投资额的计算

合伙创投企业的合伙人对初创科技型企业的投资额,按照合伙创投企业对初创科技型企业的实缴投资额和合伙协议约定的合伙人占合伙创投企业的出资比例计算确定。合伙人从合伙创投企业分得的所得,按照《财政部 国家税务总局关于合伙企业合伙人所得税问题的通知》(财税〔2008〕159号)规定计算。

如果法人合伙人投资于多个符合条件的有限合伙制创业投资企业,可合并计算其可抵扣的投资额和应分得的应纳税所得额。当年不足抵扣的,可结转以后纳税年度继续抵扣;当年抵扣后有结余的,应按照《企业所得税法》的规定计算缴纳企业所得税。

7.5.4 抵扣应纳税所得额优惠申报

企业同时存在创业投资企业直接投资和通过有限合伙制创业投资企业投资两种情形的,应先填写表A107030的"二、通过有限合伙制创业投资企业投资按一定比例抵扣分得的应纳税所得额"相关项目。

7.5.4.1 创业投资企业直接投资抵扣应纳税所得额

创业投资企业直接投资按投资额一定比例抵扣应纳税所得额填报第1行至第8行。

表A107030的第1行第1列=第1行第2列+第1行第3列,具有同样行列关系的还有第3、7、9、10、13、15行。

第1行"本年新增的符合条件的股权投资额",填报创业投资企业采取股权投资方式投资于未上市的中小高新技术企业和投资于种子期、初创期科技型企业满2年的,本年新增的符合条件的股权投资额。无论企业本年是否盈利,有符合条件的投资额即填报表A107030,以后年度盈利时填写第4行"以前年度结转的尚未抵扣的股权投资余额"。

第3行"本年新增的可抵扣的股权投资额",本行填报第1×2行金额。

第4行"以前年度结转的尚未抵扣的股权投资余额",填报以前年度符合条件的尚未抵扣的股权投资余额。

第5行"本年可抵扣的股权投资额",本行填报第3+4行的合计金额。

第6行"本年可用于抵扣的应纳税所得额合计金额",本行第1列填报表A100000第19-20-21行-本表第13行第1列"本年实际抵扣应分得的应纳税所得额"的金额,若金额小于零,则填报零。

第7行"本年实际抵扣应纳税所得额",若第5行第1列≤第6行第1列,则本行第1列=第5行第1列;若第5行第1列>第6行第1列,则本行第1列=第6行第1列。

第8行"结转以后年度抵扣的股权投资余额",填报本年可抵扣的股权投资额大于本年实际抵扣应纳税所得额时,抵扣后余额部分结转以后年度抵扣的金额。

7.5.4.2 有限合伙制创业投资企业法人合伙人抵扣应纳税所得额

有限合伙制创业投资企业法人合伙人抵扣应纳税所得额填报第9行至第14行。

第9行"本年从有限合伙创投企业应分得的应纳税所得额",填写企业作为法人合伙人,无论本年是否盈利、是否抵扣应纳税所得额,只要本年从有限合伙制创业投资企业中分配归属于该法人合伙人的应纳税所得额,需填写本行。

第10行"本年新增的可抵扣投资额",填写企业作为法人合伙人,通过有限合伙制创业投资企业投资未上市中小高新技术企业和种子期、初创期科技型企业,本年投资满2年符合条件的可抵扣投资额中归属于该法人合伙人的本年新增可抵扣投资额。无论本年是否盈利、是否需要抵扣应纳税所得额,均需填写本行。

第11行"以前年度结转的可抵扣投资额",填写法人合伙人上年度未抵扣,可以结转到本年及以后年度的抵扣投资额。

第12行"本年可抵扣投资额",填写本年法人合伙人可用于抵扣的投资额合计,包括本年新增和以前年度结转两部分,等于第10行+第11行。

第13行"本年实际抵扣应分得的应纳税所得额",填写本年法人合伙人享受优惠实际抵扣的投资额,本行第1列为第9行第1列"本年从有限合伙创投企业应分得的应纳税所得额"、第12行第1列"本年可抵扣投资额"、主表第19－20－21行的三者孰小值,若金额小于零,则填报零。

第14行"结转以后年度抵扣的投资额余额",本年可抵扣投资额大于应分得的应纳税所得额时,抵扣后余额部分结转以后年度抵扣的金额。

7.5.4.3 抵扣应纳税所得额合计

抵扣应纳税所得额合计填报第15行,第15行"合计"＝7行+13行,该优惠合计额带入表A100000第22行,计算应纳税所得额。

案例解析7-6 创业投资企业抵扣应纳税所得额申报

【案例材料】

M公司为我国居民企业纳税人,符合创业投资企业条件。2020年1月与S个人分别出资2 000万元和500万元成立有限合伙创业投资企业A公司。2020年5月10日,A公司向初创期科技公司B公司投资1 000万元。

2022年,A公司实现会计利润520万元,经过纳税调整计算应纳税所得额为600万元。按照出资比例,M公司实际收到分红416万元。

除合伙企业分红之外,M公司2022年财务报表利润总额为1 000万元;除合伙业务外,其他业务税法与会计差异需纳税调增350万元,纳税调减550万元。

M公司2021年年末有当期形成的未抵扣的投资额抵免额,该项可以抵扣的投资额是M公司2019年1月投资给初创期中小高新技术企业C公司700万元形成的,2021年抵扣了150万元,剩余未抵扣部分结转到2022年。

要求:不考虑其他优惠事项,计算M公司2022年应纳企业所得税税额并进行申报。

【案例分析】

(1) A公司于2020年5月投资给B公司,到2022年已经满2年,M公司作为法人合伙人，符合抵扣应纳税所得额政策的时间条件。

(2) A 公司实现会计利润 520 万元，应纳税所得额 600 万元，M 公司的出资比例为 80%，所以 2021 年应分得利润＝520×80%＝416(万元)，分得的应纳税所得额＝600×80%＝480(万元)。

(3) M 公司应享有 A 公司投资给 B 公司的投资额抵扣应纳税所得额的金额＝1 000×80%×70%＝560(万元)，本期可以抵扣 480 万元，未抵扣的 80 万元结转到以后年度抵扣。

(4) M 公司纳税调整后所得＝(1 000＋416)＋350－550＋(480－416)＝1 280(万元)。

(5) M 公司以前年度结转的未抵扣投资额＝700×70%－150＝340(万元)。

(6) M 公司应纳税所得＝1 280－480－340＝460(万元)。

(7) M 公司应纳所得税额＝460×25%＝115(万元)。

(8) M 公司 2022 年度纳税申报情况，如表 7-5-2、表 7-5-3 和表 7-5-4 所示。

表 7-5-2　抵扣应纳税所得额明细表(A107030)

单位：万元

行次	项　目	合计金额 1＝2＋3	投资于未上市中小高新技术企业 2	投资于种子期、初创期科技型企业 3
一、创业投资企业直接投资按投资额一定比例抵扣应纳税所得额				
1	本年新增的符合条件的股权投资额	0		
2	税收规定的抵扣率	70%	70%	70%
3	本年新增的可抵扣的股权投资额(1×2)	0		
4	以前年度结转的尚未抵扣的股权投资余额	340	*	*
5	本年可抵扣的股权投资额(3＋4)	340	*	*
6	本年可用于抵扣的应纳税所得额	800	*	*
7	本年实际抵扣应纳税所得额	340	340	
8	结转以后年度抵扣的股权投资余额	0	*	*
二、通过有限合伙制创业投资企业投资按一定比例抵扣分得的应纳税所得额				
9	本年从有限合伙创投企业应分得的应纳税所得额	480	0	480
10	本年新增的可抵扣投资额	560	0	800
11	以前年度结转的可抵扣投资额余额	0	*	*
12	本年可抵扣投资额(10＋11)	560	*	*
13	本年实际抵扣应分得的应纳税所得额	480	0	480
14	结转以后年度抵扣的投资额余额	80	*	*

(续表)

行次	项 目	合计金额	投资于未上市中小高新技术企业	投资于种子期、初创期科技型企业
		1=2+3	2	3
三、抵扣应纳税所得额合计				
15	合计(7+13)	820	340	480

表 7-5-3　纳税调整项目明细表(A105000)(局部)

单位:万元

行次	项 目	账载金额	税收金额	调增金额	调减金额
		1	2	3	4
36	四、特殊事项调整项目(37+38+…+43)	*	*		
41	（五）有限合伙企业法人合伙方应分得的应纳税所得额	416	480	64	
46	合计(1+12+31+36+44+45)	*	*	414	550

表 7-5-4　中华人民共和国企业所得税年度纳税申报表(A类)(A100000)(局部)

单位:万元

行次	类别	项 目	金额
13	利润总额计算	三、利润总额(10+11+12)	1 416
15		加：纳税调整增加额(填写 A105000)	414
16		减：纳税调整减少额(填写 A105000)	550
19	应纳税所得额计算	四、纳税调整后所得(13-14+15-16-17+18)	1 280
20		减：所得减免(填写 A107020)	0
21		减：弥补以前年度亏损(填写 A106000)	0
22		减：抵扣应纳税所得额(填写 A107030)	820
23		五、应纳税所得额(19-20-21-22)	460
24	应纳税额计算	税率(25%)	25%
25		六、应纳所得税额(23×24)	115

7.5.5　表内、表间关系

（1）表内关系。

第 3 行＝第 1×2 行。

第 5 行＝第 3+4 行。

第 7 行：若第 5 行≤第 6 行,则本行第 1 列＝第 5 行；第 5 行＞第 6 行,则本行第 1 列＝第 6 行。

第 8 行：第 5 行＞第 6 行时，本行＝第 5－7 行；第 5 行≤第 6 行时，本行＝0。

第 12 行＝第 10＋11 行。

第 14 行＝第 12－13 行。

第 15 行＝第 7＋13 行。

第 1 列＝第 2 列＋第 3 列。

（2）表间关系。

第 6 行第 1 列＝表 A100000 第 19－20－21 行－本表第 13 行第 1 列；若表 A100000 第 19－20－21 行－本表第 13 行第 1 列＜0，第 6 行第 1 列＝0。

第 15 行第 1 列＝表 A100000 第 22 行。

第 13 行第 1 列＝本表第 9 行第 1 列、第 12 行第 1 列、表 A100000 第 19－20－21 行三者的孰小值；若上述孰小值＜0，第 13 行第 1 列＝0。

7.6　《高新技术企业优惠情况及明细表》（A107041）

表 A107041（见表 7-6-1）适用于具备高新技术企业资格的纳税人填报。纳税人根据税法和相关税收政策规定，填报高新技术企业基本信息和本年优惠情况。不论是否享受优惠政策，高新技术企业资格在有效期内的纳税人均需填报表 A107041。

表 7-6-1　高新技术企业优惠情况及明细表（A107041）

		税收优惠基本信息			
1	企业主要产品(服务)发挥核心支持作用的技术所属范围	国家重点支持的高新技术领域	一级领域		
2			二级领域		
3			三级领域		
		税收优惠有关情况			
4	收入指标	一、本年高新技术产品(服务)收入(5＋6)			
5		其中：产品(服务)收入			
6		技术性收入			
7		二、本年企业总收入(8－9)			
8		其中：收入总额			
9		不征税收入			
10		三、本年高新技术产品(服务)收入占企业总收入的比例(4÷7)			
11	人员指标	四、本年科技人员数			
12		五、本年职工总数			
13		六、本年科技人员占企业当年职工总数的比例(11÷12)			

（续表）

		高新研发费用归集年度	本年度	前一年度	前二年度	合计
			1	2	3	4
14	研发费用指标	七、归集的高新研发费用金额(16+25)				
15		（一）内部研究开发投入(17+…+22+24)				
16		1. 人员人工费用				
17		2. 直接投入费用				
18		3. 折旧费用与长期待摊费用				
19		4. 无形资产摊销费用				
20		5. 设计费用				
21		6. 装备调试费与实验费用				
22		7. 其他费用				
23		其中：可计入研发费用的其他费用				
24		（二）委托外部研究费用[(26+28)×80%]				
25		1. 境内的外部研发费				
26		2. 境外的外部研发费				
27		其中：可计入研发费用的境外的外部研发费				
28		八、销售（营业）收入				
29		九、三年研发费用占销售（营业）收入的比例(15行4列÷29行4列)				
30						
31	减免税额	十、国家需要重点扶持的高新技术企业减征企业所得税				
32		十一、经济特区和上海浦东新区新设立的高新技术企业定期减免税额				

7.6.1 高新技术企业认定条件

认定为高新技术企业须同时满足以下条件：

（1）企业申请认定时须注册成立一年以上。

（2）企业通过自主研发、受让、受赠、并购等方式，获得对其主要产品（服务）在技术上发挥核心支持作用的知识产权的所有权。

（3）对企业主要产品（服务）发挥核心支持作用的技术属于《国家重点支持的高新技术领域》规定的范围。

（4）企业从事研发和相关技术创新活动的科技人员占企业当年职工总数的比例不低于10%。

（5）企业近3个会计年度（实际经营期不满3年的按实际经营时间计算，下同）的研究开发费用总额占同期销售收入总额的比例符合如下要求：

① 最近一年销售收入小于5 000万元(含)的企业，比例不低于5%。
② 最近一年销售收入在5 000万元至2亿元(含)的企业，比例不低于4%。
③ 最近一年销售收入在2亿元以上的企业，比例不低于3%。

其中，企业在中国境内发生的研究开发费用总额占全部研究开发费用总额的比例不低于60%。

（6）近一年高新技术产品(服务)收入占企业同期总收入的比例不低于60%。

（7）企业创新能力评价应达到相应要求。

（8）企业申请认定前一年内未发生重大安全、重大质量事故或严重环境违法行为。

风险提示 企业获得高新技术企业资格后，应每年5月底前在"高新技术企业认定管理工作网"填报上一年度知识产权、科技人员、研发费用、经营收入等年度发展情况报表。

7.6.2 高新技术企业认定关键指标

7.6.2.1 高新技术产品（服务）与主要产品（服务）

《科学技术部 财政部 国家税务总局关于修订印发〈高新技术企业认定管理工作指引〉的通知》(国科发火〔2016〕195号)规定，高新技术产品(服务)是指对其发挥核心支持作用的技术属于《国家重点支持的高新技术领域》规定范围的产品(服务)。

主要产品(服务)是指高新技术产品(服务)中，拥有在技术上发挥核心支持作用的知识产权的所有权，且收入之和在企业同期高新技术产品(服务)收入中超过50%的产品(服务)。

7.6.2.2 高新技术产品（服务）收入占比

高新技术产品(服务)收入占比是指高新技术产品(服务)收入与同期总收入的比值。收入构成和内容如表7-6-2所示。

表7-6-2 高新技术产品(服务)收入与同期总收入

项目	构成	内容
高新技术产品(服务)收入	企业通过研发和相关技术创新活动，取得的产品(服务)收入与技术性收入的总和	技术应属于《国家重点支持的高新技术领域》规定的范围，技术性收入包括： (1) 技术转让收入：指企业技术创新成果通过技术贸易、技术转让所获得的收入。 (2) 技术服务收入：指企业利用自己的人力、物力和数据系统等为社会和本企业外的用户提供技术资料、技术咨询与市场评估、工程技术项目设计、数据处理、测试分析及其他类型的服务所获得的收入。 (3) 接受委托研究开发收入：指企业承担社会各方面委托研究开发、中间试验及新产品开发所获得的收入
同期总收入	指收入总额减去不征税收入	收入总额与不征税收入按照《企业所得税法》及《企业所得税法实施条例》的规定计算

7.6.2.3 企业科技人员占比

企业科技人员占比是企业科技人员数与职工总数的比值,科技人员与职工总数的内容及计算方法如表 7-6-3 所示。

表 7-6-3 科技人员与职工总数的内容及计算方法

项 目		统计内容	统计方法
1	科技人员	企业科技人员,是指直接从事研发和相关技术创新活动,以及专门从事上述活动的管理和提供直接技术服务的,累计实际工作时间在 183 天以上的人员,包括在职、兼职和临时聘用人员	企业当年职工总数、科技人员数均按照全年月平均数计算。 月平均数=(月初数+月末数)÷2 全年月平均数=全年各月平均数之和÷12 年度中间开业或者终止经营活动的,以其实际经营期作为一个纳税年度确定上述相关指标
2	职工总数	企业职工总数包括企业在职、兼职和临时聘用人员。在职人员可以通过企业是否签订了劳动合同或缴纳社会保险费来鉴别;兼职、临时聘用人员全年须在企业累计工作 183 天以上	

7.6.2.4 企业研究开发费用占比

企业研究开发费用占比是企业近 3 个会计年度的研究开发费用总额占同期销售收入总额的比值。

研究开发活动,是指为获得科学与技术(不包括社会科学、艺术或人文学)新知识,创造性运用科学技术新知识,或实质性改进技术、产品(服务)、工艺而持续进行的具有明确目标的活动。这里的研究开发活动不包括企业对产品(服务)的常规性升级或对某项科研成果直接应用等活动(如直接采用新的材料、装置、产品、服务、工艺或知识等)。

企业在中国境内发生的研究开发费用,是指企业内部研究开发活动实际支出的全部费用与委托境内其他机构或个人进行的研究开发活动所支出的费用之和,不包括委托境外机构或个人完成的研究开发活动所发生的费用。受托研发的境外机构是指依照外国和地区(含中国港、澳、台地区)法律成立的企业和其他取得收入的组织;受托研发的境外个人是指外籍(含中国港、澳、台地区)个人。

企业应正确归集研发费用,由具有资质并符合《高新技术企业认定管理工作指引》相关条件的中介机构进行专项审计或鉴证。

企业的研究开发费用是以单个研发活动为基本单位分别进行测度并加总计算的。企业应对包括直接研究开发活动和可以计入的间接研究开发活动所发生的费用进行归集,并填写《高新技术企业认定申请书》中的"企业年度研究开发费用结构明细表"。

企业应按照"企业年度研究开发费用结构明细表"设置高新技术企业认定专用研究开发费用辅助核算账目,提供相关凭证及明细表,并按《高新技术企业认定管理工作指引》要求进行核算。研究开发费用的归集范围如表7-6-4所示。

表7-6-4 高新技术企业研究开发费用归集范围表

	项 目	内 容
1	人员人工费用	人员人工费用包括企业科技人员的工资薪金、基本养老保险费、基本医疗保险费、失业保险费、工伤保险费、生育保险费和住房公积金,以及外聘科技人员的劳务费用
2	直接投入费用	直接投入费用,是指企业为实施研究开发活动而实际发生的相关支出。包括: (1) 直接消耗的材料、燃料和动力费用。 (2) 用于中间试验和产品试制的模具、工艺装备开发及制造费,不构成固定资产的样品、样机及一般测试手段购置费,试制产品的检验费。 (3) 用于研究开发活动的仪器、设备的运行维护、调整、检验、检测、维修等费用,以及通过经营租赁方式租入的用于研发活动的固定资产租赁费
3	折旧费用与长期待摊费用	折旧费用,是指用于研究开发活动的仪器、设备和在用建筑物的折旧费。 长期待摊费用,是指研发设施的改建、改装、装修和修理过程中发生的长期待摊费用
4	无形资产摊销费用	无形资产摊销费用,是指用于研究开发活动的软件、知识产权、非专利技术(专有技术、许可证、设计和计算方法等)的摊销费用
5	设计费用	设计费用,是指为新产品和新工艺进行构思、开发和制造,进行工序、技术规范、规程制定、操作特性方面的设计等发生的费用,包括为获得创新性、创意性、突破性产品进行的创意设计活动发生的相关费用
6	装备调试费用与试验费用	装备调试费用,是指工装准备过程中研究开发活动所发生的费用,包括研制特殊、专用的生产机器,改变生产和质量控制程序,或制定新方法及标准等活动所发生的费用。 为大规模批量化和商业化生产所进行的常规性工装准备和工业工程发生的费用不能计入归集范围。 试验费用包括新药研制的临床试验费、勘探开发技术的现场试验费、田间试验费等
7	委托外部研究开发费用	委托外部研究开发费用,是指企业委托境内外其他机构或个人进行研究开发活动所发生的费用(研究开发活动成果为委托方企业拥有,且与该企业的主要经营业务紧密相关)。委托外部研究开发费用的实际发生额应按照独立交易原则确定,按照实际发生额的80%计入委托方研发费用总额
8	其他费用	其他费用,是指上述费用之外与研究开发活动直接相关的其他费用,包括技术图书资料费、资料翻译费、专家咨询费、高新科技研发保险费,研发成果的检索、论证、评审、鉴定、验收费用,知识产权的申请费、注册费、代理费,会议费、差旅费、通讯费等。此项费用一般不得超过研究开发总费用的20%,另有规定的除外

风险提示 高新技术企业认定时,研究开发费用内容与"研发费用加计扣除"优惠政策中研发费用内容不同,加计扣除优惠政策研发支出不包括研究开发活动所用建筑物的折旧费、研发设施的改建发生的长期待摊费用以及委托境外个人进行研究开发活动所发生的费用。

另外,其他费用的限额计算比例不同,高新技术企业其他费用一般不得超过研究开发总费用的20%,加计扣除政策中研究开发费用中其他费用不得超过总费用的10%。

销售收入为主营业务收入与其他业务收入之和。主营业务收入与其他业务收入按照企业所得税年度纳税申报表的口径计算。

风险提示 高新技术企业资格期满当年内,在通过重新认定前,其企业所得税暂按15%的税率预缴,在年度汇算清缴前未取得高新技术企业资格的,应按规定补缴税款。

对取得高新技术企业资格且享受税收优惠的高新技术企业,税务部门如在日常管理过程中发现其在高新技术企业认定过程中或享受优惠期间不符合认定条件的,应提请认定机构复核。复核后确认不符合认定条件的,由认定机构取消其高新技术企业资格,并通知税务机关追缴其证书有效期内自不符合认定条件年度起已享受的税收优惠。

7.6.3　高新技术企业优惠政策

《企业所得税法》第二十八条规定,国家需要重点扶持的高新技术企业,减按15%的税率征收企业所得税。

《科技部　财政部　国家税务总局关于修订印发〈高新技术企业认定管理办法〉的通知》(国科发火〔2016〕32号)第二条规定,高新技术企业是指在《国家重点支持的高新技术领域》内,持续进行研究开发与技术成果转化,形成企业核心自主知识产权,并以此为基础开展经营活动,在中国境内(不包括中国港、澳、台地区)注册的居民企业。

7.6.4　高新技术企业优惠申报方法

高新技术企业税收优惠申报应填报表A107041,该表需填报的信息包括两类:一是税收优惠基本信息;二是税收优惠有关情况。其中,税收优惠有关情况包括相关指标计算和优惠税额金额。

7.6.4.1　基本信息填报

基本信息填报第1行至第3行,填报对企业主要产品(服务)发挥核心支持作用的技术属于《国家重点支持的高新技术领域》规定的具体范围,填报至三级明细领域,如"一、电子信息技术"之"(一)软件"之"1.系统软件"。

7.6.4.2　税收优惠相关指标填报

1) 收入指标

第5行"产品(服务)收入",填报纳税人本年发挥核心支持作用的技术属于《国家重点支持的高新技术领域》规定范围的产品(服务)收入。

第6行"技术性收入",包括技术转让收入、技术服务收入和接受委托研究开发收入。

第8行"(一)收入总额",填报纳税人本年以货币形式和非货币形式从各种来源取得的收入总额,包括销售货物收入、提供劳务收入、转让财产收入、股息、红利等权益性投资收益,利息收入,租金收入,特许权使用费收入,接受捐赠收入,其他收入。

第9行"不征税收入",填报纳税人本年符合相关政策规定的不征税收入。

第10行"三、本年高新技术产品(服务)收入占企业总收入的比例",填报第4÷7行计算后的比例,第4行为第5行+第6行的合计数,第7行为第8行-第9行的差额。

2)人员指标

第11行"四、本年科技人员数",填报纳税人直接从事研发和相关技术创新活动,以及专门从事上述活动的管理和提供直接技术服务的,累计实际工作时间在183天以上的人员,包括在职、兼职和临时聘用人员。

第12行"五、本年职工总数",填报纳税人本年在职、兼职和临时聘用人员。在职人员可以通过企业是否签订劳动合同或缴纳社会保险费来判断。兼职、临时聘用人员全年须在企业累计工作183天以上。

第13行"六、本年科技人员占企业当年职工总数的比例",填报第11÷12行的比例。

3)研发费用指标

第14行"高新研发费用归集年度",本行无填报事项。与计算研发费比例相关的第15行至第29行需填报3年数据,实际经营不满3年的按实际经营时间填报。

(1)第17行至第24行填报内部研究开发投入具体情况,第16行填报总数,其中:

第17行"1.人员人工费用",填报纳税人科技人员的工资薪金、基本养老保险费、基本医疗保险费、失业保险费、工伤保险费、生育保险费和住房公积金,以及外聘科技人员的劳务费用。

第18行"2.直接投入费用",填报纳税人为实施研究开发活动而实际发生的相关支出,包括直接消耗的材料、燃料和动力费用;用于中间试验和产品试制的模具、工艺装备开发及制造费,不构成固定资产的样品、样机及一般测试手段购置费,试制产品的检验费;用于研究开发活动的仪器、设备的运行维护、调整、检验、检测、维修等费用,以及通过经营租赁方式租入的用于研发活动的固定资产租赁费。

第19行"3.折旧费用与长期待摊费用",填报纳税人用于研究开发活动的仪器、设备和在用建筑物的折旧费;研发设施的改建、改装、装修和修理过程中发生的长期待摊费用。

第20行"4.无形资产摊销费用",填报纳税人用于研究开发活动的软件、知识产权、非专利技术(专有技术、许可证、设计和计算方法等)的摊销费用。

第21行"5.设计费用",填报纳税人为新产品和新工艺进行构思、开发和制造,进行工序、技术规范、规程制定、操作特性方面的设计等发生的费用,包括为获得创新性、创意性、突破性产品进行的创意设计活动发生的相关费用。

第22行"6.装备调试费与实验费用",填报纳税人工装准备过程中研究开发活动所发生的费用,包括研制特殊、专用的生产机器,改变生产和质量控制程序,或制定新方法及标准等活动所发生的费用。

第23行"7.其他费用",填报纳税人与研究开发活动直接相关的其他费用,包括技术图书资料费、资料翻译费、专家咨询费、高新科技研发保险费,研发成果的检索、论证、评审、鉴定、验收费用,知识产权的申请费、注册费、代理费、会议费、差旅费、通讯费等。

第24行"可计入研发费用的其他费用",填报纳税人为研究开发活动所发生的其他费用中不超过研究开发总费用的20%的金额,按第17行至第22行之和×20%÷(1−20%)与第23行的孰小值填报。

(2) 第25行填报可以计入研发费用的总额,第26行至第28行填报企业委托外部研发费用实际情况。

第25行"(二)委托外部研发费用",填报纳税人委托境内外其他机构或个人进行研究开发活动所发生的费用(研究开发活动成果为委托方企业拥有,且与该企业的主要经营业务紧密相关)。委托外部研发费用的实际发生额应按照独立交易原则确定,实际发生额的80%可计入委托方研发费用总额。本行填报(第26+28行)×80%的金额。

第26行"1.境内的外部研发费用",填报纳税人委托境内其他机构或个人进行的研究开发活动所支出的费用。本行填报实际发生境内的外部研发费用。

第27行"2.境外的外部研发费用",填报纳税人委托境外机构或个人完成的研究开发活动所发生的费用。受托研发的境外机构是指依照外国(地区)及中国港、澳、台地区法律成立的企业和其他取得收入的组织;受托研发的境外个人是指外籍及中国港、澳、台地区个人。本行填报实际发生境外的外部研发费用。

第28行"可计入研发费用的境外的外部研发费用",根据《高新技术企业认定管理办法》等规定,纳税人在中国境内发生的研发费用总额占全部研发费用总额的比例不低于60%,即境外发生的研发费用总额占全部研发费用总额的比例不超过40%。本行填报(第17+18+…+22+23+26行)×40%÷(1−40%)与第27行的孰小值。

(3) 第15行填报企业本年归集的高新研发费用金额,数据来源于表A107041第16+25行金额。

(4) 第29行"八、销售(营业)收入",填报纳税人主营业务收入与其他业务收入之和。

(5) 第30行"九、三年研发费用占销售(营业)收入的比例",填报第15行4列÷第29行4列的比例。

7.6.4.3 税收优惠金额填报

第31行"十、国家需要重点扶持的高新技术企业减征企业所得税",填报经济特区和上海浦东新区外的高新技术企业或虽是经济特区和上海浦东新区新设的高新技术企业但取得区外所得的减免税金额。经济特区和上海浦东新区新设的高新技术企业定期减免政策期满后,只享受15%税率优惠政策的,减免税金额也在本行填报。

第32行"十一、经济特区和上海浦东新区新设立的高新技术企业定期减免",本行填报在经济特区和上海浦东新区新设的高新技术企业区内所得的减免税金额。

案例解析 7-7 高新技术企业税收优惠申报

【案例材料】

航天材料股份公司 M 公司成立于 2015 年 11 月,2018 年 6 月 1 日取得高新技术企业证书,2021 年 6 月再次通过高新技术企业认定。

2022 年度,M 公司利润表如表 7-6-5 所示。

表 7-6-5 利润表(简化)

编制单位:M公司　　　　　2022 年度　　　　　　　　　单位:万元

项　目	本期金额
一、营业收入	28 000
减:营业成本	12 800
税金及附加	468
销售费用	720
管理费用	1 050
研发费用	2 100
财务费用	1 500
加:其他收益	100
投资收益(损失以"—"号填列)	200
其中:对联营企业和合营企业的投资收益	150
信用减值损失(损失以"—"号填列)	−80
资产减值损失(损失以"—"号填列)	−160
资产处置收益(损失以"—"号填列)	300
二、营业利润(亏损以"—"号填列)	9 722
加:营业外收入	45
减:营业外支出	15
三、利润总额(亏损总额以"—"号填列)	9 752
减:所得税费用	1 794
四、净利润(净亏损以"—"号填列)	7 958

其他相关资料:

(1)"营业收入"28 000 万元,包含高新技术产品收入 18 000 万元,高新技术服务收入 3 500 万元,技术性收入 500 万元。

(2)"其他收益"100 万元,为取得的符合不征税收入条件的政府补助收入。

(3)"投资收益"200 万元,包括对联营企业和合营企业的投资收益 150 万元,M 公司划分为交易性金融资产的投资取得的股息、红利收益 50 万元。

(4)"资产处置收益"300万元,为公司处置的闲置设备取得的收益,设备处置收入420万元,设备账面成本120万元。

(5) 2022年月平均职工总数260人(含兼职人员15人,临时聘用人员8人。兼职人员全年在企业累计工作均未达到180天,临时聘用人员全年在企业累计工作超过220天),包括在职科技人员58人(直接从事研发和相关技术创新活动累计实际工作时间均达到230天)。

(6) 本年研发费用投入达到2 100万元,其中:内部研究开发投入1 600万元,含人员人工费用430万元,直接投入费用400万元,折旧费用与长期待摊费用50万元,无形资产摊销费用70万元,设计费用150万元,装备调试费与实验费用130万元,其他费用370万元;委托外部研发费用500万元,境内的外部研发费用350万元,境外的外部研发费用150万元。

(7) M公司2021年和2020年归集的高新研发费用金额分别为1 500万元和1 000万元(明细信息略);实现的销售(营业)收入分别为23 000万元和19 800万元。

(8) 2022年,M公司通过纳税调整计算当年应纳税所得额为12 200万元。

要求:根据上述资料,填报2022年度M公司所得税纳税申报表A107041及相关报表。

【案例分析】

(1) 本年高新技术产品(服务)收入=18 000+3 500+500=22 000(万元)。

(2) 收入总额=营业收入+其他收益+投资收益(不含权益法确认的投资收益)+资产处置收入+营业外收入=28 000+100+50+420+45=28 615(万元)。

(3) 本年企业总收入=收入总额-不征税收入=28 615-100=28 515(万元)。

(4) 本年高新技术产品(服务)收入占企业总收入的比例=22 000÷28 515=77.15%。

(5) 本年科技人员占企业当年职工总数的比例=58÷(260-15)=23.67%。

(6) 三年研发费用占销售(营业)收入的比例计算:

① 内部研发费用中其他费用限额=(1 600-370)×20%÷(1-20%)=307.5(万元),实际发生额370万元,超过限额,2022年内部研发费用合计1 537.5万元。可计入研发费用的境外的外部研发费用限额=1 950×40%÷(1-40%)=1 300(万元),实际发生额150万元,未超过限额。本年委托外部研发费用金额=(350+150)×80%=400(万元),本年归集的高新研发费用=1 537.5+400=1 937.5(万元)。

② 三年研发费用合计=1 937.5+1 500+1 000=4 437.5(万元)。

③ 三年销售(营业)收入合计=28 000+23 000+19 800=70 800(万元)。

④ 三年研发费用占销售(营业)收入的比例=4 437.5÷70 800=6.27%。

(7) M公司可以减征企业所得税=12 200×(25%-15%)=1 220(万元)。

(8) M公司2022年度纳税申报情况,如表7-6-6和表7-6-7所示。

表 7-6-6 高新技术企业优惠情况及明细表(A107041)

单位：万元

		税收优惠基本信息			
1	企业主要产品(服务)发挥核心支持作用的技术所属范围	国家重点支持的高新技术领域	一级领域	四、新材料技术	
2			二级领域	(一)金属材料	
3			三级领域	1. 铝、镁、钛轻合金材料深加工技术	
		税收优惠有关情况			
4	收入指标	一、本年高新技术产品(服务)收入(5+6)		22 000.0	
5		其中：产品(服务)收入		21 500.0	
6		技术性收入		500.0	
7		二、本年企业总收入(8-9)		28 515.0	
8		其中：收入总额		28 615.0	
9		不征税收入		100.0	
10		三、本年高新技术产品(服务)收入占企业总收入的比例(4÷7)		77.15%	
11	人员指标	四、本年科技人员数		58.0	
12		五、本年职工总数		245.0	
13		六、本年科技人员占企业当年职工总数的比例(11÷12)		23.67%	
14	研发费用指标	高新研发费用归集年度	本年度	前一年度	前二年度	合计
			1	2	3	4.0
15		七、归集的高新研发费用金额(16+25)	1 937.5	1 500	1 000	4 437.5
16		(一)内部研究开发投入(17+…+22+24)	1 537.5	—	—	
17		1. 人员人工费用	430	—	—	
18		2. 直接投入费用	400	—	—	
19		3. 折旧费用与长期待摊费用	50	—	—	
20		4. 无形资产摊销费用	70	—	—	
21		5. 设计费用	150	—	—	
22		6. 装备调试费与实验费用	130	—	—	
23		7. 其他费用	370	—	—	
24		其中：可计入研发费用的其他费用	307.5	—	—	
25		(二)委托外部研发费用[(26+28)×80%]	400	—	—	
26		1. 境内的外部研发费	350	—	—	
27		2. 境外的外部研发费	150	—	—	
28		其中：可计入研发费用的境外的外部研发费	150	—	—	
29		八、销售(营业)收入	28 000	23 000	19 800	70 800.0
30		九、三年研发费用占销售(营业)收入的比例(15行4列÷29行4列)				6.27%
31	减免税额	十、国家需要重点扶持的高新技术企业减征企业所得税				1 220.0
32		十一、经济特区和上海浦东新区新设立的高新技术企业定期减免税额				

表 7-6-7 减免所得税优惠明细表(A107040)(局部)

单位：万元

行次	项目	金额
1	一、符合条件的小型微利企业减免企业所得税	
2	二、国家需要重点扶持的高新技术企业减按15%的税率征收企业所得税(填写 A107041)	1 220
33	合计(1+2+…+28－29+30+31+32)	1 220

7.6.5 表内、表间关系

(1) 表内关系。

第 4 行＝第 5+6 行。

第 7 行＝第 8－9 行。

第 10 行＝第 4÷7 行。

第 13 行＝第 11÷12 行。

第 15 行＝第 16+25 行。

第 16 行＝第 17+18+19+20+21+22+24 行。

第 25 行＝(第 26+28 行)×80%。

第 30 行＝第 15 行第 4 列÷第 29 行第 4 列。

(2) 表间关系。

第 31 行＝表 A107040 第 2 行。

第 32 行＝表 A107040 第 3 行。

7.7 《软件、集成电路企业优惠情况及明细表》(A107042)

表 A107042(见表 7-7-1)适用于享受软件、集成电路企业优惠政策的纳税人填报。纳税人根据税法和相关税收政策规定,填报本年发生的软件、集成电路企业优惠有关情况。

7.7.1 软件、集成电路企业认定

7.7.1.1 集成电路生产企业

《财政部 国家税务总局 发展改革委 工业和信息化部关于软件和集成电路产业企业所得税优惠政策有关问题的通知》(财税〔2016〕49号)规定,集成电路生产企业,是指以单片集成电路、多芯片集成电路、混合集成电路制造为主营业务并同时符

表 7-7-1　软件、集成电路企业优惠情况及明细表(A107042)

税收优惠基本信息				
选择适用优惠政策	□延续适用原有优惠政策		□适用新出台优惠政策	
减免方式 1		获利年度\开始计算优惠期年度 1		
减免方式 2		获利年度\开始计算优惠期年度 2		
税收优惠有关情况				
行次		项　目		数量\金额
1	人员指标	一、企业本年月平均职工总人数		
2		其中：签订劳动合同关系且具有大学专\本科以上学历的职工人数		
3		研究开发人员人数		
4	研发费用指标	二、研发费用总额		
5		其中：企业在中国境内发生的研发费用金额		
6	收入指标	三、企业收入总额		
7		四、符合条件的销售(营业)收入		
8		其中：自主设计、自主开发销售及服务收入		
9	知识产权指标	五、拥有核心关键技术和属于本企业的知识产权总数		
10		其中：发明专利		
11		集成电路布图设计登记		
12		计算机软件著作		
13	业务类型及领域	是否从事 8 英寸及以下集成电路		□是 □否
14		是否按照开发、销售嵌入式软件企业条件享受政策		□是 □否
15		重点集成电路设计领域和重点软件领域		请选择所属领域
16	减免税额			

合下列条件的企业：

(1) 在中国境内(不包括中国港、澳、台地区)依法注册并在国家发展和改革委、工业和信息化部门备案的居民企业。

(2) 汇算清缴年度具有劳动合同关系(注：此处的"劳动合同关系"被财税〔2018〕27 号文件修改为"具有劳动合同关系或劳务派遣、聘用关系")且具有大学专科以上学历职工人数占企业月平均职工总人数的比例不低于 40%，其中研究开发人员占企业月平均职工总数的比例不低于 20%。

(3) 拥有核心关键技术，并以此为基础开展经营活动，且汇算清缴年度研究开发费用总额占企业销售(营业)收入(主营业务收入与其他业务收入之和,下同)总额的比例不低于5%(注:此处的"不低于5%"被财税〔2018〕27号文件修改为"不低于2%"),其中,企业在中国境内发生的研究开发费用金额占研究开发费用总额的比例不低于60%。

(4) 汇算清缴年度集成电路制造销售(营业)收入占企业收入总额的比例不低于60%。

(5) 具有保证产品生产的手段和能力,并获得有关资质认证(包括ISO质量体系认证)。

(6) 汇算清缴年度未发生重大安全、重大质量事故或严重环境违法行为。

7.7.1.2 集成电路设计企业

《财政部 国家税务总局 发展改革委 工业和信息化部关于软件和集成电路产业企业所得税优惠政策有关问题的通知》(财税〔2016〕49号)规定如下。

1) 一般集成电路设计企业条件

集成电路设计企业是指以集成电路设计为主营业务并同时符合下列条件的企业:

(1) 在中国境内(不包括中国港、澳、台地区)依法注册的居民企业。

(2) 汇算清缴年度具有劳动合同关系且具有大学专科以上学历的职工人数占企业月平均职工总人数的比例不低40%,其中研究开发人员占企业月平均职工总数的比例不低于20%。

(3) 拥有核心关键技术,并以此为基础开展经营活动,且汇算清缴年度研究开发费用总额占企业销售(营业)收入总额的比例不低于6%。其中,企业在中国境内发生的研究开发费用金额占研究开发费用总额的比例不低于60%。

(4) 汇算清缴年度集成电路设计销售(营业)收入占企业收入总额的比例不低于60%,其中集成电路自主设计销售(营业)收入占企业收入总额的比例不低于50%。

(5) 主营业务拥有自主知识产权。

(6) 具有与集成电路设计相适应的软硬件设施等开发环境(如EDA工具、服务器或工作站等)。

(7) 汇算清缴年度未发生重大安全、重大质量事故或严重环境违法行为。

2) 国家规划布局内重点集成电路设计企业条件

国家规划布局内重点集成电路设计企业除符合一般企业条件规定,还应至少符合下列条件中的一项:

(1) 汇算清缴年度集成电路设计销售(营业)收入不低于2亿元,年应纳税所得额不低于1 000万元,研究开发人员占月平均职工总数的比例不低于25%。

(2) 在国家规定的重点集成电路设计领域内,汇算清缴年度集成电路设计销售(营业)收入不低于 2 000 万元,应纳税所得额不低于 250 万元,研究开发人员占月平均职工总数的比例不低于 35%,企业在中国境内发生的研发开发费用金额占研究开发费用总额的比例不低于 70%。

7.7.1.3 软件企业

《财政部 国家税务总局 发展改革委 工业和信息化部关于软件和集成电路产业企业所得税优惠政策有关问题的通知》(财税〔2016〕49 号)规定如下。

1) 一般软件企业条件

软件企业是指以软件产品开发销售(营业)为主营业务并同时符合下列条件的企业:

(1) 在中国境内(不包括中国港、澳、台地区)依法注册的居民企业。

(2) 汇算清缴年度具有劳动合同关系且具有大学专科以上学历的职工人数占企业月平均职工总人数的比例不低于 40%,其中研究开发人员占企业月平均职工总数的比例不低于 20%。

(3) 拥有核心关键技术,并以此为基础开展经营活动,且汇算清缴年度研究开发费用总额占企业销售(营业)收入总额的比例不低于 6%。其中,企业在中国境内发生的研究开发费用金额占研究开发费用总额的比例不低于 60%。

(4) 汇算清缴年度软件产品开发销售(营业)收入占企业收入总额的比例不低于 50%〔嵌入式软件产品和信息系统集成产品开发销售(营业)收入占企业收入总额的比例不低于 40%〕,其中,软件产品自主开发销售(营业)收入占企业收入总额的比例不低于 40%〔嵌入式软件产品和信息系统集成产品开发销售(营业)收入占企业收入总额的比例不低于 30%〕。

(5) 主营业务拥有自主知识产权。

(6) 具有与软件开发相适应软硬件设施等开发环境(如合法的开发工具等)。

(7) 汇算清缴年度未发生重大安全、重大质量事故或严重环境违法行为。

2) 国家规划布局内重点软件企业条件

国家规划布局内重点软件企业是除符合一般企业条件规定,还应至少符合下列条件中的一项:

(1) 汇算清缴年度软件产品开发销售(营业)收入不低于 2 亿元,应纳税所得额不低于 1 000 万元,研究开发人员占企业月平均职工总数的比例不低于 25%。

(2) 在国家规定的重点软件领域内,汇算清缴年度软件产品开发销售(营业)收入不低于 5 000 万元,应纳税所得额不低于 250 万元,研究开发人员占企业月平均职工总数的比例不低于 25%,企业在中国境内发生的研究开发费用金额占研究开发费用总额的比例不低于70%。

（3）汇算清缴年度软件出口收入总额不低于800万美元，软件出口收入总额占本企业年度收入总额比例不低于50%，研究开发人员占企业月平均职工总数的比例不低于25%。

风险提示 国家规定的重点软件领域及重点集成电路设计领域，由国家发展改革委、工业和信息化部会同财政部、国家税务总局根据国家产业规划和布局确定，并实行动态调整。

7.7.1.4 集成电路封装、测试企业

《财政部 国家税务总局 发展改革委 工业和信息化部关于进一步鼓励集成电路产业发展企业所得税政策的通知》（财税〔2015〕6号）规定，集成电路封装、测试企业，必须同时满足以下条件：

（1）2014年1月1日后依法在中国境内成立的法人企业。

（2）签订劳动合同关系且具有大学专科以上学历的职工人数占企业当年月平均职工总人数的比例不低于40%。其中，研究开发人员占企业当年月平均职工总数的比例不低于20%。

（3）拥有核心关键技术，并以此为基础开展经营活动，且当年度的研究开发费用总额占企业销售（营业）收入（主营业务收入与其他业务收入之和，下同）总额的比例不低于3.5%，其中，企业在中国境内发生的研究开发费用金额占研究开发费用总额的比例不低于60%。

（4）集成电路封装、测试销售（营业）收入占企业收入总额的比例不低于60%。

（5）具有保证产品生产的手段和能力，并获得有关资质认证（包括ISO质量体系认证、人力资源能力认证等）。

（6）具有与集成电路封装、测试相适应的经营场所、软硬件设施等基本条件。

7.7.1.5 集成电路关键专用材料生产企业、集成电路专用设备生产企业

《财政部 国家税务总局 发展改革委 工业和信息化部关于进一步鼓励集成电路产业发展企业所得税政策的通知》（财税〔2015〕6号）规定，集成电路关键专用材料生产企业或集成电路专用设备生产企业，必须同时满足以下条件：

（1）2014年1月1日后依法在中国境内成立的法人企业。

（2）签订劳动合同关系且具有大学专科以上学历的职工人数占企业当年月平均职工总人数的比例不低于40%。其中，研究开发人员占企业当年月平均职工总数的比例不低于20%。

（3）拥有核心关键技术，并以此为基础开展经营活动，且当年度的研究开发费用

总额占企业销售（营业）收入总额的比例不低于5%，其中，企业在中国境内发生的研究开发费用金额占研究开发费用总额的比例不低于60%。

（4）集成电路关键专用材料或专用设备销售收入占企业销售（营业）收入总额的比例不低于30%。

（5）具有保证集成电路关键专用材料或专用设备产品生产的手段和能力，并获得有关资质认证（包括ISO质量体系认证、人力资源能力认证等）。

（6）具有与集成电路关键专用材料或专用设备生产相适应的经营场所、软硬件设施等基本条件。

集成电路关键专用材料或专用设备的范围，分别按照《集成电路关键专用材料企业所得税优惠目录》《集成电路专用设备企业所得税优惠目录》的规定执行。

风险提示 享受税收优惠的企业，其税收优惠条件发生变化的，应当自发生变化之日起15日内向主管税务机关报告；不再符合税收优惠条件的，应当依法履行纳税义务；未依法纳税的，主管税务机关应当予以追缴。同时，主管税务机关在执行税收优惠政策过程中，发现企业不符合享受税收优惠条件的，可暂停企业享受的相关税收优惠。

7.7.2 软件、集成电路企业关键指标

1）新办企业认定标准

新办企业认定标准按照《财政部 国家税务总局关于享受企业所得税优惠政策的新办企业认定标准的通知》（财税〔2006〕1号）规定执行。

享受企业所得税定期减税或免税的新办企业标准：

（1）按照国家法律、法规以及有关规定在工商行政主管部门办理设立登记，新注册成立的企业。

（2）新办企业的权益性出资人（股东或其他权益投资方）实际出资中固定资产、无形资产等非货币性资产的累计出资额占新办企业注册资金的比例一般不得超过25%。

其中，新办企业的注册资金为企业在工商行政主管部门登记的实收资本或股本。非货币性资产包括建筑物、机器、设备等固定资产，以及专利权、商标权、非专利技术等无形资产。新办企业的权益性投资人以非货币性资产进行出资的，经有资质的会计（审计、税务）事务所进行评估的，以评估后的价值作为出资金额；未经评估的，由纳税人提供同类资产或类似资产当日或最近月份的市场价格，由主管税务机关核定。

2）获利年度

获利年度，是指该企业当年应纳税所得额大于零的纳税年度。

3) 集成电路设计销售（营业）收入

集成电路设计销售（营业）收入，是指集成电路企业从事集成电路（IC）功能研发、设计并销售的收入。

4) 软件产品开发销售（营业）收入

软件产品开发销售（营业）收入，是指软件企业从事计算机软件、信息系统或嵌入式软件等软件产品开发并销售的收入，以及信息系统集成服务、信息技术咨询服务、数据处理和存储服务等技术服务收入。

5) 研究开发费用

软件、集成电路企业规定条件中所称研究开发费用政策口径，2015年度仍按《国家税务总局关于印发〈企业研究开发费用税前扣除管理办法（试行）〉的通知》（国税发〔2008〕116号）和《财政部 国家税务总局关于研究开发费用税前加计扣除有关政策的通知》（财税〔2013〕70号）的规定执行，2016年及以后年度按照《财政部 国家税务总局 科技部关于完善研究开发费用税前加计扣除政策的通知》（财税〔2015〕119号）的规定执行。

7.7.3 软件、集成电路企业优惠政策

《财政部 国家税务总局 发展改革委 工业和信息化部关于软件和集成电路产业企业所得税优惠政策有关问题的通知》（财税〔2016〕49号）规定，软件、集成电路企业应从企业的获利年度起计算定期减免税优惠期。如获利年度不符合优惠条件的，应自首次符合软件、集成电路企业条件的年度起，在其优惠期的剩余年限内享受相应的减免税优惠。

风险提示 软件、集成电路企业的获利年度是"优惠期"计算的起点，如果企业开始获利，却仍不符合软件、集成电路企业的认定条件，这种情况下企业不能享受相应优惠，但是"优惠期"已经开始计算，并且会持续计算。未来企业符合条件被认定为软件、集成电路生产企业时，只能在剩余优惠期内计算享受优惠。

7.7.3.1 软件、集成电路企业优惠新政策

《财政部 税务总局 发展改革委 工业和信息化部关于促进集成电路和软件产业高质量发展企业所得税政策的公告》（财政部 税务总局 发展改革委 工业和信息化部公告2020年第45号）规定如下。

1) 集成电路生产企业或项目

国家鼓励的集成电路线宽小于28纳米（含），且经营期在15年以上的集成电路生产企业或项目，第一年至第十年免征企业所得税；国家鼓励的集成电路线宽小于65纳米（含），且经营期在15年以上的集成电路生产企业或项目，第一年至第五年免

征企业所得税,第六年至第十年按照25%的法定税率减半征收企业所得税;国家鼓励的集成电路线宽小于130纳米(含),且经营期在10年以上的集成电路生产企业或项目,第一年至第二年免征企业所得税,第三年至第五年按照25%的法定税率减半征收企业所得税。

对于按照集成电路生产企业享受税收优惠政策的,优惠期自获利年度起计算;对于按照集成电路生产项目享受税收优惠政策的,优惠期自项目取得第一笔生产经营收入所属纳税年度起计算,集成电路生产项目需单独进行会计核算、计算所得,并合理分摊期间费用。

国家鼓励的集成电路生产企业或项目清单由国家发展改革委、工业和信息化部会同财政部、税务总局等相关部门制定。

国家鼓励的线宽小于130纳米(含)的集成电路生产企业,属于国家鼓励的集成电路生产企业清单年度之前5个纳税年度发生的尚未弥补完的亏损,准予向以后年度结转,总结转年限最长不得超过10年。

2) 集成电路设计、装备、材料、封装、测试企业和软件企业

(1) 国家鼓励的集成电路设计、装备、材料、封装、测试企业和软件企业,自获利年度起,第一年至第二年免征企业所得税,第三年至第五年按照25%的法定税率减半征收企业所得税。

国家鼓励的集成电路设计、装备、材料、封装、测试企业和软件企业条件,由工业和信息化部会同国家发展改革委、财政部、税务总局等相关部门制定。

(2) 国家鼓励的重点集成电路设计企业和软件企业,自获利年度起,第一年至第五年免征企业所得税,接续年度减按10%的税率征收企业所得税。

国家鼓励的重点集成电路设计和软件企业清单由国家发展改革委、工业和信息化部会同财政部、税务总局等相关部门制定。

7.7.3.2 软件、集成电路企业优惠原政策

1) 集成电路生产企业

《财政部 国家税务总局关于进一步鼓励软件产业和集成电路产业发展企业所得税政策的通知》(财税〔2012〕27号)规定,集成电路线宽小于0.8微米(含)的集成电路生产企业,经认定后,在2017年12月31日前自获利年度起计算优惠期,第一年至第二年免征企业所得税,第三年至第五年按照25%的法定税率减半征收企业所得税,并享受至期满为止。

集成电路线宽小于0.25微米或投资额超过80亿元的集成电路生产企业,其中经营期在15年以上的,在2017年12月31日前自获利年度起计算优惠期,第一年至第五年免征企业所得税,第六年至第十年按照25%的法定税率减半征收企业所得

税,并享受至期满为止。

《财政部 税务总局 国家发展改革委 工业和信息化部关于集成电路生产企业有关企业所得税政策问题的通知》(财税〔2018〕27号)规定如下:

(1) 2018年1月1日后投资新设的集成电路线宽小于130纳米,且经营期在10年以上的集成电路生产企业或项目,第一年至第二年免征企业所得税,第三年至第五年按照25%的法定税率减半征收企业所得税,并享受至期满为止。

(2) 2018年1月1日后投资新设的集成电路线宽小于65纳米或投资额超过150亿元,且经营期在15年以上的集成电路生产企业或项目,第一年至第五年免征企业所得税,第六年至第十年按照25%的法定税率减半征收企业所得税,并享受至期满为止。

(3) 2017年12月31日前设立但未获利的集成电路线宽小于0.25微米或投资额超过80亿元,且经营期在15年以上的集成电路生产企业,自获利年度起第一年至第五年免征企业所得税,第六年至第十年按照25%的法定税率减半征收企业所得税,并享受至期满为止。

(4) 2017年12月31日前设立但未获利的集成电路线宽小于0.8微米(含)的集成电路生产企业,自获利年度起第一年至第二年免征企业所得税,第三年至第五年按照25%的法定税率减半征收企业所得税,并享受至期满为止。

风险提示 对于按照集成电路生产企业享受税收优惠政策的,优惠期自企业获利年度起计算;对于按照集成电路生产项目享受上述优惠的,优惠期自项目取得第一笔生产经营收入所属纳税年度起计算。集成电路生产项目,其主体企业应符合集成电路生产企业条件,且能够对该项目单独进行会计核算、计算所得,并合理分摊期间费用。

2) 集成电路设计企业和软件企业

《财政部 国家税务总局关于进一步鼓励软件产业和集成电路产业发展企业所得税政策的通知》(财税〔2012〕27号)规定,我国境内新办的集成电路设计企业和符合条件的软件企业,经认定后,在2017年12月31日前自获利年度起计算优惠期,第一年至第二年免征企业所得税,第三年至第五年按照25%的法定税率减半征收企业所得税,并享受至期满为止。

3) 集成电路封装、测试企业、集成电路关键专用材料生产企业、集成电路专用设备生产企业

《财政部 国家税务总局 发展改革委 工业和信息化部关于进一步鼓励集成电路产业发展企业所得税政策的通知》(财税〔2015〕6号)规定,符合条件的集成电路封装、测试企业以及集成电路关键专用材料生产企业、集成电路专用设备生产企业,在

2017年(含2017年)前实现获利的,自获利年度起,第一年至第二年免征企业所得税,第三年至第五年按照25%的法定税率减半征收企业所得税,并享受至期满为止;2017年前未实现获利的,自2017年起计算优惠期,享受至期满为止。

7.7.3.3 软件、集成电路企业优惠新政策与原政策衔接

《财政部 税务总局 发展改革委 工业和信息化部关于促进集成电路和软件产业高质量发展企业所得税政策的公告》(财政部 税务总局 发展改革委 工业和信息化部公告2020年第45号)规定,符合原有政策条件且在2019年(含)之前已经进入优惠期的企业或项目,2020年(含)起可按原有政策规定继续享受至期满为止,如也符合本公告第一条至第四条规定,可按本公告规定享受相关优惠,其中定期减免税优惠,可按本公告规定计算优惠期,并就剩余期限享受优惠至期满为止。符合原有政策条件,2019年(含)之前尚未进入优惠期的企业或项目,2020年(含)起不再执行原有政策。

集成电路企业或项目、软件企业按照本公告规定同时符合多项定期减免税优惠政策条件的,由企业选择其中一项政策享受相关优惠。其中,已经进入优惠期的,可由企业在剩余期限内选择其中一项政策享受相关优惠。

7.7.4 软件、集成电路企业优惠申报

7.7.4.1 税收优惠基本信息填报

企业以前年度符合软件、集成电路税收优惠政策条件且已开始享受优惠政策的,可选择延续适用原有优惠政策;符合最新软件、集成电路税收优惠政策条件的,可选择适用新出台的优惠政策。企业根据实际情况在"选择适用优惠政策"中勾选"□延续适用原有优惠政策"或"□适用新出台优惠政策",集成电路生产企业只享受集成电路项目所得优惠,无需勾选。

当集成电路生产企业存在按项目享受时,可根据实际情况填报"减免方式1""减免方式2",并同时填报对应的"获利年度\开始计算优惠期年度1"和"获利年度\开始计算优惠期年度2"。

(1)减免方式:纳税人根据《企业所得税年度纳税申报基础信息表》(A000000)"208软件、集成电路企业类型"填报的企业类型和实际经营情况,从《软件、集成电路企业优惠方式代码表》(见表7-7-2)"代码"列中选择相应代码,填入本项。除集成电路生产企业纳税人存在按项目享受优惠的情况外,纳税人仅可从中选择一项填列;若集成电路生产企业纳税人存在多个项目的,应将所有享受优惠的项目减免方式等情况填入表A107042,项目数量可以增加。

表 7-7-2 软件、集成电路企业优惠方式代码表

代码	减免方式类型	原政策	新政策		软件、集成电路企业类型
110	企业二免三减半（免税）		✓	140	集成电路生产企业（线宽小于130纳米的企业）
			✓	240	集成电路设计企业
			✓	330	软件企业
			✓	400	集成电路封装、测试（含封装测试）企业
			✓	500	集成电路材料（含关键专用材料）企业
			✓	600	集成电路装备（含专用设备）企业
120	企业二免三减半（减半征收）	✓		110	集成电路生产企业（线宽小于0.8微米的企业）
		✓	✓	140	集成电路生产企业（线宽小于130纳米的企业）
		✓	✓	240	集成电路设计企业
		✓	✓	330	软件企业
		✓	✓	400	集成电路封装、测试（含封装测试）企业
		✓	✓	500	集成电路材料（含关键专用材料）企业
		✓	✓	600	集成电路装备（含专用设备）企业
210	企业五免五减半（免税）		✓	120	集成电路生产企业（线宽小于0.25微米的企业）
			✓	130	集成电路生产企业（投资额超过80亿元的企业）
			✓	131	集成电路生产企业（资额超过150亿元的企业）
		✓	✓	151	集成电路生产企业（线宽小于65纳米的企业）
220	企业五免五减半（减半征收）		✓	120	集成电路生产企业（线宽小于0.25微米的企业）
			✓	130	集成电路生产企业（投资额超过80亿元的企业）
			✓	131	集成电路生产企业（资额超过150亿元的企业）
		✓	✓	151	集成电路生产企业（线宽小于65纳米的企业）
300	企业减按10%税率征收企业所得税		✓	250	重点集成电路设计企业
			✓	340	重点软件企业
510	项目所得二免三减半（免税）		✓	140	集成电路生产企业（线宽小于130纳米的企业）
520	项目所得二免三减半（减半征收）	✓	✓	140	集成电路生产企业（线宽小于130纳米的企业）
610	项目所得五免五减半（免税）	✓		131	集成电路生产企业（资额超过150亿元的企业）
		✓		151	集成电路生产企业（线宽小于65纳米的企业）
620	项目所得五免五减半（减半征收）	✓		131	集成电路生产企业（资额超过150亿元的企业）
		✓	✓	151	集成电路生产企业（线宽小于65纳米的企业）
700	项目所得十免（免税）		✓	160	集成电路生产企业（线宽小于28纳米的企业）

(续表)

代码	减免方式类型	原政策	新政策	软件、集成电路企业类型	
800	企业五免(免税)		✓	250	重点集成电路设计企业
			✓	340	重点软件企业
900	企业十免(免税)		✓	160	集成电路生产企业(线宽小于28纳米的企业)

（2）"获利年度\开始计算优惠期年度"，适用选择"二免三减半""五免五减半""十免"等定期减免类型的纳税人填报。其中，"开始计算优惠期年度"按照财税〔2012〕27号、财税〔2015〕6号、财税〔2018〕27号、《财政部 税务总局 发展改革委 工业和信息化部关于促进集成电路和软件产业高质量发展企业所得税政策的公告》（财政部 税务总局 发展改革委 工业和信息化部公告2020年第45号）等文件的相关规定确定。

7.7.4.2 税收优惠有关情况填报

（1）第1行"一、企业本年月平均职工总人数"，填报纳税人本年月平均职工总人数。本年月平均职工总人数计算方法：

$$月平均人数＝(月初数＋月末数)÷2$$

$$全年月平均职工总人数＝全年各月平均数之和÷12$$

（2）第2行"签订劳动合同关系且具有大学专\本科以上学历的职工人数"，填报纳税人本年签订劳动合同关系且具有大学专\本科以上学历的职工人数。

（3）第3行"研究开发人员人数"，填报纳税人本年研究开发人员人数。

（4）第4行"二、研发费用总额"，填报企业按照《财政部 国家税务总局 科技部关于完善研发费用税前加计扣除政策的通知》（财税〔2015〕119号）、《国家税务总局关于企业研究开发费用税前加计扣除政策有关问题的公告》（国家税务总局公告2015年第97号）、《国家税务总局关于研发费用税前加计扣除归集范围有关问题的公告》（国家税务总局公告2017年第40号）等文件规定口径归集的研发费用。

（5）第5行"企业在中国境内发生的研发费用金额"，填报纳税人本年在中国境内发生的研发费用。

（6）第6行"三、企业收入总额"，填报纳税人本年以货币形式和非货币形式从各种来源取得的收入总额，包括销售货物收入，提供劳务收入，转让财产收入，股息、红利等权益性投资收益，利息收入，租金收入，特许权使用费收入，接受捐赠收入，其他收入。

（7）第7行"四、符合条件的销售（营业）收入"，根据企业类型分析填报，具体如下：

① 集成电路生产企业，填报本年度集成电路制造销售（营业）收入。

② 集成电路设计企业，填报本年度集成电路设计销售（营业）收入。

③ 软件企业,一般软件企业填报本年软件产品开发销售(营业)收入;嵌入式或信息系统集成软件企业填报嵌入式软件产品和信息系统集成产品开发销售(营业)收入。

④ 集成电路封装、测试(含封装测试)企业,填报本年集成电路封装、测试(含封装测试)销售(营业)收入。

⑤ 集成电路材料(含关键专用材料)企业,填报本年集成电路材料(含关键专用材料)销售(营业)收入。

⑥ 集成电路装备(含专用设备)企业,填报本年集成电路装备(含专用设备)销售(营业)收入。

(8) 第8行"其中:自主设计、自主开发销售及服务收入",根据企业类型分析填报。集成电路设计企业填报本年度集成电路自主设计销售(营业)收入。软件企业填报本年软件产品自主开发销售(营业)收入;嵌入式或信息系统集成软件企业填报本年自主开发嵌入式软件产品和信息系统集成产品开发销售(营业)收入。

(9) 第9行"五、拥有核心关键技术和属于本企业的知识产权总数",填报拥有核心关键技术和属于本企业的知识产权的数量。

(10) 第10行"其中:发明专利",填报拥有核心关键技术和属于本企业的知识产权中属于发明专利的数量。

(11) 第11行"集成电路布图设计登记",由集成电路设计企业填报集成电路布图设计登记数量。

(12) 第12行"计算机软件著作权",由软件企业填报计算机软件著作权数量。

(13) 第13行"是否从事8英寸及以下集成电路生产",由集成电路生产企业根据企业经营情况勾选。

(14) 第14行"是否按照开发、销售嵌入式软件企业条件享受政策",由软件企业根据企业生产经营情况勾选。

(15) 第15行"重点集成电路设计领域和重点软件领域",由重点集成电路设计企业和软件企业根据企业实际情况,从《重点集成电路和软件企业领域表》(见表7-7-3)中选择所属领域填入本项。

表7-7-3 重点集成电路设计和软件企业领域表

一、重点集成电路设计领域	(一)高性能处理器和FPGA芯片
	(二)存储芯片
	(三)智能传感器
	(四)工业、通信、汽车和安全芯片
	(五)EDA、IP和设计服务

(续表)

二、重点软件领域	（一）基础软件：操作系统、数据库管理系统、中间件、通用办公软件、固件（BIOS）、开发支撑软件、少数民族语言文字编辑处理软件
	（二）研发设计类工业软件：虚拟仿真系统、计算机辅助设计（CAD）、计算机辅助工程（CAE）、计算机辅助制造（CAM）、计算机辅助工艺规划（CAPP）、建筑信息模型（BIM）、产品数据管理（PDM）软件
	（三）生产控制类工业软件：工业控制系统、制造执行系统（MES）、制造运行管理（MOM）、调度优化系统（ORION）、先进控制系统（APC）、安全仪表系统（SIS）、可编程控制器（PLC）
	（四）新兴技术软件：分布式计算、数据分析挖掘、可视化、数据采集清洗等大数据软件，人机交互、通用算法软件、基础算法库、工具链、机器学习和深度学习框架等人工智能软件，信息系统运行维护软件，超级计算软件，区块链软件，工业互联网平台软件，云管理软件，虚拟化软件
	（五）信息安全软件：信息系统安全、网络安全、密码算法、数据安全、安全测试等方面的软件
	（六）重点行业应用软件：面向党政机关、国防、能源、交通、物流、通信、广电、医疗、建筑、制造业、应急、社保、农业、水利、教育、金融财税、知识产权、检验检测、科学研究、公共安全、节能环保、自然资源、城市管理、地理信息领域的专业应用软件
	（七）经营管理类工业软件：企业资源计划（ERP）、供应链管理（SCM）、客户关系管理（CRM）、人力资源管理（HEM）、企业资产管理（EAM）、产品生命周期管理（PLM）、运维综合保障管理（MRO）软件及相关云服务
	（八）公有云服务软件：大型公有云 IaaS、PaaS 服务软件
	（九）嵌入式软件（软件收入比例不低于50%）：通信设备、汽车电子、交通监控设备、电子测量仪器、装备自动控制、电子医疗器械、计算机应用产品、终端设备等嵌入式软件及嵌入式软件开发环境相关软件

（16）第16行"减免税额"，填报本年享受集成电路、软件企业优惠的金额。当减免方式为"项目所得二免三减半（免税）""项目所得二免三减半（减半征收）""项目所得五免五减半（免税）""项目所得五免五减半（减半征收）""项目所得十免（免税）"时，本行无需填报。

案例解析 7-8 集成电路生产企业纳税申报

【案例材料】

科技有限公司 B 公司成立于 2018 年 1 月 31 日，是生产线宽小于 65 纳米的国家鼓励的集成电路生产企业，经营期限 20 年，被国家发展改革委、工业和信息化部列入可享受优惠清单，2020 年度开始盈利。

B 公司 2022 年月平均职工总人数 460 人（包括与公司签订劳动合同 310 人，劳务派遣人员 150 人），其中签订劳动合同关系且具有大学专科以上学历的职工人数 210 人，研究开发人员人数 120 人。

2022 年度，B 公司收入总额 9 000 万元，其中销售线宽小于 65 纳米的集成电路销售收入6 400万元。应纳税所得额为1 500万元。

当年研发费用总额600万元,其中,发生在中国境内400万元,发生在境外200万元。

要求:请根据上述资料,填报B公司2022年度相关企业所得税纳税申报表。

【案例分析】

1. 2022年关键指标的计算。

(1)本年具有大学专科以上学历职工人数占企业月平均职工总人数的比例=210÷460=45.65%,符合不低于40%的比例要求,其中研究开发人员占企业月平均职工总数的比例=120÷460=26.09%,符合不低于20%的比例要求。

(2)本年度研究开发费用总额占企业销售(营业)收入的比例=600÷9 000=6.67%,符合不低于2%的比例要求,其中,企业在中国境内发生的研究开发费用金额占研究开发费用总额的比例=400÷600=66.67%,符合不低于60%的要求。

(3)本年度集成电路制造销售(营业)收入占企业收入总额的比例=6 400÷9 000=71.11%,符合不低于60%的要求。

2. 优惠金额的计算。

按照政策规定,国家鼓励的集成电路线宽小于65纳米(含),且经营期在15年以上的集成电路生产企业或项目,第一年至第五年免征企业所得税,第六年至第十年按照25%的法定税率减半征收企业所得税。本年处于免税期间的企业,享受免税优惠政策。

本年应纳所得税额=1 500×25%=375(万元)。

3. 2022年纳税申报情况,如表7-7-4、表7-7-5和表7-7-6所示。

查询"软件、集成电路企业优惠方式代码表",该企业优惠代码为210,优惠方式"五免五减半",企业类型代码为150。

表7-7-4 企业所得税年度纳税申报基础信息表(A000000)(局部)

基本经营情况(必填项目)			
101 纳税申报企业类型(填写代码)	100	102 分支机构就地纳税比例(%)	
103 资产总额(填写平均值,单位:万元)		104 从业人数(填写平均值,单位:人)	460
105 所属国民经济行业(填写代码)	3 963	106 从事国家限制或禁止行业	□是☑否
107 适用会计准则或会计制度(填写代码)	110	108 采用一般企业财务报表格式(2019年版)	☑是□否
109 小型微利企业	□是☑否	110 上市公司	是(□境内□境外)☑否
有关涉税事项情况(存在或者发生下列事项时必填)			
208 软件、集成电路企业类型(填写代码)	150	209 集成电路生产项目类型	□130纳米 ☑65纳米 □28纳米

表 7-7-5　软件、集成电路企业优惠情况及明细表（A107042）

金额单位：万元

税收优惠基本信息				
选择适用优惠政策	□延续适用原有优惠政策　☑适用新出台优惠政策			
减免方式1	210	获利年度\开始计算优惠期年度1		2020\2020
减免方式2		获利年度\开始计算优惠期年度2		
税收优惠有关情况				
行次	项　目			数量\金额
1	人员指标	一、企业本年月平均职工总人数		460
2		其中：签订劳动合同关系且具有大学专\本科以上学历的职工人数		210
3		研究开发人员人数		120
4	研发费用指标	二、研发费用总额		600
5		其中：企业在中国境内发生的研发费用金额		400
6	收入指标	三、企业收入总额		9 000
7		四、符合条件的销售（营业）收入		6 400
8		其中：自主设计、自主开发销售及服务收入		
9	知识产权指标	五、拥有核心关键技术和属于本企业的知识产权总数		
10		其中：发明专利		
11		集成电路布图设计登记		
12		计算机软件著作		
13	业务类型及领域	是否从事8英寸及以下集成电路		□是 □否
14		是否按照开发、销售嵌入式软件企业条件享受政策		□是 □否
15		重点集成电路设计领域和重点软件领域		请选择所属领域
16	减免税额			375

表 7-7-6　减免所得税优惠明细表（A107040）（局部）

单位：万元

行次	项　目	金额
27	二十七、线宽小于65纳米（含）或投资额超过150亿元的集成电路生产企业减免企业所得税（原政策，填写A107042）	375
33	合计（1＋2＋…＋28－29＋30＋31＋32）	375

7.7.5　表内、表间关系

本表第16行与A107040表行次对应关系表如表7-7-7所示。

表 7-7-7　A107042 第 16 行与 A107040 表行次对应关系表

软件、集成电路企业类型	选择适用优惠政策	优惠方式代码	减免方式类型	A107040对应行次
110 集成电路生产企业（线宽小于 0.8 微米的企业）	原政策	120	企业二免三减半（减半征收）	6
120 集成电路生产企业（线宽小于 0.25 微米的企业）	原政策	210	企业五免五减半（免税）	9
	原政策	220	企业五免五减半（减半征收）	9
130 集成电路生产企业（投资额超过 80 亿元的企业）	原政策	210	企业五免五减半（免税）	10
	原政策	220	企业五免五减半（减半征收）	10
131 集成电路生产企业（投资额超过 150 亿元的企业）	原政策	210	企业五免五减半（免税）	27
	原政策	220	企业五免五减半（减半征收）	27
140 集成电路生产企业（线宽小于 130 纳米的企业）	原政策	120	企业二免三减半（减半征收）	26
	新政策	110	企业二免三减半（免税）	28.4.3
	新政策	120	企业二免三减半（减半征收）	28.4.3
151 集成电路生产企业（线宽小于 65 纳米的企业）	原政策	210	企业五免五减半（免税）	27
	原政策	220	企业五免五减半（减半征收）	27
	新政策	210	企业五免五减半（免税）	28.4.2
	新政策	220	企业五免五减半（减半征收）	28.4.2
160 集成电路生产企业（线宽小于 28 纳米的企业）	新政策	900	企业十免（免税）	28.4.1
240 集成电路设计企业（集成电路设计企业）	原政策	120	企业二免三减半（减半征收）	11
	新政策	110	企业二免三减半（免税）	28.4.4
	新政策	120	企业二免三减半（减半征收）	28.4.4
250 集成电路设计企业（重点集成电路设计企业）	新政策	300	企业减按 10% 税率征收企业所得税	28.4.5
	新政策	800	企业五免（免税）	28.4.5
330 软件企业（软件企业）	原政策	120	企业二免三减半（减半征收）	13
	新政策	110	企业二免三减半（免税）	28.4.9
	新政策	120	企业二免三减半（减半征收）	28.4.9
340 软件企业（重点软件企业）	新政策	300	企业减按 10% 税率征收企业所得税	28.4.10
	新政策	800	企业五免（免税）	28.4.10
400 集成电路封装、测试（含封装测试）企业	原政策	120	企业二免三减半（减半征收）	15
	新政策	110	企业二免三减半（免税）	28.4.8
	新政策	120	企业二免三减半（减半征收）	28.4.8
500 集成电路材料（含关键专用材料）企业	原政策	120	企业二免三减半（减半征收）	16
	新政策	110	企业二免三减半（免税）	28.4.7
	新政策	120	企业二免三减半（减半征收）	28.4.7

(续表)

软件、集成电路企业类型	选择适用优惠政策	优惠方式代码	减免方式类型	A107040对应行次
600 集成电路装备(含专用设备)企业	原政策	120	企业二免三减半(减半征收)	16
	新政策	110	企业二免三减半(免税)	28.4.6
	新政策	120	企业二免三减半(减半征收)	28.4.6

7.8 《减免所得税优惠明细表》(A107040)

表 A107040(见表 7-8-1)适用于享受减免所得税优惠政策的纳税人填报。纳税人根据税法和相关税收政策规定,填报本年享受减免所得税优惠情况。

表 7-8-1 减免所得税优惠明细表(A107040)

行次	项 目	金额
1	一、符合条件的小型微利企业减免企业所得税	
2	二、国家需要重点扶持的高新技术企业减按 15% 的税率征收企业所得税(填写 A107041)	
3	三、经济特区和上海浦东新区新设立的高新技术企业在区内取得的所得定期减免企业所得税(填写 A107041)	
4	四、受灾地区农村信用社免征企业所得税	*
5	五、动漫企业自主开发、生产动漫产品定期减免企业所得税	
6	六、线宽小于 0.8 微米(含)的集成电路生产企业减免企业所得税(填写 A107042)	
7	七、线宽小于 0.25 微米的集成电路生产企业减按 15% 税率征收企业所得税(填写 A107042)	*
8	八、投资额超过 80 亿元的集成电路生产企业减按 15% 税率征收企业所得税(填写 A107042)	*
9	九、线宽小于 0.25 微米的集成电路生产企业减免企业所得税(填写 A107042)	
10	十、投资额超过 80 亿元的集成电路生产企业减免企业所得税(填写 A107042)	
11	十一、新办集成电路设计企业减免企业所得税(填写 A107042)	
12	十二、国家规划布局内集成电路设计企业可减按 10% 的税率征收企业所得税(填写 A107042)	*
13	十三、符合条件的软件企业减免企业所得税(填写 A107042)	
14	十四、国家规划布局内重点软件企业可减按 10% 的税率征收企业所得税(填写 A107042)	*
15	十五、符合条件的集成电路封装测试企业定期减免企业所得税(填写 A107042)	*
16	十六、符合条件的集成电路关键专用材料生产企业、集成电路专用设备生产企业定期减免企业所得税(填写 A107042)	*

(续表)

行次	项　目	金额
17	十七、经营性文化事业单位转制为企业的免征企业所得税	
18	十八、符合条件的生产和装配伤残人员专门用品企业免征企业所得税	
19	十九、技术先进型服务企业(服务外包类)减按15%的税率征收企业所得税	
20	二十、技术先进型服务企业(服务贸易类)减按15%的税率征收企业所得税	
21	二十一、设在西部地区的鼓励类产业企业减按15%的税率征收企业所得税(主营业务收入占比＿＿＿＿％)	
22	二十二、新疆困难地区新办企业定期减免企业所得税	
23	二十三、新疆喀什、霍尔果斯特殊经济开发区新办企业定期免征企业所得税	
24	二十四、广东横琴、福建平潭、深圳前海、广东南沙等地区的鼓励类产业企业减按15%税率征收企业所得税(24.1＋24.2＋24.3＋24.4)	
24.1	(一)横琴粤澳深度合作区的鼓励类产业企业减按15%税率征收企业所得税	
24.2	(二)平潭综合实验区的鼓励类产业企业减按15%税率征收企业所得税	
24.3	(三)前海深港现代服务业合作区的鼓励类产业企业减按15%税率征收企业所得税	
24.4	(四)南沙先行启动区的鼓励类产业企业减按15%税率征收企业所得税	
25	二十五、北京冬奥组委、北京冬奥会测试赛赛事组委会免征企业所得税	
26	二十六、线宽小于130纳米(含)的集成电路生产企业减免企业所得税(原政策,填写A107042)	
27	二十七、线宽小于65纳米(含)或投资额超过150亿元的集成电路生产企业减免企业所得税(原政策,填写A107042)	
28	二十八、其他(28.1＋28.2＋28.3＋28.4＋28.5＋28.6)	
28.1	(一)从事污染防治的第三方企业减按15%的税率征收企业所得税	
28.2	(二)上海自贸试验区临港新片区的重点产业减按15%的税率征收企业所得税	
28.3	(三)海南自由贸易港鼓励类企业减按15%的税率征收企业所得税	
28.4	(四)国家鼓励的集成电路和软件企业减免企业所得税政策(28.4.1＋…＋28.4.10)	
28.4.1	1.线宽小于28纳米(含)集成电路生产企业减免企业所得税(填写A107042)	
28.4.2	2.线宽小于65纳米(含)集成电路生产企业减免企业所得税(填写A107042)	
28.4.3	3.线宽小于130纳米(含)集成电路生产企业减免企业所得税(填写A107042)	
28.4.4	4.集成电路设计企业减免企业所得税(填写A107042)	
28.4.5	5.重点集成电路设计企业减免企业所得税(填写A107042)	
28.4.6	6.集成电路装备企业减免企业所得税(填写A107042)	
28.4.7	7.集成电路材料企业减免企业所得税(填写A107042)	
28.4.8	8.集成电路封装、测试企业减免企业所得税(填写A107042)	

(续表)

行次	项 目	金额
28.4.9	9. 软件企业减免企业所得税(填写 A107042)	
28.4.10	10. 重点软件企业减免企业所得税(填写 A107042)	
28.5	(五)其他 1	
28.6	(六)其他 2	
29	二十九、减：项目所得额按法定税率减半征收企业所得税叠加享受减免税优惠	
30	三十、支持和促进重点群体创业就业企业限额减征企业所得税(30.1+30.2)	
30.1	(一)企业招用建档立卡贫困人口就业扣减企业所得税	
30.2	(二)企业招用登记失业半年以上人员就业扣减企业所得税	
31	三十一、扶持自主就业退役士兵创业就业企业限额减征企业所得税	
32	三十二、符合条件的公司型创投企业按照企业年末个人股东持股比例减免企业所得税 (个人股东持股比例_____%)	
33	合计(1+2+…+28－29+30+31+32)	

7.8.1 小型微利企业减免所得税

7.8.1.1 小型微利企业所得税优惠政策

《财政部　税务总局关于实施小微企业和个体工商户所得税优惠政策的公告》(财政部　税务总局公告2021年第12号)规定，自2021年1月1日至2022年12月31日，对小型微利企业年应纳税所得额不超过100万元的部分，在《财政部　税务总局关于实施小微企业普惠性税收减免政策的通知》(财税〔2019〕13号)第二条规定的优惠政策基础上，再减半征收企业所得税。

《财政部　税务总局关于实施小微企业普惠性税收减免政策的通知》(财税〔2019〕13号)第二条规定，对小型微利企业年应纳税所得额不超过100万元的部分，减按25%计入应纳税所得额，按20%的税率缴纳企业所得税；对年应纳税所得额超过100万元但不超过300万元的部分，减按50%计入应纳税所得额，按20%的税率缴纳企业所得税。

小型微利企业是指从事国家非限制和禁止行业，且同时符合年度应纳税所得额不超过300万元、从业人数不超过300人、资产总额不超过5 000万元等三个条件的企业。

从业人数，包括与企业建立劳动关系的职工人数和企业接受的劳务派遣用工人数。所称从业人数和资产总额指标，应按企业全年的季度平均值确定。具体计算公式如下：

季度平均值＝(季初值＋季末值)÷2

全年季度平均值＝全年各季度平均值之和÷4

年度中间开业或者终止经营活动的,以其实际经营期作为一个纳税年度确定上述相关指标。

《财政部 税务总局关于进一步实施小微企业所得税优惠政策的公告》(财政部 税务总局公告2022年第13号)规定,自2022年1月1日至2024年12月31日,对小型微利企业年应纳税所得额超过100万元但不超过300万元的部分,减按25％计入应纳税所得额,按20％的税率缴纳企业所得税。

《国家税务总局关于小型微利企业所得税优惠政策征管问题的公告》(国家税务总局公告2022年第5号)规定,小型微利企业无论按查账征收方式或核定征收方式缴纳企业所得税,均可享受小型微利企业所得税优惠政策。企业设立不具有法人资格分支机构的,应当汇总计算总机构及其各分支机构的从业人数、资产总额、年度应纳税所得额,依据合计数判断是否符合小型微利企业条件。小型微利企业预缴企业所得税时,资产总额、从业人数、年度应纳税所得额指标,暂按当年度截至本期预缴申报所属期末的情况进行判断。原不符合小型微利企业条件的企业,在年度中间预缴企业所得税时,按照相关政策标准判断符合小型微利企业条件的,应按照截至本期预缴申报所属期末的累计情况,计算减免税额。当年度此前期间如因不符合小型微利企业条件而多预缴的企业所得税税款,可在以后季度应预缴的企业所得税税款中抵减。企业预缴企业所得税时享受了小型微利企业所得税优惠政策,但在汇算清缴时发现不符合相关政策标准的,应当按照规定补缴企业所得税税款。

7.8.1.2 小型微利企业减免所得税申报

小型微利企业在预缴和汇算清缴企业所得税时,通过填写纳税申报表,即可享受小型微利企业所得税优惠政策。汇算清缴时,表A107040第1行"一、符合条件的小型微利企业减免所得税",填报享受小型微利企业普惠性所得税减免政策减免企业所得税的金额。本行填报根据本期《中华人民共和国企业所得税年度纳税申报表(A类)》(A100000)第23行计算的减免企业所得税的本年金额。

案例解析7-9 小型微利企业减免所得税优惠申报

【案例材料】

甲企业是从事模具生产的小型企业,2020年全年资产总额3 000万元,职工人数180人,当年累计应纳税所得额为260万元。2021年该企业资产总额达到3 200万元,职工人数未变,当年应纳税所得额为280万元。2022年该企业资产总额达到3 500万元,职工人数240人,当年应纳税所得额为260万元。

要求：计算甲企业三年中每年应交企业所得税金额，并填报 2022 年度所得税申报表。

【案例分析】

1. 甲企业三年的资产总额、职工人数和应纳税所得额均符合小型微利企业的条件，可以享受小型微利企业优惠政策。

2020 年度应纳所得税额 $=100\times25\%\times20\%+(260-100)\times50\%\times20\%=21$（万元）。

减免税额 $=260\times25\%-21=44$（万元）。

2021 年度应纳所得税额 $=100\times25\%\times50\%\times20\%+(280-100)\times50\%\times20\%=20.5$（万元）。

减免税额 $=280\times25\%-20.5=49.5$（万元）。

2022 年度应纳所得税额 $=100\times25\%\times50\%\times20\%+(260-100)\times25\%\times20\%=10.5$（万元）。

减免税额 $=260\times25\%-10.5=54.5$（万元）。

2. 甲企业 2022 年度纳税申报情况，如表 7-8-2 和表 7-8-3 所示。

表 7-8-2　中华人民共和国企业所得税年度纳税申报表（A 类）（A100000）（局部）

单位：万元

行次	类别	项目	金额
23	应纳税所得额计算	五、应纳税所得额（19−20−21−22）	260.0
24	应纳税额计算	税率（25%）	25%
25		六、应纳所得税额（23×24）	65.0
26		减：减免所得税额（填写 A107040）	54.5
27		减：抵免所得税额（填写 A107050）	0
28		七、应纳税额（25−26−27）	10.5

表 7-8-3　减免所得税优惠明细表（A107040）（局部）

单位：万元

行次	项目	金额
1	一、符合条件的小型微利企业减免企业所得税	54.5
34	合计（1+2+…+28−29+30+31+32+33）	54.5

7.8.2　高新技术企业减免所得税

高新技术企业税收优惠的申报先填报表 A107041，表 A107041 第 31 行和第 32 行的金额在表 A107040 相应行次填报。

第 2 行"二、国家需要重点扶持的高新技术企业减按 15% 的税率征收企业所得税",根据税法及《国家税务总局关于实施高新技术企业所得税优惠政策有关问题的公告》(国家税务总局公告 2017 年第 24 号)文件等规定,国家需要重点扶持的高新技术企业减按 15% 的税率征收企业所得税。本行填报表 A107041 第 31 行金额。

第 3 行"三、经济特区和上海浦东新区新设立的高新技术企业在区内取得的所得定期减免企业所得税",根据《国务院关于经济特区和上海浦东新区新设立高新技术企业实行过渡性税收优惠的通知》(国发〔2007〕40 号)等规定,经济特区和上海浦东新区内,在 2008 年 1 月 1 日(含)之后完成登记注册的国家需要重点扶持的高新技术企业,在经济特区和上海浦东新区内取得的所得,自取得第一笔生产经营收入所属纳税年度起,第一年至第二年免征企业所得税,第三年至第五年按照 25% 法定税率减半征收企业所得税。本行填报表 A107041 第 32 行金额。

7.8.3 集成电路生产企业和软件企业减免所得税

集成电路生产企业和软件企业税收优惠的申报先填报表 A107042,根据企业类型和适用的具体政策将表 A107042 第 11 行的金额,分别填报表 A107040 的相关行次。除第 7 行、第 8 行、第 12 行和第 14 行的相关政策已经停止执行,不再填报外,第 6 行至第 16 行,第 26 行、27 行,第 28.4 行(包括第 28.4.1 至 28.4.10 行)分别填报集成电路企业减免所得税情况。

各行金额的计算根据《财政部 国家税务总局关于进一步鼓励软件产业和集成电路产业发展企业所得税政策的通知》(财税〔2012〕27 号)、《财政部 国家税务总局 发展改革委 工业和信息化部关于软件和集成电路产业企业所得税优惠政策有关问题的通知》(财税〔2016〕49 号)、《财政部 税务总局 国家发展改革委 工业和信息化部关于集成电路生产企业有关企业所得税政策问题的通知》(财税〔2018〕27 号)、《财政部 税务总局 发展改革委 工业和信息化部关于促进集成电路和软件产业高质量发展企业所得税政策的公告》(财政部 税务总局 发展改革委 工业和信息化部公告 2020 年第 45 号)等规定。

7.8.4 特殊行业或组织减免所得税

7.8.4.1 动漫企业

1) 税收政策

《财政部 国家税务总局关于扶持动漫产业发展有关税收政策问题的通知》(财税〔2009〕65 号)规定,经认定的动漫企业自主开发、生产动漫产品,可申请享受国家现行鼓励软件产业发展的所得税优惠政策,即自获利年度起,第一年至第二年免征所得税,第三年至第五年按照 25% 的法定税率减半征收所得税。

《文化部 财政部 国家税务总局关于印发〈动漫企业认定管理办法(试行)〉的通知》(文市发〔2008〕51号)第四条规定的动漫企业和动漫产品内容如表 7-8-4 所示。

表 7-8-4 动漫企业和动漫产品汇总表

序号	动漫企业	动漫产品
1	漫画创作企业	漫画:单幅和多格漫画、插画、漫画图书、动画抓帧图书、漫画报刊、漫画原画等
2	动画创作、制作企业	动画:动画电影、动画电视剧、动画短片、动画音像制品,影视特效中的动画片段,科教、军事、气象、医疗等影视节目中的动画片段等
3	网络动漫(含手机动漫)创作、制作企业	网络动漫(含手机动漫):以计算机互联网和移动通信网等信息网络为主要传播平台,以电脑、手机及各种手持电子设备为接收终端的动画、漫画作品,包括 FLASH 动画、网络表情、手机动漫等
4	动漫舞台剧(节)目制作、演出企业	动漫舞台剧(节)目:改编自动漫平面与影视等形式作品的舞台演出剧(节)目、采用动漫造型或含有动漫形象的舞台演出剧(节)目等
5	动漫软件开发企业	动漫软件:漫画平面设计软件、动画制作专用软件、动画后期音视频制作工具软件等
6	动漫衍生产品研发、设计企业	动漫衍生产品:与动漫形象有关的服装、玩具、文具、电子游戏等

《文化部 财政部 国家税务总局关于实施〈动漫企业认定管理办法(试行)〉有关问题的通知》(文产发〔2009〕18号)规定,《动漫企业认定管理办法》所称动漫企业,不包括漫画出版、发行,动画播出、放映,网络动漫传播以及动漫衍生产品生产、销售等为主营业务的企业。

企业拥有的自主知识产权是指企业近 3 年内(至申报日前)获得的自主知识产权。

企业营业场所产权证明或者租赁意向书(含出租方的产权证明),营业场所为企业自有产权的,提供房产证复印件加盖企业公章;营业场所为企业租赁的,提供产权方房产证复印件加盖公章或房主签字,并提供房屋租赁合同加盖企业公章。

企业申请动漫企业资格,应提供具有资质的中介机构鉴证的企业财务年度报表(含资产负债表、损益表、现金流量表)等企业经营情况,以及企业年度研究开发费用情况表,并附研究开发活动说明材料,并加盖具有资质的中介机构的公章。各地认定机构应认真核验申请材料。

动漫企业认定年审受理申请时间为每年的 5 月 1 日至 7 月 31 日。

2) 纳税申报

动漫企业定期减免企业所得税填报第 5 行"五、动漫企业自主开发、生产动漫产品定期减免企业所得税",本行填报根据表 A100000 第 23 行计算的免征、减征企业所得税金额。

7.8.4.2 经营性文化事业单位转制为企业

1) 税收政策

《财政部 税务总局 中央宣传部关于继续实施文化体制改革中经营性文化事业单位转制为企业若干税收政策的通知》(财税〔2019〕16 号,以下简称财税〔2019〕16 号文件)规定,经营性文化事业单位转制为企业,自转制注册之日起 5 年内免征企业所得税。2018 年 12 月 31 日之前已完成转制的企业,自 2019 年 1 月 1 日起可继续免征 5 年企业所得税。

享受税收优惠政策的转制文化企业应同时符合以下条件:

(1) 根据相关部门的批复进行转制。

(2) 转制文化企业已进行企业法人登记。

(3) 整体转制前已进行事业单位法人登记的,转制后已核销事业编制、注销事业单位法人;整体转制前未进行事业单位法人登记的,转制后已核销事业编制。

(4) 已同在职职工全部签订劳动合同,按企业办法参加社会保险。

(5) 转制文化企业引入非公有资本和境外资本的,须符合国家法律法规和政策规定;变更资本结构依法应经批准的,需经行业主管部门和国有文化资产监管部门批准。

 未经认定的转制文化企业或转制文化企业不符合财税〔2019〕16 号文件规定的,不得享受相关税收优惠政策。已享受优惠的,主管税务机关应追缴其已减免的税款。该项税收政策执行期限为 2019 年 1 月 1 日至 2023 年 12 月 31 日。企业在 2023 年 12 月 31 日享受本免税政策不满 5 年的,可继续享受至 5 年期满为止。

2) 纳税申报

经营性文化事业单位转制为企业的免征企业所得税,填报第 17 行"十七、经营性文化事业单位转制为企业的免征企业所得税",本行填报根据表 A100000 第 23 行计算的免征企业所得税金额。

7.8.4.3 生产和装配伤残人员专门用品企业

1) 税收政策

《财政部 税务总局 民政部关于生产和装配伤残人员专门用品企业免征企业所得税的公告》(财政部 税务总局 民政部公告 2021 年第 14 号)规定,自 2021 年 1 月 1 日至 2023 年 12 月 31 日,对符合下列条件的居民企业,免征企业所得税:

(1) 生产和装配伤残人员专门用品,且在民政部发布的《中国伤残人员专门用品目录》范围之内。

（2）以销售本企业生产或者装配的伤残人员专门用品为主，其所取得的年度伤残人员专门用品销售收入（不含出口取得的收入）占企业收入总额60%以上。

（3）企业账证健全，能够准确、完整地向主管税务机关提供纳税资料，且本企业生产或者装配的伤残人员专门用品所取得的收入能够单独、准确核算。

（4）企业拥有假肢制作师、矫形器制作师资格证书的专业技术人员不得少于1人；其企业生产人员如超过20人，则其拥有假肢制作师、矫形器制作师资格证书的专业技术人员不得少于全部生产人员的1/6。

（5）具有与业务相适应的测量取型、模型加工、接受腔成型、打磨、对线组装、功能训练等生产装配专用设备和工具。

（6）具有独立的接待室、假肢或者矫形器（辅助器具）制作室和假肢功能训练室，使用面积不少于115平方米。

2）纳税申报

生产和装配伤残人员专门用品企业免征企业所得税，填报第18行"十八、符合条件的生产和装配伤残人员专门用品企业免征企业所得税"，本行填报根据表A100000第23行计算的免征企业所得税金额。

7.8.4.4 技术先进型服务企业

1）税收政策

《财政部 税务总局 商务部 科技部 国家发展改革委关于将技术先进型服务企业所得税政策推广至全国实施的通知》（财税〔2017〕79号）规定，自2017年1月1日起，对经认定的技术先进型服务企业，减按15%的税率征收企业所得税。可以享受优惠政策的技术先进型服务企业必须同时符合以下条件：

（1）在中国境内（不包括中国港、澳、台地区）注册的法人企业。

（2）从事《技术先进型服务业务认定范围（试行）》中的一种或多种技术先进型服务业务，采用先进技术或具备较强的研发能力。

（3）具有大专以上学历的员工占企业职工总数的50%以上。

（4）从事《技术先进型服务业务认定范围（试行）》中的技术先进型服务业务取得的收入占企业当年总收入的50%以上。

（5）从事离岸服务外包业务取得的收入不低于企业当年总收入的35%。

从事离岸服务外包业务取得的收入，是指企业根据境外单位与其签订的委托合同，由本企业或其直接转包的企业为境外单位提供《技术先进型服务业务认定范围（试行）》中所规定的信息技术外包服务（ITO）、技术性业务流程外包服务（BPO）和技术性知识流程外包服务（KPO），而从上述境外单位取得的收入。

《财政部 税务总局 商务部 科技部 国家发展改革委关于将服务贸易创新发展试点地区技术先进型服务企业所得税政策推广至全国实施的通知》(财税〔2018〕44号)规定,自2018年1月1日起,对经认定的技术先进型服务企业(服务贸易类),减按15%的税率征收企业所得税。

2) 纳税申报

第19行"十九、技术先进型服务企业(服务外包类)减按15%的税率征收企业所得税",填报根据表A100000第23行计算的减征企业所得税金额。

第20行"二十、技术先进型服务企业(服务贸易类)减按15%的税率征收企业所得税",填报经认定的技术先进型服务企业(服务贸易类),减按15%的税率征收企业所得税,本行填报根据表A100000第23行计算的减征企业所得税金额。

7.8.4.5 北京冬奥组委、北京冬奥会测试赛赛事组委会

第25行"二十五、北京冬奥组委、北京冬奥会测试赛赛事组委会免征企业所得税",根据《财政部 税务总局 海关总署关于北京2022年冬奥会和冬残奥会税收政策的通知》(财税〔2017〕60号)等规定,为支持发展奥林匹克运动,确保北京2022年冬奥会和冬残奥会顺利举办,对北京冬奥组委免征应缴纳的企业所得税,北京冬奥会测试赛赛事组委会取得的收入及发生的涉税支出比照执行北京冬奥组委的税收政策。本行填报北京冬奥组委、北京冬奥会测试赛赛事组委会根据表A100000第23行计算的免征企业所得税金额。

7.8.4.6 从事污染防治的第三方企业

1) 税收政策

《财政部 税务总局 国家发展改革委 生态环境部关于从事污染防治的第三方企业所得税政策问题的公告》(财政部 税务总局 国家发展改革委 生态环境部公告2019年第60号,以下简称2019年第60号公告)规定,自2019年1月1日起至2021年12月31日止①,对符合条件的从事污染防治的第三方企业(以下称第三方防治企业)减按15%的税率征收企业所得税。

上述所称第三方防治企业,是指受排污企业或政府委托,负责环境污染治理设施(包括自动连续监测设施,下同)运营维护的企业。第三方防治企业应当同时符合以下条件:

(1) 在中国境内(不包括中国港、澳、台地区)依法注册的居民企业。

---

① 根据《财政部 税务总局关于延长部分税收优惠政策执行期限的公告》(财政部 税务总局2022年第4号)的规定,《财政部 税务总局 国家发展改革委 生态环境部关于从事污染防治的第三方企业所得税政策问题的公告》(财政部 税务总局 国家发展改革委 生态环境部公告2019年第60号)执行期限延长至2023年12月31日。

(2) 具有 1 年以上连续从事环境污染治理设施运营实践，且能够保证设施正常运行。

(3) 具有至少 5 名从事本领域工作且具有环保相关专业中级及以上技术职称的技术人员，或者至少 2 名从事本领域工作且具有环保相关专业高级及以上技术职称的技术人员。

(4) 从事环境保护设施运营服务的年度营业收入占总收入的比例不低于 60%。

(5) 具备检验能力，拥有自有实验室，仪器配置可满足运行服务范围内常规污染物指标的检测需求。

(6) 保证其运营的环境保护设施正常运行，使污染物排放指标能够连续稳定达到国家或者地方规定的排放标准要求。

(7) 具有良好的纳税信用，近三年内纳税信用等级未被评定为 C 级或 D 级。

《国家税务总局　国家发展改革委　生态环境部关于落实从事污染防治的第三方企业所得税政策有关问题的公告》(国家税务总局　国家发展改革委　生态环境部公告 2021 年第 11 号)规定，第三方防治企业依照 2019 年第 60 号公告规定享受优惠政策的，主要留存备查资料为：

(1) 连续从事环境污染治理设施运营实践一年以上的情况说明，与环境污染治理设施运营有关的合同、收入凭证。

(2) 当年有效的技术人员的职称证书或执(职)业资格证书、劳动合同及工资发放记录等材料。

(3) 从事环境保护设施运营服务的年度营业收入、总收入及其占比等情况说明。

(4) 可说明当年企业具备检验能力，拥有自有实验室，仪器配置可满足运行服务范围内常规污染物指标的检测需求的有关材料：

① 污染物检测仪器清单，其中列入《实施强制管理计量器具目录》的检测仪器需同时留存备查相关检定证书。

② 当年常规理化指标的化验检测全部原始记录，其中污染治理类别为危险废物的利用与处置的，还需留存备查危险废物转移联单。

(5) 可说明当年企业能保证其运营的环境保护设施正常运行，使污染物排放指标能够连续稳定达到国家或者地方规定的排放标准要求的有关材料：

① 环境污染治理运营项目清单、项目简介。

② 反映污染治理设施运营期间主要污染物排放连续稳定达标的所有自动监测日均值等记录，由具备资质的生态环境监测机构出具的全部检测报告。从事机动车船、非道路移动机械、餐饮油烟治理的，如未进行在线数据监测，也可不留存备查在线监测数据记录。

③ 运营期内能够反映环境污染治理设施日常运行情况的全部记录、能够说明自动监测仪器设备符合生态环境保护相关标准规范要求的材料。

（6）仅从事自动连续监测运营服务的第三方企业，提供反映运营服务期间自动监测故障后及时修复、监测数据"真、准、全"等相关证明材料，无须提供反映污染物排放连续稳定达标相关材料。

2) 纳税申报

从事污染防治的第三方企业减按 15% 的税率征收企业所得税，根据表 A100000 第 23 行计算的减征企业所得税金额填报第 28.1 行。

7.8.5　特殊群体创业减免所得税

7.8.5.1　企业招用建档立卡贫困人口所得税优惠

1) 税收政策

《财政部　税务总局　人力资源社会保障部　国务院扶贫办关于进一步支持和促进重点群体创业就业有关税收政策的通知》（财税〔2019〕22 号，以下简称财税〔2019〕22 号文件）规定，2019 年 1 月 1 日至 2021 年 12 月 31 日①，企业招用建档立卡贫困人口，以及在人力资源社会保障部门公共就业服务机构登记失业半年以上且持《就业创业证》或《就业失业登记证》（注明"企业吸纳税收政策"）的人员，与其签订 1 年以上期限劳动合同并依法缴纳社会保险费的，自签订劳动合同并缴纳社会保险当月起，在 3 年内按实际招用人数予以定额依次扣减增值税、城市维护建设税、教育费附加、地方教育附加和企业所得税优惠。定额标准为每人每年 6 000 元，最高可上浮 30%，各省、自治区、直辖市人民政府可根据本地区实际情况在此幅度内确定具体定额标准。

风险提示　纳税人在 2021 年 12 月 31 日享受财税〔2019〕22 号文件规定税收优惠政策未满 3 年的，可继续享受至 3 年期满为止。

2) 纳税申报

第 30 行"三十、支持和促进重点群体创业就业企业限额减征企业所得税"，填报企业纳税年度终了时实际减免的增值税、城市维护建设税、教育费附加和地方教育附加小于核定的减免税总额部分，在企业所得税汇算清缴时扣减的企业所得税金额。当年扣减不完的，不再结转以后年度扣减。本行填报第 30.1＋30.2 行的合计金

---

① 根据《财政部　税务总局　人力资源社会保障部　国家乡村振兴局关于延长部分扶贫税收优惠政策执行期限的公告》（财政部　税务总局　人力资源社会保障部　国家乡村振兴局公告 2021 年第 18 号）的规定，财税〔2019〕22 号文件执行期限延长至 2025 年 12 月 31 日。

额。企业招用建档立卡贫困人口就业扣减企业所得税填报第30.1行,企业招用登记失业半年以上人员就业扣减企业所得税填报第30.2行。

7.8.5.2 自主就业退役士兵创业就业所得税优惠

1) 税收政策

《财政部 税务总局 退役军人部关于进一步扶持自主就业退役士兵创业就业有关税收政策的通知》(财税〔2019〕21号,以下简称财税〔2019〕21号文件)规定,2019年1月1日至2021年12月31日①,企业招用自主就业退役士兵,与其签订1年以上期限劳动合同并依法缴纳社会保险费的,自签订劳动合同并缴纳社会保险当月起,在3年内按实际招用人数予以定额依次扣减增值税、城市维护建设税、教育费附加、地方教育附加和企业所得税优惠。定额标准为每人每年6 000元,最高可上浮50%,各省、自治区、直辖市人民政府可根据本地区实际情况在此幅度内确定具体定额标准。

上述所称自主就业退役士兵是指依照《退役士兵安置条例》(国务院 中央军委令第608号)的规定退出现役并按自主就业方式安置的退役士兵。

风险提示 纳税人在2021年12月31日享受财税〔2019〕21号文件规定税收优惠政策未满3年的,可继续享受至3年期满为止。退役士兵以前年度已享受退役士兵创业就业税收优惠政策满3年的,不得再享受财税〔2019〕21号文件规定的税收优惠政策;以前年度享受退役士兵创业就业税收优惠政策未满3年且符合财税〔2019〕21号文件规定条件的,可按财税〔2019〕21号文件规定享受优惠至3年期满。

2) 纳税申报

第31行"三十一、扶持自主就业退役士兵创业就业企业限额减征企业所得税",填报企业纳税年度终了时实际减免的增值税、城市维护建设税、教育费附加和地方教育附加小于核定的减免税总额部分,在企业所得税汇算清缴时扣减的企业所得税金额。当年扣减不完的,不再结转以后年度扣减。

7.8.6 特定区域企业减免所得税

7.8.6.1 设在西部地区的鼓励类产业企业

1) 税收政策

《财政部 税务总局 国家发展改革委关于延续西部大开发企业所得税政策的

---

① 根据《财政部 税务总局关于延长部分税收优惠政策执行期限的公告》(财政部 税务总局2022年第4号)的规定,《财政部 税务总局 退役军人部关于进一步扶持自主就业退役士兵创业就业有关税收政策的通知》(财税〔2019〕21号)执行期限延长至2023年12月31日。

公告》(财政部　税务总局　国家发展改革委公告 2020 年第 23 号)规定,自 2021 年 1 月 1 日至 2030 年 12 月 31 日,对设在西部地区的鼓励类产业企业减按 15% 的税率征收企业所得税。上述所称鼓励类产业企业是指以《西部地区鼓励类产业目录》中规定的产业项目为主营业务,且其主营业务收入占企业收入总额 60% 以上的企业。

《西部地区鼓励类产业目录》由国家发展改革委牵头制定。该目录在本公告执行期限内修订的,自修订版实施之日起按新版本执行。

西部地区包括内蒙古自治区、广西壮族自治区、重庆市、四川省、贵州省、云南省、西藏自治区、陕西省、甘肃省、青海省、宁夏回族自治区、新疆维吾尔自治区和新疆生产建设兵团。湖南省湘西土家族苗族自治州、湖北省恩施土家族苗族自治州、吉林省延边朝鲜族自治州和江西省赣州市,可以比照西部地区的企业所得税政策执行。

风险提示　税务机关在后续管理中,不能准确判定企业主营业务是否属于国家鼓励类产业项目时,可提请发展改革等相关部门出具意见。对不符合税收优惠政策规定条件的,由税务机关按《税收征管法》及有关规定进行相应处理。

《财政部　海关总署　国家税务总局关于深入实施西部大开发战略有关税收政策问题的通知》(财税〔2011〕58 号)规定,自 2011 年 1 月 1 日至 2020 年 12 月 31 日,对设在西部地区的鼓励类产业企业减按 15% 的税率征收企业所得税。①

2) 纳税申报

设在西部地区的鼓励类产业企业减按 15% 的税率征收企业所得税优惠填报第 21 行,根据表 A100000 第 23 行计算的减征企业所得税金额填报。

跨地区经营汇总纳税企业总机构和分支机构因享受该项优惠政策适用不同税率的,本行填报按照《国家税务总局关于印发〈跨地区经营汇总纳税企业所得税征收管理办法〉的公告》(国家税务总局公告 2012 年第 57 号)第十八条规定计算的减免税额。填报符合《西部地区鼓励类产业目录》的主营业务收入占比,保留至小数点后四位,并按百分数填报。

7.8.6.2　新疆困难地区新办企业

1) 税收政策

《财政部　国家税务总局关于新疆困难地区新办企业所得税优惠政策的通知》(财税〔2011〕53 号)规定,2010 年 1 月 1 日至 2020 年 12 月 31 日,对在新疆困难地区

---

① 《财政部　税务总局　国家发展改革委关于延续西部大开发企业所得税政策的公告》(财政部　税务总局　国家发展改革委公告 2020 年第 23 号)规定,自 2021 年 1 月 1 日至 2030 年 12 月 31 日,对设在西部地区的鼓励类产业企业减按 15% 的税率征收企业所得税。

新办的属于《新疆困难地区重点鼓励发展产业企业所得税优惠目录》范围内的企业，自取得第一笔生产经营收入所属纳税年度起，第一年至第二年免征企业所得税，第三年至第五年减半征收企业所得税。

新疆困难地区包括南疆三地州、其他国家扶贫开发重点县和边境县市。属于《新疆困难地区重点鼓励发展产业企业所得税优惠目录》范围内的企业是指以《新疆困难地区重点鼓励发展产业企业所得税优惠目录》中规定的产业项目为主营业务，其主营业务收入占企业收入总额70%以上的企业。第一笔生产经营收入，是指新疆困难地区重点鼓励发展产业项目已建成并投入运营后所取得的第一笔收入。

享受企业所得税定期减免税政策的企业，在减半期内，按照企业所得税25%的法定税率计算的应纳税额减半征税。

《财政部 国家税务总局关于新疆喀什霍尔果斯两个特殊经济开发区企业所得税优惠政策的通知》(财税〔2011〕112号)规定，2010年1月1日至2020年12月31日，对在新疆喀什、霍尔果斯两个特殊经济开发区内新办的属于《新疆困难地区重点鼓励发展产业企业所得税优惠目录》范围内的企业，自取得第一笔生产经营收入所属纳税年度起，5年内免征企业所得税。

第一笔生产经营收入，是指产业项目已建成并投入运营后所取得的第一笔收入。属于《新疆困难地区重点鼓励发展产业企业所得税优惠目录》范围内的企业是指以《新疆困难地区重点鼓励发展产业企业所得税优惠目录》中规定的产业项目为主营业务，其主营业务收入占企业收入总额70%以上的企业。

《财政部 税务总局 发展改革委 工业和信息化部关于印发新疆困难地区重点鼓励发展产业企业所得税优惠目录的通知》(财税〔2021〕42号)规定，享受新疆困难地区及喀什、霍尔果斯两个特殊经济开发区企业所得税优惠政策的企业，需注册在新疆困难地区和喀什、霍尔果斯两个特殊经济开发区并实质性运营，优惠适用的目录统一按照《新疆困难地区重点鼓励发展产业企业所得税优惠目录》执行。

《财政部 税务总局关于新疆困难地区及喀什、霍尔果斯两个特殊经济开发区新办企业所得税优惠政策的通知》(财税〔2021〕27号)规定，2021年1月1日至2030年12月31日，对在新疆困难地区新办的属于《新疆困难地区重点鼓励发展产业企业所得税优惠目录》范围内的企业，自取得第一笔生产经营收入所属纳税年度起，第一年至第二年免征企业所得税，第三年至第五年减半征收企业所得税。在减半期内，按照企业所得税25%的法定税率计算的应纳税额减半征税。

新疆困难地区包括南疆三地州、其他脱贫县(原国家扶贫开发重点县)和边境县市。

2021年1月1日至2030年12月31日，对在新疆喀什、霍尔果斯两个特殊经济开发区内新办的属于《新疆困难地区重点鼓励发展产业企业所得税优惠目录》范围内的企业,自取得第一笔生产经营收入所属纳税年度起,5年内免征企业所得税。第一笔生产经营收入,是指产业项目已建成并投入运营后所取得的第一笔收入。

属于《新疆困难地区重点鼓励发展产业企业所得税优惠目录》范围内的企业是指以《新疆困难地区重点鼓励发展产业企业所得税优惠目录》中规定的产业项目为主营业务,其主营业务收入占企业收入总额60%以上的企业。财政部、税务总局会同有关部门另行发布《新疆困难地区重点鼓励发展产业企业所得税优惠目录》。

2) 纳税申报

新疆困难地区新办企业定期减免企业所得税优惠填报第22行,根据表A100000第23行计算的免征、减征企业所得税金额填报。

新疆喀什、霍尔果斯特殊经济开发区新办企业定期免征企业所得税填报第23行,根据表A100000第23行计算的免征企业所得税金额填报。

7.8.6.3 广东横琴粤澳、福建平潭、深圳前海、广州南沙等地区的鼓励类产业企业

1) 税收政策

《财政部 税务总局关于横琴粤澳深度合作区企业所得税优惠政策的通知》(财税〔2022〕19号)规定,自2021年1月1日起,对设在横琴粤澳深度合作区符合条件的产业企业,减按15%的税率征收企业所得税。享受本条优惠政策的企业需符合以下条件:(1)以《横琴粤澳深度合作区企业所得税优惠目录(2021版)》中规定的产业项目为主营业务,且其主营业务收入占收入总额60%以上。收入总额按照《企业所得税法》第六条规定执行。(2)进行实质性运营,实质性运营是指企业的实际管理机构设在横琴粤澳深度合作区,并对企业生产经营、人员、账务、财产等实施实质性全面管理和控制。对不符合实质性运营的企业,不得享受优惠。对总机构设在横琴粤澳深度合作区的企业,仅就其设在合作区内符合本条规定条件的总机构和分支机构的所得适用15%税率;对总机构设在合作区以外的企业,仅就其设在合作区内符合本条规定条件的分支机构所得适用15%税率。具体征管办法按照税务总局有关规定执行。

《财政部 税务总局关于延续福建平潭综合实验区企业所得税优惠政策的通知》(财税〔2021〕29号,以下简称财税〔2021〕29号文件)规定,自2021年1月1日起至2025年12月31日,对设在平潭综合实验区的符合条件的企业减按15%的税率征收企业所得税。企业需符合的条件,是指以《平潭综合实验区企业所得税优惠目录(2021版)》中规定的产业项目为主营业务,且其主营业务收入占收入总额60%以上。收入总额按照《企业所得税法》第六条规定执行。

对总机构设在平潭综合实验区的企业,仅就其设在实验区内符合财税〔2021〕29号文件第一条规定条件的总机构和分支机构的所得适用15%税率;对总机构设在实验区以外的企业,仅就其设在实验区内符合财税〔2021〕29号文件第一条规定条件的分支机构所得适用15%税率。

上述所称平潭综合实验区的范围,按照国务院2011年11月批复的《平潭综合实验区总体发展规划》执行。

《财政部 税务总局关于延续深圳前海深港现代服务业合作区企业所得税优惠政策的通知》(财税〔2021〕30号,以下简称财税〔2021〕30号文件)规定,自2021年1月1日起至2025年12月31日,对设在前海深港现代服务业合作区的符合条件的企业减按15%的税率征收企业所得税。企业需符合的条件,是指以《前海深港现代服务业合作区企业所得税优惠目录(2021版)》中规定的产业项目为主营业务,且其主营业务收入占收入总额60%以上。收入总额按照《企业所得税法》第六条规定执行。

对总机构设在前海深港现代服务业合作区的企业,仅就其合作区内符合财税〔2021〕30号文件第一条规定条件的总机构和分支机构的所得适用15%税率;对总机构设在合作区以外的企业,仅就其设在合作区内符合财税〔2021〕30号文件第一条规定条件的分支机构所得适用15%税率。具体征管办法按照国家税务总局有关规定执行。

上述所称前海深港现代服务业合作区的范围,按照国务院2010年8月批复的《前海深港现代服务业合作区总体发展规划》执行。

《财政部 税务总局关于广州南沙企业所得税优惠政策的通知》(财税〔2022〕40号)规定,自2022年1月1日起至2026年12月31日,对设在南沙先行启动区符合条件的鼓励类产业企业,减按15%的税率征收企业所得税。享受该优惠的企业需符合以下条件:(1)以《广州南沙企业所得税优惠目录(2022版)》中规定的产业项目为主营业务,且其主营业务收入占收入总额60%以上。收入总额按照《企业所得税法》第六条规定执行。(2)开展实质性运营。对不符合实质性运营的企业,不得享受优惠。实质性运营是指企业的实际管理机构设在南沙先行启动区,并对企业生产经营、人员、账务、财产等实施实质性全面管理和控制。对总机构设在南沙先行启动区的企业,仅就其设在南沙先行启动区内符合本条规定条件的总机构和分支机构的所得适用15%税率;对总机构设在南沙先行启动区以外的企业,仅就其设在南沙先行启动区内符合本条规定条件的分支机构所得适用15%税率。具体征管办法按照税务总局有关规定执行。

风险提示 税务机关对企业主营业务是否属于《前海深港现代服务业合作区企业所得税优惠目录(2021版)》难以界定的,可提请深圳市人民政府有关行政主管部门或其授权的下一级行政主管部门出具意见。税务机关对企业主营业务是否属于《平潭综合实验区企业所得税优惠目录(2021版)》难以界定的,可提请福建省人民政府有关行政主管部门或其授权的下一级行政主管部门出具意见。

2) 纳税申报

对设在横琴粤澳深度合作区的符合条件的企业减按15%的税率征收企业所得税的优惠,填报表A107040第24.1行"(一)横琴粤澳深度合作区的鼓励类产业企业减按15%税率征收企业所得税",根据表A100000第23行计算的减征企业所得税金额填报。

对设在平潭综合实验区的符合条件的企业减按15%的税率征收企业所得税的优惠,填报表A107040第24.2行"(二)平潭综合实验区的鼓励类产业企业减按15%税率征收企业所得税",根据表A100000第23行计算的减征企业所得税金额填报。

对设在前海深港现代服务业合作区的符合条件的企业减按15%的税率征收企业所得税的优惠,填报表A107040第24.3行"(三)前海深港现代服务业合作区的鼓励类产业企业减按15%税率征收企业所得税",根据表A100000第23行计算的减征企业所得税金额填报。

对设在南沙先行启动区的符合条件的企业减按15%的税率征收企业所得税的优惠,填报表A107040第24.4行"(四)南沙先行启动区的鼓励类产业企业减按15%税率征收企业所得税",根据表A100000第23行计算的减征企业所得税金额填报。

7.8.6.4　上海自贸试验区临港新片区的重点企业

1) 税收政策

《财政部　国家税务总局关于中国(上海)自贸试验区临港新片区重点产业企业所得税政策的通知》(财税〔2020〕38号)规定,自2020年1月1日起,新片区内从事集成电路、人工智能、生物医药、民用航空等关键领域核心环节相关产品(技术)业务,并开展实质性生产或研发活动的符合条件的法人企业,自设立之日起5年内减按15%的税率征收企业所得税。

"符合条件的法人企业"必须同时满足以下第(1)(2)项条件,以及第(3)项或第(4)项条件中任一子条件:

(1) 自2020年1月1日起在新片区内注册登记(不包括从外区域迁入新片区的企业),主营业务为从事《新片区集成电路、人工智能、生物医药、民用航空关键领域核心环节目录》中相关领域环节实质性生产或研发活动的法人企业。

实质性生产或研发活动,是指企业拥有固定生产经营场所、固定工作人员,具备与生产或研发活动相匹配的软硬件支撑条件,并在此基础上开展相关业务。

(2) 企业主要研发或销售产品中至少包含1项关键产品(技术)。

关键产品(技术)是指在集成电路、人工智能、生物医药、民用航空等重点领域产业链中起到重要作用或不可或缺的产品(技术)。

(3) 企业投资主体条件：

① 企业投资主体在国际细分市场影响力排名前列，技术实力居于业内前列。

② 企业投资主体在国内细分市场居于领先地位，技术实力在业内领先。

(4) 企业研发生产条件：

① 企业拥有领军人才及核心团队骨干，在国内外相关领域长期从事科研生产工作。

② 企业拥有核心关键技术，对其主要产品具备建立自主知识产权体系的能力。

③ 企业具备推进产业链核心供应商多元化，牵引国内产业升级能力。

④ 企业具备高端供给能力，核心技术指标达到国际前列或国内领先。

⑤ 企业研发成果(技术或产品)已被国际、国内一线终端设备制造商采用或已经开展紧密实质性合作(包括资本、科研、项目等领域)。

⑥ 企业获得国家或省级政府科技或产业化专项资金、政府性投资基金或取得知名投融资机构投资。

2) 纳税申报

上海自贸试验区临港新片区的重点企业减按15%的税率征收企业所得税优惠填报第28.2行，本行根据表A100000第23行计算的减征企业所得税金额填报。

7.8.6.5 海南自由贸易港鼓励类企业

1) 税收政策

《财政部 税务总局关于海南自由贸易港企业所得税优惠政策的通知》(财税〔2020〕31号，以下简称财税〔2020〕31号文件)规定，自2020年1月1日起至2024年12月31日，对注册在海南自由贸易港并实质性运营的鼓励类产业企业，减按15%的税率征收企业所得税。

上述所称鼓励类产业企业，是指以海南自由贸易港鼓励类产业目录中规定的产业项目为主营业务，且其主营业务收入占企业收入总额60%以上的企业。上述所称实质性运营，是指企业的实际管理机构设在海南自由贸易港，并对企业生产经营、人员、账务、财产等实施实质性全面管理和控制。对不符合实质性运营的企业，不得享受优惠。

海南自由贸易港鼓励类产业目录包括《产业结构调整指导目录(2019年本)》《鼓励外商投资产业目录(2019年版)》和海南自由贸易港新增鼓励类产业目录。上述目录在财税〔2020〕31号文件执行期限内修订的，自修订版实施之日起按新版本执行。

对总机构设在海南自由贸易港的符合条件的企业，仅就其设在海南自由贸易港的总机构和分支机构的所得,适用15%税率;对总机构设在海南自由贸易港以外的企业,仅就其设在海南自由贸易港内的符合条件的分支机构的所得,适用15%税率。具体征管办法按照税务总局有关规定执行。

2) 纳税申报

海南自由贸易港鼓励类企业减按15%税率征收企业所得税优惠,填报第28.3行,根据表A100000第23行计算的减征企业所得税金额填报。

7.8.6.6 中关村国家自主创新示范区公司型创业投资企业

1) 税收政策

(1)《财政部 税务总局 发展改革委 证监会关于中关村国家自主创新示范区公司型创业投资企业有关企业所得税试点政策的通知》(财税〔2020〕63号)规定,自2020年1月1日起,对示范区内公司型创业投资企业,转让持有3年以上股权的所得占年度股权转让所得总额的比例超过50%的,按照年末个人股东持股比例减半征收当年企业所得税;转让持有5年以上股权的所得占年度股权转让所得总额的比例超过50%的,按照年末个人股东持股比例免征当年企业所得税。

上述两种情形下,应分别适用以下公式计算当年企业所得税免征额:

① 转让持有3年以上股份的所得占年度股权转让所得总额的比例超过50%的:

企业所得税免征额=年末个人股东持股比例×本年度企业所得税应纳税额÷2

② 转让持有5年以上股权的所得占年度股权转让所得总额的比例超过50%的:

企业所得税免征额=年末个人股东持股比例×本年度企业所得税应纳税额

可以享受优惠的公司型创业投资企业,应同时符合以下条件:

① 在示范区内注册成立,实行查账征收的居民企业。中关村国家自主创新示范区特定区域包括朝阳园、海淀园、丰台园、顺义园、大兴—亦庄园、昌平园。

② 符合《创业投资企业管理暂行办法》(发展改革委等10部门令第39号)或者《私募投资基金监督管理暂行办法》(证监会令第105号)要求,并按照规定完成备案且规范运作。

风险提示 2020年1月1日前发生的股权投资,在财税〔2020〕63号文件规定的执行期内转让股权取得的所得符合规定的,适用相应的税收政策。

(2)《财政部 税务总局 发展改革委 证监会关于上海市浦东新区特定区域公司型创业投资企业有关企业所得税试点政策的通知》(财税〔2021〕53号)规定,自2021年1月1日起,对上海市浦东新区特定区域内公司型创业投资企业,转让持有3年以上股权的所得占年度股权转让所得总额的比例超过50%的,按照年末个人股东持股比例减半征收当年企业所得税;转让持有5年以上股权的所得占年度股权转让所得总额的比例超过50%的,按照年末个人股东持股比例免征当年企业所得税。

上述两种情形下,应分别适用以下公式计算当年企业所得税免征额:

① 转让持有3年以上股份的所得占年度股权转让所得总额的比例超过50%的:

企业所得税免征额＝年末个人股东持股比例×本年度企业所得税应纳税额÷2

② 转让持有5年以上股权的所得占年度股权转让所得总额的比例超过50%的:

企业所得税免征额＝年末个人股东持股比例×本年度企业所得税应纳税额

可以享受优惠的公司型创业投资企业,应同时符合以下条件:

① 在上海市浦东新区特定区域内注册成立,实行查账征收的居民企业。

② 符合《创业投资企业管理暂行办法》(发展改革委等10部门令第39号)或者《私募投资基金监督管理暂行办法》(证监会令第105号)要求,并按照规定完成备案且规范运作。

风险提示 2021年1月1日前发生的股权投资,在财税〔2021〕53号文件规定的执行期内转让股权取得的所得符合财税〔2021〕53号文件第一条规定的,适用财税〔2021〕53号文件规定的税收政策。财税〔2021〕53号文件所称上海市浦东新区特定区域是指中国(上海)自由贸易试验区、中国(上海)自由贸易试验区临港新片区浦东部分和张江科学城。其中:中国(上海)自由贸易试验区,按照《国务院关于印发进一步深化中国(上海)自由贸易试验区改革开放方案的通知》(国发〔2015〕21号)规定的地理范围执行;中国(上海)自由贸易试验区临港新片区浦东部分,按照《国务院关于印发中国(上海)自由贸易试验区临港新片区总体方案的通知》(国发〔2019〕15号)规定的地理范围中位于浦东的部分执行;张江科学城,按照《上海市人民政府关于印发〈上海市张江科学城发展"十四五"规划〉的通知》(沪府发〔2021〕11号)规定的地理范围执行。

2) 纳税申报

符合条件的公司型创投企业按照企业年末个人股东持股比例减免企业所得税优惠填报第32行,填报根据文件规定计算的企业所得税免征额。填报该行次时,需填报符合条件的年末个人股东持股比例,保留至小数点后四位,并按百分数填报。

7.8.7 特殊行次申报减免所得税

7.8.7.1 企业所得税叠加享受减免税优惠调整

企业从事农林牧渔业项目,国家重点扶持的公共基础设施项目,符合条件的环境保护及节能节水项目,符合条件的技术转让、集成电路生产项目,其他专项优惠等所得额应按法定税率25%减半征收,同时享受小型微利企业、高新技术企业、技术先进型服务企业、集成电路线生产企业、重点软件企业和重点集成电路设计企业等优惠税率政策,由于申报表填报顺序,按优惠税率减半叠加享受减免优惠部分,应在

第29行进行调整。计算公式如下:

A＝需要进行叠加调整的减免所得税优惠金额

需要进行叠加调整的减免所得税优惠金额为表107040第1行到第28行(剔除免税行次和第21行)的优惠金额。

B＝A×[(减半项目所得×50％)÷(纳税调整后所得－所得减免)]

本行填报A和B的孰小值。

案例解析7-10 企业所得税叠加享受减免税优惠的申报

【案例材料】

Y公司是一家在中关村国家自主创新示范区特定区域内注册的居民企业,2020年被认定为高新技术企业,企业所得税率为15％。2022年,Y公司营业收入80 000万元(含技术转让收入5 000万元),营业成本60 000万元(含技术转让成本2 000万元),税金及附加1 100万元(含技术转让税金及附加45万元),期间费用5 500万元(按照营业收入的比例应分摊给技术转让344万元),其中业务招待费380万元(按照营业收入的比例分摊给技术转让23.75万元)。除技术转让业务外,其他业务纳税调整后所得为9 800万元。Y公司以前年度发生的符合税前弥补条件的亏损额为400万元。

要求:分析Y公司2022年度应纳税额的纳税申报。

【案例分析】

承接[案例解析7-5]分析结果,计算Y公司的应纳税额:

(1) 公司全部纳税调整后所得＝9 800＋2 620.5＝12 420.5(万元)。

(2) 公司技术转让减免所得额为2 310.25万元。

(3) 当年应纳税所得额＝12 420.5－2 310.25－400＝9 710.25(万元)。

(4) 国家需要重点扶持的高新技术企业减按15％的税率征收企业所得税减免所得税额＝9 710.25×(25％－15％)＝971.03(万元)。

(5) 计算减半项目所得额按法定税率减半征收企业所得税叠加享受减免税优惠:

A＝9 710.25×(25％－15％)＝971.03(万元)。

B＝A×[(减半项目所得×50％)÷(纳税调整后所得－所得减免)]＝971.03×[620.5×50％÷(12 420.5－2 620.5)]＝30.74(万元)。

叠加享受减免税优惠为30.74万元。

(6) 减免所得税额＝971.03－30.74＝940.29(万元)。

2022年度纳税申报情况,如表7-8-5和表7-8-6所示。

表 7-8-5　减免所得税优惠明细表(A107040)(局部)

单位:万元

行次	项目	金额
2	二、国家需要重点扶持的高新技术企业减按15%的税率征收企业所得税(填写A107041)	971.03
29	二十九、减:项目所得额按法定税率减半征收企业所得税叠加享受减免税优惠	30.74
33	合计(1+2+…+28−29+30+31+32)	940.29

表 7-8-6　中华人民共和国企业所得税年度纳税申报表(A 类)(A100000)(局部)

单位:万元

行次	类别	项目	金额
19	应纳税所得额计算	四、纳税调整后所得(13−14+15−16−17+18)	12 420.50
20		减:所得减免(填写 A107020)	2 310.25
21		减:弥补以前年度亏损(填写 A106000)	400.00
22		减:抵扣应纳税所得额(填写 A107030)	0
23		五、应纳税所得额(19−20−21−22)	9 710.25
24	应纳税额计算	税率(25%)	25%
25		六、应纳所得税额(23×24)	2 427.56
26		减:减免所得税额(填写 A107040)	940.29
27		减:抵免所得税额(填写 A107050)	0
28		七、应纳税额(25−26−27)	1 487.27

7.8.8　表内、表间关系

(1) 表内关系。

第 28 行＝第 28.1＋28.2＋28.3＋28.4＋28.5＋28.6 行。

第 28.4 行＝第 28.4.1＋28.4.2＋…＋28.4.10 行。

第 30 行＝第 30.1＋30.2 行。

第 33 行＝第 1＋2＋…＋28−29＋30＋31＋32 行。

(2) 表间关系。

第 2 行＝表 A107041 第 31 行。

第 3 行＝表 A107041 第 32 行。

当表 A000000"208 软件、集成电路企业类型"填报"110 集成电路生产企业[线宽小于 0.8 微米(含)的企业]"且 A107042"选择适用优惠政策"勾选"延续适用原有优惠政策"时,本表第 6 行＝表 A107042 第 16 行。

当表 A000000"208 软件、集成电路企业类型"填报"120 集成电路生产企业(线宽小于 0.25 微米的企业)"且 A107042"选择适用优惠政策"勾选"延续适用原有优政策"时,本表第9行=表A107042第16行。

当表A000000"208软件、集成电路企业类型"填报"130集成电路生产企业(投资额超过80亿元的企业)"且A107042"选择适用优惠政策"勾选"延续适用原有优惠政策"时,第10行=表A107042第16行。

当表A000000"208软件、集成电路企业类型"填报"240集成电路设计企业(集成电路设计企业)"且A107042"选择适用优惠政策"勾选"延续适用原有优惠政策"时,第11行=表A107042第16行。

当表A000000"208软件、集成电路企业类型"填报"330软件企业(软件企业)"且A107042"选择适用优惠政策"勾选"延续适用原有优惠政策"时,第13行=表A107042第16行。

当表A000000"208软件、集成电路企业类型"填报"400集成电路封装、测试(含封装测试)企业"且A107042"选择适用优惠政策"勾选"延续适用原有优惠政策"时,第15行=表A107042第16行。

当表A000000"208软件、集成电路企业类型"填报"500集成电路材料(含关键专用材料)企业""600集成电路装备(含专用设备)企业"且A107042"选择适用优惠政策"勾选"延续适用原有优惠政策"时,第16行=表A107042第16行。

当表A000000"208软件、集成电路企业类型"填报"140集成电路生产企业(线宽小于130纳米的企业)"且A107042"选择适用优惠政策"勾选"延续适用原有优惠政策"时,第26行=表A107042第16行。

当表A000000"208软件、集成电路企业类型"填报"131集成电路生产企业(投资额超过150亿元的企业)"或"151集成电路生产企业(线宽小于65纳米的企业)"且A107042"选择适用优惠政策"勾选"延续适用原有优惠政策"时,第27行=表A107042第16行。

当表A000000"208软件、集成电路企业类型"填报"160集成电路生产企业(线宽小于28纳米的企业)"且A107042"选择适用优惠政策"勾选"适用新出台优惠政策"时,第28.4.1行=表A107042第16行。

当表A000000"208软件、集成电路企业类型"填报"151集成电路生产企业(线宽小于65纳米的企业)"且A107042"选择适用优惠政策"勾选"适用新出台优惠政策"时,第28.4.2行=表A107042第16行。

当表A000000"208软件、集成电路企业类型"填报"140集成电路生产企业(线宽小于130纳米的企业)"且A107042"选择适用优惠政策"勾选"适用新出台优惠政策"时,第28.4.3行=表A107042第16行。

当表A000000"208软件、集成电路企业类型"填报"240集成电路设计企业(集成电路设计企业)"且A107042"选择适用优惠政策"勾选"适用新出台优惠政策"时,第 28.4.4 行＝表 A107042 第 16 行。

当表 A000000"208 软件、集成电路企业类型"填报"250 集成电路设计企业（重点集成电路设计企业）"且 A107042"选择适用优惠政策"勾选"适用新出台优惠政策"时，第 28.4.5 行＝表 A107042 第 16 行。

当表 A000000"208 软件、集成电路企业类型"填报"600 集成电路装备（含专用设备）企业"且 A107042"选择适用优惠政策"勾选"适用新出台优惠政策"时，第 28.4.6 行＝表 A107042 第 16 行。

当表 A000000"208 软件、集成电路企业类型"填报"500 集成电路材料（含关键专用材料）企业"且 A107042"选择适用优惠政策"勾选"适用新出台优惠政策"时，第 28.4.7 行＝表 A107042 第 16 行。

当表 A000000"208 软件、集成电路企业类型"填报"400 集成电路封装、测试（含封装测试）企业"且 A107042"选择适用优惠政策"勾选"适用新出台优惠政策"时，第 28.4.8 行＝表 A107042 第 16 行。

当表 A000000"208 软件、集成电路企业类型"填报"330 软件企业（软件企业）"且 A107042"选择适用优惠政策"勾选"适用新出台优惠政策"时，第 28.4.9 行＝表 A107042 第 16 行。

当表 A000000"208 软件、集成电路企业类型"填报"340 软件企业（重点软件企业）"且 A107042"选择适用优惠政策"勾选"适用新出台优惠政策"时，第 28.4.10 行＝表 A107042 第 16 行。

第 33 行＝表 A100000 第 26 行。

7.9 《税额抵免优惠明细表》（A107050）

表 A107050（见表 7-9-1）适用于享受专用设备投资额抵免优惠（含结转）的纳税人填报。纳税人根据税法及相关税收政策规定，填报本年发生的专用设备投资额抵免优惠（含结转）情况。

7.9.1 税额抵免优惠政策

《财政部 国家税务总局关于执行环境保护专用设备企业所得税优惠目录、节能节水专用设备企业所得税优惠目录和安全生产专用设备企业所得税优惠目录有关问题的通知》（财税〔2008〕48 号）规定如下：

企业自 2008 年 1 月 1 日起购置并实际使用列入《安全生产专用设备企业所得税优惠目录》范围内的环境保护、节能节水和安全生产专用设备，可以按专用设备投资

表 7-9-1 税额抵免优惠明细表（A107050）

行次	项目	年度	本年抵免前应纳税额	本年允许抵免的专用设备投资额	本年可抵免税额	以前年度已抵免额						本年实际抵免的各年度税额	可结转以后年度抵免的税额
						前五年度	前四年度	前三年度	前二年度	前一年度	小计		
			1	2	3	4(3×10%)	5	6	7	8	9	10(5+…+9)	11	12(4−10−11)
1		前五年度												
2		前四年度					*							
3		前三年度					*	*						
4		前二年度					*	*	*					
5		前一年度					*	*	*	*				
6		本年度					*	*	*	*	*	*		
7	本年实际抵免税额合计													
8	可结转以后年度抵免的税额合计													
9	专用设备投资情况	本年允许抵免的环境保护专用设备投资额												
10		本年允许抵免的节能节水的专用设备投资额												
11		本年允许抵免的安全生产专用设备投资额												

额的10%抵免当年企业所得税应纳税额；企业当年应纳税额不足抵免的，可以向以后年度结转，但结转期不得超过5个纳税年度。

风险提示 专用设备投资额，是指购买专用设备所取得发票上注明的设备金额，不包括设备运输、安装和调试等费用。与会计核算的固定资产入账价值以及税法规定的资产计税基础均不同。如果取得的是增值税专用发票，且增值税已经抵扣，则投资额只是设备的购买价款，如果未取得增值税专用发票，或进项税额未能抵扣，则投资额包括设备价款和未抵扣的增值税税额。

企业利用自筹资金和银行贷款购置专用设备的投资额，可以按《企业所得税法》的规定抵免企业应纳所得税额；企业利用财政拨款购置专用设备的投资额，不得抵免企业应纳所得税额。

风险提示 专用设备如果是用政府补助资金购置的，且该政府补助属于不征税收入，则投资额不能抵扣应纳税额。

企业购置并实际投入使用、已开始享受税收优惠的专用设备，如从购置之日起5个纳税年度内转让、出租的，应在该专用设备停止使用当月停止享受企业所得税优惠，并补缴已经抵免的企业所得税税款。转让的受让方可以按照该专用设备投资额的10%抵免当年企业所得税应纳税额；当年应纳税额不足抵免的，可以在以后5个纳税年度结转抵免。

《财政部 国家税务总局关于执行企业所得税优惠政策若干问题的通知》（财税〔2009〕69号）规定，可以适用投资额抵免的环境保护、节能节水和安全生产专用设备，包括承租方企业以融资租赁方式租入的，并在融资租赁合同中约定租赁期届满时租赁设备所有权转移给承租方企业的专用设备。如果融资租赁期届满后租赁设备所有权未转移至承租方企业的，承租方企业应停止享受抵免企业所得税优惠，并补缴已经抵免的企业所得税税款。

2017年和2018年财政部、国家税务总局联合相关部门下发了更新节能节税、环境保护和安全生产专用设备的目录，具体文件分别是《财政部 税务总局 国家发展改革委 工业和信息化部 环境保护部关于印发节能节水和环境保护专用设备企业所得税优惠目录（2017年版）的通知》（财税〔2017〕71号）和《财政部 税务总局 应急管理部关于印发安全生产专用设备企业所得税优惠目录（2018年版）的通知》（财税〔2018〕84号），新目录的具体内容请参看相关文件。

7.9.2 税额抵免优惠申报

表A107050第1列"年度"，填报公历年份。第6行为本年，即申报所属年度，第

5 行至第 1 行依次顺序填报相应年度。

除年度外,表 A107050 需要填报的信息可以归类为四项:一是抵免前应纳所得税额;二是可以抵免的税额;三是可以抵免的税额实际抵免情况;四是本年新增专用设备统计情况。

7.9.2.1　抵免前应纳所得税额的填报

抵免前应纳所得税额填报表 A107050 第 2 列"本年抵免前应纳税额",数据来源于表 A100000 第 25 行"应纳所得税额"减第 26 行"减免所得税额"后的余额。

7.9.2.2　可以抵免的税额的填报

可以抵免的税额通过两列填报,第 3 列填报"本年允许抵免的专用设备投资额",即纳税人本年购置并实际使用《环境保护专用设备企业所得税优惠目录》《节能节水专用设备企业所得税优惠目录》和《安全生产专用设备企业所得税优惠目录》规定的环境保护、节能节水、安全生产等专用设备的发票价税合计金额,但不包括允许抵扣的增值税进项税额、按有关规定退还的增值税税款以及设备运输、安装和调试等费用。第 4 列"本年可抵免税额",填报第 3 列×10%的金额。

风险提示　可以填报第 3 列的设备投资额应同时满足两个条件:一是属于上述目录范围内的专用设备;二是企业实际购置并使用的,包括融资租入的专用设备。

7.9.2.3　可以抵免的税额实际抵免情况填报

1)以前年度已抵免税额

第 5 列至第 9 列填报纳税人以前年度已抵免税额,其中前五年度、前四年度、前三年度、前二年度、前一年度与"项目"列中的前五年度、前四年度、前三年度、前二年度、前一年度相对应。第 10 列"小计"填报第 5+6+7+8+9 列的合计金额,即以前年度已抵免额的合计数。

2)本年实际抵免的各年度税额

第 11 列第 1 行至第 6 行填报纳税人用于依次抵免前 5 个年度及本年尚未抵免的税额,第 11 列小于等于第 4-10 列,且第 11 列第 1 行至第 6 行合计金额不得大于第 6 行第 2 列的金额。

3)可结转以后年度抵免的税额

第 12 列填报第 4-10-11 列的余额。

第 7 行第 11 列"本年实际抵免税额合计"填报第 11 列第 1+2+…+6 行的合计金额和第 8 行第 12 列"可结转以后年度抵免的税额合计"填报第 12 列第 2+3+…+6 行的合计金额。

7.9.2.4 本年可以抵免税额的设备新增统计情况

第 9 行统计"本年允许抵免的环境保护专用设备投资额"。

第 10 行统计"本年允许抵免节能节水的专用设备投资额"。

第 11 行统计"本年允许抵免的安全生产专用设备投资额"。

三行分别填报纳税人本年购置并实际使用对应目录规定的专用设备的发票价税合计价格,但不包括允许抵扣的增值税进项税额、按有关规定退还的增值税税款以及设备运输、安装和调试等费用。

案例解析 7-11 专用设备投资额抵减应纳税额优惠申报

【案例材料】

电动车电池生产有限公司 A 公司成立于 2015 年。电池在生产过程中会产生大量影响环境的有害物质,为加强环境保护,减少对环境的破坏,A 公司每年都投资更新有利于保护环境的专用设备。A 公司 2022 年购置环保设备并取得增值税专用发票,发票注明买价 460 万元,增值税税额 59.8 万元,另外支付设备采购成本 40 万元,该设备入账价值为 500 万元。A 公司 2022 年应纳税额为 150 万元。A 公司以前各年购置的环保设备及各年度应纳所得税额情况如表 7-9-2 所示。

表 7-9-2 A 公司各年专业设备投资额及抵免情况汇总表

单位:万元

年度	本年抵免前应纳税额	专用设备购置成本	购置设备发票金额
2017 年	30	1 050	1 000
2018 年	50	680	600
2019 年	100	310	300
2020 年	360	1 080	1 000
2021 年	200	3 420	3 200

要求:分析 A 公司 2022 年度专用设备投资抵免业务的纳税申报。

【案例分析】

A 公司 2022 年实际购置环保设备,会计核算入账价值为 500 万元,属于可以抵减应纳税额的投资额是不含采购成本的金额,所以设备投资额为 460 万元,可以抵减应纳税额 46 万元。A 公司以前年度还有未抵减的优惠额,所以本年先抵减以前年度未抵减的优惠额。

2022 年 A 公司自行判断,可以享受该税收优惠政策,纳税申报情况如表 7-9-3 和表 7-9-4 所示。

表7-9-3 税额抵免优惠明细表（A107050）

单位：万元

行次	项目	年度	本年抵免前应纳税额 1	本年允许抵免的专用设备投资额 2	本年可抵免税额 3(2×10%)	以前年度已抵免额 前五年度 5	前四年度 6	前三年度 7	前二年度 8	前一年度 9	小计 10(5+…+9)	本年实际抵免的各年度税额 11	可结转以后年度抵免的税额 12(4-10-11)
1	前五年度	2017年	30	1 000	100	30	50	20	0	0	100	*	*
2	前四年度	2018年	50	600	60	*	0	60	0	0	60	0	0
3	前三年度	2019年	100	300	30	*	*	20	10	0	30	0	0
4	前二年度	2020年	360	1 000	100	*	*	*	100	0	100	0	0
5	前一年度	2021年	200	3 200	320	*	*	*	*	200	200	120	0
6	本年度	2022年	150	460	46	*	*	*	*	*	*	30	16
7	本年实际抵免税额合计											150	*
8	可结转以后年度抵免的税额合计												16
9	专用设备投资情况	本年允许抵免的环境保护专用设备投资额									460		
10		本年允许抵免的节能节水专用设备投资额											
11		本年允许抵免的安全生产专用设备投资额											

表7-9-4 A100000 中华人民共和国企业所得税年度纳税申报表（A类）（局部）

单位：万元

行次	类别	项目	金额
25	应纳税额计算	六、应纳所得税额（23×24）	150
26		减：减免所得税额（填写A107040）	0
27		减：抵免所得税额（填写A107050）	150
28		七、应纳税额（25-26-27）	0

7.9.3 表内、表间关系

(1) 表内关系。

第 4 列＝第 3 列×10%。

第 10 列＝第 5＋6＋…＋9 列。

第 11 列≤第 4－10 列。

第 12 列＝第 4－10－11 列。

第 6 行第 3 列＝第 9＋10＋11 行。

第 7 行第 11 列＝第 11 列第 1＋2＋…＋6 行。

第 8 行第 12 列＝第 12 列第 2＋3＋…＋6 行。

(2) 表间关系。

第 7 行第 11 列≤表 A100000 第 25－26 行。

第 7 行第 11 列＝表 A100000 第 27 行。

第 2 列＝表 A100000 第 25 行－表 A100000 第 26 行。

第 8 章

境外所得税收抵免申报表填报

《企业所得税法》第二十三条规定，企业取得的下列所得已在境外缴纳的所得税税额，可以从其当期应纳税额中抵免，抵免限额为该项所得依照本法规定计算的应纳税额；超过抵免限额的部分，可以在以后5个年度内，用每年度抵免限额抵免当年应抵税额后的余额进行抵补：

（1）居民企业来源于中国境外的应税所得。

（2）非居民企业在中国境内设立机构、场所，取得发生在中国境外但与该机构、场所有实际联系的应税所得。

《企业所得税法》第二十四条规定，居民企业从其直接或者间接控制的外国企业分得的来源于中国境外的股息、红利等权益性投资收益，外国企业在境外实际缴纳的所得税税额中属于该项所得负担的部分，可以作为该居民企业的可抵免境外所得税税额，在本法第二十三条规定的抵免限额内抵免。

《财政部 税务总局关于完善企业境外所得税收抵免政策问题的通知》（财税〔2017〕84号）规定，自2017年1月1日起，企业可以选择按国（地区）别分别计算[即"分国（地区）不分项"]，或者不按国（地区）别汇总计算[即"不分国（地区）不分项"]其来源于境外的应纳税所得额，并按照财税〔2009〕125号文件第八条规定的税率，分别计算其可抵免境外所得税税额和抵免限额。上述方式一经选择，5年内不得改变。

风险提示 在"分国不分项"抵免法下，境外各国分支机构的亏损不得在他国盈利中抵减；在"不分国不分项"抵免法下，境外各国分支机构之间盈亏可以相互弥补。所以，在境内总公司和境外各分支机构均不存在亏损的情况下，"不分国不分项"计算方法能够使企业获得更充分的抵免；但在境内总公司不存在亏损、境外分支机构存在亏损的情况下，"分国不分项"方法反而更利于抵免。

企业选择采用不同于以前年度的方式（以下简称"新方式"）计算可抵免境外所得税税额和抵免限额时，对该企业以前年度按照财税〔2009〕125号文件规定没有抵免完的余额，可在税法规定结转的剩余年限内，按"新方式"计算的抵免限额中继续结转抵免。

8.1 《境外所得纳税调整后所得明细表》(A108010)

表A108010(见表8-1-1)适用于取得境外所得的纳税人填报。纳税人应根据税法及相关政策等规定,填报本年来源于或发生于不同国家、地区的所得按照税收规定计算的境外所得纳税调整后所得。对于境外所得税收抵免方式选择"不分国(地区)不分项"的纳税人,也应按照规定计算可抵免境外所得税税额,并按国(地区)别逐行填报。

表A108010的第1列"国家(地区)",填报纳税人境外所得来源的国家(地区)名称,来源于同一个国家(地区)的境外所得可合并到一行填报。

8.1.1 境外税后所得

8.1.1.1 境外税后所得的内容

《财政部 国家税务总局关于企业境外所得税收抵免有关问题的通知》(财税〔2009〕125号)规定如下。

1) 分支机构营业利润

居民企业在境外投资设立不具有独立纳税地位的分支机构,其来源于境外的所得,以境外收入总额扣除与取得境外收入有关的各项合理支出后的余额为应纳税所得额。各项收入、支出按《企业所得税法》及其实施条例的有关规定确定。

居民企业在境外设立不具有独立纳税地位的分支机构取得的各项境外所得,无论是否汇回中国境内,均应计入该企业所属纳税年度的境外应纳税所得额。

2) 股息、红利,利息等其他收入

居民企业应就其来源于境外的股息、红利等权益性投资收益,以及利息、租金、特许权使用费、转让财产等收入,扣除按照《企业所得税法》及其实施条例等规定计算的与取得该项收入有关的各项合理支出后的余额为应纳税所得额。来源于境外的股息、红利等权益性投资收益,应按被投资方作出利润分配决定的日期确认收入实现;来源于境外的利息、租金、特许权使用费、转让财产等收入,应按有关合同约定应付交易对价款的日期确认收入实现。

8.1.1.2 境外税后所得的申报

境外税后所得填报表A108010第2列至第9列"境外税后所得",包含已计入利润总额以及按照税法相关规定已在《纳税调整项目明细表》(A105000)进行纳税调整的境外税后所得。

风险提示 由于税法规定居民企业在境外设立不具有独立纳税地位的分支机构取得的各项境外所得,无论是否汇回中国境内,均应计入该企业所属纳税年度的境外应

表8-1-1 境外所得纳税调整后所得明细表（A108010）

国家(地区)	境外税后所得								境外所得可抵免的所得税额				境外所得纳税调整后所得明细表				其中：新增境外直接投资所得						
	分支机构营业利润所得	股息、红利等权益性投资所得	利息所得	租金所得	特许权使用费所得	财产转让所得	其他所得	小计	直接缴纳的所得税额	间接负担的所得税额	享受税收饶让抵免税额	小计	境外税前所得	境外分支机构收入与支出纳税调整额	境外分支机构调整分摊扣除的有关成本费用	境外所得对应调整的相关成本费用支出	境外所得纳税调整后所得	新设境外分支机构			新增境外直接投资相对应的股息所得		境外享受免税政策的所得小计
																		营业利润	调整分摊扣除的有关成本费用	纳税调整额	纳税调整后所得	境外所得税额	对应的股息所得	对应的股息境外所得税额	
行次	1	2	3	4	5	6	7	8	9(2+…+8)	10	11	12	13(10+11+12)	14(9+10+11)	15	16	17	18(14+15-16-17)	19	20	21	22(19-20+21)	23	24	25	26(22+24)
1																										
2																										
3																										
4																										
5																										
6																										
7																										
8																										
9																										
10 合计																										

纳税所得额。但是会计核算是根据实际发生情况确认损益,未分回的成果不会计入当期利润,所以需要将利润中未包括的没有分回的境外所得进行纳税调增。

8.1.2 境外所得可抵免的所得税额

8.1.2.1 境外所得可抵免的所得税额内容

1) 可抵免境外所得税税额

《财政部 国家税务总局关于企业境外所得税收抵免有关问题的通知》(财税〔2009〕125号)第四条规定,可抵免境外所得税税额,是指企业来源于中国境外的所得依照中国境外税收法律以及相关规定应当缴纳并已实际缴纳的企业所得税性质的税款,但不包括以下税款:

(1) 按照境外所得税法律及相关规定属于错缴或错征的境外所得税税款。

(2) 按照税收协定规定不应征收的境外所得税税款。

(3) 因少缴或迟缴境外所得税而追加的利息、滞纳金或罚款。

(4) 境外所得税纳税人或者其利害关系人从境外征税主体得到实际返还或补偿的境外所得税税款。

(5) 按照我国《企业所得税法》及其实施条例规定,已经免征我国企业所得税的境外所得负担的境外所得税税款。

(6) 按照国务院财政、税务主管部门有关规定,已经从企业境外应纳税所得额中扣除的境外所得税税款。

2) 间接负担的税额

《财政部 国家税务总局关于企业境外所得税收抵免有关问题的通知》(财税〔2009〕125号)第五条规定,境外投资收益实际间接负担的税额,是指根据直接或者间接持股方式合计持股20%以上(含20%)的规定层级的外国企业股份,由此应分得的股息、红利等权益性投资收益中,从最低一层外国企业起逐层计算的属于由上一层企业负担的税额,其计算公式如下:

$$\text{本层企业所纳税额属于由一家上一层企业负担的税额} = \left(\text{本层企业就利润和投资收益所实际缴纳的税额} + \text{符合财税〔2009〕125号文件规定的由本层企业间接负担的税额}\right) \times \frac{\text{本层企业向一家上一层企业分配的股息(红利)}}{\text{本层企业所得税后利润额}}$$

3) 税收饶让

《财政部 国家税务总局关于企业境外所得税收抵免有关问题的通知》(财税〔2009〕125号)第七条规定,居民企业从与我国政府订立税收协定(或安排)的国家(地区)取得的所得,按照该国(地区)税收法律享受了免税或减税待遇,且该免税或减税的数额按照税收协定规定应视同已缴税额在中国的应纳税额中抵免的,该免税或减税数额可作为企业实际缴纳的境外所得税额用于办理税收抵免。

8.1.2.2 境外所得可抵免的所得税额申报

境外所得可抵免的所得税额填报表A108010第10列至第12列：

第10列"直接缴纳的所得税额"，填报纳税人来源于境外的营业利润所得在境外所缴纳的企业所得税，以及就来源于或发生于境外的股息、红利等权益性投资所得、利息、租金、特许权使用费、财产转让等所得在境外被源泉扣缴的预提所得税。

第11列"间接负担的所得税额"，填报纳税人从其直接或者间接控制的外国企业分得的来源于中国境外的股息、红利等权益性投资收益，外国企业在境外实际缴纳的所得税额中属于该项所得负担的部分。

第12列"享受税收饶让抵免税额"，填报纳税人从与我国政府订立税收协定（或安排）的国家（地区）取得的所得，按照该国（地区）税收法律享受了免税或减税待遇，且该免税或减税的数额按照税收协定应视同已缴税额的金额。

8.1.3 境外所得纳税调整

8.1.3.1 境外所得纳税调整项目

《国家税务总局关于发布〈企业境外所得税收抵免操作指南〉的公告》（国家税务总局公告2010年第1号）规定，根据《企业所得税法实施条例》第二十七条的规定，确定与取得境外收入有关的合理的支出，应主要考察发生支出的确认和分摊方法是否符合一般经营常规和我国税收法律规定的基本原则。企业已在计算应纳税所得总额时扣除的，但属于应由各分支机构合理分摊的总部管理费等有关成本费用应做出合理的对应调整分摊。

境外分支机构合理支出范围通常包括境外分支机构发生的人员工资、资产折旧、利息、相关税费和应分摊的总机构用于管理分支机构的管理费用等。

在就境外所得计算应对应调整扣除的有关成本费用时，应对以下成本费用（但不限于）予以特别注意：

（1）股息、红利，应对应调整扣除与境外投资业务有关的项目研究、融资成本和管理费用。

（2）利息，应对应调整扣除为取得该项利息而发生的相应的融资成本和相关费用。

（3）租金，属于融资租赁业务的，应对应调整扣除其融资成本；属于经营租赁业务的，应对应调整扣除租赁物相应的折旧或折耗。

（4）特许权使用费，应对应调整扣除提供特许使用的资产的研发、摊销等费用。

（5）财产转让，应对应调整扣除被转让财产的成本净值和相关费用。

8.1.3.2 境外所得纳税调整项目申报

1）境外分支机构收入与支出纳税调整额

第15列"境外分支机构收入与支出纳税调整额"，填报纳税人境外分支机构收入、支出按照税收规定计算的纳税调整额。

2）境外分支机构调整分摊扣除的有关成本费用

第16列"境外分支机构调整分摊扣除的有关成本费用"，填报纳税人境外分支机构应合理分摊的总部管理费等有关成本费用，同时在《纳税调整项目明细表》（A105000）进行纳税调增。

3）境外所得对应调整的相关成本费用支出

第17列"境外所得对应调整的相关成本费用支出"，填报纳税人实际发生与取得境外所得有关但未直接计入境外所得应纳税所得的成本费用支出，同时在《纳税调整项目明细表》（A105000）进行纳税调增。

风险提示 第15列是对境外分支机构各项收入、支出不符合《企业所得税法》及相关政策规定而进行的调整。第16列是对境内境外应该共同分摊的费用进行调整。第17列是对应该由境外所得分担，但是之前在境内所得中确认列支的成本费用的调整。在填报第16列和第17列时，一定要在表A105000第28行"（十五）境外所得分摊的共同支出"进行纳税调增。

案例解析8-1 境外所得纳税调整后所得申报

【案例材料】

2022年，中国A银行发生的境外业务如下：

（1）在甲国设立B分支机构（与中国会计年度及纳税年度均一致），B分支机构2022年度营业收入10 000 000万元，利润总额50 000万元，发生管理费用5 800万元，其中，包含业务招待费1 800万元。A银行适用企业所得税税率为25%，甲国企业所得税税率为30%。

（2）A银行将位于乙国的拥有产权的闲置办公楼出租给C公司，当年合同租金收入6 000万元。2022年年末，A银行收到C公司支付的税后租金5 400万元（扣除已在乙国扣缴的预提所得税600万元，预提所得税税率为10%）。

2022年度，A银行境内应纳税所得额为9 000 000万元，已在应纳税所得额中扣除C公司租赁业务对应的折旧费3 000万元，应由境外B分支机构分摊的管理费用1 200万元。

要求：假设不考虑资料未涉及的其他事项，分析填报A银行2022年度境外所得税纳税申报表。

【案例分析】

1. 甲国B分支机构境外所得纳税调整后所得：

(1) 直接缴纳的所得税额＝50 000×30％＝15 000(万元)。

(2) 分支机构营业利润税后所得＝50 000－15 000＝35 000(万元)。

(3) 境外税前所得＝35 000＋15 000＝50 000(万元)。

(4) 按照中国企业所得税法对境外所得进行纳税调整，业务招待费应纳税调增金额＝1 800×40％＝720(万元)。

(5) A银行应纳税所得额中扣除的应由境外B分支机构分摊的管理费用1 200万元，应进行申报调整。

2. 乙国境外所得纳税调整后所得：

(1) 直接缴纳的预提所得税额＝6 000×10％＝600(万元)。

(2) 境外租金税后所得＝6 000－600＝5 400(万元)。

(3) 境外税前所得＝5 400＋600＝6 000(万元)。

(4) 租赁业务的折旧摊销3 000万元，应由境外租金收入6 000万元承担，境外所得对应调整的相关成本费用支出3 000万元。

3. 2022年度纳税申报，如表8-1-2、表8-1-3和表8-1-4所示。

8.1.4 企业新增境外直接投资所得

8.1.4.1 企业境外投资免税政策

对在海南自由贸易港等特定地区设立的旅游业、现代服务业、高新技术产业企业新增境外直接投资取得的所得，免征企业所得税。新增境外直接投资所得应当符合以下条件：

(1) 从境外新设分支机构取得的营业利润，或从持股比例超过20％(含)的境外子公司分回的，与新增境外直接投资相对应的股息所得。

(2) 被投资国(地区)的企业所得税法定税率不低于5％。

8.1.4.2 企业境外投资申报

在海南自由贸易港等特定地区设立的旅游业、现代服务业、高新技术产业企业新增境外直接投资取得的所得，填报表A108010第19列至第26列。

第19列"营业利润"，填报纳税人已计入本年利润总额的新设立境外分支机构营业利润。

第20列"调整分摊扣除的有关成本费用"，填报纳税人境外新设立分支机构本年应合理分摊的总部管理费等有关成本费用。

第 8 章 境外所得税收抵免申报表填报

表 8-1-2 境外所得纳税调整后所得明细表 (A108010)(局部)

单位：万元

行次	国家(地区)	境外税后所得			境外所得可抵免的所得税额			境外税前所得	境外分支机构收入与支出纳税调整额	境外分支机构调整扣除的有关成本费用	境外所得对应调整的相关成本费用支出	境外所得纳税调整后所得
		分支机构营业利润所得	租金所得	小计	直接缴纳的所得税额		小计					
		2	5	9(2+…+8)	10		13(10+11+12)	14(9+10+11)	15	16	17	18(14+15−16−17)
1	甲国	35 000		35 000	15 000		15 000	50 000	720	1 200		49 520
2	乙国		5 400	5 400	600		600	6 000			3 000	3 000
10	合计	35 000	5 400	40 400	15 600		15 600	56 000	720	1 200	3 000	52 520

表 8-1-3 纳税调整项目明细表 (A105000)(局部)

单位：万元

行次	项目	账载金额	税收金额	调增金额	调减金额
		1	2	3	4
28	(十五)境外所得分摊的共同支出	*	*	4 200	*
46	合计(1+12+31+36+44+45)	*	*	4 200	

421

表 8-1-4 境外所得税收抵免明细表（A108000）（局部）

单位：万元

国家（地区）	境外税前所得	境外所得纳税调整后所得	弥补境外以前年度亏损	境外应纳税所得额	抵减境内亏损	抵减境内亏损后的境外应纳税所得额	税率	境外所得应纳税额	境外所得可抵免税额	境外所得抵免限额	本年可抵免境外所得税额	未超过境外所得税抵免限额的余额	境外所得抵免所得税额合计
1	2	3	4	5(3-4)	6	7(5-6)	8	9(7×8)	10	11	12	13(11-12)	19(12+14+18)
甲国	50 000	49 520	0	49 520	0	49 520	25%	12 380	15 000	12 380	12 380	0	12 380
乙国	6 000	3 000	0	3 000	0	3 000	25%	750	600	750	600	150	600
合计	56 000	52 520	0	52 520	0	52 520		13 130	15 600	13 130	12 980	150	12 980

行次
1
2
10

第 21 列"纳税调整额",填报纳税人境外新设立分支机构收入、扣除等按照税收规定计算的纳税调整额。

第 22 列"纳税调整后所得",填报第 19－20＋21 列的金额,若为负数则填 0。

第 23 列"境外所得税额",填报纳税人新设立的境外分支机构本年营业利润按照中国境外税收法律以及相关规定应当缴纳并已实际缴纳的企业所得税性质的税款,包括从与我国政府订立税收协定(或安排)的国家(地区)取得的新设立的境外分支机构的营业利润按照该国(地区)税收法律享受了免税或减税待遇的税额,且该免税或减税的数额按照税收协定应视同已缴税额的金额。

第 24 列"对应的股息所得",填报纳税人本年从其持股比例超过 20%(含)的境外子公司分回的来源于中国境外的股息、红利等权益性投资收益中,属于新增直接投资所对应的股息、红利等权益性投资收益,包括按照税法规定进行纳税调整的股息、红利等权益性投资收益。

第 25 列"对应的股息境外所得税额",填报纳税人本年从其持股比例超过 20%(含)的境外子公司分回的来源于中国境外的股息、红利等权益性投资收益中,属于新增直接投资所对应的股息、红利等权益性投资收益已缴境外所得税,包含:①在境外被源泉扣缴的预提所得税;②间接负担的境外所得税;③享受了与我国政府订立税收协定(或安排)的国家(地区)给予的免税或减税待遇,且该免税或减税的数额按照税收协定应视同已缴税额的金额。

第 26 列"境外享受免税政策的所得小计",填报纳税人按照财税〔2020〕31 号规定享受免税的境外所得金额,金额等于第 22＋24 列。

8.1.5 表内、表间关系

(1) 表内关系。

第 9 列＝第 2＋3＋…＋8 列。

第 13 列＝第 10＋11＋12 列。

第 14 列＝第 9＋10＋11 列。

第 18 列＝第 14＋15－16－17 列。

第 22 列＝第 19－20＋21 列。当第 19－20＋21 列＜0 时,第 22 列＝0。

第 26 列＝第 22＋24 列。

(2) 表间关系。

若选择"分国(地区)不分项"的境外所得抵免方式,本表第 13 列各行－第 23 列各行－第 25 列各行＝表 A108000 第 10 列相应行次;若选择"不分国(地区)不分项"的境外所得抵免方式,本表第 13 列合计－第 23 列合计－第 25 列合计＝表

A108000第1行第10列。

若选择"分国(地区)不分项"的境外所得抵免方式,本表第14列各行－第19列各行－第24列各行＝表A108000第2列相应行次;若选择"不分国(地区)不分项"的境外所得抵免方式,本表第14列合计－第19列合计－第24列合计＝表A108000第1行第2列。

第14列合计－第11列合计＝表A100000第14行。

第16列合计＋第17列合计＝表A105000第28行第3列。

若选择"分国(地区)不分项"的境外所得抵免方式,本表第18列各行－第26列各行＝表A108000第3列相应行次;若选择"不分国(地区)不分项"的境外所得抵免方式,本表第18列合计－第26列合计＝表A108000第1行第3列。

8.2 《境外分支机构弥补亏损明细表》(A108020)

表A108020(见表8-2-1)适用于取得境外所得的纳税人填报。纳税人应根据税法及相关政策规定,填报境外分支机构本年及以前年度发生的税前尚未弥补的非实际亏损额和实际亏损额、结转以后年度弥补的非实际亏损额和实际亏损额,并按国(地区)别逐行填报。

表8-2-1 境外分支机构弥补亏损明细表(A108020)

行次	国家(地区)	非实际亏损额的弥补				实际亏损额的弥补			
		以前年度结转尚未弥补的非实际亏损额	本年发生的非实际亏损额	本年弥补的以前年度非实际亏损额	结转以后年度弥补的非实际亏损额	以前年度结转尚未弥补的实际亏损额	本年发生的实际亏损额	本年弥补的以前年度实际亏损额	结转以后年度弥补的实际亏损额
	1	2	3	4	5 (2+3-4)	6	7	8	9
1									
2									
3									
4									
5									
6									
7									
8									
9									
10	合计								

8.2.1 境外分支机构弥补亏损政策

《财政部 国家税务总局关于企业境外所得税收抵免有关问题的通知》(财税〔2009〕125号)第三条第(五)项规定,企业应就其按照《企业所得税法实施条例》第七条规定确定的中国境外所得(境外税前所得),在汇总计算境外应纳税所得额时,企业在境外同一国家(地区)设立不具有独立纳税地位的分支机构,按照《企业所得税法》及其实施条例的有关规定计算的亏损,不得抵减其境内或他国(地区)的应纳税所得额,但可以用同一国家(地区)其他项目或以后年度的所得按规定弥补。

《国家税务总局关于发布〈企业境外所得税收抵免操作指南〉的公告》(国家税务总局公告2010年第1号)规定,基于分国不分项计算抵免的原则及其要求,对在不同国家的分支机构发生的亏损不得相互弥补做出了规定,以避免出现同一笔亏损重复弥补或须进行繁复的还原弥补、还原抵免的现象。

企业在同一纳税年度的境内外所得加总为正数的,其境外分支机构发生的亏损,由于上述结转弥补的限制而发生的未予弥补的部分(以下称为非实际亏损额),今后在该分支机构的结转弥补期限不受5年期限制,即:

(1) 如果企业当期境内外所得盈利额与亏损额加总后和为零或正数,则其当年度境外分支机构的非实际亏损额可无限期向后结转弥补。

(2) 如果企业当期境内外所得盈利额与亏损额加总后和为负数,则以境外分支机构的亏损额超过企业盈利额部分的实际亏损额,按《企业所得税法》第十八条规定的期限进行亏损弥补,未超过企业盈利额部分的非实际亏损额仍可无限期向后结转弥补。

企业应对境外分支机构的实际亏损额与非实际亏损额不同的结转弥补情况做好记录。

风险提示 应注意区分境外亏损的性质,同一纳税年度的境内外所得加总为正数的,其境外分支机构发生的亏损,为非实际亏损,非实际亏损额结转弥补期限不受期限限制。如果当期境内外所得盈利额与亏损额加总后总额为负数,则这个负数的绝对值为实际亏损额,对于境外分支机构的实际亏损,弥补的期限要在《企业所得税法》规定的期限内进行。不论是实际亏损额还是非实际亏损额,企业都不能用境内所得弥补。

8.2.2 境外分支机构弥补亏损申报

纳税人选择"分国(地区)不分项"的境外所得抵免方式,在汇总计算境外应纳税所得额时,企业在境外同一国家(地区)设立不具有独立纳税地位的分支机构,按照《企业所得税法》及其实施条例的有关规定计算的亏损,不得抵减其境内或他国(地区)的应纳税所得额,但可以用同一国家(地区)其他项目或以后年度的所得按规定弥补。

纳税人选择"不分国(地区)不分项"的境外所得抵免方式,按照财税〔2017〕84号规定按国(地区)别逐行填报。在填报表 A108020 时,应按照国家税务总局公告 2010 年第 1 号第三条等有关规定,分析填报企业的境外分支机构发生的实际亏损额和非实际亏损额及其弥补、结转的金额。

第 1 列"国家(地区)",填报纳税人境外所得来源的国家(地区)名称,来源于同一国家(地区)的境外所得合并到一行填报。

第 2 列至第 5 列"非实际亏损额的弥补",填报纳税人境外分支机构非实际亏损额未弥补金额、本年发生的金额、本年弥补的金额、结转以后年度弥补的金额。

第 6 列至第 9 列"实际亏损额的弥补",填报纳税人境外分支机构实际亏损额弥补金额。

案例解析 8-2 境外分支机构弥补亏损申报

【案例材料】

甲公司是中国居民企业,在境外 A 国设立 X 分支机构,在境外 B 国设立 Y 分支机构。甲公司境外所得税收抵免选择按照"分国不分项"的方法计算。

2021 年度甲公司境内应纳税所得额为 180 万元,X 分支机构应纳税所得额为 －300 万元,Y 分支机构应纳税所得额为 －100 万元。

2022 年度甲公司境内应纳税所得额为 500 万元,X 分支机构应纳税所得额为 －160 万元,Y 分支机构应纳税所得额为 90 万元。

甲公司企业所得税税率为 25%。

【案例分析】

1. 2021 年度。

(1) 境内外应纳税所得额合计＝180－300－100＝－220(万元),则当年 X 分支机构、Y 分支机构实际亏损额合计 220 万元;

X 分支机构实际亏损额＝220×300÷400＝165(万元);

Y 分支机构实际亏损额＝220×100÷400＝55(万元)。

(2) X 分支机构、Y 分支机构非实际亏损额合计＝400－220＝180(万元);

X 分支机构非实际亏损额＝180×300÷400＝135(万元);

Y 分支机构非实际亏损额＝180×100÷400＝45(万元)。

2021 年度纳税申报情况,如表 8-2-2 所示。

表 8-2-2 境外分支机构弥补亏损明细表（A108020）（局部）

单位：万元

行次	国家（地区）	非实际亏损额的弥补				实际亏损额的弥补			
		以前年度结转尚未弥补的非实际亏损额	本年发生的非实际亏损额	本年弥补的以前年度非实际亏损额	结转以后年度弥补的非实际亏损额	以前年度结转尚未弥补的实际亏损额	本年发生的实际亏损额	本年弥补的以前年度实际亏损额	结转以后年度弥补的实际亏损额
	1	2	3	4	5 (2+3−4)	6	7	8	9
1	A 国		135		135		165		165
2	B 国		45		45		55		55
10	合计		180		180		220		220

2. 2022 年度。

（1）境内外应纳税所得额合计金额＝500−160＋90＝430（万元），则当年 X 分支机构亏损额 160 万元全部为非实际亏损额。

（2）亏损弥补。

X 分支机构继续亏损，当年非实际亏损额 160 万元与以前年度亏损额结转以后年度弥补。

Y 分支机构盈利 90 万元，首先用于弥补上年度的实际亏损额 55 万元，其余 35 万元用于弥补非实际亏损额。

（3）2022 年度纳税申报情况，如表 8-2-3 和 8-2-4 所示。

表 8-2-3 境外分支机构弥补亏损明细表（A108020）（局部）

单位：万元

行次	国家（地区）	非实际亏损额的弥补				实际亏损额的弥补			
		以前年度结转尚未弥补的非实际亏损额	本年发生的非实际亏损额	本年弥补的以前年度非实际亏损额	结转以后年度弥补的非实际亏损额	以前年度结转尚未弥补的实际亏损额	本年发生的实际亏损额	本年弥补的以前年度实际亏损额	结转以后年度弥补的实际亏损额
	1	2	3	4	5 (2+3−4)	6	7	8	9
1	A 国	135	160	0	295	165	0	0	165
2	B 国	45	0	35	10	55	0	55	0
10	合计	180	160	35	305	220	0	55	165

表 8-2-4　境外所得税收抵免明细表(A108000)(局部)

单位:万元

行次	国家(地区)	境外税前所得	境外所得纳税调整后所得	弥补境外以前年度亏损	境外应纳税所得额
	1	2	3	4	5(3-4)
2	B国			90	
10	合计			90	

8.2.3　表内、表间关系

(1) 表内关系。

第 5 列＝第 2＋3－4 列。

(2) 表间关系。

若选择"分国(地区)不分项"的境外所得抵免方式,第 4 列各行＋第 8 列各行＝表 A108000 第 4 列相应行次;若选择"不分国(地区)不分项"的境外所得抵免方式,第 4 列合计＋第 8 列合计＝表 A108000 第 1 行第 4 列。

8.3　《跨年度结转抵免境外所得税明细表》(A108030)

表 A108030(见表 8-3-1)适用于取得境外所得的纳税人填报。纳税人应根据税法及相关政策规定,填报本年发生的来源于不同国家或地区的境外所得按照我国税收法律、法规的规定可以抵免的所得税额,并按国(地区)别逐行填报。

8.3.1　跨年度结转抵免境外所得税政策

《财政部　国家税务总局关于企业境外所得税收抵免有关问题的通知》(财税〔2009〕125 号)第九条规定,在计算实际应抵免的境外已缴纳和间接负担的所得税税额时,企业在境外一国(地区)当年缴纳和间接负担的符合规定的所得税税额低于所计算的该国(地区)抵免限额的,应以该项税额作为境外所得税抵免额从企业应纳税总额中据实抵免;超过抵免限额的,当年应以抵免限额作为境外所得税抵免额进行抵免,超过抵免限额的余额允许从次年起在连续 5 个纳税年度内,用每年度抵免限额抵免当年应抵税额后的余额进行抵补。

《国家税务总局关于发布〈企业境外所得税收抵免操作指南〉的公告》(国家税务总局公告 2010 年第 1 号)规定,企业在境外一国(地区)当年缴纳和间接负担的符合规定的企业所得税税额的具体抵免方法,即企业每年应分国(地区)别在抵免限额内

表 8-3-1 跨年度结转抵免境外所得税明细表（A108030）

行次	国家（地区）	前五年境外所得已缴所得税未抵免余额						本年实际抵免以前年度未抵免的境外已缴所得税额						结转以后年度抵免的境外已缴所得税额					
		前五年	前四年	前三年	前二年	前一年	小计	前五年	前四年	前三年	前二年	前一年	小计	前四年	前三年	前二年	前一年	本年	小计
	1	2	3	4	5	6	7(2+…+6)	8	9	10	11	12	13(8+…+12)	14(3−9)	15(4−10)	16(5−11)	17(6−12)	18	19(14+…+18)
1																			
2																			
3																			
4																			
5																			
6																			
7																			
8																			
9																			
10	合计																		

据实抵免境外所得税额,超过抵免限额的部分可在以后连续 5 个纳税年度延续抵免;企业当年境外一国(地区)可抵免税额中既有属于当年已直接缴纳或间接负担的境外所得税额,又有以前年度结转的未逾期可抵免税额时,应首先抵免当年已直接缴纳或间接负担的境外所得税额后,抵免限额有余额的,可再抵免以前年度结转的未逾期可抵免税额,仍抵免不足的,继续向以后年度结转。

风险提示 在抵免以前年度未抵免完的境外所得税余额时,应按照从远到近的年度顺序抵免,最远上溯 5 个纳税年度。

8.3.2 跨年度结转抵免境外所得税申报

跨年度结转抵免境外所得税纳税申报填报表 A108030,第 1 列填报纳税人境外所得来源的国家(地区)名称。

第 2 列至第 7 列"前五年境外所得已缴所得税未抵免余额",填报纳税人前五年境外所得已缴纳的企业所得税尚未抵免的余额。

第 8 列至第 13 列"本年实际抵免以前年度未抵免的境外已缴所得税额",填报纳税人用本年未超过境外所得税款抵免限额的余额抵免以前年度未抵免的境外已缴所得税额。

第 14 列至第 19 列"结转以后年度抵免的境外所得已缴所得税额",填报纳税人以前年度和本年未能抵免并结转以后年度抵免的境外所得已缴所得税额。

案例解析 8-3 跨年度结转抵免境外所得税申报

【案例材料】

甲公司是中国居民企业,在境外 A 国设立 X 分支机构,在境外 B 国设立 Y 分支机构。2022 年,A 国境外所得应纳税额为 30 万元,境外所得可抵免税额为 20 万元,境外所得抵免限额为 30 万元;B 国境外所得应纳税额为 45 万元,境外所得可抵免税额为 60 万元,境外所得抵免限额为 45 万元。甲公司前 5 年境外所得已缴所得税未抵免余额如表 8-3-2 所示。

表 8-3-2 甲公司境外所得已缴所得税未抵免余额表

单位:万元

行次	国家(地区)	前五年境外所得已缴所得税未抵免余额					
		前五年	前四年	前三年	前二年	前一年	小计
	1	2	3	4	5	6	7(2+3+4+5+6)
1	A 国	1	2	3	3	4	13
2	B 国	3	2	5	2	3	15
10	合计	4	4	8	5	7	28

【案例分析】

1. 2022年度企业所得税汇算清缴时，A国跨年度结转抵免境外所得税的计算如下：

(1) 境外所得可抵免税额为20万元，境外所得抵免限额为30万元。

(2) 未超过境外所得税抵免限额的余额＝30－20＝10(万元)。

(3) 本年可抵免以前年度未抵免境外所得税额为10万元。

2. 2022年度企业所得税汇算清缴时，B国跨年度结转抵免境外所得税的计算如下：

(1) 境外所得可抵免税额为60万元，境外所得抵免限额为45万元。

(2) 本年未抵免境外所得税额向以后年度结转额＝60－45＝15(万元)。

3. 2022年度纳税申报，如表8-3-3和表8-3-4所示。

8.3.3 表内、表间关系

(1) 表内关系。

第7列＝第2＋3＋…＋6列。

第13列＝第8＋9＋…＋12列。

第19列＝第14＋15＋…＋18列。

(2) 表间关系。

若选择"分国（地区）不分项"的境外所得抵免方式，第13列各行＝表A108000第14列相应行次；若选择"不分国（地区）不分项"的境外所得抵免方式，第13列合计＝表A108000第1行第14列。

若选择"分国（地区）不分项"的境外所得抵免方式，第18列各行＝表A108000第10列相应行次－第12列相应行次（当表A108000第10列相应行次大于第12列相应行次时填报）；若选择"不分国（地区）不分项"的境外所得抵免方式，第18列合计＝表A108000第1行第10列－第1行第12列（当表A108000第1行第10列次大于第1行第12列时填报）。

8.4 《境外所得税收抵免明细表》(A108000)

表A108000(见表8-4-1)适用于取得境外所得的纳税人填报。纳税人应根据税法和相关政策等规定，填报本年来源于或发生于其他国家、地区的所得按照税收规定计算应缴纳和应抵免的企业所得税。

表 8-3-3 跨年度结转抵免境外所得税明细表（A108030）（局部）

单位：万元

行次	国家（地区）	前五年境外所得已缴所得税未抵免余额						本年实际抵免以前年度抵免的境外已缴所得税额						结转以后年度抵免的境外所得已缴所得税额					
		前五年	前四年	前三年	前二年	前一年	小计	前五年	前四年	前三年	前二年	前一年	小计	前四年	前三年	前二年	前一年	本年	小计
	1	2	3	4	5	6	7(2+…+6)	8	9	10	11	12	13(8+…+12)	14(3−9)	15(4−10)	16(5−11)	17(6−12)	18	19(14+…+18)
1	A国	1	2	3	3	4	13	1	2	3	3	1	10	0	0	0	3	0	3
2	B国	3	2	5	2	3	15	3	0	3	0	0	6	2	2	2	3	15	27
10	合计	4	4	8	5	7	28	4	2	3	3	1	13	2	5	2	6	15	30

表 8-3-4 境外所得税收抵免明细表（A108000）（局部）

单位：万元

行次	国家（地区）	境外所得应纳税额	境外所得可抵免税额	境外所得抵免限额	本年可抵免境外所得税额	未超过境外税收抵免限额的余额	本年可抵免以前年度未抵免境外所得税额	境外所得抵免所得税额合计
	1	9(7×8)	10	11	12	13(11−12)	14	19(12+14+18)
1	A国		20	30	20	10	10	30
2	B国		60	45	45	0	0	45
10	合计		80	75	65	10	10	75

表 8-4-1 境外所得税收抵免明细表（A108000）

行次	国家（地区）	境外税前所得	境外所得纳税调整后所得	弥补境外以前年度亏损	境外应纳税所得额	抵减境内亏损	抵减境内亏损后的境外应纳税所得额	税率	境外应纳所得税额	境外所得可抵免税额	境外所得抵免限额	本年可抵免境外所得税额	未超过境外所得税抵免限额的余额	本年可抵免以前年度未抵免境外所得税额	按简易办法计算			境外所得抵免所得税额合计
															按低于12.5%的实际税率计算的抵免额	按12.5%计算的抵免额	按25%计算的抵免额	小计	
	1	2	3	4	5(3-4)	6	7(5-6)	8	9(7×8)	10	11	12	13(11-12)	14	15	16	17	18(15+16+17)	19(12+14+18)
1																			
2																			
3																			
4																			
5																			
6																			
7																			
8																			
9																			
10	合计																		

8.4.1 境外所得税收抵免申报方法

8.4.1.1 境外所得税收抵免行次填报

纳税人若选择"分国（地区）不分项"的境外所得抵免方式，应根据《境外所得纳税调整后所得明细表》（A108010）、《境外分支机构弥补亏损明细表》（A108020）、《跨年度结转抵免境外所得税明细表》（A108030）分国（地区）别逐行填报表 A108000；纳税人若选择"不分国（地区）不分项"的境外所得抵免方式，应按照税收规定计算可抵免境外所得税税额和抵免限额，并根据表 A108010、表 A108020、表 A108030 的合计金额填报表 A108000 第 1 行。

8.4.1.2 境外所得税收抵免列次填报

第 1 列"国家（地区）"，纳税人若选择"分国（地区）不分项"的境外所得抵免方式，填报纳税人境外所得来源的国家（地区）名称，来源于同一国家（地区）的境外所得合并到一行填报；纳税人若选择"不分国（地区）不分项"的境外所得抵免方式，无需填报。

第 2 列"境外税前所得"，填报表 A108010 第 14 列－第 19 列－第 24 列的金额。

第 3 列"境外所得纳税调整后所得"，填报表 A108010 第 18 列－第 26 列的金额。

第 4 列"弥补境外以前年度亏损"，填报表 A108020 第 4＋8 列的合计金额。

第 5 列"境外应纳税所得额"，填报第 3－4 列的余额。当第 3－4 列＜0 时，本列填报 0。

第 6 列"抵减境内亏损"，当纳税人选择用境外所得抵减弥补境内亏损时，填报纳税人境外所得按照税收规定抵减境内的亏损额（包括抵减的当年度境内亏损额和弥补的以前年度境内亏损额）；当纳税人选择不用境外所得抵减弥补境内亏损时，填报 0。

第 7 列"抵减境内亏损后的境外应纳税所得额"，填报第 5－6 列金额。

第 8 列"税率"，填报法定税率 25％。符合《财政部　国家税务总局关于高新技术企业境外所得适用税率及税收抵免问题的通知》（财税〔2011〕47 号）第一条规定的高新技术企业填报 15％。

第 9 列"境外所得应纳税额"，填报第 7×8 列金额。

第 10 列"境外所得可抵免税额"，填报表 A108010 第 13 列－第 23 列－第 25 列金额。

第 11 列"境外所得抵免限额"，境外所得抵免限额按以下公式计算：

$$抵免限额 = \frac{《企业所得税法》和条例的}{规定计算的应纳税总额} \times \frac{来源于某国(地区)}{的应纳税所得额} \div \frac{中国境内、境外}{应纳税所得总额}$$

风险提示 公式中"中国境内、境外所得依照《企业所得税法》及其实施条例的规定计算的应纳税总额"的税率,除国务院财政、税务主管部门另有规定外,应为25%的税率,即使企业境内所得享受企业所得税优惠,该公式中适用的税率也应为25%。

风险提示 抵免限额可以采用简便计算方法,按该境外应纳税所得额直接乘以其实际适用的税率或税收负担率得出抵免限额。若企业以境外盈利弥补了境内的亏损,在计算境外所得抵免限额时,形成当期境内、外应纳税所得总额小于零的,应以零计算当期境内、外应纳税所得总额,其当期境外所得税的抵免限额也为零。这种情况下不能用简便计算方法。

第12列"本年可抵免境外所得税额",填报纳税人本年来源于境外的所得已缴纳所得税在本年度允许抵免的金额。按第10列、第11列孰小值填报。

第13列"未超过境外所得税抵免限额的余额",填报纳税人本年在抵免限额内抵免完境外所得税后有余额的,可用于抵免以前年度结转的待抵免的所得税额。按第11－12列金额填报。

第14列"本年可抵免以前年度未抵免境外所得税额",填报纳税人本年可抵免以前年度未抵免、结转到本年度抵免的境外所得税额,按表A108030第13列金额填报。

第15列至第18列由选择简易办法计算抵免额的纳税人填报。

第15列"按低于12.5%的实际税率计算的抵免额",纳税人从境外取得营业利润所得以及符合境外税额间接抵免条件的股息所得,所得来源国(地区)的实际有效税率低于12.5%的,填报按照实际有效税率计算的抵免额。

第16列"按12.5%计算的抵免额",纳税人从境外取得营业利润所得以及符合境外税额间接抵免条件的股息所得,除第15列情形外,填报按照12.5%计算的抵免额。

第17列"按25%计算的抵免额",纳税人从境外取得营业利润所得以及符合境外税额间接抵免条件的股息所得,所得来源国(地区)的实际有效税率高于25%的,填报按照25%计算的抵免额。

第19列"境外所得抵免所得税额合计",填报第12＋14＋18列金额。

案例解析8-4 境外所得税收抵免综合业务申报

【案例材料】

中国居民企业A公司,在甲国投资设立了B公司(持股比例为100%),在乙国投资设立了C公司(持股比例为100%),A公司持有丙国D公司股权(持股比例为18%)。C公司在丁国投资设立E公司(持股比例为50%),D公司在戊国投资设立F公司(持股比例为80%)。

甲国政府为鼓励投资,对B公司2022年度企业所得税免税。按甲国的税法规定,企业所得税税率为20%,股息、红利等权益性投资所得源泉扣缴的预提所得税税率为10%。B公司2022年度实现净所得1 000万元,全部进行了分配。根据中国和甲国政府签订税收协定规定,B公司按照甲国税收法律享受了免税或减税待遇,该免税或减税的数额按照税收协定应视同已缴税额的金额。

乙国C公司、丙国D公司的企业所得税税率均为30%,权益性投资所得源泉扣缴的预提所得税税率均为10%;丁国E公司、戊国F公司的企业所得税税率均为20%,权益性投资所得源泉扣缴的预提所得税税率均为5%。2022年各公司实现的所得额(假设与会计利润相等)如表8-4-2所示。

表8-4-2　2022年各公司实现的所得额统计表

单位:万元

	C公司	D公司	E公司	F公司
应纳税所得额	2 000	2 500	1 000	1 800
备注	不含从E公司分回的投资收益	不含从F公司分回的投资收益		

要求:根据以上资料,填报A公司的《境外所得税收抵免明细表》(A108000)。

【案例分析】

1. 各公司间接抵免持股条件的综合判定。

居民企业在按照《企业所得税法》第二十四条规定用境外所得间接负担的税额进行税收抵免时,其取得的境外投资收益实际间接负担的税额,是指根据直接或者间接持股方式合计持股20%以上(含20%)的规定层级的外国企业股份。

(1) B公司、C公司、D公司间接抵免持股条件的判定。

A公司分别直接持有B、C、D公司100%、100%、18%的股权,其中,B、C公司持股比例均超过20%,符合间接抵免公司的持股条件;D公司持股比例未达到20%,不符合间接抵免公司的持股条件。

(2) E公司、F公司间接抵免持股条件的判定。

① E公司被符合条件的上一层公司C公司控股50%,且被居民企业A公司间接控股达到50%(100%×50%),因此,属于符合间接抵免持股条件的公司。

② F公司虽然被D公司控股达到了80%,但由于D属于不符合间接抵免持股条件的公司,所以D公司对F公司的80%持股也不得再计入D公司间接抵免持股条件的范围,来源于F公司80%部分的所得额,其已纳税额不能计入居民企业A公

司的抵免范畴。

2. A公司从甲国B公司取得境外所得涉税问题分析。

(1) B公司实现税前所得1 000万元。

(2) B公司经营项目符合甲国企业所得税优惠政策,享受免税待遇,免税200万元,2021年未实际缴纳企业所得税。

(3) B公司将税后利润全部分配,扣缴预提所得税=1 000×10%=100(万元),A公司取得境外股息、红利税后所得=1 000-100=900(万元)。

(4) 根据中国和甲国政府签订税收协定规定,B公司按照甲国税收法律享受了免税待遇,该免税的数额200万元按照税收协定应视同已缴税额的金额。

A公司从B公司分回所得可抵免税额=100+200=300(万元)。

3. A公司从乙国C公司取得境外所得涉税问题分析。

A公司在乙国投资设立了C公司,持股比例100%;C公司又在丁国投资设立了E公司,持股比例50%,涉及两层税额的抵免。

(1) E公司所纳税额由C公司负担的金额:

① E公司应纳企业所得税=1 000×20%=200(万元)。

② E公司税后所得=1 000-200=800(万元)(假设全部分配)。

③ E公司向C公司分配的股息=800×50%=400(万元)。

④ 本层企业所纳税额属于由一家上一层企业负担的税额=(本层企业就利润和投资收益所实际缴纳的税额+符合财税〔2009〕125号文件规定的由本层企业间接负担的税额)×本层企业向一家上一层企业分配的股息(红利)÷本层企业所得税后利润额。

E公司所纳税额由C公司负担的税额=(1 000×20%+0)×400÷800=100(万元)。

⑤ E公司向C公司分配利润,源泉扣缴预提所得税=400×5%=20(万元)。

(2) C公司所纳税额由A公司负担的金额:

① C公司税前所得=C公司应纳税所得额+从E公司分回的股息(税前)=2 000+500=2 500(万元)。

② C公司境内所得应纳企业所得税=2 000×30%=600(万元)。

③ C公司境外投资收益应纳企业所得税=500×30%-(100+20)=30(万元)。

④ C公司税后利润=2 000+400-600-20-30=1 750(万元)(假设全部分配)。

⑤ 本层企业所纳税额属于由一家上一层企业负担的税额=(本层企业就利润和投资收益所实际缴纳的税额+符合财税〔2009〕125号文件规定的由本层企业间接负担的税额)×本层企业向一家上一层企业分配的股息(红利)÷本层企业所得税后利润额。

C公司所纳税额属于由A公司负担的税额=(600+30+20+100)×1 750÷1 750=750(万元)。

⑥C公司向A公司分配利润,源泉扣缴预提所得税=1 750×10%=175(万元)。

(3) A公司从C公司取得境外股息、红利所得(税后)=1 750-175=1 575(万元),从C公司取得的境外所得可抵免税额=175+750=925(万元)。

4. A公司从丙国D公司取得境外所得涉税问题分析。

A公司投资丙国D公司,持股比例18%,不符合《财政部 国家税务总局关于企业境外所得税收抵免有关问题的通知》(财税〔2009〕125号)第五条规定,即计算境外投资收益实际间接负担的税额,应根据直接或者间接持股方式合计持股20%以上(含20%),所以不需要计算D公司所纳税额由A公司间接负担的税额。

(1) F公司向D公司分配的金额:

①F公司应纳企业所得税=1 800×20%=360(万元)。

②F公司税后所得=1 800-360=1 440(万元)(假设全部分配)。

③F公司向D公司分配的股息=1 440×80%=1 152(万元)。

④F公司向D公司分配利润,源泉扣缴预提所得税=1 152×5%=57.6(万元)。

(2) D公司向A公司分配的金额:

①D公司税前所得=D公司应纳税所得额+从F公司分回的股息=2 500+1 152=3 652(万元)。

②D公司境内所得应纳企业所得税=2 500×30%=750(万元)。

③D公司境外投资收益应纳企业所得税=1 152×30%-57.6=288(万元)。

④D公司税后利润=2 500+1 152-750-57.6-288=2 556.4(万元)(假设全部分配)。

⑤D公司按持股比例向A公司分配利润=2 554.6×18%≈460(万元)。源泉扣缴预提所得税=460×10%=46(万元)。

(3) A公司从D公司取得境外股息、红利所得(税后)=460-46=414(万元),从D公司取得的境外所得可抵免税额为46万元。

5. A公司2022年度纳税申报。

A公司2022年度的纳税申报情况,如表8-4-3和表8-4-4所示。

8.4.2 表内、表间关系

(1) 表内关系。

第5列=第3-4列,当第3-4列<0时,本列=0。

第6列≤第5列。

第7列=第5-6列。

表 8-4-3 境外所得纳税调整后所得明细表（A108010）（局部）

单位：万元

行次	国家（地区）	分支机构营业利润所得	境外税后所得			境外所得可抵免的所得税额				境外税前所得	境外所得纳税调整后所得
			股息、红利等权益性投资所得	小计	直接缴纳的所得税额	间接负担的所得税额	享受税收饶让抵免税额	小计			
		1	2	3	9(2+…+8)	10	11	12	13(10+11+12)	14(9+10+11)	18(14+15-16-17)
1	甲国	1 000		900	900	100		200	300	1 000	1 000
2	乙国		2 500	1 575	1 575	175	750	0	925	2 500	2 500
3	丙国	460		414	414	46	0	0	46	460	460
10	合计	3 960		2 889	2 889	321	750	200	1 271	3 960	3 960

表 8-4-4 境外所得税收抵免明细表（A108000）（局部）

单位：万元

行次	国家（地区）	境外税前所得	境外所得纳税调整后所得	弥补境外以前年度亏损	境外应纳税所得额	抵减境内亏损	抵减境内亏损后的境外应纳税所得额	税率	境外所得应纳税额	境外所得可抵免税额	境外所得抵免限额	本年可抵免境外所得税额	未超过境外所得抵免限额的余额	境外所得抵免后所得税额合计
		1	2	3	4	5(3-4)	6	7(5-6)	8	9(7×8)	10	11	12	13(11-12)	19 (12+14+18)
1	甲国	1 000	1 000		1 000		1 000	25%	250	300	250	250	0	250
2	乙国	2 500	2 500		2 500		2 500	25%	625	925	625	625	0	625
3	丙国	460	460		460		460	25%	115	46	115	46	69	46
10	合计	3 960	3 960		3 960		3 960		990	1 271	990	921	69	921

第 9 列＝第 7×8 列。

第 12 列＝第 10 列、第 11 列孰小值。

第 13 列＝第 11－12 列。

第 14 列≤第 13 列。

第 18 列＝第 15＋16＋17 列。

第 19 列＝第 12＋14＋18 列。

（2）表间关系。

若选择"分国（地区）不分项"的境外所得抵免方式，第 2 列各行＝表 A108010 第 14 列相应行次－第 19 列相应行次－第 24 列相应行次；若选择"不分国（地区）不分项"的境外所得抵免方式，第 1 行第 2 列＝表 A108010 第 14 列合计－第 19 列合计－第 24 列合计。

若选择"分国（地区）不分项"的境外所得抵免方式，第 3 列各行＝表 A108010 第 18 列相应行次－第 26 列相应行次；若选择"不分国（地区）不分项"的境外所得抵免方式，第 1 行第 3 列＝表 A108010 第 18 列合计－第 26 列合计。

若选择"分国（地区）不分项"的境外所得抵免方式，第 4 列各行＝表 A108020 第 4 列相应行次＋第 8 列相应行次；若选择"不分国（地区）不分项"的境外所得抵免方式，第 1 行第 4 列＝表 A108020 第 4 列合计＋第 8 列合计。

若选择"分国（地区）不分项"的境外所得抵免方式，第 6 列合计≤第 5 列合计、表 A106000 第 9 列第 1 行至第 10 行合计＋表 A100000 第 18 行的孰小值；若选择"不分国（地区）不分项"的境外所得抵免方式，第 1 行第 6 列≤第 1 行第 5 列、表 A106000 第 9 列第 1 行至第 10 行合计＋表 A100000 第 18 行的孰小值。

第 9 列合计＝表 A100000 第 29 行。

若选择"分国（地区）不分项"的境外所得抵免方式，第 10 列各行＝表 A108010 第 13 列相应行次－第 23 列相应行次－第 25 列相应行次；若选择"不分国（地区）不分项"的境外所得抵免方式，第 1 行第 10 列＝表 A108010 第 13 列合计－第 23 列合计－第 25 列合计。

若选择"分国（地区）不分项"的境外所得抵免方式，第 14 列各行＝表 A108030 第 13 列相应行次；若选择"不分国（地区）不分项"的境外所得抵免方式，第 1 行第 14 列＝表 A108030 第 13 列合计。

第 19 列合计＝表 A100000 第 30 行。

第9章 跨地区经营汇总纳税企业申报

9.1 跨地区经营汇总纳税企业管理办法

《国家税务总局关于印发〈跨地区经营汇总纳税企业所得税征收管理办法〉的公告》(国家税务总局公告2012年第57号)规定,居民企业在中国境内跨地区(指跨省、自治区、直辖市和计划单列市,下同)设立不具有法人资格分支机构的,该居民企业为跨地区经营汇总纳税企业(以下简称汇总纳税企业)。除另有规定外,其企业所得税征收管理适用本办法。

风险提示 居民企业在中国境内既跨地区设立不具有法人资格分支机构,又在同一地区内设立不具有法人资格分支机构的,其企业所得税征收管理实行《跨地区经营汇总纳税企业所得税征收管理办法》。

9.1.1 汇总纳税分支机构的确定

汇总纳税企业实行"统一计算、分级管理、就地预缴、汇总清算、财政调库"的企业所得税征收管理办法。其中,统一计算,是指总机构统一计算包括汇总纳税企业所属各个不具有法人资格分支机构在内的全部应纳税所得额、应纳税额。

9.1.1.1 二级分支机构的一般规定

《国家税务总局关于印发〈跨地区经营汇总纳税企业所得税征收管理办法〉的公告》(国家税务总局公告2012年第57号)第四条规定,总机构和具有主体生产经营职能的二级分支机构,就地分摊缴纳企业所得税。

二级分支机构,是指汇总纳税企业依法设立并领取非法人营业执照(登记证书),且总机构对其财务、业务、人员等直接进行统一核算和管理的分支机构。不包括以下二级分支机构:

(1)不具有主体生产经营职能,且在当地不缴纳增值税的产品售后服务、内部研发、仓储等汇总纳税企业内部辅助性的二级分支机构,不就地分摊缴纳企业所得税。

（2）上年度认定为小型微利企业的,其二级分支机构不就地分摊缴纳企业所得税。

（3）新设立的二级分支机构,设立当年不就地分摊缴纳企业所得税。

（4）当年撤销的二级分支机构,自办理注销税务登记之日所属企业所得税预缴期间起,不就地分摊缴纳企业所得税。

（5）汇总纳税企业在中国境外设立的不具有法人资格的二级分支机构,不就地分摊缴纳企业所得税。

9.1.1.2　二级分支机构的特殊规定

总机构设立具有主体生产经营职能的部门,且该部门的营业收入、职工薪酬和资产总额与管理职能部门分开核算的,可将该部门视同一个二级分支机构,按规定计算分摊并就地缴纳企业所得税;该部门与管理职能部门的营业收入、职工薪酬和资产总额不能分开核算的,该部门不得视同一个二级分支机构,不得计算分摊并就地缴纳企业所得税。

汇总纳税企业当年由于重组等原因从其他企业取得重组当年之前已存在的二级分支机构,并作为本企业二级分支机构管理的,该二级分支机构不视同当年新设立的二级分支机构,按规定计算分摊并就地缴纳企业所得税。

汇总纳税企业内就地分摊缴纳企业所得税的总机构、二级分支机构之间,发生合并、分立、管理层级变更等形成的新设或存续的二级分支机构,不视同当年新设立的二级分支机构,按规定计算分摊并就地缴纳企业所得税。

9.1.2　汇总纳税企业汇算清缴管理

9.1.2.1　汇总纳税企业汇算清缴税款计算与分配

汇总纳税企业应当自年度终了之日起5个月内,由总机构汇总计算企业年度应纳所得税额,扣除总机构和各分支机构已预缴的税款,计算出应缴应退税款,按照《国家税务总局关于印发〈跨地区经营汇总纳税企业所得税征收管理办法〉的公告》(国家税务总局公告2012年第57号)规定的税款分摊方法计算总机构和分支机构的企业所得税应缴应退税款,分别由总机构和分支机构就地办理税款缴库或退库。

汇总纳税企业在纳税年度内预缴企业所得税税款少于全年应缴企业所得税税款的,应在汇算清缴期内由总机构、分机构分别结清应缴的企业所得税税款;预缴税款超过应缴税款的,主管税务机关应及时按有关规定分别办理退税。

汇总纳税企业按照《企业所得税法》规定汇总计算的企业所得税,50%在各分支机构间分摊,各分支机构根据分摊税款就地办理缴库或退库;50%由总机构分摊缴纳,其中25%就地办理缴库或退库,25%就地全额缴入中央国库或退库。具体的税款缴库或退库程序按照财预〔2012〕40号文件第五条等相关规定执行。

9.1.2.2 汇总纳税汇算清缴申报材料管理

汇总纳税企业汇算清缴时,总机构除报送企业所得税年度纳税申报表和年度财务报表外,还应报送汇总纳税企业分支机构所得税分配表、各分支机构的年度财务报表和各分支机构参与企业年度纳税调整情况的说明;分支机构除报送企业所得税年度纳税申报表(只填列部分项目)外,还应报送经总机构所在地主管税务机关受理的汇总纳税企业分支机构所得税分配表、分支机构的年度财务报表(或年度财务状况和营业收支情况)和分支机构参与企业年度纳税调整情况的说明。

分支机构参与企业年度纳税调整情况的说明,可参照企业所得税年度纳税申报表附表"纳税调整项目明细表"中列明的项目进行说明,涉及需由总机构统一计算调整的项目不进行说明。

分支机构未按规定报送经总机构所在地主管税务机关受理的汇总纳税企业分支机构所得税分配表,分支机构所在地主管税务机关应责成该分支机构在申报期内报送,同时提请总机构所在地主管税务机关督促总机构按照规定提供上述分配表;分支机构在申报期内不提供的,由分支机构所在地主管税务机关对分支机构按照《税收征管法》的有关规定予以处罚;属于总机构未向分支机构提供分配表的,分支机构所在地主管税务机关还应提请总机构所在地主管税务机关对总机构按照《税收征管法》的有关规定予以处罚。

9.1.3 汇总纳税企业应纳税额计算

9.1.3.1 汇总纳税应纳税额的一般分配方法

(1)总机构按以下公式计算分摊税款:

$$总机构分摊税款 = 汇总纳税企业当期应纳所得税额 \times 50\%$$

(2)分支机构按以下公式计算分摊税款:

$$所有分支机构分摊税款总额 = 汇总纳税企业当期应纳所得税额 \times 50\%$$
$$某分支机构分摊税款 = 所有分支机构分摊税款总额 \times 该分支机构分摊比例$$

各分支机构分摊比例由总机构按照上年度分支机构的营业收入、职工薪酬和资产总额3个因素计算;三级及以下分支机构,其营业收入、职工薪酬和资产总额统一计入二级分支机构。3个因素的权重依次为0.35、0.35、0.30,计算公式如下:

某分支机构分摊比例＝（该分支机构营业收入÷各分支机构营业收入之和）×0.35＋
（该分支机构职工薪酬÷各分支机构职工薪酬之和）×0.35＋
（该分支机构资产总额÷各分支机构资产总额之和）×0.30

风险提示 分支机构分摊比例一经确定后，除出现下列3种情形外，当年不作调整：

（1）当年撤销了二级分支机构，该分支机构办理注销税务登记之日所属期间不再就地分摊缴纳企业所得税。

（2）当年由于重组等原因汇总纳税企业从其他企业取得重组当年之前已存在的二级分支机构，并作为本企业二级分支机构管理，该二级分支机构不视同当年新设立的二级分支机构。

（3）汇总纳税企业内部总机构、二级分支机构之间，发生合并、分立、管理层级变更等形成的新设或存续的二级分支机构，不视同当年新设立的二级分支机构。

分摊比例计算中的3个因素的内容具体如下：

（1）分支机构营业收入，是指分支机构销售商品、提供劳务、让渡资产使用权等日常经营活动实现的全部收入。其中，生产经营企业分支机构营业收入是指生产经营企业分支机构销售商品、提供劳务、让渡资产使用权等取得的全部收入。金融企业分支机构营业收入是指金融企业分支机构取得的利息、手续费、佣金等全部收入。保险企业分支机构营业收入是指保险企业分支机构取得的保费等全部收入。

（2）分支机构职工薪酬，是指分支机构为获得职工提供的服务而给予各种形式的报酬以及其他相关支出。

（3）分支机构资产总额，是指分支机构在经营活动中实际使用的应归属于该分支机构的资产合计额。

风险提示 3个因素的数字是各分支机构上年度的营业收入、职工薪酬和资产总额，是依照国家统一会计制度规定核算的数据，其中"营业收入"和"职工薪酬"是上年全年的实际发生额，"资产总额"是上一年12月31日的资产总额数据。

风险提示 一个纳税年度内，总机构首次计算分摊税款时采用的分支机构营业收入、职工薪酬和资产总额数据，与此后经过中国注册会计师审计确认的数据不一致的，不作调整。

9.1.3.2 汇总纳税企业应纳税额的特殊分配方法

如果总机构和分支机构处于不同税率地区，存在适用税率不一样的情况，需要通过两次分配完成应纳税额的分摊。

第一步：分摊应纳税所得额。由总机构统一计算全部应纳税所得额，然后按总、分机构之间规定的比例分配，属于分支机构的部分，按照各分支机构的分摊比例，计算不同税率地区分支机构的应纳税所得额,总机构和各分支机构分别按各自的适用税率计算应纳税额,计算出的应纳税额加总计算出汇总纳税企业全部的应纳所得税总额。

第二步:分摊应纳所得税额。按总机构、分机构之间规定的分配比例和各分支机构的分摊比例,向总机构和分支机构分摊就地缴纳的企业所得税款。

9.2 跨地区经营汇总纳税企业纳税申报

9.2.1 《企业所得税汇总纳税分支机构所得税分配表》(A109010)

表A109010(见表9-2-1)适用于跨地区经营汇总纳税的总机构填报。纳税人应根据税法和相关政策规定计算总分机构每一纳税年度应缴的企业所得税额、总机构和分支机构应分摊的企业所得税额。对于仅在同一省(自治区、直辖市和计划单列市)内设立不具有法人资格分支机构的企业,根据本省(自治区、直辖市和计划单列市)汇总纳税分配办法在总机构和各分支机构分配企业所得税额的,填报表A109010。

表9-2-1 企业所得税汇总纳税分支机构所得税分配表(A109010)

税款所属期间:　　年　月　日至　　年　月　日

总机构名称(盖章):
总机构统一社会信用代码(纳税人识别号):　　　　　　　　　金额单位:元(列至角分)

应纳所得税额		总机构分摊所得税额	总机构财政集中分配所得税额			分支机构分摊所得税额	
分支机构情况	分支机构统一社会信用代码(纳税人识别号)	分支机构名称	三项因素			分配比例	分配所得税额
			营业收入	职工薪酬	资产总额		
		合计					

9.2.1.1 填报方法

1) 基础项目填报

(1)"税款所属时期",填报公历 1 月 1 日至 12 月 31 日。

(2)"总机构名称""分支机构名称",填报营业执照、税务登记证等证件载明的纳税人名称。

(3)"总机构统一社会信用代码(纳税人识别号)""分支机构统一社会信用代码(纳税人识别号)",填报工商等部门核发的纳税人统一社会信用代码。未取得统一社会信用代码的,填报税务机关核发的纳税人识别号。

2) 应纳所得税额的填报

应纳所得税额需要填报 4 项信息:

(1)汇总纳税企业当年所得税汇算清缴应补(退)税的总金额,即企业当年全部境内所得应纳所得税额减除已预缴、预分的所得税额,填报在"应纳所得税额"项下。数据来源于《跨地区经营汇总纳税企业年度分摊企业所得税明细表》(A109000)第 11 行"本年度应分摊的应补(退)所得税额"。

(2)总机构就地办理缴库或退库所得税额,按照企业本年应补(退)所得税额×25%计算的金额填报"总机构分摊所得税额"项下。

(3)总机构就地全额缴入中央国库或退库所得税额,按照企业本年应补(退)所得税额×25%计算的金额填报"总机构财政集中分配所得税额"项下。

对于同一省(自治区、直辖市、计划单列市)内跨地区经营汇总纳税企业,填报企业本年应补(退)所得税额×规定比例后的金额。

(4)分支机构就地办理缴库或退库的所得税额,按照企业本年应补(退)的所得税额×50%计算的金额填报"分支机构分摊所得税额"项下。

3) 计算分摊比例

(1)"营业收入",填报上一年度各分支机构销售商品、提供劳务、让渡资产使用权等日常经营活动实现的全部收入的合计额。

(2)"职工薪酬",填报上一年度各分支机构为获得职工提供的服务而给予各种形式的报酬以及其他相关支出的合计额。

(3)"资产总额",填报上一年度各分支机构在经营活动中实际使用的应归属于该分支机构的资产合计额。

风险提示 根据填表说明要求,经总机构所在地主管税务机关审核确认的各分支机构分配比例,填报的计算结果应保留小数点后十位。

9.2.1.2 表内、表间关系

(1)表内关系。

总机构分摊所得税额＝应纳所得税额×总机构分摊比例。

总机构财政集中分配所得税额＝应纳所得税额×财政集中分配比例。

分支机构分摊所得税额＝应纳所得税额×分支机构分摊比例。

分支机构分配比例＝（该分支机构营业收入÷分支机构营业收入合计）×35％＋（该分支机构职工薪酬÷分支机构职工薪酬合计）×35％＋（该分支机构资产总额÷分支机构资产总额合计）×30％。

分支机构分配所得税额＝分支机构分摊所得税额×该分支机构分配比例。

（2）表间关系。

应纳所得税额＝表 A109000 第 11 行。

9.2.2 《跨地区经营汇总纳税企业年度分摊企业所得税明细表》(A109000)

表 A109000（见表 9-2-2）适用于跨地区经营汇总纳税的纳税人填报。纳税人应根据税法及相关政策规定计算企业每一纳税年度应缴的企业所得税、总机构和分支机构应分摊的企业所得税。仅在同一省（自治区、直辖市和计划单列市）内设立不具有法人资格分支机构的汇总纳税企业，省（自治区、直辖市和计划单列市）参照上述文件规定制定企业所得税分配管理办法的，按照其规定填报表 A109000。

表 9-2-2 跨地区经营汇总纳税企业年度分摊企业所得税明细表（A109000）

行次	项 目	金额
1	一、实际应纳所得税额	
2	减：境外所得应纳所得税额	
3	加：境外所得抵免所得税额	
4	二、用于分摊的本年实际应纳所得税额（1－2＋3）	
5	三、本年累计已预分、已分摊所得税额（6＋7＋8＋9）	
6	（一）总机构直接管理建筑项目部已预分所得税额	
7	（二）总机构已分摊所得税额	
8	（三）财政集中已分配所得税额	
9	（四）分支机构已分摊所得税额	
10	其中：总机构主体生产经营部门已分摊所得税额	

(续表)

行次	项　目	金额
11	四、本年度应分摊的应补(退)的所得税额(4－5)	
12	（一）总机构分摊本年应补(退)的所得税额(11×总机构分摊比例)	
13	（二）财政集中分配本年应补(退)的所得税额(11×财政集中分配比例)	
14	（三）分支机构分摊本年应补(退)的所得税额(11×分支机构分摊比例)	
15	其中：总机构主体生产经营部门分摊本年应补(退)的所得税额(11×总机构主体生产经营部门分摊比例)	
16	五、境外所得抵免后的应纳所得税额(2－3)	
17	六、总机构本年应补(退)所得税额(12＋13＋15＋16)	
18	七、总机构应享受民族地方优惠金额[(7＋10＋12＋15＋16)×40％×减征幅度]	
19	总机构全年累计已享受民族地方优惠金额	
20	总机构因民族地方优惠调整分配金额(18－19)	
21	八、总机构本年实际应补(退)所得税额(17－20)	

9.2.2.1　填报方法

表 A109000 填报的信息包括以下 4 部分。

1）用于分摊的本年实际应纳所得税额

第 1 行"实际应纳所得税额"，填报表 A100000 第 31 行的金额。

第 2 行"境外所得应纳所得税额"，填报表 A100000 第 29 行的金额。

第 3 行"境外所得抵免所得税额"，填报表 A100000 第 30 行的金额。

第 4 行"用于分摊的本年实际应纳所得税额"，填报第 1－2＋3 行的金额。

2）本年度应分摊的应补(退)的所得税额

根据汇总纳税管理要求，总、分机构应该分摊预缴企业所得税，年终汇算清缴时将全年应纳所得税额减除已预缴税款，差额部分为应补(退)税金额，是汇缴时应在总、分机构之间分配的所得税额。

第 5 行"本年累计已预分、已分摊所得税额"，填报企业按照税收规定计算的分支机构本年累计已分摊的所得税额、建筑企业总机构直接管理的跨地区项目部本年累计已预分并就地预缴的所得税额，填报第 6＋7＋8＋9 行的合计金额。

第 6 行"总机构直接管理建筑项目部已预分所得税额"，填报建筑企业总机构按照规定在预缴纳税申报时，向其总机构直接管理的项目部所在地按照项目收入的

0.2%预分的所得税额。

第7行"总机构已分摊所得税额",填报企业在预缴申报时已按照规定比例计算缴纳的由总机构分摊的所得税额。

第8行"财政集中已分配所得税额",填报企业在预缴申报时已按照规定比例计算缴纳的由财政集中分配的所得税额。

第9行"分支机构已分摊所得税额",填报企业在预缴申报时已按照规定比例计算缴纳的由所属分支机构分摊的所得税额。

第10行"其中:总机构主体生产经营部门已分摊所得税额",填报企业在预缴申报时已按照规定比例计算缴纳的由总机构主体生产经营部门分摊的所得税额。

第11行"本年度应分摊的应补(退)的所得税额",填报企业本年度应补(退)的所得税额,填报第4-5行的余额。

3) 本年应补(退)税额的分摊情况

按照总、分机构分配比例计算填报。

第12行"总机构分摊本年应补(退)的所得税额",填报第11行×总机构分摊比例(25%)后的金额。

第13行"财政集中分配本年应补(退)的所得税额",填报第11行×财政集中分配比例(25%)后的金额。

第14行"分支机构分摊本年应补(退)的所得税额",填报第11行×分支机构分摊比例(50%)后的金额。

第15行"其中:总机构主体生产经营部门分摊本年应补(退)的所得税额",填报第11行×总机构主体生产经营部门分摊比例后的金额。

4) 总机构本年应补(退)所得税额

总机构本年应补(退)税额,包括应分摊的境内所得税额和境外所得应纳税额。

第16行"境外所得抵免后的应纳所得税额",填报第2-3行的余额。

第17行"总机构本年应补(退)所得税额",填报第12+13+15+16行的合计金额。

第18行"总机构应享受民族地方优惠金额",填报按照税收规定在总机构所在地应享受的民族自治地区企业所得税地方分享部分优惠金额。本行填报(第7+10+12+15+16行)×40%×减征幅度。

第19行"总机构全年累计已享受民族地方优惠金额",填报总机构所在地本年预缴申报累计已减免的民族自治地区企业所得税地方分享部分的金额。

第20行"总机构因民族地方优惠调整分配金额",填报总机构所在地年度因优惠需调整的民族自治地区企业所得税地方分享部分的分配金额。本行填报第18-19行金额。

第 21 行"总机构本年实际应补(退)所得税额",填报总机构本年实际应补(退)的所得税额。本行填报第 17—20 行金额。

9.2.2.2 表内、表间关系

(1) 表内关系。

第 4 行＝第 1－2＋3 行。

第 5 行＝第 6＋7＋8＋9 行。

第 11 行＝第 4－5 行。

第 12 行＝第 11 行×总机构分摊比例。

第 13 行＝第 11 行×财政集中分配比例。

第 14 行＝第 11 行×分支机构分摊比例。

第 15 行＝第 11 行×总机构主体生产经营部门分摊比例。

第 16 行＝第 2－3 行。

第 17 行＝第 12＋13＋15＋16 行。

第 18 行＝(第 7＋10＋12＋15＋16 行)×40％×减征幅度。

第 20 行＝第 18－19 行。

第 21 行＝第 17－20 行。

(2) 表间关系。

第 1 行＝表 A10000 第 31 行。

第 2 行＝表 A10000 第 29 行。

第 3 行＝表 A10000 第 30 行。

第 5 行＝表 A10000 第 32 行。

第 12＋16 行＝表 A10000 第 34 行。

第 13 行＝表 A100000 第 35 行。

第 15 行＝表 A100000 第 36 行。

第 20 行＝表 A100000 第 37 行。

第 21 行＝表 A100000 第 38 行。

案例解析 9-1 跨地区经营汇总纳税企业汇算清缴纳税申报

【案例材料】

A 公司总部位于南京市,分别在苏州、成都、杭州有 3 个分公司,A 公司适用跨地区经营汇总纳税政策。2021 年度财务报告中,3 个分公司资产总额、营业收入、职工薪酬如表 9-2-3 所示。

表9-2-3 A公司三项因素信息表

单位：万元

公司名称	营业收入	职工薪酬	资产总额
苏州分公司	120 000	8 000	35 000
成都分公司	80 000	5 000	29 000
杭州分公司	165 000	9 500	60 000
合计	365 000	22 500	124 000

成都分公司适用西部大开发15%优惠税率政策，总机构和其他分支机构税率均为25%。2022年，A公司全年境内业务实现应纳税所得额80 000万元，取得境外利息收入1 000万元，已扣缴预提所得税100万元。

根据上述资料，假设不考虑A公司所得税预缴信息，分析2022年度企业所得税汇算清缴，填报《跨地区经营汇总纳税企业年度分摊企业所得税明细表》(A109000)和《企业所得税汇总纳税分支机构所得税分配表》(A109010)。

【案例分析】

案例中因成都分公司适用的税率与其他公司不同，所以需要分两步计算应分摊的应纳税额。

1. 分配应纳税所得额。

A公司全部应纳税所得额为80 000万元。

(1) 总公司、各分公司分别分摊50%应纳税所得额＝80 000×50%＝40 000(万元)。

(2) 各分公司分摊比例：

各分公司分摊比例＝(该分支机构营业收入÷各分支机构营业收入之和)×0.35
　　　　　　　　＋(该分支机构职工薪酬÷各分支机构职工薪酬之和)×0.35
　　　　　　　　＋(该分支机构资产总额÷各分支机构资产总额之和)×0.30

苏州分公司分摊比例＝120 000÷365 000×0.35＋8 000÷22 500×0.35＋35 000÷124 000×0.30＝0.324 2。

成都分公司分摊比例＝80 000÷365 000×0.35＋5 000÷22 500×0.35＋29 000÷124 000×0.30＝0.224 7。

杭州分公司分摊比例＝165 000÷365 000×0.35＋9 500÷22 500×0.35＋60 000÷124 000×0.30＝0.451 1。

(3) 各分公司分摊应纳税所得额：

苏州分公司应纳税所得额＝40 000×0.324 2＝12 968(万元)。

成都分公司应纳税所得额＝40 000×0.224 7＝8 988(万元)。

杭州分公司应纳税所得额=40 000×0.451 1=18 044(万元)。

(4) 计算总公司和各分公司应纳所得税总额：

苏州分公司应纳所得税=12 968×25%=3 242(万元)。

成都分公司应纳所得税=8 988×15%=1 348.2(万元)。

杭州分公司应纳所得税=18 044×25%=4 511(万元)。

总公司应纳所得税=40 000×25%=10 000(万元)。

应纳所得税总额=3 242+1 348.2+4 511+10 000=19 101.2(万元)。

成都公司适用15%税率，减免所得税额898.8万元[8 988×(25%－15%)]填报表A107040(见表9-2-5)。

2. 分摊应纳企业所得税。

(1) 总公司、各分公司分别分摊50%的应纳企业所得税=19 101.2×50%=9 550.6(万元)。

(2) 苏州分公司=9 550.6×0.324 2=3 096.30(万元)。

成都分公司=9 550.6×0.224 7=2 146.02(万元)。

杭州分公司=9 550.6×0.451 1=4 308.28(万元)。

A公司2022年境内境外合计缴纳企业所得税=19 101.2+250－100=19 251.2(万元)。

2022年度A公司纳税申报情况，如表9-2-4至表9-2-7所示。

表9-2-4　企业所得税汇总纳税分支机构所得税分配表(A109010)(局部)

税款所属期间：　　年　月　日至　　年　月　日

总机构名称(盖章)：

总机构统一社会信用代码(纳税人识别号)：　　　　　　　　　　　　金额单位：万元

应纳所得税额		总机构分摊所得税额	总机构财政集中分配所得税额			分支机构分摊所得税额	
19 101.2		4 775.3	4 775.3			9 550.6	
分支机构情况	分支机构统一社会信用代码(纳税人识别号)	分支机构名称	三项因素			分配比例	分配所得税额
			营业收入	职工薪酬	资产总额		
	(略)	苏州分公司	120 000	8 000	35 000	0.324 2①	3 096.30
	(略)	成都分公司	80 000	5 000	29 000	0.224 7	2 146.02
	(略)	杭州分公司	165 000	9 500	60 000	0.451 1	4 308.28
		合计	365 000	22 500	124 000	1	9 550.60

总机构名称(盖章)：

---

① 受限于表单空间，计算结果没有按填表要求保留余额，保留4位。

表 9-2-5　跨地区经营汇总纳税企业年度分摊企业所得税明细表(A109000)(局部)

单位:万元

行次	项　目	金额
1	一、实际应纳所得税额	19 251.2
2	减：境外所得应纳所得税额	250
3	加：境外所得抵免所得税额	100
4	二、用于分摊的本年实际应纳所得税额(1－2＋3)	19 101.2
5	三、本年累计已预分、已分摊所得税额(6＋7＋8＋9)	0
11	四、本年度应分摊的应补(退)的所得税额(4－5)	19 101.2
12	(一)总机构分摊本年应补(退)的所得税额(11×总机构分摊比例)	4 775.3
13	(二)财政集中分配本年应补(退)的所得税额(11×财政集中分配比例)	4 775.3
14	(三)分支机构分摊本年应补(退)的所得税额(11×分支机构分摊比例)	9 550.6
16	五、境外所得抵免后的应纳所得税额(2－3)	150
17	六、总机构本年应补(退)所得税额(12＋13＋15＋16)	9 700.6

表 9-2-6　减免所得税优惠明细表(A107040)(局部)

单位:万元

行次	项　目	金　额
21	二十一、设在西部地区的鼓励类产业企业减按15％的税率征收企业所得税(主营业务收入占比_____％)	898.8
33	合计(1＋2＋…＋28－29＋30＋31＋32)	898.8

表 9-2-7　中华人民共和国企业所得税年度纳税申报表(A类)(A100000)(局部)

单位:万元

行次	类别	项　目	金　额
23	应纳税所得额计算	五、应纳税所得额(19－20－21－22)	80 000

(续表)

行次	类别	项目	金额
24	应纳税额计算	税率(25%)	25%
25		六、应纳所得税额(23×24)	20 000
26		减：减免所得税额(填写 A107040)	898.8
27		减：抵免所得税额(填写 A107050)	0
28		七、应纳税额(25－26－27)	19 101.2
29		加：境外所得应纳所得税额(填写 A108000)	250
30		减：境外所得抵免所得税额(填写 A108000)	100
31		八、实际应纳所得税额(28＋29－30)	19 251.2
32		减：本年累计实际已缴纳的所得税额	
33		九、本年应补(退)所得税额(31－32)	19 251.2
34		其中：总机构分摊本年应补(退)所得税额(填写 A109000)	4 925.3
35		财政集中分配本年应补(退)所得税额(填写 A109000)	4 775.3
36		总机构主体生产经营部门分摊本年应补(退)所得税额(填写 A109000)	